Ronald Reng

ROBERT ENKE

Ein allzu kurzes Leben

MIT 30 ABBILDUNGEN

Weltbild

Genehmigte Lizenzausgabe für Verlagsgruppe Weltbild GmbH,
Steinerne Furt, 86167 Augsburg

Umschlaggestaltung: Atelier Seidel, Verlagsgrafik, Teising
Umschlagmotiv: © Kai Stuth / Periscope
Gesamtherstellung: GGP Media GmbH, Pößneck
Printed in the EU
978-3-8289-4234-9

2011
Die Jahreszahl gibt die aktuelle Lizenzausgabe an.

Einkaufen im Internet:
www.weltbild.de

»Durch diese milden Sommertage, die gemacht schienen, um sich wohlzufühlen und zu vergnügen, wird er geprüft: was eigentlich geprüft wird, weiß er nicht mehr genau. Manchmal scheint es, als wäre die Prüfung nur um ihrer selbst willen da, um zu sehen, ob er durchhält.«

J.M. Coetzee, *Die jungen Jahre*

PROLOG

Die nachlassende Kraft der Poesie

Sie hätte gerne ein Gedicht, sagt Teresa, und für eine Sekunde, die eine Ewigkeit dauert, wird es still im Haus.

Robert Enke sieht seine Frau fragend an, unsicher, ob sie das ernst meint. Ein Gedicht soll er ihr zum Geburtstag schenken? »Das wäre doch mal schön«, sagt Teresa beiläufig und denkt schon bald nicht mehr daran.

Er dagegen wird die Idee nicht mehr los.

Es ist einige Jahre her, seit er das letzte Mal ein Gedicht gelesen, geschweige denn geschrieben hat. Er versucht, sich daran zu erinnern. Ein Gedicht, findet er, muss sich reimen, ein schönes Gedicht, glaubt er, sei wie ein angedeutetes Lächeln, mit feinem Humor zwischen den Zeilen. Mit dieser Idee im Kopf beginnt Robert Enke zu schreiben.

An manchem Nachmittag lügt er Teresa an, er ginge kurz in sein Büro, Steuerunterlagen abheften, Banküberweisungen erledigen. Dann sitzt er mit Kugelschreiber und einem Schmierblatt am Schreibtisch. Der Blick schweift in den Garten. Ein einziges riesiges Fenster bildet die Rückseite seines Büros, es ist ein behagliches Gefühl, wenn im Frühling die Sonnenstrahlen durch die Scheibe auf ihn fallen. Jetzt im Winter allerdings ist es am Schreibtisch weniger angenehm. Die Heizung in seinem Büro funktioniert nur leidlich. Ihr Haus in Empede, auf dem flachen niedersächsischen Land, ist ein umgebauter Bauernhof. Sein Büro war der Stall.

Krumm und ruppig sehen die Worte aus, die er auf das Papier bringt, er benutzt die wertvollen Finger eines Fußballtorwarts nur selten zum Schreiben. Doch in seinem Kopf formen sich die Worte immer schneller zu Reimen, eine Freude ergreift ihn, nicht so flutartig wie das Glück, wenn er einen schwierigen Schuss über die Torlatte lenkt, eher sanft, aber doch so intensiv, dass Robert Enke immer mehr schreiben muss, im Büro, im Hotel am Abend vor einem Bundesligaspiel, auf Schmierzetteln, auf Rechnungsrückseiten. Manchmal, wenn er kein Papier zur Hand hat, tippt er seine Einfälle ins Handy. Als der große Tag, der 18. Februar 2009, gekommen ist, hat er ein Gedicht mit 104 Zeilen geschrieben.

Er gratuliert Teresa noch im Bett zum Geburtstag. Während sie ins Bad geht, schleicht er hinaus in die Diele und lässt die Hunde ins Freie. Sie haben neun, dazu zwei Katzen. Teresa hat sie in ihren Jahren in Südeuropa auf der Straße aufgelesen. Zu ihrem vorherigen Geburtstag wünschte sie sich ein Hausschwein. Er entschied sich, es für einen Witz zu halten.

Er zündet im Wohnzimmer Kerzen an.

»Lass uns das mit den Geschenken doch heute Nachmittag machen, wenn wir mehr Ruhe haben«, sagt Teresa, als sie hereinkommt.

Er schüttelt den Kopf, es dauere nicht lange, er bittet sie, sich doch nur kurz an den alten Bauerntisch zu setzen, er drückt sie sanft an den Schultern auf den Stuhl und hört dabei nicht auf, vor Vorfreude zu lächeln. Dann nimmt er auf der anderen Seite des Tischs Aufstellung.

Er legt sein Gedicht vor sich. Aber er spricht frei.

Zum Geburtstag, was soll es sein?
Ein Diamant, ganz groß und rein?
Oder doch die Uhr vom Juwelier?
Bielert ist nicht teuer, glaube mir.

Wie wäre es mit einem Schwein für das Haus?
Das schließt der Robbi komplett aus.

Katzen, Pferde oder ein Hund,
nein, jetzt wird's mir doch zu bunt.
Es muss doch noch was anderes geben,
wonach Teresa strebt im Leben.

Ja, sie wünscht sich ein Gedicht!
Mir treibt's ein Lächeln ins Gesicht.
Endlich mal nicht groß, viel, teuer,
trotzdem ist es mir nicht geheuer.

Teresa ist still vor Glück. Strophe für Strophe trägt er ihr halbes Leben vor, der Umzug nach Empede, ihre Tierliebe, auch der Tod ihrer Tochter Lara, die mit einem schweren Herzfehler auf die Welt kam und mit zweieinhalb Jahren nach einer Operation starb, *Dann kam Lara mit halbem Herzen / das bereitete uns Schmerzen / doch sie war stark, und man bedenke / es handelt sich um eine Enke.* Als sein Vortrag zu Ende ist, hat Teresa Tränen in den Augen. Sie sagt nur einen Satz: »Bitte lies es mir noch einmal vor.«

Er beginnt von vorne, alle 26 Strophen, 104 Zeilen. Am Ende reimt er:

Man fragt sich, wie geht es jetzt weiter
auf unserer langen Lebensleiter?
Bleibt der Opi, bleibt er nicht?
Ist ein Umzug bald in Sicht?

Ich mache mir keine großen Sorgen,
das Heute geht, es kommt das Morgen.
Nur eins ist sicher, hör auf mich:
Ich brauche und ich liebe Dich!

Robert Enke ist 31, Torwart der deutschen Fußball-Nationalelf, stark, frohen Mutes, glücklich. Es wird der letzte Geburtstag sein, den Teresa mit ihm erlebt.

Am Dienstag, den 10. November 2009, ruft er »Hallo, Ela!« aus der Küche, als die Haushälterin um neun Uhr zu ihnen kommt. Er gibt seiner zweiten Tochter Leila, die zehn Monate alt ist, einen Kuss auf die Stirn und verabschiedet sich von Teresa. An der Magnettafel in der Küche hat er sich mit Filzstift notiert, was noch alles zu erledigen ist, vier Karten für das Bayern-Spiel. Dann ist er aus der Tür. Er habe zweimal Einzeltraining, morgens mit dem Fitnesstrainer, nachmittags mit dem Torwarttrainer von Hannover 96, gegen 18 Uhr werde er zurück sein, wie immer. Das hat er Teresa gesagt.

Aber es ist kein Training an diesem Dienstag verabredet.

Ich erreiche ihn kurz nach halb eins auf seinem Handy im Auto. Ich soll zwei Anfragen ausrichten, ein befreundeter englischer Journalist will ihn interviewen, die Deutsche Olympische Sportbibliothek möchte ihn für ihre Jahrestagung im Januar als Gastredner gewinnen, Mensch, jetzt bin ich schon dein Sekretär, der dir Anfragen überbringt, will ich scherzen. Doch er ist kurz angebunden am Telefon; natürlich, er ist im Auto zwischen den zwei Trainingseinheiten, denke ich, er will sicher zum Mittagessen ins *Espada* oder *Heimweh*, wie immer. »Ich rufe dich heute Abend zurück, Ronnie, okay?«, sagt er, und ich erinnere mich nicht mehr, wie er sich verabschiedet.

Abends rufen dann nur viele andere Leute bei mir an.

Sein Selbstmord an diesem frischen Herbstabend vereinte Menschen, die ihm nahe waren, und Leute, die seinen Namen nie zuvor gehört hatten, in jenem Zustand, wenn man sich innerlich roh, wie aufgerissen fühlt. In den Tagen danach grenzte die Anteilnahme oft an Hysterie; dass in London die *Times* Robert Enke die halbe Titelseite widmete, in China das Staatsfernsehen in den Hauptnachrichten berichtete und die Nachrichtenagenturen die Zahl der Gäste der Trauerfeier wie Rekorde verkündeten (»So viele wie noch nie in Deutschland seit Bundeskanzler Konrad Adenauers Begräbnis«), solche Dimensionen waren nur noch damit zu erklären, dass heutzutage alles, auch der Tod, zum Event wird. Im Innersten aber blieb ein echter Schmerz, eine tiefe Lähmung. Robert Enkes Tod offenbarte den meisten von uns, wie wenig wir von dieser Krankheit Depression verstehen. Den anderen von uns, und das waren erschreckend viele, wurde schlagartig bewusst, wie wenig wir über Depressionen sprechen können. Genau wie Robert Enke hatten sie immer geglaubt, ihre oder die Krankheit eines Familienangehörigen verheimlichen zu müssen.

Die Fakten stehen regelmäßig in der Zeitung: Mehr Leute sterben jedes Jahr durch Selbstmord wegen Depressionen als bei Autounfällen. Aber mehr als eine diffuse Vorstellung, dass für manche Menschen die Traurigkeit zu schwer zu ertragen sei, gaben uns diese Zahlen nicht. Und wenn die Schlagzeilen dicker wurden, weil Berühmtheiten wie Marilyn Monroe oder der Schriftsteller Ernest Hemingway sich umbrachten, dann schien dies – auch wenn man es nicht laut sagte – doch irgendwie seine Logik zu haben: Künstlern traut man das zu. Denn gehört Melancholie, eine düstere Seite, nicht unausweichlich zur Kunst?

Robert Enke aber war Deutschlands Nummer eins. Der Torwart ist der letzte Halt, ruhig und kalt in den heißesten Situationen, imstande, Stress und Ängste in den extremsten Momenten zu kontrollieren. Profisportler wie er leben uns jedes Wochenende wieder den Traum vor, alles sei machbar, und Robert Enke schenkte dem Publikum mehr als die meisten Fußballer die Illusion, jedes Hindernis sei überwindbar: Er fand mit 29 Jahren noch den Weg ins Tor der Nationalmannschaft, nachdem er nach einer ersten Depression vier Jahre zuvor schon arbeitslos gewesen und dann in der Zweiten Liga gestrandet war; ihm und Teresa gelang es, nach Laras Tod 2006 ein Leben parallel zum Schmerz zu finden. Und in einem Moment, in dem er nach unseren äußerlichen Wertvorstellungen doch das Glück endlich wiederentdeckt hatte, als er eine Familie mit Tochter hatte sowie die Aussicht, bei der Weltmeisterschaft in Südafrika im Tor zu stehen, bricht die Depression Anfang August 2009 schlimmer denn je aus.

Welche Kraft muss diese Krankheit besitzen, wenn sie einen wie ihn in den Trugschluss lockt, der Tod sei eine Lösung? Welche Finsternis muss ihn umgeben, wenn ein einfühlsamer Mensch wie er nicht mehr erkennt, welches Leid er anderen mit seinem Tod zufügt, denen, die er liebt, genauso wie dem Lokomotivführer, vor dessen Zug er sich an jenem Novemberabend stellt?

Wie lebt es sich mit Depressionen oder nur mit der Ahnung, sie könnten jeden Moment wiederkommen? Mit der Angst vor der Angst?

Die Antworten wollte Robert Enke gerne selber geben.

Er wollte dieses Buch schreiben, nicht ich.

Wir kannten uns seit 2002, ich berichtete gelegentlich für Zeitungen über ihn, auf einmal lebten wir in derselben Stadt, Barcelona. Wir trafen uns immer öfter, ich hatte das Gefühl, dass uns dieselben Dinge im Leben wichtig waren: Höflichkeit, Ruhe, Torwarthandschuhe. Irgendwann sagte er: »Ich habe ein Buch von dir gelesen, fand ich super!« Ich errötete von dem Lob und antwortete panisch, nur um mit etwas vermeintlich Keckem dem Gespräch schnell eine andere Richtung zu geben: »Eines Tages schreiben wir gemeinsam eines über dich.« Meine Verschämtheit wuchs, als ich merkte, er verstand meinen spontanen Spruch als ernsthaften Vorschlag.

Danach erinnerte er mich immer wieder einmal an unser Projekt, »ich habe mir Notizen gemacht, damit ich nichts vergesse«. Heute weiß ich, warum ihm die Biografie so sehr am Herzen lag: Wenn seine Torwartkarriere vorbei war, würde er in der Biografie endlich von der Krankheit erzählen können. Ein Torwart, der letzte Halt, darf in unserer Leistungsgesellschaft nicht depressiv sein. So wandte Robert Enke ungeheure Kraft auf, um seine Depressionen geheim zu halten. Er sperrte sich in seiner Krankheit ein.

So muss ich seine Geschichte nun ohne ihn erzählen.

Es ist schwer vorstellbar, dass ich jemals wieder auf solch schonungslos offene Interviewpartner treffen werde wie auf der Reise durch Roberts Leben. Freunde von ihm erzählten plötzlich von ihren eigenen schwarzen Gedanken. Seine Torwartkonkurrenten, die sich, ein Gesetz des Profisports, doch in Interviews die Maske des Unverwundbaren aufsetzen sollen, redeten auf einmal über ihre Zweifel und Ängste.

Der Tod eines geliebten Menschen löst in den meisten von uns den Drang aus, ehrlich zu sein, Gutes zu tun, die Dinge ändern zu wollen. Doch in erster Linie bringt ein öffentlicher Tod eines hervor: unsere menschliche Hilflosigkeit.

Wir wussten nicht einmal, wie wir angemessen trauern sollten. Grausam wogten die Diskussionen durch Deutschland, ob die Trauerfeier im Fußballstadion von Hannover noch pietätvoll oder schon Teil eines Events war. Auch Roberts Mutter störte sich daran, dass der Sarg im Stadion aufgebahrt war. »Da dachte ich mir: Mensch, er ist doch nicht Lenin!«, sagt Gisela Enke, als wir in ihrer Küche in Jena sitzen. Robert, sportlich-elegant im samtblauen Pullover mit V-Ausschnitt unter dem grauen Anzug, hält sie fest im Arm auf einem der vielen Fotos über dem Esstisch. Aber wie sie hier sitzt, eine energiegeladene, herzliche Frau, lehrt sie uns alle Demut: Sie hat verstanden, dass es absurd ist, sich darüber zu streiten, wie gelungen die Trauerfeier war, sie hat ihren Frieden gefunden im Wissen, dass alle das Beste wollten; dass wir gerade auch dann, wenn wir beseelt sind, Gutes zu tun, sehr viel falsch machen.

Viele haben seinen Tod falsch verstanden: Er habe sich umgebracht, weil er sein Leben nicht mehr aushielt. Es gab Nachahmungstäter, weil sie sich in den Irrsinn hineingesteigert hatten, dann seien sie wie er, dann seien sie ihm nahe. Welch ein tragisches Missverständnis. Die meisten depressiven Menschen, die einen Selbstmordversuch begehen, wollen nicht sterben. Sie wollen nur, dass diese Finsternis endlich verschwindet, die ihre Gedanken bestimmt. Robert Enke ging es wohl nicht anders. »Wenn du nur einmal eine halbe Stunde meinen Kopf hättest, dann würdest du verstehen, warum ich wahnsinnig werde«, sagte er einmal zu Teresa.

Es spielt keine Rolle, wie viele solcher Erklärungen ich finde, die Fragen, die immer wiederkehrenden, sich im Kreise drehenden Fragen, lassen sich von keiner Antwort aufhalten.

Ist etwas in seiner Kindheit passiert, das ihn anfällig für Depressionen machte? Was ging ihm an jenem Novemberdienstag durch den Kopf, als er acht Stunden lang mit seinem Auto umherfuhr, ehe er auf die Zuggleise trat?

Die Fragen melden sich unerbittlich wieder, auch am Tag nach Teresas 34. Geburtstag, der gleichzeitig ihr erster Geburtstag ist;

der erste ohne ihn. Wir sitzen in der Küche in Empede, Leila vergnügt sich mit dem Lieblingsspiel aller einjährigen Kinder: Sie räumt die Küchenschränke aus.

Die Geburtstagsfeier am Vorabend war erträglich gewesen. Das sind Teresas neue Maßeinheiten: erträglich oder unerträglich. Viele Nachbarn kamen mit ihren Kindern vorbei und brachten selbst gebackenen Kuchen, Blumen, beste Wünsche, ohne dass ihnen Teresa, ohne dass ihnen irgendjemand etwas gesagt hatte. In der Küche versammelte sich ein Dutzend Freunde. Die Glückwunschkarten lese sie lieber erst später, sagte Teresa. Und kurz wurde es still. Wie falsch vermeintlich exakte Wörter klingen können: Glückwunschkarten.

Nun, am Morgen danach, sind die Gäste wieder abgereist. Die Leere im Haus, diese absolute Abwesenheit, ist wieder spürbar, und zwangsläufig muss Teresa an den Geburtstag davor denken, ihren 33., der auf eine Art immer auch ihr letzter bleiben wird. Als Robert ihr das Gedicht schenkte.

Teresa hat noch an die Kraft der Poesie geglaubt, als ihn die Depression im Spätsommer 2009 erwischte. »Schreib mir doch mal wieder ein Gedicht«, sagte sie ihm am Telefon, als er Anfang September in Köln auf einem Lehrgang der Nationalelf im Hotelzimmer lag und die Angst vor dem neuen Tag, die Furcht, irgendjemand erwarte irgendetwas von ihm, ihn nicht aus dem Bett kommen ließ. Abends schob er einen Stuhl auf den Balkon seines Hotelzimmers, im Hintergrund leuchtete der Kölner Dom, und Robert Enke dichtete wieder auf dem Handy:

Sitze auf dem Balkon,
mein Kopf ist ein Ballon.
So schwer wie Blei und Stein,
das kann doch so nicht sein.

Er spürte die Freude nicht mehr, die schöne Worte auslösen können, die Zufriedenheit, die es verschafft, Gedanken aufzuschreiben. Sein Gedicht war ihm gleichgültig.

Auch in seinem Tagebuch, das er während seiner Depression führte, wurden die Einträge immer knapper, je heftiger die

Krankheit ihm zusetzte. Auf der letzten Seite steht ein einziger Satz in riesigen Buchstaben. Es sollte vermutlich eine Mahnung an ihn selbst sein, aber heute liest sich sein Satz wie eine Aufforderung an jeden Einzelnen von uns:

»Vergiss nicht diese Tage.«

EINS

Ein Glückskind, eigentlich

An einem Sonntagnachmittag ging Robert Enke zum Jenaer Westbahnhof und begann zu warten. Der Fernzug aus Nürnberg fuhr ein, Passagiere stiegen aus, und er ließ sich keine Enttäuschung anmerken, als sie alle an ihm vorbei vom Gleis gingen. Er wartete weiter. Zwei Stunden später traf der Vorabendzug aus Süden ein. Wieder ließ er alle Ankommenden gespielt beiläufig an sich vorbeiziehen. Es war Winter, Dezember 1995, nicht die optimale Jahreszeit, um im zugigen Bahnhof den halben Sonntag den Zügen hinterherzuschauen. Er entschied sich, bis zur nächsten Zugankunft ins Kino zu gehen. Er lebte noch bei seiner Mutter im Plattenbau in der Liselotte-Herrmann-Straße, vor vier Monaten war er 18 geworden, ein Alter, das fast jedes eigenwillige Verhalten entschuldigt und in dem, nach eigener Meinung, sich doch eigentlich immer nur die anderen eigenartig verhalten.

Teresa kam sonntags immer mit dem letzten Zug aus Bad Windsheim ins Sportgymnasium nach Jena zurück. Auch in ihrem zweiten Jahr in Jena fuhr sie noch jedes Wochenende zu ihren Eltern nach Franken. Sie legte einen Schritt zu, um aus dem eisigen Bahnhof zu gelangen, als sie ihn auf der Bank entdeckte. Sie saß neben Robert in der Schule. Als sie, eine Fremde aus Bayern, anderthalb Jahre zuvor in die zwölfte Klasse des Sportgymnasiums gekommen war, hatte es nur zwei freie Plätze zur Auswahl gegeben, alleine in der letzten Reihe oder neben Robert. Sie kamen gut miteinander aus, fand sie, nur über seine Frisur würde sie an seiner Stelle noch einmal nachdenken. Seit er neben der Schule bei den Profifußballern von Carl Zeiss Jena trainierte, trug er die blonden Haare nach deren Mode-

Robert mit Teresa und seiner Familie nach einem Spiel des Sportgymnasiums Jena gegen eine Thüringer Auswahl.

verständnis seitlich kurz, oben lang, »wie ein Vogelnest auf dem Kopf«.

»Hallo, was machst du denn hier?«, fragte sie ihn auf dem Bahnsteig, es war nach 22 Uhr.

»Ich warte auf jemanden.«

»Ach so. Na dann, noch einen schönen Abend.«

Sie lächelte ihm kurz zu und hastete weiter.

»Mann!«, rief er ihr hinterher. »Auf dich warte ich natürlich!«

Und zwar schon seit über fünf Stunden, erzählte er ihr kurz darauf, als sie im *French Pub* etwas tranken.

Er hatte niemandem davon erzählt, dass er einfach einmal auf Teresa am Bahnhof warten würde. Seine Gefühle, seine wichtigen Entscheidungen machte er alleine mit sich aus. Noch wochenlang, während er und Teresa sich näherkamen, erzählte er seinen Freunden nichts davon. Es überraschte sie allerdings nicht, dass die beiden dann ein Paar wurden, dass Robert Enke auch das schaffte. »Wir unterhalten uns noch oft darüber«, sagt einer der Jugendfreunde, Torsten Ziegner, »dass der Robert ein richtiges Sonnenkind war, dem alles gelang, den nichts aus der Bahn werfen konnte, der immer gut gelaunt war.« Torsten gibt dem Wasserglas vor ihm eine Drehung, um die kurze Stille nicht zu groß werden zu lassen. Und jeder für sich im Wohnzimmer von Andy Meyer, einem weiteren Freund von damals, denkt augenblicklich dasselbe. Wie seltsam es klingt, an Robert Enke heute als Sonnenkind zu denken.

Das Tageslicht, vom Schnee reflektiert und greller gestimmt, fällt durch das Fenster des Einfamilienhauses in Jena-Zwätzen, einem Neubaugebiet draußen vor der Stadt. Es ist 13 Uhr, Andy ist gerade aufgestanden. Ein Rest Müdigkeit liegt noch in seinen Augen. Er ist Krankenpfleger und hatte Nachtschicht. Bei Torsten sitzt die Jeans locker, sportlich-leger, die Jacke mit kleinen Karos und Stehkragen würde den Rockstars von *Oasis* gefallen. Er ist Fußballprofi, mit 32 wieder beim FC Carl Zeiss Jena in der dritten Liga, ein schmaler, drahtiger Athlet. Man sieht Andy und Torsten, Anfang 30, und spürt schnell die Wärme, den Humor der Jugend; von damals. »Wir haben gleich gemerkt, dass wir dieselben Interessen haben; das heißt vor allem dieselben Desinteressen«, sagt Torsten. »Mehr als alles andere«, sagt Andy, »haben wir gelacht.«

Immer zu viert waren sie damals, Mario Kanopa, den es als Lehrer an die holländische Grenze verschlagen hat, Torsten Ziegner, Andy Meyer und Robert Enke, den sie Enkus nannten, den sie weiter Enkus nennen, weil er für sie der von damals geblieben ist. »Aber doch«, redet Andy schließlich tapfer gegen die Stille an, »eigentlich denke ich das noch heute, trotz allem: Der Enkus war das Glückskind.«

Er wuchs zwischen den Wäschestangen auf. Sie trafen sich nachmittags im Innenhof, *über die Stange* hieß das Spiel der Siedlung. Einer stand zwischen zwei Wäschestangen im Tor, lupfte den Ball über die gegenüberliegende Stange, auf der anderen Seite wartete der Spielpartner, um den Ball volley auf das Tor zu schießen.

Von Ferne ist seine Heimat, die Trabantenstadt Lobeda, noch heute das Erste, was man von Jena sieht. 40 000 Menschen sollten hier wohnen, mehr als ein Drittel der Einwohner Jenas. 17 000 sind geblieben. Zwischen den 15-stöckigen Plattenbauten an den kommunistischen Boulevards stehen in den Seitenstraßen etliche niedrigere Mietblöcke, die sich von denen in Frankfurt-Schwanheim oder Dortmund-Nordstadt nicht unterscheiden. Während die beiden deutschen Staaten sich permanent an ihre Unterschiede erinnerten, ähnelte sich in den Achtzigern zwischen diesen Mietblöcken das Jungenleben in Ost und West. Wäschestangen regierten die Welt von Jena-Lobeda bis Frankfurt-Schwanheim.

Von den Erwachsenensorgen, sagt Andy Meyer, hätten sie erst nach dem Zusammenbruch der DDR erfahren; vielleicht hätten sie sie als Kinder aber auch einfach langweilig gefunden und deshalb ignoriert. Dass Andys Vater nicht Lehrer werden durfte, weil er nicht in der Partei war; dass Roberts Vater Anfang der Sechziger als 400-Meter-Hürdenläufer aus der Leistungssportförderung flog, weil er Postkarten von seinem in den Westen geflüchteten Bruder erhielt.

Sie unterbrachen das Fußballspielen im Innenhof nur für besondere Anlässe – wenn sie zum Fußballtraining mussten. Andy Meyer, der ein paar Blöcke weiter wohnte, war früh vom großen Klub der Stadt, dem FC Carl Zeiss, gesichtet worden. Er war sieben Jahre alt gewesen und es gewohnt, mit Carl Zeiss immer zu gewinnen. Deshalb erinnert sich Andy besonders an die eine Niederlage. Auf dem holprigen Sportplatz Am Jenzig, zu Füßen des Jenaer Hausbergs, verlor der FC Carl Zeiss 1:3 gegen den SV Jenapharm. Große Klubs haben ihre Art, sich solche Niederlagen nicht gefallen zu lassen, selbst in Kinderteams: Helmut Müller, der Trainer von Carl Zeiss, ging sofort nach dem Spiel zu den Eltern des Stürmers von Jenapharm, der alle drei Tore erzielt hatte, und sagte ihnen, der Sohn solle sich doch augenblicklich Carl Zeiss anschließen. Es war Robert Enke.

In jeder Sportlerbiografie findet sich ein Moment, bei dem die einen sagen: Was für ein Zufall! Und die anderen: Das also nennt man Schicksal. Muhammad Ali wurde mit Zwölf sein *Swinn*-Fahrrad gestohlen, und der Polizist, der seine Anzeige aufnahm, riet ihm, statt zu heulen doch Boxer zu werden. In der

Robert Enke (links) zu Fasching.

D-Jugend des FC Carl Zeiss Jena, in der Robert Enke mittlerweile einen passablen Offensivspieler gab, wurde der Vater von Thomas, dem Torhüter, beruflich nach Moskau versetzt. Die brauchten einen neuen Torwart. »Der Trainer hatte keine Idee«, sagt Andy Meyer, »also musste jeder mal zur Probe ins Tor. Bei mir hatte sich das Thema schnell erledigt. Unser Glückskind wurde zweimal angeschossen und war fortan die Nummer eins.«

Ohne zu wissen wie, machte er alles richtig, der kräftige Absprung, die Handhaltung mit den gespreizten Daumen beim Fangen, die Entscheidung, die eine Flanke aus dem Himmel zu holen und sich bei der nächsten nicht daran zu wagen.

Er entdeckte ein neues, ein betörendes Gefühl. Wenn er flog, wenn er den Druck des hart geschossenen Balls in seinen Händen spürte, dann wusste er, wie sich Glück anfühlt.

Wobei er doch, ehrlich gesagt, »die meiste Zeit gar nichts tat«, sagt sein Vater. »Carl Zeiss war in den Kindermannschaften so überlegen, dass der Torwart sich langweilte. Aber ihm hat es gepasst.« Ein sanftes Lächeln, für Sekunden frei von Schmerz, entwischt dem Vater bei dieser Erinnerung. »Da musste er nicht so viel laufen.«

Dirk Enke hat dasselbe Lächeln wie sein Sohn. Ungewöhnlich langsam, als wolle es sich vornehm zurückhalten, breitet es sich im Gesicht aus. Der Vater sagt, er habe Angst vor dem Moment gehabt, für die Biografie über Robert zu sprechen; davor, dass die Erinnerungen zu stark werden. Deshalb lässt er in seiner Wohnung am Marktplatz, hoch über den Dächern von Jena, erst einmal die Dias sprechen. Jemand hat ihm kürzlich – Dirk Enke sagt »danach« – einen Projektor geschenkt, damit er die alten DDR-Dias aus Roberts Kindheit noch einmal anschauen kann. Die drei Kinder beim Zelturlaub an der Ostsee, Anja, Gunnar und Robert, der Nachzügler, der neun Jahre nach der Schwester, sieben Jahre nach dem Bruder zur Welt kam. »Die Stellplatzgenehmigung für ein Zelt bekam man in der DDR eigentlich erst ab vier Kindern«, sagt der Vater, aber es gab Dinge, die seien auch in einem Überwachungsstaat nicht so ganz genau überwacht worden. »Wir haben einfach immer vier angegeben, keiner hat nachgezählt.« Der Projektor klickt weiter, Robert mit seiner dritten Oma. »Meine richtige Oma« nannte er Frau Käthe, eine Rentnerin von nebenan, die oft auf ihn aufpasste, deren Nähe er noch als Jugendlicher suchte. Als Kind zählte er immer auf: »Ich habe eine dicke Oma, eine dünne Oma und eine richtige Oma.«

Irgendwann sind die Dias zu Ende. Irgendwann hatten auch im Leben des Glückskindes die schönen Bilder eine Pause.

Er war elf, als er von der Schule in die Liselotte-Herrmann-Straße zurückkam. Der Vater stand mit einer Tasche in der Hand vor der Tür.

»Papi, wo willst du denn hin?«

Dirk Enke schaffte es nicht zu antworten. Er ging wortlos, mit wässrigen Augen zum Auto. Der Sohn lief zu seiner Mutter in die Wohnung.

»Was ist denn passiert?«

Die Mutter schluckte. »Wir haben uns ein wenig gestritten. Dein Vater zieht erst einmal auf die Hütte nach Cospeda.«

Es gab eine neue Frau im Leben des Vaters.

Robert fragte die Mutter jeden Tag, wochenlang: »Mama, wie geht es dir denn?« Gisela Enke konnte in seinem Gesicht sehen, wie er sich vor einer traurigen Antwort fürchtete.

Doch die Eltern wollten nicht glauben, dass ihre Ehe zu Ende ging. Sie sahen sich weiter, »und wir haben das nicht nur wegen der Kinder gemacht«, sagt die Mutter, »ich war dreißig Jahre mit Dirk zusammen, wir hatten uns als Jugendliche kennengelernt«. Im Sommer fuhren sie gemeinsam an den Balaton in den Urlaub. Robert saß auf dem Rücksitz und sagte laut, aber beiläufig, als ob er zu niemandem Bestimmten rede, »na, wenn es zur Versöhnung beiträgt, fahren wir halt an den Balaton in den Urlaub«. Mehr als glücklich klang er angestrengt hoffnungsvoll.

Wieder geeint wurde die Familie dann überraschend von einer größeren Vereinigung. »Die Wende hat uns noch einmal zusammengeschmiedet«, sagt die Mutter. Der Rausch der Montagsdemonstrationen, die Aufregung der herannahenden großen Veränderungen schuf vor der staatlichen erst einmal ihre familiäre Einheit. Dirk Enke zog wieder zu Hause ein, zur Silberhochzeit gingen sie auf Fahrradtour am Rhein bei Koblenz.

Die Enkes gehörten zu denen, die die Wiedervereinigung ohne Skepsis begrüßten. Der Vater wusste den größten Teil seiner Familie auf der westlichen Seite der Grenze. »Mein Gefühl war: endlich!« Die Jungen zwischen den Wäschestangen waren bei der Wende zwölf, dreizehn. Sie sind die letzte Generation, die bewusst noch beide deutsche Staaten erlebt hat, die erste, die in beiden Staaten erwachsen wurde. Er könne sich noch erinnern, wie Robert und er mit ihrer Carl-Zeiss-Jugendelf zu Ehren von DDR-Staatspräsident Erich Honecker bei einer Parade den Löbdergraben rauf- und runtermarschieren mussten, sagt Andy Meyer, »und was wir toll fanden, war, dass es nachher Essensmarken für Bockwürste gab«. Ähnlich beiläufig nahmen sie die neue Zeit zur Kenntnis. Sie spielten einfach weiter, über die Veränderungen hinweg. Sie nahmen sich nicht einmal eine Halbzeitpause für die Wiedervereinigung. »Einschneidend war daran für uns Kinder nichts«, sagt Andy.

Er lacht, etwas fällt ihm ein. »Das Fußballtraining lief doch weiter.«

In Lobeda, dem einstigen sozialistischen Traum vom *Schöner Wohnen*, zeigte sich nun allerdings ein neues Proletariat. Damit mussten sich die Kinder sehr wohl arrangieren. Türken aus Westdeutschland gingen mit Teppichen hausieren, im Glauben, die Ossis marktwirtschaftlich übers Ohr hauen zu können. Jugendliche aus der Trabantenstadt schlossen sich auf einmal zu Banden zusammen und nannten sich rechtsradikal.

»Lass niemanden herein«, mahnte die Mutter den Sohn, der nach der Schule regelmäßig alleine zu Hause war, weil beide Eltern arbeiteten, sie als Lehrerin für Russisch und Sport, der Vater als Psychotherapeut an der Städtischen Klinik.

Vorsichtig machte Robert die Tür auf, als es klingelte. Der Großonkel Rudi, Universitätsprofessor für Latein, kam zu Besuch.

»Guten Tag, sind die Eltern zu Hause?«

Der Junge sah ihn mit zusammengekniffenen Augen an.

»Du erkennst mich nicht, oder? Ich bin dein Großonkel Rudi.«

»Das kann ja jeder sagen«, rief Robert, schob den verdutzten Professor aus der Tür und knallte sie zu.

Ein anderes Mal lauerten ihm die rechten Halbstarken auf dem Nachhauseweg von der Schule auf. Sie packten ihn, sie schubsten ihn. Bevor sie ihn schlugen, erkannte ihn einer. »Hört doch auf, das ist doch Robert Enke.« Er war zwölf. Er war offensichtlich schon berühmt als der Torwart. Sie ließen ihn gehen.

Doch die Angst wich nicht. Er sehnte sich nach einer Schutzhaut: Er flehte die Mutter an, sie solle ihm eine Bomberjacke kaufen. Darin würden die Rechten ihn fälschlicherweise für einen der Ihren halten und in Ruhe lassen. »Ich war zunächst entsetzt, dass er denen so nachgeben wollte«, sagt die Mutter, »aber, okay, dachte ich, wenn er dann keine Angst mehr hat. Er trug die Jacke dann auch nur ein paar Wochen.«

Als im vereinten Deutschland die erste Desillusionierung einkehrte, verlor die Wiedervereinigung 1994 auch ihre Kraft, die Ehe der Enkes zusammenzuhalten.

Die Familie saß sonntags im Wohnzimmer, als der Vater innerlich Anlauf nahm.

»Ich muss euch etwas sagen.«

Die Mutter wusste es schon. Die andere Frau in seinem Leben war nie ganz verschwunden.

»Gisela und ich trennen uns. Ich ziehe aus.«

Robert sprang vom Sofa auf und rannte aus der Tür.

»Gunnar, lauf, hol den Jungen zurück!«, rief die Mutter. Der Bruder fand ihn auf der Straße. Er weigerte sich zu reden.

Niemand sollte ihm etwas anmerken. Er hatte sich angewöhnt, Traurigkeit mit sich selbst auszumachen.

Den drei Freunden erschien er unverdrossen als ihr Sonnenschein. »Der Enkus warf ein Glas Wasser um, und alle wurden nass, nur er nicht, so war es doch immer«, sagt Andy. Die Lehrerin erwischte Robert Enke während einer Biologiearbeit beim Abschreiben. Er bekam eine Sechs. Aber als die Zeugnisse verteilt wurden, stand bei ihm in Biologie ein Befriedigend. Er war auffallend hilfsbereit, besonnen und ein begabter Torwart, diese Kombination stimmte seine Lehrer offensichtlich milde.

Er wusste, er kam in der Schule ohne großen Aufwand ganz gut durch, und strebte nicht nach mehr.

Die Freunde trafen sich nun oft bei Mario Kanopa und Torsten Ziegner auf dem Internatszimmer. Mit 14 waren die beiden vom Land ins Sportgymnasium gekommen, in den Namen ihrer Heimatvereine lag noch der Klang einer dörflichen Welt, weit weg von Jena: Von der BSG Traktor Frauenprießnitz kam Mario, Torsten von der BSG Mikroelektronik Neuhaus/Rennweg. Oft genug zankten sie sich in ihrem kleinen Internatszimmer. Wenn ihn etwas störte, polterte Torsten gleich los. Diese Impulsivität brachte Mario auf. Der Enkus verstand sich mit jedem von ihnen bestens; wenn er dabei war, kamen alle gut miteinander aus.

In der Eingangshalle des Sportgymnasiums hingen immer öfter Zeitungsartikel über sie aus. 1993 fuhren Robert Enke, Torsten Ziegner und Mario Kanopa mit der thüringischen Aus-

Die Jugendmannschaft von CZ Jena auf einer Tunesien-Reise, der Zweite von vorne links ist Robert Enke, der Zweite von vorne rechts sein Freund Mario Kanopa.

wahl nach Duisburg zum traditionellen B-Jugendpokal der Bundesländer. Hinter der Seitenlinie standen die Späher der Profivereine. Bei dem jährlichen Turnier in der Sportschule Wedau werden in der Wahrnehmung der Fußballszene aus 15-Jährigen erstmals potenzielle Profis. Zunächst hielt es die Thüringer Elf für einen schönen Witz, was in Duisburg passierte, am Ende »lachten wir uns über uns selbst tot«, erinnert sich Torsten Ziegner. In einer absurden Wiederholung glich ein Spiel dem anderen. Regelmäßig wirkten sie wie die unterlegene Elf. Nie verloren sie. »Es war«, sagt Torsten, »als ob Robert alleine spielte.« Er wurde immer größer. Mit jedem gehaltenen Torschuss erschien er den Stürmern, die vor ihm auftauchten, riesiger. Er erreichte den höchsten Geisteszustand eines Torwarts: Auf einmal überkommt dich in all der Hektik dieses Spiels die absolute Ruhe. So fest ihn die Stürmer auch treten, du glaubst, der Ball gehorcht nur dir. Eine allgewaltige Sicherheit füllt dich aus und macht dich noch größer, immer größer. 0:0, 0:0, 1:0, 4:0

lauteten Thüringens Ergebnisse in Duisburg. Gegen ihn schoss man kein Tor.

Im selben Jahr erreichte Carl Zeiss Jena das Endspiel der deutschen B-Jugendmeisterschaft, was in den nächsten 15 Jahren kein Klub mit ähnlich bescheidenen Möglichkeiten nachmachen würde. Der Klubpräsident lud das Team in eine Bar namens *Sockenschuss*; zu einer Runde Cola. Sie verloren das Finale 1:5 gegen Borussia Dortmund. Aber selbst die *Frankfurter Allgemeine Zeitung* schickte einen Reporter, um das Internat in einem Bericht zu würdigen. Die Internatsleiterin gab über ihre Fußballer zu Protokoll: »Sie sind nicht besonders ordentlich, sie essen alles, treten fast immer als Mannschaft auf und haben ein ausgeprägtes Selbstvertrauen.«

Später werden die vier Freunde das gesamte Spektrum dessen abdecken, was aus einem talentierten Fußballer werden kann: Robert Enke wird Nationaltorwart. Torsten wird *local hero*, Kapitän, Spielmacher bei Carl Zeiss Jena in der Zweiten und Dritten Liga. Mario wird mit 22 nach einer schweren Verletzung seine Profikarriere beenden und studieren, in der Bilanz steht: ein Zweitligaspiel, ein Tor. Andy bekommt mit 15 von Carl Zeiss gesagt, es tue ihnen leid, aber es reiche nicht mehr, und wird fortan nur noch zum Spaß in kleineren Teams spielen.

Damals träumten sie gemeinsam.

Vor 30000 Schulkindern spielten Robert Enke, Torsten Ziegner und Mario Kanopka mit der deutschen Jugend-Nationalelf gegen England im legendären Wembley-Stadion. Sie waren 15. Das Spiel endete 0:0, der *Daily Telegraph*, Margaret Thatchers Lieblingszeitung, berichtete: »Eine Kombination aus phantastischen Torwarttaten und armseligen Torschüssen verhinderte Englands Sieg.« Robert Enke war gemeint.

Er lag noch am Boden, nachdem er einen furiosen Schuss von Stephen Clemence im Flug abgewehrt hatte, als bereits Jay Curtis zum Nachschuss ansetzte. Er sprang auf, es ging zu schnell für das Publikum, um zu verstehen, wo seine Hand herkam. Aber er wehrte auch diesen Schuss ab.

Er wurde entdeckt. Deutscher Jugendfußballer des Monats, ein ganzseitiger Bericht im *Kicker*. Der *Stern* porträtierte ihn in einem Sonderheft »Die 16-Jährigen« als Protagonisten seiner Generation. »Oft denke ich nicht über die Welt nach«, sagte Robert Enke, sehr 16-jährig, dem *Stern*, »aber manchmal habe ich ein Gefühl, als ob sie untergeht.«

Auf der Tribüne des Wembley-Stadions saß Dirk Enke mit einigen anderen Eltern der Mitspieler. Der Fußball wurde für den Vater das Band zu seinem Sohn.

Seit er ausgezogen war, versuchte er zu jedem Spiel zu kommen. Er beobachtete die anderen Väter, er sah, wie manche ihre Kinder bei Fehlern anbrüllten, und wenn den Kindern eine Aktion gelang, brüllten sie schon wieder, jetzt schieß doch, pass den Ball, schneller, schieß doch! Dirk Enke saß still, aufmerksam am Spielfeldrand. Er fand, er machte es richtig. »Dirk war ein toller Vater«, sagt die Mutter. »Aber nach der Trennung hatte er es schwer mit den Kindern.«

Nach den Spielen redeten Vater und Sohn.

Stark gehalten.

Danke.

Wie du den einen Ball aus dem Winkel holst.

Fast wäre ich nicht mehr drangekommen, mir hat es die Fingerspitzen weggehauen, so fest war der Schuss.

Und der Torsten, der Ziege wieder, Wahnsinn!

Du weißt doch, wie er ist.

Ich dachte am Ende, Mensch, Ziege, bist du verrückt? Ein Gegner will an ihm vorbei – und der Ziege rennt den Kerl einfach um, rennt frontal in den Gegner rein. Und das macht er dreimal! Normal sieht er drei Rote Karten.

Papa, ich muss in die Umkleidekabine.

Sie lächelten sich an im angestrengten Versuch so vieler Väter und Söhne, über den Sport dem anderen seine Nähe zu versichern; mit dem Gespräch über Fußball die Sprachlosigkeit zwischen ihnen zu übertünchen. »Dirk und Robert haben viel zu selten wirklich geredet«, sagt die Mutter. »Ich war ja auch nicht in der Lage, in der Familie zu streiten, mal etwas Negatives zu sagen. Und ich denke, Robert konnte das auch nicht. Da war immer so eine vornehme Zurückhaltung in unserer Familie.«

Wenngleich ihm gelegentlich die Worte fehlten, so besaß der Vater ein Auge. Während die Mutter ihrem älteren Sohn Gunnar noch tagelang gutmütig glaubte, er habe ihre Gitarre bei einem Freund vergessen, bemerkte der Vater die Verdrucksheit des Sohnes. Er fand heraus, dass Gunnar die Gitarre verkauft hatte.

Der Vater erkannte Roberts gehetzten Gesichtsausdruck, als er erstmals in der A-Jugend, bei den 18-Jährigen, spielen musste. Er war noch immer 16. Die Trainer schickten ihn in die höhere Altersklasse, damit er einmal richtig gefordert wurde; für die Gleichaltrigen sei er doch zu gut. Er hielt auch in der A-Jugend tadellos. Aber er nahm es nicht so wahr.

Für einen 16-Jährigen sind 18-Jährige die Großen. Die meisten 16-jährigen Torhüter, die bei den Älteren spielen müssen, haben Angst. Denn der Torwart wird in letzter Instanz immer nur an seinen Fehlern gemessen, und wie kann er keinen Fehler machen, wenn die gegnerischen Stürmer so groß und kräftig sind? Wie werden die Großen, Starken in seinem Team auf ihn herabschauen, wenn er versagt?

Robert Enke weinte, als er nach dem Spiel mit seinem Vater alleine war, und sagte, er wolle nicht mehr in der A-Jugend spielen. »Papa«, sagte er, »du wärst mir doch nicht böse, wenn ich mit dem Fußball aufhören würde?«

Die Freunde kennen diesen Robert nicht. »In den Jugendteams gab es immer Verrückte, die auf die Schwächsten eingedroschen haben, da hat der Enkus sicher auch mal die Pfeile und Spitzen abbekommen«, erzählt Torsten, »aber ihn konntest du nicht runterziehen, im Gegenteil. Wir hatten damals den Eindruck, den Enkus bringt nichts aus der Ruhe. Er war schon als 17-Jähriger im Tor so souverän wie andere nach zehn Jahren als Profi.«

Die Mutter erlebte in der Episode mit der A-Jugend einen ganz anderen Robert als der Vater. »Ich erinnere mich noch, wie er nach einem Abendessen aufstand und zu mir sagte: ›Mutter, ich muss was klären.‹« Er nahm die Straßenbahn zum Ernst-Abbe-Sportfeld und sagte Ronald Prause, dem A-Jugend-Trainer, dass er wieder in der B-Jugend spielen wolle. Ein Junge von

16 Jahren, selbstbewusst und charmant genug, dem autoritären Trainer zu erklären, was er wollte.

Doch Dirk Enke ist Psychotherapeut. Er hat einen anderen Blick. Zu Hause, sagt die Mutter, habe sie schon einmal gerufen: »Scheiß Psychos!«, wenn die Schwägerin und der Schwager zu Besuch waren, beide auch Psychologen, »und sie mir zu dritt erklären wollten, wie ich war. Aber«, sagt sie, »der Dirk hatte schon einen Riecher.«

Der Vater legt Messer und Gabel beim Mittagessen am Marktplatz von sich, er reibt die flachen Hände über die Oberschenkel. Dann sagt er: »Ich dachte mir, was passiert da gerade? Hat er Probleme mit seinen Mitspielern? Nein, es wurde schnell klar, es findet etwas in ihm statt: Die Angst vor Fehlern setzte ihm zu, dieses Denken: Wenn ich nicht der Beste bin, bin ich der Schlechteste. Damals als B-Jugendlicher in der A-Jugend muss diese Qual begonnen haben.«

Aber es war doch nur ein einmaliger Moment; ein kurzer Augenblick der Angst, wie ihn Hunderte Jugendtorhüter erleben!

»Doch die Seele erinnert sich immer an diese Grenzerfahrung.«

Als 17-jähriger Schüler, mit einer Sondergenehmigung vom Deutschen Fußball-Bund, unterschrieb Robert Enke bei Carl Zeiss Jena einen Profivertrag für die Zweite Liga. Mutter und Vater begleiteten ihn ins Büro des Vereins. Ernst Schmidt, der Geschäftsführer, und Hans Meyer, der Trainer, erwarteten sie. Sein spezieller Hang, ein Gespräch sofort mit launigen Ansichten zu dominieren, würde Meyer später zu einem Entertainer der Bundesliga machen. In der Geschäftsstelle hatte er dem 17-jährigen Torwart auch gleich etwas von Jenas mythischem Torhüter der Fünfzigerjahre zu erzählen. »Der Harald Fritzsche war hier über zehn Jahre lang an keinem einzigen Tor schuld«, sagte Meyer. »Zumindest, wenn man ihn fragte.«

Der Vater horchte auf. Wusste Meyer von Roberts quälerischen Selbstvorwürfen nach Fehlern? Wollte der Trainer ihm eine Botschaft schicken? Mach dich mal nicht verrückt.

Robert Enke teilte seine Leben. Er bekam in der Schule Einzelunterricht, um vormittags als Ersatztorwart mit der Zweitligaelf trainieren zu können, er war jetzt ein Profisportler mit all dem Ernst, mit all dem Nichtabsteigendürfen des Berufs – und gleichzeitig begann sonntags am Jenaer Westbahnhof mit Teresa eine unbeschwerte Jugend.

Sie kampierten bei seiner Mutter auf einer Matratze im Wohnzimmer und sagten ihr, sie müssten für das Abitur lernen. Manchmal gingen sie abends aus, er trank vielleicht ein Bier mit Limonade, »und ich tanzte auf den Tischen«, sagt Teresa, was vermutlich nicht wörtlich zu nehmen ist. Doch er fühlte, dass sie die Lebensfreude besser zeigen konnte.

Ihr ging alles so leicht von den Lippen, die Herzlichkeit, die Neugierde, die Entscheidungsfreudigkeit. Er glaubte, sie sei viel stärker als er.

»Ich habe nie gelernt, so zu feiern wie du«, sagte er, als ob er sich verteidigen müsste. Ihr gefiel gerade sein zurückhaltender, sanfter Charme. Sein Gesicht war das des ewigen lieben Jungen.

Sie war mit zwei älteren Brüdern auf dem Dorf in Franken groß geworden, der Vater hatte ihnen allen seine Leidenschaft für den Modernen Fünfkampf mitgegeben, Schwimmen, Fechten, Reiten, Schießen, Laufen. Zu Hause im Kinderzimmer schossen Teresa und ihr Bruder heimlich mit der Luftpistole auf Playmobilmännchen, »schau mal, wenn du sie auf der Brust triffst, zerspringen sie in tausend Teile«, sagte der Bruder, stolz über seine Entdeckung. Offiziell kam Teresa wegen des Sports nach Jena auf das Gymnasium. Dass es auch darum ging, dem bayrischen Schulsystem mit dem verfluchten Latein zu entfliehen, musste sie ja nicht sagen. »Zieh keine Markenklamotten an, damit du nicht als Besserwessi rüberkommst«, gaben ihr die Freunde aus dem Westen mit auf dem Weg. »Und dann sah ich am ersten Tag an der neuen Schule, dass sie nur Markenklamotten trugen.«

Ost und West, die Gegensätze, die in jener Zeit so viele sehen wollten, waren für sie kein Thema; nur gelegentlich Anlass zum gemeinsamen Lachen. Als Robert den Heiligabend bei Teresas

Familie verbrachte, zeigte er wegen seiner atheistischen DDR-Erziehung bei der Weihnachtsgeschichte Lücken. »Wer war denn das, der Josef?«

Sein Fußballsport interessierte Teresa wenig. Fußball stand für sie für enttäuschende Teenager-Samstagabende, »wenn ich zu Hause die Serie Beverly Hills schauen wollte und nicht konnte, weil meine Brüder den Fernseher wegen der Sportschau in Beschlag nahmen«.

Auch deshalb erzählte er ihr gar nicht von seinen ersten Profispielen, bis sie irgendwann, viel später, danach fragte. Er fand, darüber rede man nicht von sich aus, das sei Angeberei.

Carl Zeiss Jena hielt sich bemerkenswert gut in der Hinrunde der Saison 1995/96. Im Mittelfeld fiel gelegentlich ein 21-Jähriger namens Bernd Schneider durch seine Eleganz auf; ein paar Jahre später würde er als der technisch beste deutsche Fußballer gelten. Die Elf hatte sich in der Tabelle im vorderen Mittelfeld eingependelt, als es im Herbst zwei heftige Niederlagen hintereinander setzte, 1:4 in Duisburg, 0:4 gegen den VfL Bochum. Der Torwart Mario Neumann hatte schon glücklichere Tage erlebt. Am 11. November 1995 spielte Carl Zeiss bei Hannover 96. Gute Torhüter, heißt es, bräuchten mehr als alles andere Erfahrung, und Robert Enke war 18. Trainer Eberhard Vogel stellte ihn erstmals ins Tor.

Das Beeindruckendste war die Leere im Stadion. 6000 Zuschauer verloren sich auf den 56 000 Plätzen. Da fielen die eigenartigen Flutlichtmasten noch mehr auf. Wie gigantische Zahnbürsten wuchsen sie in den Himmel. Es war Fußball, bevor der Sport ein Event, die Volksparty wurde.

Das Spiel lief, Robert Enke wartete. Hin und her ruckte der Kampf im Mittelfeld, er konzentrierte sich, weil gleich der Gegner an seinem Strafraum erscheinen könnte, und dann ging es doch wieder in die andere Richtung. Dann, plötzlich, eine halbe Stunde war schon vorbei, ein Kopfball von Hannovers Reinhold Daschner. Auch ein fast leeres Stadion konnte auf einmal laut klingen. Robert Enke stand schon genau dort, wo der Kopfball hinflog, und fing ihn sicher.

Es dauerte nicht einmal zwei Minuten, ehe er nach seiner ersten bemerkenswerten Tat sein erstes Gegentor im Profifußball kassierte. Die *Ostthüringer Zeitung* fand recht ungewöhnliche Worte, um ihn in Schutz zu nehmen: »Am 1:0 für Hannover hatte Jenas Verteidiger Dejan Raickovic, aber keinesfalls Robert Enke eine Aktie.«

Es blieb der Kleinkram eines Torwarts zu erledigen, ein paar Eckbälle entschärfen, die Abschläge genau platzieren. Einmal entlockte er dem Stadion noch ein Raunen. Er begrub einen Schuss von Kreso Kovacec unter sich. Am Ende stand ein 1:1, ein Spiel, das die Zuschauer bereits zu vergessen begannen, als sie die Stadiontreppen hinausgingen, und ein junger, glücklicher Torwart, der beim Gang in die Umkleidekabine noch einmal einen Schrecken bekam. Über ihm donnerte es auf dem Tunneldach aus Plexiglas. Sein Vater hing über dem Tribünengeländer und schlug von oben stolz gegen das Dach des Spielereingangs, um ihm zu sagen, Mensch, Junge!

Er würde selbstverständlich im Tor bleiben.

Am Samstag darauf war seine Mutter mit einer Freundin in die Berge um Jena gefahren. Sie hatten das Radio eingeschaltet. »Mir wurde schlecht«, sagt Gisela Enke.

»Freistoß für Lübeck am linken Flügel«, rief der Reporter im Radio, »Behnert flankt, Enke ist draußen, er hat den Ball – und lässt ihn durch die Hände gleiten! Tor für Lübeck! Ein krasser Torwartfehler!«

Es war in Momenten wie diesem, da sich Andy Meyer bestätigt sah: Der Enkus war das Glückskind. Denn wenn er schon einmal danebengriff, was sowieso fast nie vorkam, gewann sein Team prompt, und niemand redete mehr über den Torwartfehler.

3:1 besiegte Jena den VfB Lübeck.

Wenn er sich anstrengte, konnte Robert Enke sehen, was Andy meinte: Sein Fehler war unerheblich gewesen. Aber später, viele Jahre danach, gestand er, wie er das als junger Torwart wirklich sah: »Ich konnte mir einen Fehler nicht verzeihen.« Die Mitspieler sagten, macht nichts, der Trainer sagte, das passiert jedem einmal, nächsten Samstag geht es weiter, natürlich bleibst du im Tor, doch »ich hatte die ganze nächste

Robert im Tor von CZ Jena bei der deutschen B-Jugendmeisterschaft.

Woche lang den Fehler vor Augen, ich bekam ihn nicht aus dem Kopf«.

Er ging die gesamte Woche nicht in die Schule. Er sagte, er sei krank.

Es ist die Tortur der Torhüter: der unhaltbare Anspruch an sich selbst, fehlerlos zu sein. Vergessen kann keiner von ihnen seine Fehler. Aber ein Torwart muss verdrängen können. Ansonsten kommt das nächste Spiel und bricht über ihm zusammen.

Carl Zeiss musste zum Derby nach Leipzig. Der Vater traf auf der Tribüne eine Bekannte aus alten Leichtathletik-Tagen. Sie setzten sich nebeneinander. Sie hielt zum VfB Leipzig, aber in der dritten Spielminute schrie selbst sie mitleidig: »Oh nein!«

Robert Enke hatte einen Weitschuss aus zwanzig Metern, mit

wenig Effet, mit nicht besonders viel Kraft dahinter, unter dem Bauch ins Tor rutschen lassen.

Ein Torwart muss jetzt so tun, als sei gar nichts passiert.

In der 34. Spielminute rannte Leipzigs Stürmer Ronny Kujat alleine auf ihn zu. In solchen Momenten scheint das Spiel plötzlich in Zeitlupe abzulaufen. Der Torwart registriert jede Fußbewegung des Stürmers, die Zuschauer verharren mit offenen Mündern. Der Torwart wartet eingefroren auf den Stürmer, er darf sich jetzt nicht bewegen, wer hier zuerst zieht – er die Hand oder der Stürmer den Fuß –, hat meistens verloren, denn der andere kann sein Manöver durchschauen. Kujat schoss. Robert Enke flog. Er wehrte den Ball ab. Es war die beste Parade seiner noch kurzen Profikarriere. Aber er genoss sie wohl schon nicht mehr.

In der Halbzeitpause sagte er verzweifelt zum Trainer: »Bitte wechseln Sie mich aus.«

»Darauf muss man auch erst einmal kommen«, sagt der Vater.

Ein Profi macht das nicht. Ein Profi kennt keine Schwäche.

Eberhard Vogel, der Trainer, erwiderte Robert Enke in der Halbzeitpause in Leipzig, er solle keinen Blödsinn reden, und ließ ihn bis zum Abpfiff weiterspielen. Danach stellte er ihn nie wieder ins Tor.

Die Mutter bemerkte, wie er zu Hause kaum noch redete, wie er nach dem Essen in sein Zimmer ging und die Tür hinter sich schloss. »Aber das kannte ich von Dirk doch auch schon so nach einem schlechten Hürdenrennen.«

Nach einer Woche entdeckte Robert Enke zögerlich das Lächeln wieder und fuhr zum Westbahnhof. Er dachte damals nicht darüber nach, er sah keinen Zusammenhang, aber in den restlichen sechs Monaten der Saison, in denen er wieder der junge Ersatztorwart war, von dem niemand etwas erwartete, war er auch wieder fröhlich, ausgeglichen. Er dachte allenfalls, es müsse an Teresa liegen.

Der Trainer hatte offen über den Vorfall in Leipzig geredet. »Dem Jungen fehlt jetzt das Selbstvertrauen. Er wollte, dass ich ihn in der Halbzeit rausnehme. Aber so einfach ist das nicht«, sagte Vogel den Sportreportern direkt nach dem Spiel.

Zehn Jahre später hätte dies das Ende für einen Torhüter sein können: Er machte einen Anfängerfehler und bettelte danach, zur Halbzeit verschwinden zu können. Die Nachricht wäre durch das Internet gegangen, über das Deutsche Sportfernsehen und unzählige anderen Medien verbreitet worden, die aus Zweitligaspielen mittlerweile ein Ereignis machen. Ein Ruf hätte sich in der klatschsüchtigen Profifußballszene zementiert: Der ist labil. Damals aber blieb die Nachricht in einer 16-Zeilen-Randmeldung in der *Ostthüringischen Zeitung* hängen.

Die Bundesligavereine, die bei seinen bemerkenswerten Jugend-Länderspielen auf ihn aufmerksam geworden waren, interessierten sich ungebrochen für ihn. Einige hatten in den zurückliegenden Jahren bei den Eltern vorgesprochen, darunter ein Herr von Bayer Leverkusen, der sagte: »Guten Tag, Reiner Calmund hier«, und dann Punkt und Komma nicht benutzte, der in vierzig Sekunden zehn Sätze unterbrachte. Den besten Eindruck hinterließen die Gesandten von Borussia Mönchengladbach. Denn anders als etwa Leverkusen oder der VfB Stuttgart, anders als üblich, schickte die Borussia nicht nur den Sportdirektor, sondern auch den Torwarttrainer.

Vor dem Abitur gehe er nicht fort, hatten ihm die Eltern auferlegt, nun aber rückte der Sommer 1996 näher, das Ende der Schulzeit.

Teresa überlegte laut, wo sie gemeinsam zur Universität gehen könnten, sie dachte an ein Lehramtsstudium oder Tiermedizin.

»Was hältst du von Würzburg?«

»Na ja, ich spiele ja auch noch Fußball.«

»Ist das denn so wichtig? Aber gut, in Würzburg gibt es sicher auch einen Verein.«

»Nein, also, ich meine Profifußball. Es gibt da einige Angebote.«

»Und?«

»Die bieten ja auch nicht das schlechteste Gehalt. In Mönchengladbach könnte ich 12 000 Mark im Monat verdienen.«

Also, dachte sich Teresa, da habe sie jetzt vielleicht doch ein klein wenig naiv geklungen dank ihrer Ignoranz in Sachen Fußball.

Wenige Tage, nachdem der Vater und Robert sich das erste Mal in Mönchengladbach mit den Machern der Borussia getroffen hatten, klingelte bei Dirk Enke das Telefon.

Pflippen am Apparat. Er sei der Berater von Günter Netzer gewesen, Lothar Matthäus, Stefan Effenberg und Mehmet Scholl gehörten zu seinen Klienten. »Ich könnte Ihrem Sohn helfen.«

Gewöhnlich nahm ein Fußballagent einen Spieler unter Vertrag und kümmerte sich dann für ihn um die Vereinssuche. Damals aber ging es oftmals noch etwas bequemer für die Handvoll Agenten, die den Markt beherrschten. Über ihre Informanten in den Bundesligavereinen erfuhren sie, wenn der Klub einen jungen Fußballer verpflichten wollte, der noch ohne Berater war. Postwendend bot sich der Agent dem Spieler an. So lief es mit Norbert Pflippen und Borussia Mönchengladbach in den Achtzigern und Neunzigern wohl gerne einmal.

Pflippen, der Flippi, hatte eine Stärke: Er war einer der Ersten im Geschäft gewesen. So hielt sich jahrzehntelang sein Ruf, er sei einer der Besten.

Der Flippi besuchte die Enkes in Jena. Ein Mann mit fleischigen Unterarmen und hemdsärmligen Umgangsformen, sparte er nicht mit Anekdoten, wie er den Günter damals zu Real Madrid gebracht habe und den Lothar zu Inter Mailand. Es war eine Zeit, in der noch kaum ein Jugendspieler einen Berater hatte, und da bot sich dieser Mann aus den höchsten Sphären des Fußballs Robert Enke an. Ein bisschen fühlten sich die Enkes geehrt. Recht sympathisch war der Flippi in seiner launigen Art auch. Sie sahen darüber hinweg, dass er am Ende dann doch recht plump wurde. »Wenn wir ins Geschäft kommen«, raunte Pflippen dem Vater zu, »schenke ich Ihnen ein kombiniertes Telefon-Fax. Und«, er wandte sich an Robert, »du bekämst ein Auto von mir.«

Noch vor der mündlichen Abiturprüfung in Geografie, Thema: Gesteine, unterzeichnete Robert Enke im Mai 1996 einen von seinem Berater Norbert Pflippen ausgehandelten Dreijahresvertrag beim Erstligisten Borussia Mönchengladbach.

Einige Zeit zuvor hatte auf der A2 von Dortmund Richtung Osten der Motor eines kleinen Peugeots Funken geschlagen.

Dann war unter der Motorhaube Rauch aufgestiegen. Mit so einem Auto zu fahren sei lebensgefährlich gewesen, das Öl und Kühlwasser seien leer, Ventile verstopft, erklärte der ADAC-Pannenhelfer den Enkes. Torsten Ziegner und Mario Kanopa waren nach einem Jugendländerspiel in Bocholt auch an Bord.

Dafür könne er aber nichts, rief der Flippi, dass sich der Gebrauchtwagen, den er Robert Enke geschenkt hatte, in solch einem Zustand befand.

ZWEI

Der Knall

Er lag am Boden, den Kopf im stellenweise schon braunen Gras. Er richtete den Blick auf, und in drei Metern Entfernung, auch auf Höhe der Grashalme, warteten zwei graublaue Augen auf ihn. Na, komm schon, sagten die Augen, starr vor Konzentration: Dir werde ich es zeigen.

Sie sollten sich gemeinsam aufwärmen.

Bäuchlings lagen sie sich im Strafraum des Trainingsplatzes gegenüber und warfen sich beidhändig den Ball zu. Ihre Körper waren wie biegsame Wippen, rhythmisch schwangen sie hoch und runter, nur ein kurzes, ersticktes Klatschen war zu hören, wenn der Ball im weichen Schaumstoff ihrer Torwarthandschuhe versank. Es reicht doch, dachte sich Robert Enke nach einigen Minuten, es ist doch nur Aufwärmen, warum hört er nicht endlich auf?

Robert Enke brauchte eine Woche in Mönchengladbach, um zu begreifen, dass Uwe Kamps nie aufhören würde. Er wollte ihn, Enke, den neuen Ersatztorwart, den potenziellen Rivalen, aufgeben sehen; ihn besiegen, in der kleinsten Aufwärmübung, jeden Tag.

Kamps hatte bereits über 300 Bundesligapartien für Borussia Mönchengladbach bestritten, er war 32, der Liebling der Fans und eigentlich, nach dem Training, doch umgänglich. Robert Enke war 19, der dritte Torwart, ein Junge. Er sollte in den ersten Jahren von Kamps lernen, und irgendwann würde er dann reif für die Nummer eins sein, hatte ihm Dirk Heyne gesagt, der Torwarttrainer, wegen dem er die Borussia anderen Bundesligisten vorgezogen hatte, der ihm sympathisch und kompetent erschien.

Er schaute zu Heyne. Der Torwarttrainer schwieg. Aber er hatte doch gesehen, was Kamps machte!

»Okay«, sagte der Torwarttrainer, »jetzt schießt euch den Ball auf Brusthöhe zu.«

Kamps schoss und schoss immer härter, immer fester, immer schneller. Er wollte sehen, wie Enke den Ball fallen ließ.

Abends, mit Abstand zum Training, lachte Robert Enke innerlich über die Erlebnisse, nicht ohne Sympathie für Kamps, was für ein Typ. Am nächsten Morgen, auf dem Weg zum Training, erschien ihm die Sache wieder ernst. Er fragte sich, ob ein Bundesligatorwart so sein musste wie Kamps, und vor allem, ob er jemals so sein könnte.

Druck machen war das Bundesligamotto der Neunziger. Immer mussten alle Druck machen, der Trainer den Spielern, die Ersatzspieler dem Trainer über die Presse, der Ersatztorwart der Nummer eins, die Nummer eins den Ersatztorhütern und der Sportdirektor sowieso allen. Der Einzige, der Robert Enke in Jena jemals unter Druck gesetzt hatte, war er selbst gewesen.

Manchmal ging er nach dem Training in Mönchengladbach in den Kraftraum, weil man ihm sagte, das sei wichtig, weil das die meisten Mitspieler taten. Er hatte sich früher praktisch nie an die Fitnessmaschinen gesetzt, sie bedeuteten ihm nichts. Er musste nicht zusätzlich trainieren, er hatte das Talent. Im Kraftraum gab es keine Fenster. Kamps war meistens schon mit Jörg Neblung da, dem Athletiktrainer. Die beiden maßen sich im Bankdrücken. Neblung, ein ehemaliger Zehnkämpfer, hatte mit seinen langen Beinen aufgrund der Hebelwirkung eigentlich keine Chance, so viel Gewicht zu drücken wie der kleine, bullige Kamps, aber der Sportler in Neblung lebte, er pumpte, er drückte, er legte 120 Kilo vor, und Kamps zog nach, er wollte ihn übertreffen, unbedingt, jedes Mal. Robert Enke tat, als ob er gar nicht hinschaute.

»Na, soll ich dir die Gewichte runternehmen?«, sagte Kamps, als er sah, dass sich Enke an einer Hantel versuchte, »am besten nimmst du nur die Stange, damit du dich nicht überhebst.« Kamps lachte, wie man über gute Witze lacht.

So sollte ein gutes Verhältnis unter Torhütern sein, fand Kamps; sportlich fair, herzlich hart.

»Uwe genoss es, aus allem einen Wettkampf zu machen«, sagt der Athletiktrainer Neblung. »Er hatte eine hochprofessionelle Einstellung, er verließ immer als Letzter das Trainingsgelände. Nur mit solch einer Berufsauffassung konnte ein Profi Erfolg haben, da waren wir uns damals sicher.« Mit seinem kompromisslosen Trainingsfleiß hatte Kamps seine natürlichen Nachteile überwunden, eigentlich schien er zu klein für einen Torwart, doch trotz seiner Größe von nur 1,80 Metern hielt er sich schon ein Jahrzehnt unerschütterlich im Tor der Borussia.

Der Athletiktrainer versuchte, den neuen Torwart zu einem ähnlichen Krafttraining wie Kamps zu überreden. Enke besaß eine breite Schulterachse, aber die dünnen Arme und Beine eines ungeformten Teenagers. »In ihm schlummerte ein Athlet«, sagt Neblung. Der Athletiktrainer hatte als ehemaliger Leichtathlet bei den Fußballern zunächst einen schweren Stand, denn Leichtathlet wurde man doch, weil man nichts am Ball konnte. Nach und nach waren mehr Spieler zu ihm gekommen, »Jörg, wir müssen dehnen«; »ey, Neblung, ich will was für meine Schnelligkeit tun«. In seinem dritten Jahr bei der Borussia war er in der Elf endlich halbwegs etabliert, da insistierte er nicht, als sich Robert Enke beharrlich einem gezielten Athletiktraining verweigerte. Er war doch nur der dritte Torwart. »Er trat nicht wirklich in Erscheinung«, sagt Neblung.

Als Schüler war er auf andere zugegangen. Als dritter Torwart wurde er zum Beobachter.

Borussia Mönchengladbach hatte in der Saison zuvor den DFB-Pokal gewonnen, die erste Trophäe seit sechzehn Jahren. Die Pokalsieger hatten Heldenverträge erhalten. Finanziell waren die Gehaltserhöhungen von beängstigendem Wagemut, aber Manager Rolf Rüssmann dachte zuerst an mögliche Erfolge und danach an Kreditrückzahlungsmodelle. Jäh war die Erwartung erwacht, dies könnten noch einmal die Siebzigerjahre werden, als der Verein das Utopia der Avantgarde war. Mit langhaarigen Spielern und freigeistigem Fußball hatte die Borussia Meisterschaften in Serie erobert. Nun besaß Mönchengladbach mit dem Weltklassemann Stefan Effenberg, mit Martin Dahlin oder Christian Hochstätter wieder Figuren. Sie demonstrierten ihren Stellenwert auch gerne.

Im Bus vom Trainingsplatz in Rönneter zurück zu den Duschen im Stadion am Bökelberg musste Robert Enke stehen. Es gab nicht genug Sitzplätze. Die Jüngsten blieben im Gang. Sollten erst einmal etwas leisten, fanden die Älteren.

Als der Bus von der Kaldenkirchener scharf in die Bökelbergstraße einbog, stieß Robert Enke mit einem anderen der stehenden Jungen zusammen, Marco Villa. Villa war 18 und schmächtig. Als ihn Trainer Bernd Krauss zu Beginn der Saison in den Angriff schickte, weil die Etablierten keine Siege brachten, schoss Villa drei Tore in seinen ersten sieben Erstligaspielen. Das gab es noch nie in 33 Jahren Bundesliga. Wer etwas leistete, wer richtig Druck machte, der wurde auch mit 18 akzeptiert, erkannte Robert Enke an Villa.

Villa schmierte den Älteren Seife in die Unterhose, während diese in der Dusche standen. Und die Älteren lachten.

Er tat es nicht, um aufzumucken. Er wollte nur Spaß haben. »Ich habe nicht viel nachgedacht«, sagt Marco Villa. »Im Prinzip wollte ich nur aufgenommen werden bei den Etablierten im Team wie Effenberg oder Kalle Pflipsen. Ich wollte so sein wie sie.«

Als Kamps Villa eines Tages von oben herab belehrte, antwortete er: »Weißt du, Uwe, es gibt Spieler, die respektiert werden, und solche, die gerne respektiert werden möchten. Du gehörst zu den zweiten.« »Uiuiui!«, rief Christian Hochstätter, der mit 33 gerne den Stammesältesten des Teams gab.

Wenn Villa sich mit 18 erlaubte, was kein 18-Jähriger sich bei der Borussia erlauben durfte, grinsten die Älteren innerlich, und der Große Effenberg schlug ihm auf die Schultern. Villa schoss Tore, und zudem gibt es Menschen, die jeder sofort mag, ohne genau zu verstehen, warum. Marco Villa gehört dazu.

Robert Enke machte nie Scherze mit Seife und Unterhosen. Aber er war auf wunderbar schwerelose Art glücklich, wenn andere in seiner Nähe albern waren.

Manager Rolf Rüssmann betrat die Umkleidekabine.

»Hat mal einer Gesichtscreme? Meine Haut ist so trocken.«

»Hier«, sagte Außenverteidiger Stephan Passlack.

Fünf Minuten später war Rüssmanns Gesicht in eine Kunststoffmaske gepresst. Passlack hatte ihm Haargel gegeben.

Nach dem Training war Robert Enke schnell zu Hause. Es waren nur fünf Minuten vom Bökelberg zu ihrer Wohnung im Loosenweg. Er blieb nicht, wenn die anderen Fußballer noch etwas essen gingen. Er dachte, dass er nicht dabei sein sollte, der Neuling, der dritte Torwart.

Drei- und vierstöckige Mietblöcke aus ockerbraunen Klinkersteinen stehen im Loosenweg nebeneinander, hier läuft die Stadt aus. In den Gärten wehen heute Deutschlandfahnen. Damals standen Porzellangänse mit Schleifchen um den Hals auf dem Rasen des Gemeinschaftsgartens.

Obwohl Robert bereits zur Gehaltsklasse der Besserverdienenden gehörte, überwiesen Teresas Eltern monatlich die Hälfte der Miete. So wie es sich nach ihren Vorstellungen im Studium der Tochter gehörte.

Jeden Tag fuhr Teresa die dreißig Kilometer zur Universität nach Düsseldorf, Studiengang Lehramt, Fächer Sport und Deutsch, und nach den Vorlesungen fuhr sie wieder nach Hause. Sie wollte bei Robert sein, auch schienen die anderen Studenten bereits feste Freundeskreise in den Wohnheimen gefunden zu haben. Sie wusste nicht recht, wie sie sich integrieren sollte. Plakate kündigten eine große Mensaparty an, und sie beschloss, mit Robert zu dem Fest zu gehen.

Die meiste Zeit standen sie allein da.

Sie musste plötzlich an ihre alte Schulfreundin Chris aus Bad Windsheim denken. Melancholisch schickte sie der alten Freundin eine SMS: »Weißt du noch, wie wir mit 13 immer im *Café Ritter* saßen und uns das Universitätsleben vorstellten, mit der täglichen Frage: Gehen wir in eine Vorlesung oder doch ins Café?«

Nur der Studentenjob erinnerte sie an ihre ursprüngliche Idee vom Universitätsleben. Sie arbeitete in einem Schuhgeschäft.

»Leider habe ich dreißig Prozent Rabatt bekommen, da war das verdiente Geld noch im Laden schnell wieder ausgegeben.«

Er staunte, wie leichtherzig sie ihr Geld für Schuhe ausgab. Ihm fiel es schwer, sich etwas Teures zu kaufen. Auf sein Geld, fand er, müsse man aufpassen.

»Entschuldigung«, sagte der Bankangestellte, als Teresa einmal Geld vom gemeinsamen Konto abhob, »aber bei Ihrem Kontostand frage ich mich gerade, ob Ihr Freund und Sie das Geld nicht mal irgendwie anlegen wollen?«

Robert Enkes Gehalt ging auf sein Girokonto, und dort ließ er es liegen. Er hatte Flippis gebrauchten Peugeot gegen einen kleinen Audi getauscht, er kaufte sich zweimal im Jahr Kleidung, Sommer wie Winter im Schlussverkauf, und hatte ansonsten wenig Wünsche, die man sich mit Geld erfüllte. Er lag gerne mit Teresa zu Hause auf dem Sofa.

Wenn sie für die Universität lernte, schaltete er den Fernseher ein oder las Zeitung, gelegentlich einen Kriminalroman, aber er ging nicht aus. Er wartete darauf, dass sie mit dem Lernen fertig wurde.

Als Teresa ein Jahrzehnt später am Tag nach seinem Tod mit ihren offenen Worten über Roberts Depressionen die Öffentlichkeit bewegte, werden viele in ihr die starke Frau gesehen haben, die doch hinter jedem starken Mann stehe. Ihre Freunde dagegen haben in all den Jahren davor das Gefühl gehabt, dass die beiden einfach immer füreinander da waren. In Mönchengladbach, zum ersten Mal gemeinsam alleine in einer fremden Stadt, entstand eine vollkommene Nähe zwischen ihnen. »Wir gehen ja auch mal ohne Frauen aus«, sagt Torsten Ziegner, der Ziege, der Freund aus Jena, »das gab es beim Enkus eigentlich nicht. Wenn du mit dem Enkus verabredet warst, warst du mit ihm und Teresa verabredet.«

Sie waren glücklich in der frischen Unabhängigkeit von den Eltern, mit all den Erfahrungen dieser Lebensphase, die einem später auf so milde Art peinlich sind: das unkontrollierte Herumgammeln, der Wäscheständer als Kleiderschrankersatz, der erste selbst gekaufte Badvorleger. Aber die Liebe und die große Freiheit des eigenständigen Lebens konnten ein Unbehagen nur überdecken, nicht tilgen. »Wir waren zwei 19-Jährige, die eigentlich in eine Wohngemeinschaft gehörten, die Monate zuvor noch Teil einer Gruppe in Jena gewesen waren«, sagt Teresa. »Und plötzlich waren wir in diese fremde Kleinstadt ohne Studentenszene geworfen worden, wo wir keine Freunde hatten und sie auch nicht so leicht fanden.« Manchmal fragte sie sich: Das also war das Erwachsenenleben?

Jeden sechsten Freitag putzte Teresa oder Robert das Treppenhaus. Die anderen fünf Mietparteien im Haus hatten beschlossen, die zwanzig Mark für die Putzfrau zu sparen. Einmal kam Teresa freitags spät von den Vorlesungen, Robert war zu einem Spiel mit Borussias Reserveelf unterwegs. Sie würde die Treppe samstags putzen, dachte Teresa. Am Freitagabend klingelte es an ihrer Tür.

Corinna, eine ordentliche Nachbarin, stand vor Teresa.

»Die Treppe ist nicht geputzt!«

»Ich weiß. Robbi ist nicht da, und ich bin ziemlich müde von der Universität. Ich mache es morgen, gleich in der Früh.«

»Die Treppe muss freitags geputzt werden!«

Corinna klingelte immer öfter. Die Treppe sei an den Rändern nicht richtig geputzt. Jemand sei mit dreckigen Schuhen über die noch nasse Treppe gelaufen.

Robert gab sich Mühe, der Frau unverändert mit zurückhaltender Höflichkeit zu begegnen. Teresa zog nach ein paar Wochen freitags eingeschüchtert die Schuhe unten am Hauseingang aus und ging in Strumpfsocken die Treppen hinauf in den dritten Stock.

Marco Villa besuchte sie manchmal im Loosenweg. Robert und er kannten sich seit drei Jahren, ohne etwas Substanzielles über den anderen zu wissen. Sie hatten gemeinsam in der Jugend-Nationalelf gespielt. Marco Villa kam aus Neuss, Robert Enke aus Jena. Ihr erster Trainer in der Jugend-Nationalmannschaft, Dixie Dörner, habe das Ost-West-Denken gefördert, fand Marco, schon beim Aufwärmen habe es eine Gruppe Ost, eine Gruppe West gegeben.

Einmal kam Marco zum Mittagessen. Robert saß im roten

Ledersessel und las ein Buch. Marco erhaschte einen Blick auf den Titel.

100 Jobs mit Zukunft. Von Claudia Schumacher und Stefan Schwartz.

»Was liest du denn da? Suchst du einen neuen Job, oder was?«

»Ich wollte mal schauen, was man außer Fußball machen könnte.«

»Hast du einen an der Waffel? Du bist Bundesligaprofi!«

»Bei dir ist es anders, Marco. Du spielst, du machst deine Tore. Aber ich bin nicht einmal als Ersatzmann bei den Spielen dabei. Ich trainiere, und wenn es zählt, sitze ich zu Hause oder auf der Tribüne. Ich bin nutzlos.«

»Du bist 19, Robbi! Das ist dein erstes Jahr hier. In ein paar Jahren wirst du spielen, mach dich doch nicht verrückt.«

Sie vertieften das Thema nicht. Wenn Marco Robert Jahre später an die Szene erinnerte, sagte Robert, »was erzählst du da, ich kann mich überhaupt nicht daran erinnern, solch ein Buch jemals besessen zu haben«. Doch das Buch steht noch heute in seinem Büro in Empede, die Silbermedaille der Europameisterschaft 2008 baumelt daneben. Teresas Vater hatte ihm das Buch geschenkt. »Schau doch einmal rein«, hatte er gesagt, »vielleicht interessiert dich ja ein anderer Beruf.« Wenn es mit dem Fußball wirklich so schlimm sei.

Er wollte nicht mehr zum Training. Es war Winter, Januar 1997, um halb fünf brach die Dunkelheit herein, und er saß in dieser Kleinstadt, mit der ihn nichts verband, in diesem Haus, in dem die Gartenzwerge liebevoller behandelt wurden als die Nachbarn. Und all das, um dritter Torwart zu sein, um mit der Reservemannschaft vor 120 Zuschauern zu spielen, um jeden Tag die Anspannung im Training zu ertragen.

Die Stimmung in der Umkleidekabine war gereizt. Trainer Bernd Krauss stand jeden Samstag wieder 90 Minuten vor dem Rauswurf, im Dezember war es dann so weit. Die Pokalsiegerelf, zum Generalangriff auf die Bundesligaspitze hochgerüstet, dümpelte im Mittelfeld der Tabelle herum. In einem Trainingsspiel gegen den Zweitligisten Fortuna Köln durfte Robert Enke einmal in der ersten Elf spielen. Die Borussia verlor 1:4.

Er spürte wieder das heiße, hektische Pochen. Die Angst aus der A-Jugend, die Großen zu enttäuschen, war wieder da. Er fürchtete, er könnte nie so werden wie Kamps, immer Druck machen; immer Druck aushalten. Er hatte das Gefühl, keinen interessiere, was der dritte Torwart mache, er sei unsichtbar – und gleichzeitig fürchtete er, er könnte sich in der angespannten Lage mit Fehlern im Training den Zorn der Großen im Team zuziehen. Das war ein Widerspruch, aber diese Angst ist ein einziges Paradoxon.

Für Teresa war das ein neuer Robbi. Sie war verwirrt, wo kam diese Angst her, so kannte sie ihn nicht. Gleichzeitig spürte auch sie eine Enttäuschung angesichts ihres anonymen Universitätslebens, vielleicht quälte ihn ebenso wie sie die Sehnsucht nach dem unbeschwerten Leben mit den Freunden in Jena. Oder es waren einfach nur ein paar schlechte Tage.

Eine Woche verging, und jeder Morgen begann gleich.

»Ich will nicht ins Training.«

»Robbi, es ist doch nicht so schlimm.«

»Ich will da nicht hin, verstehst du nicht, ich will einfach nicht.«

»Marco ist doch auch da. Du wirst sehen, wenn du erst einmal dort bist, geht es schon.«

Als er aus der Tür war, rief sie seinen Vater an.

Dirk Enke kam am nächsten Wochenende.

Er kannte die Angst von seinen Patienten. »Aber sehen Sie«, sagt er, »ich bin da als Therapeut einfach nicht zuständig, das kann ein Vater nicht leisten.« Er konnte dem Sohn nur sagen: Gib deinem Tag eine feste Struktur. Bei seinem Besuch warf er ihn morgens um sieben aus dem Bett, damit der Tag gleich losging, damit es feste Ziele am Horizont gab, Dinge, die der Sohn erledigte, und wenn es nur ein Spaziergang war, der ihm das Gefühl gab: Ich habe etwas geschafft.

»Und geh zu einem Arzt«, sagte der Vater zum Abschied.

Bei der Borussia stand das Wintertrainingslager an. Aus Angst wurde Panik. Er glaubte, er könne da nicht hin, eine Woche ausschließlich in dieser Fußballelf, in der er nicht beachtet wurde und in der jeder Fehler von ihm im Training ganz genau registriert werden würde.

Er ging zu Heribert Ditzel, dem Mannschaftsarzt.

Ärzte von Profimannschaften stehen unter einem immensen Druck der Trainer, wöchentlich werden sie bedrängt, gegen ihren medizinischen Sachverstand verletzte Spieler mit Schmerzmitteln in den Kampf zu schicken.

Dieses Mal jedoch dachte der Arzt nur an den Menschen vor ihm, nicht an den Klub. Ditzel mochte den zurückhaltenden Jungen. Er dichtete Robert Enke einen Grippevirus an, sodass der Torwart nicht ins Trainingslager fahren musste.

Als die Mannschaft zurückkam, erhielt er einen neuen Spitznamen. Robert Enke war nun Cyrus für die Kollegen. Nach Cyrus dem Virus, einer Figur aus dem Kinofilm *Con Air*. Niemand zweifelte daran, dass er an einem Grippevirus litt. Er konnte über den neuen Spitznamen herzlich lachen. Ohne erkennbaren Anlass hatte sich die Angst nach vier Wochen wieder verzogen.

Er strengte sich an, von Kamps zu lernen. Wenn der es offenbar zur Motivation brauchte, ihn als Rivalen zu betrachten, dann würde er eben heimlich von ihm lernen. Er beobachtete den Alten beim Training aus den Augenwinkeln. Er habe sich dann auch bei Schüssen aus nächster Nähe spekulativ in eine Richtung geworfen oder Flanken gefaustet, die er vielleicht hätte fangen können, sagte Robert später, fast verschämt. »Ich habe Uwes Stil ein wenig kopiert.«

Einige deutsche Torhüter wie Uwe Kamps legten nach einer erfolgreichen Flugparade unter dem Raunen des Publikums noch zwei Rollen auf dem Rasen hin. Sie orientierten sich an der Lehre des Achtzigerjahre-Idols Toni Schumacher. Tauchte der Stürmer alleine vor ihnen auf, warfen sie sich ihm mit aller Macht in den Weg. Lenkten sie den Ball über die Torlatte, zogen sie während des Sprungs die Knie nach oben, damit auch der Letzte die Dramatik der Situation begriff. Deutsche Torhüter waren die besten der Welt, fanden die Deutschen.

Niemand im deutschen Publikum störte sich Ende der Neunziger daran, dass selbst exzellente Torleute wie Andreas Köpke, Stefan Klos und ein junger Mann aus Karlsruhe namens Oliver Kahn tief im eigenen Strafraum spielten, nah an der Torlinie, während in Argentinien, Spanien oder den Niederlanden der Torwart zum Ersatzlibero wurde. Weit vorgerückt machte er dem Gegner Steilpässe in die Sturmspitze unmöglich oder brach als zusätzliche Anspielstation für die eigene Abwehr das Pressing des Gegners. Einer der radikalsten Propheten des offensiven Torwartspiels war Edwin van der Sar von Ajax Amsterdam. Robert Enke sah van der Sar im Fernsehen, sah Uwe Kamps im Training, verglich und orientierte sich am deutschen Modell, spektakulär zu retten statt vorausschauend zu agieren.

Nach einem Dreivierteljahr in Mönchengladbach erhielt er erstes Lob. »Die Borussia kann sich glücklich schätzen, diesen Jungen zu haben«, sagte der neue Trainer Hannes Bongartz der *Rheinischen Post.* »Ihm gehört die Zukunft.«

Robert Enke hatte in seinen ersten Monaten bei der Borussia gelernt, dass Fußball kein Spiel, sondern Kampf sei, dass Fußballer ihre Ziele mit Druckmachen und Druckbekommen erreichten. Aber was ihn betraf, so fühlte er sich von Bongartz' Lob beflügelt wie von keinem Druck.

Bei der Saisonabschlussfeier, bei der die Borussia weniger ihren belanglosen elften Rang als den Fakt feierte, dass das Spieljahr vorbei war, wollte er gegen Mitternacht nach Hause. Teresa mochte gerne noch bleiben.

Sie war neugierig auf diese Bundesligawelt, außerdem gab es endlich einmal ein Fest, wie sie sich viele von der Universität erhofft hatte. Sie saßen in einem Gewächshaus. Ein Blumengroßhandel war für die Feier umgestaltet worden.

»Dann bleib du noch, ich gehe nach Hause«, sagte Robert und verabschiedete sich.

Die letzte Handvoll Spieler weilte noch auf der Feier, als Stefan Effenberg in die Nacht rief: »So, wo gehen wir jetzt noch hin?«

Effenberg war als Fußballer längst zu groß für die Borussia und musste dieses Gefühl des Öfteren kompensieren.

»Wir können auch noch zu uns gehen«, sagte Teresa, so wie sie es an der Universität gesagt hätte.

»Nein, lass mal«, sagte Effenbergs Frau. Das kam offenbar gar nicht infrage.

Als Teresa Robert am nächsten Morgen davon erzählte, antwortete er: »Wenn ihr hierhergekommen wärt, hätte ich sie rausgeworfen. Und dich mit ihnen.« Sie erschrak über den Ernst in seiner Stimme.

Sie tat sich schwer zu verstehen, warum er meistens nur still wurde, wenn andere laut feierten. »Heute bin ich stolz auf ihn, dass er damals schon so einen festen Charakter hatte«, sagt sie, »dass er sagte: ›Ich mache eben nicht gerne Party, also gehe ich auch nicht auf ein Fest oder in eine Disko, selbst wenn alle anderen mich dazu drängen.‹«

Er schätzte Effenberg für seine Art, mit jungen Spielern fürsorglich wie ein großer Bruder umzugehen. Wenn einer wie Marco Villa mit 18 begeisternd spielte, zollte ihm Effenberg nicht nur Respekt, sondern gewährte ihm Schutz. Aber anders als Marco hatte Robert Enke kein Interesse daran, die Welt der Effenbergs und Kamps' außerhalb des Bökelbergs zu erkunden. Er hatte ein Bild im Kopf von Nächten im Neonlicht mit großspurigem Gehabe, und er fühlte, er passe dort nicht hinein.

Gelegentlich gab es für Robert Enke Ferien vom anonymen Alltag als Ersatz des Ersatztorwarts. Zu den Junioren-Länderspielen wurde er weiterhin als Nummer eins berufen. In Belfast spielten sie gegen Nordirland, er teilte sich mit Marco das Hotelzimmer. Sie kannten die Angewohnheit von Junioren-Bundestrainer Hannes Löhr, am Vorabend noch einmal aufs Zimmer zu kommen und sie auf die Partie einzustimmen. Sie kannten nach einem Jahr aber auch Löhrs Sprüche.

Morgen müssen wir unbedingt gewinnen. Das ist ein ganz wichtiges Spiel.

»Ich habe heute keinen Bock drauf«, sagte Robert.

Und sie schoben den Fernseher von innen direkt vor die Zimmertür. Wie erwartet, klopfte es gegen halb neun.

»Wer ist da?«

Robert im Trikot der Junioren-Nationalelf.

»Der Trainer.«

»Oh, Trainer, Moment mal, es ist gerade ganz schlecht, Vorsicht! Oh nein – Trainer, warten Sie bitte mal kurz!«

»Was ist denn los bei euch, Marco?«

Sie unterhielten sich noch immer durch die geschlossene Tür.

»Der Fernseher steht direkt vor der Tür, wir müssen den erst wegräumen, ich weiß nicht, ob das geht, boah, ist der schwer!«, rief Marco, der seelenruhig auf einem Stuhl saß.

»Ja. Okay, Jungs, lasst mal. War nichts Wichtiges.« Und Löhr ging. Für die Mitspieler sah es immer so aus, als albere Marco herum, und Robert sei halt dabei. Robert hatte das Gefühl, Marco und er trieben gemeinsam Späße.

»Teresa sagte oft, ihr beide zusammen seid unerträglich albern«, sagt Marco. »Aber die Momente, als wir lachten – das war der glücklichste Robbi.«

Für einen Fußballprofi, der gewohnt war, dass sich alles im Leben dem Sport unterordnete, erhielt Robert Enke im Sommer 1997 eine ungünstige Nachricht. Er musste zur Bundeswehr.

Er hatte Zivildienst leisten wollen. Aber sein Realismus und ein klein wenig auch seine Bequemlichkeit waren größer als seine Überzeugung, niemals Dienst an der Waffe leisten zu wollen. Der Zivildienst hätte dreizehn Monate gedauert. Bei der Bundeswehr musste er als Profisportler in der Sommerpause die dreimonatige Grundausbildung durchlaufen, die restlichen sieben Monate der Wehrzeit wurden ihm als Mitglied der Sportfördergruppe de facto erlassen.

Marco Villa wurde mit ihm eingezogen.

Sie landeten in der Kaserne Köln-Longerich zwischen der Autobahn A1 und dem Gewerbegebiet Bilderstöckchen. Funker Enke und Funker Villa.

»Durchzählen«, brüllte der Ausbilder bei der Begrüßung, trat ganz nah an Robert Enke heran und zischte, Nase an Nase, »na, Sie Supersportler«.

»Was verdienst du, was verdiene ich, was verdienst du, was verdiene ich«, murmelte Robert Enke, als der Ausbilder wieder außer Hörweite war. Marco musste lachen.

»Was gibt es da zu lachen?«, brüllte der Ausbilder. Der Ton war gesetzt.

»Funker Enke!«, brüllte es über den Kasernenhof. Der Ausbilder stand am Fenster. »Kleiderordnung, Funker Enke!«

»Ja, Kleiderordnung«, murmelte Robert Enke unten auf dem Hof, auf dem Weg in die Cafeteria.

»Schauen Sie sich mal an!«

Er hatte das Schiffchen und die Koppel vergessen. Er musste einen vierseitigen Aufsatz schreiben. Über den Sinn der Kleiderordnung bei der Bundeswehr.

Einige Tage später rutschte ihm bei den Liegestützen das Hemd aus der Hose.

»Funker Enke, Kleiderordnung!«

»Ja, was, Kleiderordnung?«, zischte er.

Zur Strafe sollte er einmal um den Block sprinten.

Er trabte, statt zu sprinten.

»Sprinten, habe ich gesagt, Funker Enke!«

Der Ausbilder ließ ihn noch eine Runde laufen, und Robert Enke trabte weiter. Diesmal würde er sein wie Uwe Kamps. Er würde niemals aufgeben. Ihm war heiß vor Zorn. Wenn er etwas nicht ertrug, dann das Gefühl, ungerecht behandelt zu werden.

Nach elf Runden gab der Ausbilder auf. »Abtreten, Funker Enke.«

Marco Villa erschien es längst zwangsläufig, dass immer Robert die Missgeschicke zustießen. Wenn sie mit der Borussia in einem Hotel waren, schlug Marco auf dem Weg zum Frühstück absichtlich die falsche Richtung ein. Robert tappte brav hinter ihm her, bis sie vor der Abstellkammer statt im Aufzug standen. »Er hatte den schlechtesten Orientierungssinn der Welt«, sagt Marco, »und er brachte mich jedes Mal wieder zum Lachen, wenn er dann panisch rief: ›Wo sind wir denn jetzt wieder gelandet?‹«

Natürlich, sagt Marco, er wisse, dass jeder irgendwelche Bundeswehr- oder Fußballgeschichten zu erzählen habe, deren Charme für Außenstehende schwer begreiflich sei. Aber für ihn und Robert waren jene drei Monate in Köln-Longerich ein Schatz. Dort fand Robert Enke einen Freund, der ihm für immer bleiben würde.

Heute lebt Marco als Profifußballer mit seiner Frau und den zwei Kindern in Italien, der Heimat seines Vaters. Der italienische Einfluss ist nicht zu verkennen, aus dem braven Mönchengladbacher Schülerhaarschnitt ist eine modische Langhaarfrisur geworden. Er sitzt in Roseto an der Adria beim Frühstückskaffee in der *Pasticceria Ferretti* und redet über die Liedtexte von Vasco Rossi, »dich interessiert mehr die Schule«, singt Rossi, »aber dann, wer weiß, wie gut du im Rest vom Leben bist«. Da sei was dran, sagt Marco. Da erkenne er sich auch wieder, wenn man Schule durch Fußball ersetze. Wenn Marco erzählt, lauscht ihm jeder gerne. Robert Enke hatte bei ihm vor allem das Gefühl, verstanden zu werden.

Als im August 1997 in Mönchengladbach die nächste Saison nach der Bundeswehrzeit begann, war Marco Villa beim Torschusstraining besonders darauf erpicht, Uwe Kamps zu überlupfen. Er genoss es, wie Kamps dann jedes Mal tobte. »Um nicht falsch verstanden zu werden, der Uwe war im Prinzip sehr nett«, sagt Marco. Doch ohne dass sie jemals konkret darüber geredet hatten, ahnte Marco, wie Robert sich innerlich über den tobenden Kamps amüsierte, und die Vorstellung spornte Marco an, machte ihn glücklich.

Robert Enke machte in seiner zweiten Bundesligasaison den kleinsten Sprung, der in einer Bundesligaelf möglich ist, vom dritten zum zweiten Torwart. Auch der zweite Torwart spielte nie. Doch für ihn bedeutete der persönliche Aufstieg die Welt. Er gehörte endlich dazu. Der zweite Torwart reiste als Ersatzmann zu allen Spielen mit.

Bisher hatte er nur Marcos Geschichten gekannt. Wie die Mannschaft im Vorjahr mit dem Bus nach Freiburg gefahren war. Effenberg und Hochstätter saßen wie gewohnt in der zweiten Reihe direkt hinter dem Trainer, Marco hatte es sich ganz hinten mit Karlheinz Pflipsen und einigen anderen zum Kartenspielen bequem gemacht. Ihnen wurde warm.

»Mach doch mal die Klimaanlage an!«, riefen sie dem Busfahrer zu.

Hinter Karlsruhe wurde die Hitze unerträglich. Als sie in Freiburg zum Bundesligaspiel ankamen, saßen die Kartenspieler nur noch in Unterhose auf der letzten Bank, anders war es nicht auszuhalten.

Später fanden sie heraus, was passiert war.

Der Busfahrer verstand im Lärm des Motors nicht, was Marco Villa von der letzten Bank rief.

»Was wollen die?«, fragte der Busfahrer Effenberg.

»Denen ist kalt«, sagte Effenberg, ohne eine Miene zu verziehen.

»Was? Ich habe die Klimaanlage hinten doch schon auf 26 Grad.«

»Mach sie halt noch höher«, sagte Effenberg.

Nun war Robert Enke dabei. Er flachste mit Kamps, er hatte sich an dessen Ehrgeiz gewöhnt. Seit er in der Mannschaft als talentierter Ersatztorwart Anerkennung fand, war Kamps' extremer Wettkampfgeist gar nicht mehr so schwer zu ertragen.

Vor den Bundesligaspielen teilte er sich mit Marco das Hotelzimmer. Der Große Effenberg klopfte bei ihnen an. Er wollte gegen Marco auf der Playstation Autorennen fahren. Einsatz 100 Mark pro Rennen, sagte Effenberg. In wenigen Minuten hatte Marco 1000 Mark verdient. Effenberg forderte ihn auf, weiterzuspielen, obwohl er sehen musste, dass er nie gewinnen würde.

Robert blieb im Hintergrund sitzen und sah still zu, wenn Effenberg im Zimmer war.

Zu Hause wünschte sich Teresa einen neuen Mitbewohner. Er reagierte abwehrend. Einen Hund?

Wenn Teresa sich als Kind das Erwachsensein vorgestellt hatte, hatte sie immer ein Haus auf dem Land mit vielen Tieren gesehen. Sie hatte Robert nach seiner Idee von der Zukunft gefragt. Er hatte keine Vorstellung. Er hatte seine Träume immer auf den Fußball beschränkt.

»Ein Hund wäre doch schön.«

Er schwankte. Er wollte kein Tier im Haus. Aber er hatte auch nichts dagegen. Was ihn glücklich machte, war, andere glücklich zu machen, vor allem Teresa. Also gut, ein Hund.

Sie nannten ihn Bo. Sie hatten keine Ahnung, wie man einen Hund erzieht.

Bo war den ersten Tag bei ihnen. Sie mussten einkaufen gehen. Der Hund schlief friedlich. Teresa wollte ihn nicht aufwecken.

»Komm, wir schleichen uns kurz raus, der merkt das gar nicht«, sagte Teresa. In ein paar Minuten wären sie doch wieder zurück.

»Als wir wiederkamen, war er natürlich traumatisiert.« Teresa lacht sanft über sich selbst. »Wir haben alles falsch gemacht, was man falsch machen kann. Nach ein paar Wochen waren wir wie besorgte Eltern mit dem ersten Kind. Wir gingen nur noch getrennt ins Kino, damit Bo nicht allein blieb und bellte.«

Der Hund war ein willkommener Anlass für die Nachbarn, sich aufzuregen. Er liefe immer über die frisch geputzte Treppe, schrie Corinna.

Für Teresa und Robert war der Hund ein weiterer Anlass, endlich auszuziehen. Borussias Busfahrer wohnte fünfzehn Kilometer südlich von Mönchengladbach. Seine Dachwohnung sei frei, sagte Markus Breuer.

Teresa knipste ein letztes Foto im Loosenweg, die Porzellangänse im Garten. Zum Ende des Jahres 1997 trugen sie ihre Möbel aus der Wohnung. Corinna rief zum Abschied, um 22 Uhr solcher Lärm, das sei eine Unverschämtheit. Robert schrie zum ersten Mal zurück. »Jetzt ist es doch gut, wir ziehen aus, Corinna, in wenigen Minuten siehst du uns nie wieder, lass uns doch wenigstens jetzt in Ruhe!«

Man fährt die alte Landstraße über Wey durch Rüben- und Weizenfelder, an manchen Stellen wird die Straße fast zum Feldweg. Hinter Hoppers kommt Gierath.

In den zurückliegenden dreißig Jahren ist Gierath enorm gewachsen, das Neubaugebiet überragt den alten Ortskern. Das Dorf hat nun 1500 Einwohner.

Robert Enke wurde von Markus Breuer schnell integriert.

Im Erdgeschoss seines Hauses in der Schulstraße betreibt Breuer ein Sportgeschäft. Einmal musste er kurz weg, seine Frau war mit dem Kind beim Arzt, Breuer klingelte in der Dachwohnung. »Robert, könntest du bitte mal eine halbe Stunde den Laden übernehmen?«

Ein Kunde trat ein und verlangte prompt Torwarthandschuhe. »Haben Sie Ahnung davon?«

»Ein bisschen«, sagte Robert Enke.

Er erklärte dem Kreisligatorwart alles über den Unterschied zwischen fünf und sechs Millimeter Schaumstoffbelag, Titaniumhaftschaum oder Naturlatex. Als Markus Breuer zurückkam, wollte der Kunde gerade gehen. »Wer ist denn der neue Verkäufer, den du da hast?«, fragte er. »Der ist ja richtig nett. Und sogar kompetent.«

Breuer stellte ihnen einen Jäger vor. Hubert Roßkamp könne ihnen sicher einmal die Hunde abnehmen. Es waren mittlerweile zwei.

Nachmittags nach dem Training ging Robert oft mit Hubert und den Hunden durch die Felder spazieren.

»Man konnte ihm doch gar nicht anmerken, was er war,

Robert Enke mit Hubert Roßkamp vor dessen Haus in Gierath.

so bescheiden trat er auf, so normal war er angezogen«, sagt Hubert Roßkamp, 73 Jahre alt mittlerweile.

Er arbeitete als Industriekaufmann bei Rheinmetall in Düsseldorf. Seine Stube hat er zum persönlichen Museum umfunktioniert, überall hängen Roberts Trikots mit der Aufschrift »Für meinen Freund Hubert«. Auf dem Regal in Huberts Küche steht zuvorderst das Hochzeitsfoto von Robert und Teresa. Die Fotos von seiner Familie hat er dahinter platziert. Auf einem trägt Hubert zur Feier des Tages ein schwarzes Hemd mit schwarzer Krawatte zum weißen Anzug und den langen weißen Haaren. Vor zwei Jahren hat er sich einen Sportwagen gekauft, einen Mazda MX5, ein Jugendtraum, erfüllt mit 71. Und man merkt, wie wenig solche Symbole über Menschen sagen, nicht nur über Fußballer, auch über Rentner: Bescheidenheit gehört zu Huberts auffälligeren Eigenschaften.

Nachmittags in den Feldern stellte Hubert Robert Fragen. Sag mal, wie muss man eigentlich fliegen als Torwart? Haste keine Angst, wenn die Stürmer kommen? Ein Torwart, der dem Ball hinterherfliegt, strecke die untere Hand immer ein wenig weiter heraus als die obere und versuche beide Arme parallel zu halten, erklärte ihm Robert. Und Angst, nein, Angst habe er sicher nicht. Ein gesundes Maß an Nervosität sei wichtig, aber mehr sei da auch nicht.

Als er einige Tage nach dem 24. August 1998 auf der Terrasse in Gierath seinen 21. Geburtstag nachfeierte, war Hubert eingeladen, es kamen Nachbarn wie der Busfahrer Markus Breuer mit seiner Frau Erika und Teresas Freundin Christiane, die als Türsteherin in einer Diskothek arbeitete. Aus Borussias Mannschaft waren nur Marco Villa da und Jörg Neblung, der Athletiktrainer, dessen Einzeltraining Robert im ersten Jahr beflissentlich ausgewichen war. Im Juli 1998 hatte die Borussia Neblung nach vier Jahren den Vertrag nicht verlängert. Er war als Mitarbeiter zur Agentur von Roberts Berater Norbert Pflippen gewechselt.

Es gab Sekt, Christiane backte Pizza, Hubert brachte Robert wie gewohnt Erdbeerkuchen. Damals fiel es Marco gar nicht auf, dass außer ihm keine Gleichaltrigen, keine engen Freunde von Robert auf dem Fest waren. »Es war eine angenehme Feier mit lauter lieben, netten Menschen«, sagt Marco, »und Robbi war glücklich.« Was nicht zuletzt am Fußball lag.

Es hatte geknallt, und aus Robert Enke war kurz vor seinem 21. Geburtstag jäh ein Mann im Auge der Öffentlichkeit geworden. Am 7. August 1998 trainierte die Borussia auf dem Fußballplatz neben dem Bökelbergstadion. Die Torhüter übten getrennt vom Rest der Mannschaft, Dirk Heyne schlug Flanken, Enke stieg hoch, Kamps stieg hoch, sie wechselten sich ab. Den Knall hörten auch die Spieler in der anderen Hälfte des Spielfelds. Wenn eine Achillessehne reißt, klingt es wie ein Peitschenhieb. Uwe Kamps blieb am Boden liegen. Zunächst war es mehr der Schreck über den Knall, der ihn niederstreckte, als der Schmerz in seiner rechten Ferse.

Er wurde noch am selben Tag in der Unfallklinik in Duisburg operiert. Er werde vier Monate ausfallen, prognostizierte der Chirurg. Die neue Bundesligarunde begann in acht Tagen.

In Jena warf Andy Meyer am nächsten Morgen einen flüchtigen Blick in die Zeitung. Er musste, alleine im Zimmer, kurz lachen. »Der unangefochtene Stammtorwart verletzt sich direkt vor dem Bundesligastart schwer – wann passiert so etwas schon einmal«, sagt Andy. »Und natürlich profitiert wieder einmal der Enkus davon.«

In der Wahrnehmung von Teresa gingen die acht Tage so schnell vorüber und dauerten gleichzeitig so ewig lange. So oft ließ sich in acht Tagen freudig denken: Endlich. So oft ließ es sich in acht Tagen schaudern: Und wenn er ein Tor verschuldet?

Borussia Mönchengladbach hatte schlagartig einen Torhüter mit der Erfahrung aus 389 Bundesligapartien verloren; ein einziger Fußballer, Berti Vogts, hatte öfter als Kamps für den Klub gespielt. An seiner Stelle stand nun ein Torwart, der noch in keinem einzigen Bundesligaspiel erprobt war und der Jüngste in der Liga sein würde. »Robert hat unser vollstes Vertrauen«, verkündete Friedel Rausch, der mittlerweile vierte Trainer in Robert Enkes drittem Jahr bei der Borussia.

»Was sollte Rausch denn sonst sagen?«, sagt Jörg Neblung. »Meine Wette ist: In Wirklichkeit fühlte sich der Trainer unwohl. Sein Routinier verletzt sich, und jetzt hatte er da so einen Grünschnabel.«

Marco Villa sah es anders. »Viele in der Mannschaft fanden Robbi damals schon stärker als Kamps, unser Libero Patrik Andersson zum Beispiel. Deshalb machten wir uns keine Sorgen, wirklich nicht.«

Wahrscheinlich hatten alle Beteiligten Jörgs *und* Marcos Gedanken. Wie Teresa schwankten sie zwischen Zuversicht und Bedenken.

Robert Enke selbst wurde ganz ruhig.

Er hatte einen Mechanismus entwickelt, innere Nervosität in äußere Ruhe umzuwandeln. Ganz selten setzte der Mechanismus aus. Dann überkam ihn die Angst, wie drei Jahre zuvor im Zweitligaspiel für Carl Zeiss Jena in Leipzig, wie in seinem ersten Winter in Mönchengladbach. Doch fast immer waren Unruhe oder Aufregung für ihn der Stoff, um hochkonzentriert und ruhig zu werden.

Am Tag vor dem Bundesligaauftakt schrieb die *Westdeutsche*

Allgemeine Zeitung: »Dieser 20-Jährige wirkt schon so unglaublich reif, so vernünftig, so ausgeglichen.« Er sagte der Zeitung: »Vorbilder habe ich nicht, jetzt sowieso nicht mehr.«

Der Vater kam aus Jena angereist, einer von Teresas Brüdern aus Würzburg. Gisela Enke war in der Slowakei im Urlaub. »Zu Roberts erstem Bundesligaspiel gehen wir gemeinsam«, hatten sie und Dirk Enke sich nach der Trennung versprochen. Das klappte nun nicht. Schalke 04 hieß der Gegner am Bökelberg. »Wir haben uns auf der Tribüne gegenseitig fertiggemacht mit unserer Nervosität«, sagt Teresa.

In der vergangenen Saison war die Borussia erst am letzten Spieltag dem Abstieg entronnen, danach war der Große Effenberg für eine Ablöse von 8,5 Millionen Mark zu Bayern München weitergezogen. Ein bisschen Gemütlichkeit war von daher das Höchste, was sich die meisten in Mönchengladbach von der Saison 1998/99 erhofften, einen Platz im Mittelfeld der Bundesliga, nur weit genug weg von der Hatz des Abstiegskampfes.

Das Stadion war mit 34000 Zuschauern ausverkauft. Die Sonne schien. Die Stehplatzkurven direkt hinter den Toren stiegen am Bökelberg steiler an als irgendwo sonst in der Bundesliga. Wenn der Torwart unmittelbar vor dem Anpfiff von der Mittellinie seinem Tor entgegenlief, wurde die voll besetzte Tribüne dahinter mit jedem Schritt höher. Erreichte der Torwart den Fünfmeterraum, fühlte er sich wie am Fuße einer Schlucht.

Robert Enke spielte ganz in Schwarz, der Farbe großer Torhüter aus anderen Zeiten, Lew Jaschin, Gyula Grosics, Ricardo Zamora.

Das Spiel begann. Ein Stürmer setzte sich sofort am rechten Flügel durch, war vorbei am zweiten Gegner, scharf und flach trat er die Flanke auf Höhe des Fünfmeterraums, ins Revier des Torwarts. Der Verteidiger blieb weg, weil er glaubte, der Torwart kümmere sich um die Flanke. Aber der Torwart zögerte. In einer Zeit, in der kein Mensch einen Gedanken zu Ende bringen kann, muss sich ein Torwart entscheiden, ob er aus dem Tor eilt oder nicht. Nun war es schon zu spät.

Robert Enke sah vom anderen Ende des Spielfelds zu, wie Borussias neuer Mittelstürmer Toni Polster das Zögern von

Schalkes Torwart Frode Grodås zum 1:0 nutzte. Die zweite Spielminute brach gerade erst an. Nach zehn Minuten erhöhte Mönchengladbach den Vorsprung auf 2:0.

Die Partie hatte ihre Hochspannung bereits verloren, ehe er das erste Mal ernsthaft auf die Probe gestellt wurde.

Das Publikum nahm Robert Enke nur noch unter dem Eindruck der klaren Führung wahr; beim Stand von 2:0 erschien alles und jeder ein wenig glänzender. Die Reduziertheit seiner Bewegung, die Abwesenheit jeglicher Hektik in seiner Körpersprache gaben ihm die Ausstrahlung eines Torwarts, den nichts erschüttern kann.

Die Borussia beließ es dabei, geballt zu verteidigen und schnell zu kontern. Zweimal schossen die Schalker den Ball an die Latte, einer Handvoll mehr oder minder gefährlicher Schüsse und Kopfbälle stellte er sich souverän entgegen. Zehn Minuten vor Spielende fiel das 3:0. Das war es.

»Ich dachte eigentlich, dass ich nervöser sein würde«, sagte Robert Enke den Sportreportern im Kabinengang. Mit leisem Enthusiasmus erzählte er von den Flanken, die viel schärfer hereingeflogen seien, als er es jemals im Training oder in der Reserverunde erlebt habe. Wie so oft, wenn er gut gelaunt war, antwortete er auf Lob mit Selbstironie: »Der Ball kam so schnell, dass mir manchmal überhaupt nicht klar war, wann ich zu einer Flanke raussollte; aber irgendwie lag der Ball dann immer in meinen Händen.«

Nach dem Spiel redeten wenige über den Torwart. Der neue Stürmer Toni Polster konzentrierte die Schlagzeilen auf sich. Die *Rheinische Post* veröffentlichte eine Doppelseite unter der Dachzeile »Borussia ist erstmals seit zehn Jahren wieder Tabellenführer«, was nach dem ersten Spieltag nicht die größte Kunst war.

Zu Hause legte Robert Enke die Handschuhe, die er mit Shampoo unter der Dusche gereinigt hatte, zum Trocknen aus und strich den weichen Schaumstoff ihrer Fangflächen glatt.

DREI

Niederlagen sind sein Sieg

In einer vor Regen triefenden amerikanischen Kleinstadt hatte der Mörder schon fünf Menschen auf dem Gewissen, als er eines Nachts einen Hundekadaver auf der Straße liegen sah. »Das war ich aber nicht«, sagte der Serienmörder trocken. An dieser Stelle des Kinofilms *Sieben* von David Fincher musste Robert Enke immer lachen. Eigentlich verabscheute er Gewalt, er war restlos davon überzeugt, was er bei einer Bedrohung machen würde. Weglaufen. Trotzdem schaute er sich den an Gewaltszenen nicht gerade armen Spielfilm fünf- oder sechsmal an. *Sieben*, mit Morgan Freeman und Brad Pitt in den Hauptrollen, gab ihm etwas, das immer schwieriger zu finden war, seit er für Borussia Mönchengladbach im Tor der Bundesliga spielte. Der Film war so spannend, dass Robert Enke alles andere und vor allem den Fußball für 127 Minuten vergaß. Abzuschalten war die schwierigste Aufgabe geworden.

Sein innerer Film lief unaufhörlich. Alles war neu, aufregend, begeisternd, und gleichzeitig hatte ihn der Profisport mit seinem ewigen Rhythmus sofort nach dem Debüt vereinnahmt. Jede Woche ein Spiel, pausenlos. Für ihn gab es keinen Schlusspfiff. Die Spielszenen spulten sich in seinem Kopf immer wieder ab, der Freistoß von Kaiserslauterns Martin Wagner, den er erst sah, als er nur noch eine Umdrehung vom Torwinkel entfernt war, der markante Fernschuss des Frankfurters Chen Yang aus 25 Metern präzise unter die Latte; für einen Torwartdebütanten bedeutet es wenig, ob ein Tor unhaltbar war oder nicht. Er grübelte nach jedem Tor, wie er es hätte halten können.

Im Videoladen kannte man ihn schon nach wenigen Wochen.

Zwei Monate waren seit dem Saisonstart gegen Schalke 04

vergangen. Borussia Mönchengladbach hatte von den folgenden acht Spielen kein weiteres mehr gewonnen. Robert Enke war nur eine Fußnote in der Misere. Und der junge Torwart verhinderte noch Schlimmeres!, stand regelmäßig in den Nebensätzen der Spielberichte. Nach einer 1:2-Niederlage in Bochum fiel die Borussia auf den letzten Tabellenplatz.

Marco Villa schenkte Mittelstürmer Toni Polster eine seidene Unterhose mit Mickey-Maus-Aufdruck als Trophäe für den am schlechtesten gekleideten Mann der Mannschaft. Polster zog die Unterhose zufrieden an. Aber so richtig lustig war es nicht mehr.

Vor nicht einmal drei Jahren, als sich Robert Enke für die Borussia entschieden hatte, war der Klub Vierter in der Bundesliga gewesen, es sah nach Aufbruch aus. Nun waren die zwei besten Akteure der Elf, Stefan Effenberg und Torjäger Martin Dahlin, verkauft worden, weil die Banken drängten. Ordentliches Bundesliganiveau hätte sich mit den verbliebenen Spielern trotzdem erreichen lassen. Aber Fußball ist pure Dynamik, in diesem Punkt ist der Sport tatsächlich wie das Leben: Die Dynamik entscheidet über unseren Weg häufiger als jede sorgfältige Planung; die Dynamik gewinnt mehr Spiele als die Taktik. Sekunden nachdem Robert Enke einen Elfmeter gehalten hatte, geriet die Borussia gegen 1860 München 0:1 in Rückstand, sie verspielte den Sieg in Duisburg in letzter Sekunde durch ein Eigentor, und ehe die Spieler es merkten, war die Dynamik der Fehler schon in Gang gesetzt, jedes Missgeschick produzierte zwei neue und ließ die Mannschaft schnell wie einen einzigen großen Fehler aussehen. Wo noch im Jahr zuvor Dahlin das Pressing in vorderster Reihe gestartet hatte, konnte der Gegner nun das Spiel ruhig aufbauen, weil der neue Stürmer Toni Polster keine ausgeprägte Lust zum Laufen verspürte. Wo im Jahr zuvor Jörgen Pettersson Dahlins Pressing genutzt hatte, um den unter Druck schlecht platzierten Pass des Gegners abzulaufen, platzte Pettersson nun vor Wut über Polster, diesen Kaffeehausfußballer, im Zorn vergaß Pettersson dann für eine Sekunde zurückzulaufen, das Mittelfeld war deshalb in Unterzahl, und ... am Ende wirkt es meistens zwangsläufig, wenn einem Klub die Zukunft entgleitet.

Der Trainer machte auf die Mannschaft nur begrenzt den Eindruck, als könne er sie aus dieser Dynamik befreien. Friedel Rausch hatte einmal mit Eintracht Frankfurt den UEFA-Pokal gewonnen. Das war 18 Jahre her. An einem seiner ersten Arbeitstage in Mönchengladbach hatte sich Rausch auf dem Trainingsplatz an den Mittelfeldspieler Valantis Anagnostou gewandt. »Herr Ballandi«, begann Rausch, »können Sie«, der Trainer dehnte das *Siiie* und zeigte auf Anagnostou, »mich«, Rausch deutete auf die eigene Brust, »ver-ste-hen?«

»Ja, Trainer«, sagte Anagnostou, »ich bin in Düsseldorf geboren und aufgewachsen. Und ich heiße Anagnostou, nicht Ballandi.«

»Ach so«, sagte Friedel Rausch.

»Und wer bist du?«, fragte er dann Marco Villa.

»Ich bin der Marco Villa.«

»Ach ja, der Markus.«

Jahrelang war Rausch ein etablierter Bundesligatrainer gewesen, ein passabler Taktiker und feuriger Motivator, die Spieler grinsten zwar wegen seiner schussligen Art, mochten ihn aber gerade deshalb. Rausch war noch immer genau derselbe. Doch eine Mannschaft, die zu oft verliert, sieht nur die Mängel ihres Trainers. Unter diesem Blick wirkten Trainingsmethoden lächerlich, die jahrelang als innovativ gegolten hatten. Gerne ließ Friedel Rausch »über den ganzen Platz« trainieren, wie er das nannte: Auf dem Trainingsgelände in Rönneter reihten sich einige Spielfelder aneinander, und das Übungsspiel ging dann über zwei Rasenplätze, über 240 Meter. Robert Enke lächelte darüber noch Jahre später sehr amüsiert und ein wenig irritiert.

Als die Borussia auf den letzten Tabellenrang abgerutscht war, überzeugte der Trainer das Präsidium, zwei Spieler fristlos zu entlassen, Karlheinz Pflipsen und Marcel Witeczek. Im Profifußball nennt man das: ein Zeichen setzen. Die Dynamik ändern, irgendwie. Das Präsidium übermittelte die Nachricht den betroffenen Spielern. Als der Trainer merkte, dass die Mehrheit der Mannschaft über die Maßnahme empört war, wechselte er die Seiten. Also, das Präsidium habe Pflipsen und Witeczek ja nahegelegt, sich einen neuen Verein zu suchen, sagte Rausch seiner Elf, aber das ließe er nicht mit den beiden machen! Er nominierte Pflipsen als stellvertretenden Mannschaftskapitän für die nächste Partie gegen Bayer Leverkusen, am 30. Oktober 1998.

Es war der Tag, als Robert Enke landesweit bekannt wurde.

Marco Villa verletzte sich in der zehnten Spielminute am Knie, das Innenband war gerissen, er lag am Spielfeldrand und wurde vom Arzt untersucht, als das 0:1 fiel. Nach seiner Auswechselung humpelte Marco auf die Geschäftsstelle, um das Spiel dort mit einer Eisbandage um das verletzte Knie im Fernsehen zu verfolgen. Als er den Apparat einschaltete, war auch Borussias Abwehrorganisator Patrik Andersson verletzt ausgeschieden, und es stand 0:2.

Robert Enke saß am Boden, die Hände hingen schlaff über die an die Brust gezogenen Knie, im regungslosen Gesicht ein Ausdruck tiefer Verständnislosigkeit. So wurde er bekannt. Denn das Bild wiederholte sich so oft, als wäre es ein Slapstick, Robert Enke verständnislos am Boden nach einem Tor und nach noch einem. 2:8 verlor Mönchengladbach gegen Bayer Leverkusen.

»Karneval in Gladbach«, sangen die Zuschauer. Das größte Debakel seit dreißig Jahren, riefen die Sportreporter. Und der junge Torwart verhinderte noch Schlimmeres!

Hoffentlich kommt der nächste Samstag, das nächste Spiel schnell, wünschte sich Robert Enke, damit sie dieses Spektakel hinter sich lassen konnten.

Eine Woche nach dem 2:8 gegen Leverkusen spielten sie in Wolfsburg. Teresa traf sich mit einigen Frauen von Borussias Fußballern in einer Mönchengladbacher Bar, um sich die Fernsehübertragung der Partie anzuschauen. Nach 53 Spielminuten sagte die Freundin von Uwe Kamps zu ihr: »Oh Gott, vier Tore war das Höchste, was Uwe jemals reingekriegt hat, und da war er schon immer fertig. Was ist denn da heute Abend bei euch los?« Brian O'Neil hatte das 5:1 für den VfL Wolfsburg geschossen. Die Fans sangen: »Nur noch drei, nur noch drei!« Dann hätten sie Leverkusens Schützenfest wiederholt. Das Spiel endete 7:1.

Robert Enke war berühmt. 15 Tore in einer Woche hatte noch nie ein Torwart in der Bundesliga hinnehmen müssen.

30. Oktober 1998: Robert Enke beim 2:8 seiner Mannschaft gegen Bayer Leverkusen.

Ein einziges Tor davon, der Weitschuss von O'Neil, schien für einen Torwart vermeidbar.

Wie er sich gefühlt habe, fragten die Sportreporter vor der Umkleidekabine und setzten mitleidige Mienen auf. »Ach«, antwortete Robert Enke, »die Übung, den Ball aus dem Tornetz zu holen, hatte ich ja schon aus der Vorwoche.«

Am Tag nach dem Spiel ging er mit Teresa und dem Hund in den Feldern spazieren, es blieb bei Sieg oder Niederlage die Routine ihrer Sonntage. Uwe Kamps' Freundin hätte sich gewundert, was da los war.

»Na, Schießbude Enke«, sagte Teresa. Und er, den jedes Tor quälte, konnte in all seiner Niedergeschlagenheit auf einmal herzlich lachen.

»Wir waren sehr unbeschwert«, sagt Teresa. »Wichtig war nur, dass er nichts für die Tore konnte, dann konnten wir Späße darüber machen.«

Nach unvergesslichen Niederlagen wie in Wolfsburg musste er allerdings mit kleinen Tricks nachhelfen, um die Gelassenheit zu bewahren. »Ich habe mir eingeredet, die Mannschaft hätte mich im Stich gelassen. Damit habe ich mich beruhigt.«

So oft hatte er sich als Torwart selbst beschuldigt; für Tore, an denen ihn wenig Schuld traf, oder dafür, die Mitspieler enttäuscht zu haben, wenn niemand von ihm enttäuscht war. Nie wurde er derart entschuldigt wie nach den 15 Toren.

»Und schützt mir diesen jungen Torhüter, der kann nichts dafür!«, hörte Teresa in der Bar den Fernsehkommentator rufen, als die Kamera zum letzten Mal Robert mit dem verständnislosen Blick am Boden einfing.

Während er von allen Seiten bescheinigt bekam, wie beeindruckend ruhig er in einer aufgescheuchten Mannschaft weiterspielte, vergaß er selbst, dass er einmal flatterig vor Angst gewesen war, vor drei Jahren mit Carl Zeiss in Leipzig und im ersten Winter in Mönchengladbach. »Ich bin psychisch nicht so labil, dass ich mir jetzt vor dem nächsten Spiel in die Hose mache«, sagte er den Sportreportern. »Bleibende Schäden sind bei mir nicht zu befürchten.«

Je mehr ihn die Leute für seine Ruhe und Souveränität lobten, desto abgeklärter spielte er; ohne dass er diese Wechselwirkung bemerkte. Ein Jahrzehnt später absolvierte er mit der Elf von Hannover 96 den Reiss-Profiltest, der die Persönlichkeit und Motivation eines Mitarbeiters feststellen soll. Er hätte nie gedacht, dass Anerkennung für ihn so elementar wichtig sei, sagte er verblüfft zu Teresa, als er das Ergebnis in den Händen hielt. Ihr aber war schon damals in Mönchengladbach aufgefallen, »wenn er spürte, dass andere an ihm zweifelten, bekam er Selbstzweifel, wenn er sich von anderen unter Druck gesetzt fühlte, wurde er unsicher. Und wenn er Rückendeckung erhielt, war er unglaublich stark als Torwart.«

In Hamburg stand es nach einer halben Stunde schon wieder 2:0 für den Gegner. Die Flanke flog herein, Hamburgs Stürmer Anthony Yeboah, der ein Tor kommen spürte, dessen Bewegungen in diesem Moment ein unfassbares Tempo, eine höhere Koordination erreichten, war zum wiederholten Male einen halben Schritt schneller als sein Mönchengladbacher Bewacher

Thomas Eichin; und Robert Enke hatte das Nachsehen. Yeboahs Schuss flog durch seine Beine ins Tor. Ein präziser Schuss durch die Beine ist für einen Torwart unhaltbar, so schnell bringt niemand die Beine zusammen, der breitbeinig für den Absprung in jede Torecke bereitstehen muss. Aber ein Beinschuss lässt den Torwart immer lächerlich aussehen; tapsig landet er nach dem unmöglichen Rettungsversuch auf dem Hintern. Das Gespött des Publikums ist ihm sicher. Als er wieder aufstand, pochte die Wut in Robert Enke. Er fühlte sich alleine gelassen, gedemütigt, es war Eichins Fehler gewesen, und jetzt lachten die Leute über ihn. Er wollte gerne losbrüllen. Aber er glaubte, ein Torwart, der die Ruhe verliere, sei verloren. Er rang mit seiner Wut, und das Wissen, dass so viele ständig seine große Gelassenheit lobten, half ihm dabei. Er war der Coole, sagten die Leute; also würde er cool bleiben. In seinem Gesicht war Sekunden nach Yeboahs Tor keine Erregung mehr.

Mit den Wochen gelang es ihm immer öfter, den inneren Stummfilm abzustellen, der unaufhörlich von den jüngsten Toren und Flanken erzählen wollte. Abends fuhr er mit Teresa oft nach Rheydt zu Oma Frida. Die vierte Oma seines Lebens. Die alte Bäuerin hatte ihren Hof in Mietwohnungen umbauen lassen, Jörg Neblung lebte hier mit seiner Freundin Dörthe. Zu viert saßen sie zusammen und redeten unbeschwert über Gott und die Welt. Nur wenn ein Fußballspiel im Fernsehen gezeigt wurde, stand er auf und wollte es sehen.

Jörg setzte sich zu ihm auf das Sofa. Wenn Jörg lebhaft die Aufregungen des Spiels kommentierte, antwortete Robert knapp und analytisch. Danach schwieg er wieder. Er schaute Fußball im Fernsehen in sich gekehrt, konzentriert studierte er die Kollegen, ein Torwartingenieur auf der Suche nach den Mechanismen des Spiels; einerseits. Andererseits war Fußball im Fernsehen sein wirksamstes Betäubungsmittel. Das Fußballschauen half ihm, nicht an das Fußballspielen zu denken.

Die anderen wollten gerne ausgehen.

Es drohte, ein Konflikt zu werden.

»Man kann doch auch mal ausgehen«, sagte Teresa.

»Man kann auch mal zu Hause bleiben«, sagte er.

Wie oft hatten sie diesen Wortwechsel schon gehabt?

Wenn sie Dörthe und Jörg besuchten, hatte er drei gegen sich und fügte sich. Wenn *Bon Jovi* in der Diskothek gespielt wurde, tanzte er sogar.

Doch das nächste Mal hatte er wieder genauso wenig Lust auf das Nachtleben wie zuvor. Einmal ließ er sich etwas einfallen. Er wusste, heute wollten sie wieder ausgehen.

»Komm, wir fahren noch in die *Gebläsehalle*«, sagte Jörg.

»Geht nicht«, sagte Robert und versuchte, nicht triumphierend dreinzublicken.

»Wieso denn nicht?«

»Ich habe dummerweise Turnschuhe an. Da lassen mich die Türsteher nicht rein.«

Jörg Neblung sollte sich um ihn kümmern. »Kannste nicht mal was mit dem Jungen unternehmen, der hat hier keinen sozialen Kreis«, hatte Norbert Pflippen in Roberts zweitem Mönchengladbacher Jahr zu Jörg gesagt, der damals noch Borussias Athletiktrainer war. Kümmern konnte auch ein Beruf sein, erfuhr Jörg Neblung, nachdem die Borussia im Sommer 1998 seinen Vertrag nicht verlängert hatte. Der Flippi stellte ihn als Kümmerer ein. So heißen im Jargon die Mitarbeiter einer Beratungsagentur, die den Profisportlern im Alltag helfen sollen. »Kühlschrankfüller ist ein anderer Begriff«, sagt Jörg Neblung.

Eigentlich hatte er Industriedesigner werden wollen. Während der Aufnahmeprüfung an der Fachhochschule Hannover hatte er auf der Suche nach Inspiration aus dem Fenster geblickt. Er sah die giftgrünen Straßenbahnen an den Herrenhäuser Gärten vorbeifahren, zeichnete die nächsten Entwürfe in dieser Farbe und wurde nicht genommen. Danach wollte er etwas ganz anderes machen. Er studierte Sportwissenschaften. Einer seiner Professoren wurde Präsident von Borussia Mönchengladbach, Karl-Heinz Drygalsky. Als dieser ihn 1994 als Athletiktrainer engagierte, kannte in der Bundesliga einzig Bayern München den Posten.

Jörg Neblung glaubte, im Profifußball würde es auch nicht viel anders zugehen als in der Leichtathletik, in der er als Zehnkämpfer aufgewachsen war. Er nahm an, die Mitarbeiter des medizinischen Teams eines Bundesligisten würden Hand in Hand arbeiten, und der Cheftrainer müsse an einem individuellen Trainingsplan interessiert sein. Dann sah er, wie sein erster Cheftrainer Bernd Krauss die Spieler entgegen jeglicher Trainingslehre zu überharten Ausdauerläufen zwang, womit angeblich ihr Wille geschult wurde. Er erlebte, wie Borussias Physiotherapeut ihn beim Trainerstab schlechtmachte, um die Rückkehr verletzter Spieler zur Wettkampffitness für sich zu reklamieren. »All diese Betreuer in einem Bundesligateam buhlen ständig um die Gunst des Trainers und der Spieler«, sagt er. »Und um denen zu gefallen, wird zur Not sogar gegen den eigenen Sachverstand gearbeitet.«

Es klingelt im Gang vor seinem luftigen Büro, als ob jemand hier im dritten Stock eines alten Fabrikgebäudes mit dem Fahrrad hereinkomme und sich mit der Glocke ankündige. Es ist eine Verkäuferin mit ihrem Korb voller belegter Brote. Sie macht jeden Tag ihre Runde, weil die Multimediadesigner und Kommunikationsberater in Büros wie diesem in der Kölner Lichtstraße keine Zeit zum Mittagessen haben. Jörg Neblung, norddeutsch blond, die Figur erinnert auch mit 43 noch an den Zehnkämpfer, führt nun seine eigene Fußballeragentur. Während des Gesprächs dreht er sich manchmal um, als rede er zu seinem Regal. Dort hat er Torwarthandschuhe und Fotos von Robert mit einer Kerze aufgestellt.

Es gibt Hunderte Arten von Freundschaft, und aus der, die 1998 zwischen Robert Enke und Jörg Neblung entstand, würde nie die Tatsache verschwinden, dass Jörg sich kümmern sollte. Aber der Wille, gemeinsam nach Zielen zu streben, verbindet mehr als die meisten Gefühle.

Jörg Neblung konnte nachvollziehen, dass Robert Enke in schwierigen Momenten alles immer mit sich selbst ausmachen wollte. »So bin ich auch«, sagt er.

Als Borussia Mönchengladbach im Herbst 1998 aus der Dynamik der Fehler nicht mehr hinausfand und sechs Wochen,

Robert 1998 während seiner Zeit in Möchengladbach.

sieben Spiele lang durchgehend verlor, verwandelte sich Robert Enke in einen Einzelsportler. Die Einsamkeit des Torwarts ist oft literarisch überhöht und bedauert worden, für den Torwart in einer untergehenden Mannschaft ist die Einsamkeit jedoch ein Segen. Er spielt sein eigenes Spiel und findet in den Niederlagen seine Siege. 0:2 gegen Bayern München zu verlieren hieß für ihn auch fünf schwere Schüsse zu halten. Wenigstens er hält noch, sagten die Experten, schrieben die Zeitungen.

»Während das Chaos tobt, bleibt einer ruhig in Gladbach«, schrieb der Düsseldorfer *Express*.

»Ruhe, Gelassenheit, Ausgeglichenheit; Klasse«, attestierte ihm der Meistertrainer Jupp Heynckes, der ein halbes Jahr zuvor Real Madrid zum Champions-League-Sieg geführt hatte und nun in einem Sabbatical in seiner Heimat Mönchengladbach oft Borussias Partien besuchte.

»Er war schon immer weiter als wir, in seinen Gedanken, im Verhalten, im Reden«, sagte Borussias Mittelfeldspieler Marcel Ketelaer, der mit Robert in den Jugend-Nationalteams groß wurde. »Er war schon immer erwachsener als wir.«

Mentale Stärke war ein Modeausdruck des neuen, psychologisierten Sports. Dieser Torwart war für alle ein Muster des neuen Sportlers. Galant wurde übersehen, dass er gelegentlich bei einer Flanke nicht aus dem Tor eilte oder Hertha BSC ein Tor ermöglichte, als er einen Schuss abprallen ließ. Wenig rührt das Fußballpublikum so sehr wie ein junger Torwart unter harten Männern, er wird für Paraden gefeiert, die bei erfahrenen Torhütern beiläufig zur Kenntnis genommen werden. Vollends würde Robert Enke dies erst ein Jahrzehnt später realisieren; als er ein älterer Nationaltorwart unter jungen Rivalen war.

In Mönchengladbach bemühte sich die Mannschaft angesichts ihres beispiellosen Niedergangs, sich selbst zu täuschen. Einer machte immer Witze in der Umkleidekabine. Im Gelächter hörten sie nicht, dass etliche Spieler mittlerweile lieber übereinander als miteinander redeten. Jörgen Pettersson rieb sich in einem stummen Konflikt an seinem Sturmpartner Toni Polster auf. Gegen Robert Enke hatte niemand etwas. Er beteiligte sich als Zuhörer an den taktischen Stammtischen in verschiedenen Ecken der Umkleidekabine, er war zu fast allen freundlich, er lachte, wenn andere über den Trainer lästerten; und niemand außer Marco Villa lernte ihn näher kennen.

Der Trainer hatte noch einigen Anlass für oberflächliche Heiterkeit geboten, als »wieder einmal der Friedel Rausch mit ihm durchging«, wie Jörg Neblung die Temperamentsausbrüche nannte. »Wenn ich den Martin Schneider in seiner derzeitigen Form aufstelle, fragen sich die Leute doch, ist der Rausch schwul, oder was?«, gab der Trainer auf einer Pressekonferenz zum Besten. Spät im November war Rausch dann entlassen worden. Aufsichtsratschef Michael Viehof sagte dazu: »Es muss diesmal mehr geschehen als eine Trainerentlassung.« Also entließ der Verein auch noch seinen Manager Rolf Rüssmann.

In seinen ersten 22 Bundesligajahren war Borussia Mönchengladbach mit insgesamt drei Trainern ausgekommen. Robert Enke erlebte 1998, wie der Trainer zum vierten Mal in einem Jahr wechselte.

In den Weihnachtsferien fuhr Robert mit Teresa zu ihrer Familie nach Bad Windsheim. Seinen Vater schmerzte es. War der Sohn lieber bei den Schwiegereltern als bei ihm? Er traute sich nicht, Robert darauf anzusprechen.

Dem Vater waren Familienfeste sehr wichtig, Weihnachten, Geburtstage, an Festtagen forderte er das Gefühl ein, dass die getrennte Familie doch noch zusammengehörte. Robert vergaß Geburtstage oft.

Manchmal rettete ihn die Mutter. Sie rief ihn vorsorglich an, heute hat dein Vater Geburtstag, heute deine Nichte.

»Ich fand es schon schade, dass die Kommunikation zwischen uns so reduziert war«, sagt sein Vater. Er wartete immer auf eine Einladung nach Mönchengladbach. Als partout keine kam, suchte er nach Anlässen, um seinen Sohn zu besuchen. Das Spiel gegen Bayern würde er gerne sehen, er würde zu seinem Bruder nach Detmold fahren, da sei er sowieso in der Nähe.

Robert dachte nicht daran, dass man seine Eltern oder Geschwister einladen musste. Wenn sie kommen wollten, würden sie doch kommen. An Weihnachten fuhr er aus dem einfachen Grund zu Teresas Eltern, weil das Fest dort traditioneller gefeiert wurde.

Bad Windsheim ist fest umschlossen von Feldern und Wäldern. Robert Enke wollte dort noch einmal joggen am letzten Tag des Jahres 1998.

»Ich komme mit raus und gehe mit den Hunden spazieren«, sagte Teresa.

»Nein, brauchst du doch nicht, bleib bei deinen Eltern.«

Natürlich kam sie mit.

Sie fuhren mit dem Auto in die Felder hinter dem Galgenbuck, dort war es besonders abgeschieden, ideal, um die Hunde laufen zu lassen. Viel Spaß, sagte sie, bevor er loslief.

Zehn Minuten später war er zurück. Seine Augen waren zugeschwollen, er musste permanent niesen. Aus seinem Hals drang ein Fiepen.

»Ich bekomme keine Luft mehr!«

Sie rasten nach Hause. Im Bad fand Teresa ein altes Asthmaspray. Robert drückte wie besessen auf die Spraydose. Aber der Wirkstoff drang nicht mehr in seine Lunge vor, die Luftröhre war zugeschwollen.

Teresas Vater brachte ihn in die Stiftsklinik. Das Fiepen aus Roberts Hals war das lauteste Geräusch im Auto.

Der Vater rannte vor und stieß die Tür zur Notaufnahme mit Schwung auf. Die Rezeption war nicht besetzt. Verging eine halbe Minute, vergingen drei Minuten? Endlich erschienen zwei Krankenpfleger. Auf einer Trage rollten sie Robert Enke in die Intensivstation. Er hatte die Augen geschlossen. Während er sich darauf konzentrierte, durch seine verengte Luftröhre ein- und auszuatmen, hörte er nur, wie der eine Pfleger zum anderen sagte: »Das ist doch der Torwart von Gladbach, der immer die Bude vollkriegt.«

Sein Zustand stabilisierte sich. Mit einem Sauerstoffschlauch in der Nase lag er am Nachmittag im Bett, die zugeschwollenen Augen konnte er noch nicht öffnen, als ihn eine Krankenschwester fragte: »Herr Enke, wollen Sie etwas lesen?«

Da konnte er schon wieder schmunzeln.

Silvester feierte er mit Teresa schon wieder auf der Normalstation. Er habe vermutlich eine Sellerie-Apfel-Allergie, erklärten ihm die Ärzte, nachdem sie ihn untersucht hatten, jedes der Lebensmittel für sich könne er wohl problemlos vertragen, aber wenn er zum Beispiel abends eine Suppe mit Sellerie gegessen habe und am Morgen danach eine Apfeltasche, könne das einen Anfall auslösen. Wenn Teresa nicht beim Joggen dabei gewesen wäre, wäre er gestorben, wurde ihm klar, er hätte gar nicht mehr Auto fahren können.

Ein paar Wochen später war der Vorfall schon zur Anekdote geworden, die er gerne erzählte: Stell dir vor, was der Krankenpfleger sagte, während ich um Luft rang! Teresa und Robert Enke dachten nicht mehr tiefer darüber nach, was für Zufälle darüber entscheiden, ob jemand lebt oder stirbt.

Im Trainingslager im Januar 1999 bereitete sich Marco Villa auf Robert Enkes traditionellen Wutausbruch vor. Immer am dritten Tag des Trainingslagers störte den Freund plötzlich alles. Nie dauerte die Verstimmung länger als einen Tag. Marco nannte die Phase für sich »Robbis Tage«.

»Wie laut ist denn der Fernseher!«

»Sag es mir, Robbi, dann mache ich ihn leise.«

Ohne etwas zu entgegnen, verzog sich Robert ins Bad.

»Du hast mein Handtuch benutzt!«, rief er ins Zimmer.

»Ich habe irgendeines genommen. Es liegt noch ein unbenutztes im Fach.«

»Und warum ist die Klobrille schon wieder dreckig! Ich habe dir schon so oft gesagt, du sollst nicht im Stehen pinkeln!«

»Alles klar, Robbi«, sagte Marco und sah weiter auf den Fernseher. Er wartete, dass Robbis Tage vorübergingen.

Neuigkeiten kamen im Trainingslager an. Uwe Kamps war wieder an der Achillessehne operiert worden. Er würde in dieser Saison nicht mehr zurückkommen. Robert Enke war bis zum Ende des Spieljahres konkurrenzlos im Tor der Borussia. Es stellte sich die Frage, was danach passieren würde. Sein Vertrag würde im Juli auslaufen. Die Vereinsführung schien das vergessen zu haben.

Seit Manager Rüssmann im November entlassen worden war, kümmerte sich niemand mehr um die Zukunft. Schon die Gegenwart überforderte die Verantwortlichen. Präsident Wilfried Jacobs fasste seine Amtszeit bei der Borussia so prägnant wie selbstgerecht zusammen: »In zwanzig Monaten hatte ich das Pech, keine einzige schöne Stunde zu erleben.«

Die Rückrunde wurde eine Kopie der Hinrunde. Im April 1999, ein Drittel der Saison lag noch vor ihnen, war Borussia Mönchengladbach als Tabellenletzter so weit, von der letzten Chance zu reden.

Am Samstag in Nürnberg müssen wir gewinnen.

Zwei Tage vor der Partie bat Trainer Rainer Bonhof Robert Enke in die Trainerkabine.

Er müsse die neue Saison planen, er müsse wissen, woran er sei. Könne er mit ihm rechnen?

»Ich kann es noch nicht genau sagen.«

»Robert, bitte. Ich brauche Klarheit.«

Robert Enke wollte gerne anständig sein.

»Also gut. Ich werde weggehen.«

Er wollte nicht für einen unorganisierten Verein in der Zweiten Liga spielen; und genau das wäre wohl nächste Saison die Situation bei der Borussia gewesen.

Er nannte dem Trainer den kleineren Teil der Wahrheit: Er gehe, weil er nicht wisse, woran er in Mönchengladbach nächstes Jahr sei, wenn Kamps zurückkehre.

Der Trainer sagte, wenn Robert sich so sicher sei, dann würde er seinen Weggang am besten gleich auf der Pressekonferenz bekannt geben.

Robert Enke war irritiert. Wozu, fragte er, das würde jetzt, unmittelbar vor dem entscheidenden Spiel im Abstiegskampf, nur unnötigen Aufruhr verursachen.

Nein, es sei besser, wenn die Dinge geklärt seien.

Er verstand Bonhof nicht. Der Trainer wusste doch nun Bescheid und konnte sich nach einem neuen Torwart umschauen. »Ich denke, vielleicht wäre es besser, das nicht öffentlich zu machen.«

Robert Enke sagte es vorsichtig, höflich.

Nach dem Training nahm Rainer Bonhof im Pressesaal des Bökelbergstadions Platz, schenkte sich ein Glas Wasser ein und sagte, ungefragt, er habe leider eine schlechte Nachricht. Robert Enke werde die Borussia zum Saisonende verlassen.

Am Samstag in Nürnberg gingen Teresas Eltern ins Frankenstadion, Bad Windsheim war nur siebzig Kilometer entfernt. Das Bettlaken entdeckten sie ziemlich schnell. Es flatterte über einer Werbebalustrade vor dem Mönchengladbacher Fanblock. *Borussen: Kamps Frontzeck Eberl* stand darauf und daneben, getrennt durch einen sauberen Strich in der Mitte *Verräter: Enke Feldhoff.*

Robert Enke war der Liebling der Saison gewesen.

Nun spielte die Borussia um ihre selbsterklärte letzte Chance, und die Mönchengladbacher Fans begleiteten ihre Elf mit Rufen wie »Enke, du Stasi-Schwein!«, »Robert Enke, Söldner und Verräter!« oder einfach »Uwe Kamps, Uwe Kamps, Uwe Kamps – Uuuuwe Kamps!«.

Mönchengladbach verlor 0:2 gegen den ebenfalls abstiegsbedrohten 1. FC Nürnberg, der seit einigen Wochen von einem Trainer namens Friedel Rausch betreut wurde.

Die Sportreporter warteten hinter mobilen Absperrgittern im Kabinengang des Frankenstadions. Robert Enke wusste schon, wonach sie fragen würden.

Robert, die Rufe der Fans heute.

Keiner würde ihm etwas anmerken, hatte er sich vorgenommen.

»Das Geschrei war sicher nicht schön, aber irgendwie auch zu erwarten.«

Hast du dich geärgert, dass der Trainer deine Entscheidung gegen die Borussia öffentlich machte?

»Ich habe dem Trainer meine Bedenken geäußert. Aber wohl nicht entschieden genug.« Er klang beeindruckend sachlich. In solchen Momenten, wenn er sich anstrengte, entspannt zu wirken, »teilte sich sein Gesicht«, sagt seine Mutter. Zum Beweis zeigt sie auf ein paar Fotos. Wenn er locker wirken wollte, erkennt man auf den Bildern, lächelte sein Mund, und die Augen blieben ungerührt.

Nach einer verspielten letzten Chance sagen Fußballer: Das nächste Spiel müssen wir gewinnen, das ist unsere letzte Chance.

Bochum war der nächste Gegner. Minuten vor dem Anpfiff säuberten die Ordner am Bökelberg hektisch das Tor, vor dem Robert Enke in Stellung gegangen war. Um ihn herum lagen Klopapier, Feuerzeuge, Bierbecher. Hinter dem Tor standen die Fans der Borussia.

»Seht nur, da steht er, der Söldner und Verräter!«

Niemand würde ihm etwas anmerken.

Als er einen Flachschuss von Bochums Kai Michalke problemlos parierte, pfiffen die Mönchengladbacher Fans wüst. Einige Hundert wollten ihren Torwart bei jeder Ballberührung auspfeifen.

In der letzten Spielminute erzielte die Borussia das 2:1. Prompt kassierten sie noch in derselben Minute das 2:2, unhaltbar für Robert Enke.

»Stasi-Schwein, Stasi-Schwein!«

Teresa lief aufgelöst zum Zeltpavillon, wo die Profis sich nach dem Spiel mit ihren Angehörigen und Freunden treffen konnten. »Das ist Wahnsinn, was die mit dir machen.«

»Das gehört auch zum Beruf.«

Mit ruhiger Bestimmtheit sagte er zu Teresa, *sie* solle zu den letzten Heimspielen der Saison nicht mehr ins Stadion gehen, um ihre Nerven zu schonen. Sie war derart verblüfft, dass sie nicht widersprach; verblüfft über seine Selbstsicherheit.

»Ich habe nur gestaunt«, sagt Jörg Neblung, »wie ausgeglichen ist der denn?«

Der Flippi und er schauten ebenfalls regelmäßig in dem Zeltpavillon vorbei. So langsam galt es, bei der Suche nach einem neuen Klub Entscheidungen zu fällen. Es gab einige Vereine, die sich für Robert Enke interessierten, AS Rom, Hertha BSC, und ein beflissener Agent konnte versuchen, dieses Interesse zu konkretisieren. Es gab aber auch zwei konkrete Offerten, von 1860 München und von Benfica Lissabon. Portugals Lieblingsklub würde im nächsten Spieljahr von Jupp Heynckes trainiert werden. Zu Norbert Pflippens Arbeitsauffassung gehörte es wohl, sich nicht zusätzliche Mühe mit der Suche nach besseren Offerten zu machen, wenn man schon ein schönes Angebot hatte. Außerdem war er sehr damit beschäftigt, einen neuen Klub für Borussias 19-jährigen Mittelfeldspieler Sebastian Deisler zu finden. Es hieß, so einen Fußballer habe Deutschland seit Günter Netzer 1972 nicht mehr gesehen.

Also, um es kurz zu machen, sagte der Flippi, er sei für Benfica, die böten einen Wahnsinnsvertrag, da könne er Champions League spielen, und dort sei der Jupp Trainer, den Jupp kenne er schon seit dreißig Jahren, ein vortrefflicher Mann.

Er müsse sich das überlegen, sagte Robert Enke.

Am nächsten Samstag mussten sie erst einmal in Leverkusen spielen. Das ist unsere letzte Chance, sagten sie.

Als sie mit dem Bus am Ulrich-Haberland-Stadion vorfuhren, standen einige Borussia-Fans Spalier und klatschten. Vor den Spielen bejubelten die Fans die Profis, nach den Spielen bedrohten die Fans sie. »Wie absurd«, sagte Marco neben ihm und fing plötzlich an, den Fans zurückzuwinken, ihnen zuzulächeln und dabei zu rufen, was niemand durch die getönten Doppelglasscheiben hören konnte: »Hallo, ihr Hornochsen, hallo!«

»Natürlich richtete sich das gegen niemanden persönlich. Ich wollte nur eine Barriere aufbauen, mich schützen vor dem Hass, der später wieder über uns ausgeschüttet werden würde.«

»Komm, mach mit, Robbi«, sagte Marco.

Robert Enke zögerte.

»Komm, Robbi.«

»Hallo, Hornochsen, hallo!« Als er es einmal geschafft hatte, es auszusprechen, ging es ganz leicht. Doch, es tat gut zu schimpfen.

Sie verloren in Leverkusen 1:4.

»Ohne Enke steigen wir wieder auf!«, sangen die Mönchengladbacher Fans.

»Ohne Enke steigt ihr wieder ab!«, antworteten die Leverkusener.

Noch eine halbe Stunde nach Schlusspfiff tanzten tausend Mönchengladbacher Anhänger auf der Tribüne gegen die Tristesse ihrer Mannschaft an. »Vor diesen Fans ziehe ich den Hut«, sagte Trainer Bonhof. Zu den wochenlangen Tiraden dieser Fans gegen Robert Enke sagte er nichts.

Die Sportreporter warteten. Was hältst du von so einem Trainer, Robert?

»Ich mache dem Trainer nur bedingt Vorwürfe, dass er meinen Abgang mitten im Abstiegskampf bekannt gab. Ich hätte meine Bedenken entschiedener äußern müssen. Wir haben beide nicht mit solch heftigen Attacken gerechnet.«

Er glaubte, er müsse versuchen, immer auch die Sicht der anderen zu verstehen. Der Trainer war wohl einfach nur ungeschickt. Und es war logisch, dass die Fans nach dieser Saison Schuldige suchten.

Er glaubte, dass ein Torwart die Schuld immer zuerst bei sich suchen muss.

Sie sollten sich Lissabon einmal anschauen. Er sagte zu Teresa, er könne nicht mitten in der Fußballsaison nach Portugal reisen, auch nicht für anderthalb trainingsfreie Tage; was, wenn das auch noch rauskomme. Teresa sollte sich Lissabon für ihn ansehen.

Jupp Heynckes flog Ende April nach Portugal, um die letzten Details seines Trainervertrags bei Benfica zu klären. Der Flippi und Jörg Neblung begleiteten ihn. Heynckes würde Benficas Vereinspräsidenten die Verpflichtung von Robert Enke als eine Bedingung für seine Unterschrift präsentieren. Teresa nahm ihre Mutter mit.

Als sie durch die Ankunftshalle des Aeroporto da Portela schritten, hörte Jörg Neblung zum ersten Mal im Leben bewusst Portugiesisch. Er hatte geglaubt, es sei dem Spanischen ähnlich. Plötzlich schien ihm Portugal unendlich fern.

Die Übersetzerin, von Benfica geschickt, begrüßte sie in grammatikalisch tadellosem Deutsch, ob sie einen guten Flug gehabt hatten, willkommen in Lissabon. Auf der Fahrt in die Stadt erkundigte sich Teresa bei ihr nach schönen Wohnvierteln. »Können Sie die Frage noch einmal wiederholen?«, bat die Übersetzerin. Könne sie ihr in Lissabon eine Gegend zum Leben empfehlen. »Was haben Sie gesagt?« Die Übersetzerin lächelte. Teresa wurde bewusst, dass sie ihre Fragen nur selbst beantworten konnte.

Sie würde das Studium aufgeben müssen, falls sie nach Portugal zogen.

Als sie mit ihrer Mutter über den Praça Rossio mit seinem Mosaikboden spazierte und die Hügel des Bairro Alto erklomm, mit dem Blick über den Tejo bis zum Atlantik, ergriff sie das Gefühl, diese Stadt existiere in einer fernen Welt. Doch als sie abends auf der Restaurantterrasse am Gelände der Weltausstellung saßen, die riesigen Segel der Vasco-da-Gama-Brücke glitzerten in der Nacht, die Kellner servierten in Salz gebackene Goldbrasse, erschien ihr diese Ferne auf einmal verlockend.

Und, fragte Robert, als sie zurück war.

»Schön ist die Stadt. Von mir aus könnten wir dort hingehen.«

Aha, sagte er.

Wenige Tage später sagte der Flippi 1860 München ab. Er sei dann auch für Benfica, hatte sich Robert Enke überlegt, nachdem ihm Jupp Heynckes in seinem Wohnzimmer das Projekt erklärt hatte.

»Aber du solltest dir die Stadt schon einmal selber anschauen«, sagte Teresa.

Jetzt habe er keine Zeit, erwiderte er.

In Freiburg mussten sie gewinnen, das war die letzte all ihrer letzten Chancen. Sie verloren 1:2. Nach 34 Jahren in der Bundesliga war Borussia Mönchengladbach zum ersten Mal abgestiegen. Es hatte Züge einer Erlösung. Das Gefühl, gerade abgestiegen zu sein, hatte die Mannschaft wochenlang jeden Samstag wieder getroffen. Endlich hatten sie Gewissheit.

Mit jämmerlichen vier Siegen aus 34 Spielen beendeten sie die Saison, seit dem neunten Spieltag waren sie ununterbrochen Tabellenletzter gewesen. Selbst der Drittletzte, Friedel Rauschs Nürnberg, das auch noch abstieg, lag 16 Punkte vor ihnen. 73 Tore hatte Robert Enke einstecken müssen. Und die Schlagzeilen nach all den Toren lauteten »Enke überragend«, »Auf Enke war Verlass«, »Enke ein Hoffnungsträger«.

Noch einmal kassierte er am Bökelberg zwei Tore, die letzten der 73, Dortmund war der Gegner zum Saisonabschluss, noch einmal erklangen die Rufe »Seht nur, da steht er, der Söldner und Verräter!«.

»Es hört sich blöd an, aber es machte trotzdem Spaß, in der Bundesliga zu spielen«, sagte er den Sportreportern zum Abschied.

Niemand würde ihm etwas anmerken.

Sechs Jahre später hob Robert Enke die rechte Hand, um die Fans in Mönchengladbach beim Abschiedsspiel für Uwe Kamps zu grüßen. Die Stimmung war festlich ausgelassen, ein Idol ging. Und viele Fans pfiffen auf Robert Enkes freundlichen Gruß.

Da war es ihm egal, ob ihm seine Freunde etwas anmerkten. Nach sechs Jahren ließ er seinen Ärger über die Anfeindungen der Fans heraus; auf seine Art. »In Mönchengladbach regnet es doch immer«, brummte er nur, wenn Marco wieder einmal über die Borussia reden wollte.

»Natürlich steckten ihm die Anfeindungen in Mönchengladbach tief in den Knochen«, sagt Jörg Neblung. »Hier war ein Mensch, der radikal missverstanden wurde: Er glaubte, fair zum Verein zu sein, indem er frühzeitig sagte, ich gehe zum Saisonende, ich gebe euch genug Zeit, einen Nachfolger zu finden. Er wollte anständig sein und erntete dafür nur Hass.«

Im Juni 1999 war der Vertrag mit Benfica Lissabon ausgehandelt. Er musste nur noch unterschrieben werden.

Im Flugzeug nach Lissabon saß er mit einem Portugiesisch-Sprachbuch auf dem Schoß und bastelte sich seinen ersten Satz in der fremden Sprache zusammen.

É bom estar aqui.

Damit wollte er die Sportreporter bei seiner Präsentation überraschen.

Es ist gut, hier zu sein.

Die Vertragsunterzeichnung war für den Nachmittag des 4. Juni geplant, direkt nach seiner Ankunft. Für den nächsten Tag war die offizielle Vorstellung auf einer Pressekonferenz im Stadion des Lichts angesetzt. Er war vorher nicht mehr nach Lissabon gereist, um die Stadt kennenzulernen.

Ein Dienstwagen wartete am Aeroporto da Portela auf sie. Jörg Neblung trug einen hellen Sommeranzug wie Pierce Brosnan in *Der Schneider von Panama*. Der Flippi hatte gesagt, ihr macht das schon, und war zu Hause geblieben. Robert Enke hatte ein blaues Hemd zum grauen Anzug gewählt, ohne Krawatte, er war doch Sportler. Als sie in der Tiefgarage des Flughafens losfuhren, bemerkte Teresa einen Fotografen, der sich hinter einem Pfeiler versteckte.

»Schau mal da«, sagte sie, zu erstaunt, um nachzudenken.

Robert drehte den Kopf in die Richtung, in die ihr Finger zeigte, und ein Blitzlicht knallte ihm in die Augen.

Empört sah er Teresa an, als habe sie abgedrückt.

»Entschuldigung, woher soll ich wissen, dass ein Paparazzo auf die Idee kommt, *uns* aufzulauern?«

Sie erreichten die Anwaltskanzlei von Benficas Präsidenten João Vale e Azevedo.

Freundliche Worte, nervös gezischt, wurden ausgetauscht, dann saß Robert Enke auf einem Stuhl mit Samtpolster. Der Vertrag lag vor ihm.

Er drehte sich um.

»Soll ich unterschreiben?«

Teresa schluckte. Sie sah ihm in die Augen und versuchte, entspannt zu klingen. »Unterschreib.«

Hände wurden geschüttelt, die von Vale e Azevedo war fleischig, im Profil glich das Gesicht des Präsidenten einem jung gebliebenen Intellektuellen, von vorne sah er mit der schimmernden hohen Stirn und den übertrieben lachenden Augen aus wie ein Lokalpolitiker, der besonders schlau sein möchte. Sie traten vor die Tür, dort warteten schon die Fotografen. Vale e Azevedo legte den Arm um Robert Enke, die Fotografen feuerten los, am nächsten Morgen würde das Bild auf dem Titel der Sportzeitung *Record* erscheinen. »Enke unterschreibt«, stand in Großbuchstaben darüber.

Er sieht rundum glücklich aus auf dem Foto.

Eine Stunde nach der Vertragszeremonie zogen sich Robert, Teresa und Jörg in ihre Hotelzimmer an der Praça Marques da Pombal zurück, um sich kurz auszuruhen. Jörg lag in seinem Sommeranzug ausgestreckt auf dem Bett, die Arme hinter dem Kopf verschränkt. Es klopfte.

Teresas Kopf erschien in der Tür.

»Jörg, Robbi bleibt nicht in Lissabon.«

VIER

Angst

Jörg Neblung regte sich nicht. Still blieb er auf dem Bett liegen, um ihn herum türmten sich die Zierkissen, silbergrau und bronzebraun mit Blumenmuster, wie immer in Hotels der gehobenen Klasse gab es viel zu viele Kissen, und man wusste nicht, wohin mit ihnen, wenn man das Bett benutzte. Langsam verarbeitete er die Worte, die er eben gehört hatte.

»Was soll das heißen: Robbi bleibt nicht in Lissabon?«

»Er will sofort zurück.«

Jörg richtete sich auf. Mit einem Lächeln kaschierte er seine Verwirrung. Sein Schweigen forderte Teresa auf, ihm von dieser fernen Welt zu erzählen, in die Robert Enke nach der Vertragsunterzeichnung schlagartig abgetaucht war.

Vor dem Anwaltsbüro, gleich nach der Vertragsunterschrift, hört Robert Enke, wie Teresa sagt, lass uns doch zum Weltausstellungsgelände fahren und ein wenig bummeln gehen.

Die Autos auf der Avenida da Liberdade fahren langsam, der Feierabendverkehr hat begonnen. Palmen, höher als Häuser, stehen am Boulevard, das feine Kopfsteinpflaster unter seinen Füßen ist weiß und glatt, geschliffen von Millionen Schuhen. Das Licht des Sommers im Süden, intensiver, glänzender, spiegelt sich noch in den Schaufenstern. Ein paar Fußgänger betrachten ihn aus den Augenwinkeln, ohne den Schritt zu verlangsamen, sie wollen nicht neugierig wirken, aber doch gerne wissen, wegen wem die Fotografen hier waren. Das Schwarz ihrer Haare ist wie das Sonnenlicht: intensiver, glänzender, als er es kennt. Er kann nicht festmachen, was genau ihm das Gefühl gibt, fremd zu sein.

Sie nehmen ein Taxi.

Die Pavillons der Weltausstellung bilden heute ein Vergnügungsviertel mit Aquarium, Boutiquen, Restaurants. Sie gehen in ein Einkaufszentrum. Vielleicht gibt es hier auch ein Schuhgeschäft, sagt Teresa spielerisch zu Robert und sieht ihn an.

Er hält den Kopf schief!

Genau so hielt er den Kopf immer im ersten Mönchengladbacher Winter schief, wenn er plötzlich von der Angst überwältigt wurde. Er saß am Esstisch im Loosenweg, er sagte verzweifelt, er wolle nicht ins Training, und dann schwieg er, den Kopf zur Seite gelegt, als wollte er ihn auf der Schulter ablegen, minutenlang verharrte er in dieser Haltung.

Nun steht er auf einmal mit schiefem Kopf im alten Weltausstellungspavillon, und sie sieht die Tränen, die sich in seinen Augen sammeln.

Er spürt Teresas Blick auf ihm lasten. »Ich gehe kurz auf Toilette«, sagt er und dreht sich abrupt um, als müsse er sich losreißen.

»Was ist los?«, fragt Jörg.

»Ich glaube, Robbi geht es nicht so gut.«

»Ach so?«

Es dauert ungewöhnlich lange, bis er von der Toilette zurückkommt.

»Fahren wir zurück ins Hotel?«, sagt Teresa sofort, um ihm eine Brücke zu bauen.

Er habe Kopfschmerzen, sagt er Jörg.

Jörg mustert ihn und findet nicht, dass Robert in irgendeiner Art schlecht aussieht. Im Taxi redet Teresa, um zu überspielen, dass Robert schweigt. Jörg sitzt vorne. Er sieht nicht, wie Robert unbeweglich mit schiefem Kopf aus dem Fenster starrt.

Sie würden sich eine Stunde ausruhen und sehen, wie es dann ginge, sagt Teresa, als der Fahrstuhl des fünfzehnstöckigen Hotels sie in ihre Etage mit Aussicht bringt.

»Bis später, Jörg.«

Als sie ihre Zimmertür hinter ihnen zumacht, wirft er sich auf das Bett, vergräbt den Kopf ins Kissen und weint so verzweifelt, dass es sich anhört, als könne er an seinen Tränen ersticken. Sie streichelt seinen Nacken, um ihn zu beruhigen.

»Robbi.«

»Ich kann hier nicht bleiben. Es geht nicht.«

»Aber du hast doch vor einer halben Stunden den Vertrag unterschrieben.«

»Was soll ich denn hier in der Fremde?«

Wenigstens spricht er nicht mehr ins Kissen.

Sein Weinen wird leiser.

»Gut«, sagt sie irgendwann. »Du bewegst dich nicht von der Stelle, und ich gehe hinüber, um Jörg Bescheid zu geben. Wir müssen es ihm sagen.«

Es klopft an Jörgs Zimmertür. Als Teresa eintritt, liegt noch ein Lächeln auf seinen Lippen, als habe er gerade einen schönen Traum gehabt.

Jörg folgte Teresa über den tiefen, grauen Teppich des Hotelflurs, noch immer nicht ganz erwacht aus dem Hochgefühl der reibungslosen Vertragsunterschrift. Als sie hereinkamen, lag Robert unverändert auf dem Bett. Ein Dialog wiederholte sich.

Ich kann hier nicht bleiben.

Aber du hast doch vor einer Stunde einen Vertrag unterschrieben.

Es geht nicht.

Für einen Moment war Jörg kampfunfähig. Er hatte nach dem Bundesligajahr in Mönchengladbach ein klares Bild von Robert Enke im Kopf, ein außergewöhnlich stressresistenter, abgeklärter, vernünftiger junger Mann.

Jörg sah Robert an, und plötzlich sah er sich selbst, mit 16 Jahren zu Hause, als ihn seine Eltern, Lehrer beide, fragten, ob er denn für ein Jahr als Austauschschüler in die Vereinigten Staaten wolle. Ein diffuses Gefühl aus Furcht und Einsamkeit war damals in ihm aufgekommen, »Amerika, oh Gott, ist das weit weg«, und Jörg hatte spontan das Angebot seiner Eltern abgelehnt. Er konnte Roberts Angst nachvollziehen. »Er war erst 21, ein Junge, der ins Unbekannte ging und im Ausland von der Fremdheit überwältigt wurde.«

Aber aus der Patsche half ihnen dieses Verständnis nicht.

Und wenn er eine Nacht darüber schliefe, vielleicht seien es nur die Nerven, verständlich natürlich.

Robert schüttelte energisch den Kopf. Er müsse hier raus, er reise ab. Auf seinen Wangen waren rote Flecken.

Jörg rief den Flippi an, schließlich war er nur ein Angestellter der Agentur, er konnte keine weitreichenden Entscheidungen ohne seinen Chef treffen. Der Flippi hatte einen eindeutigen Ratschlag.

»Hau ihm auf die Fresse«, sagte er Jörg.

Jörg verstand: Er musste die Situation alleine klären.

Die Einladung für Robert Enkes Präsentation am nächsten Morgen im Stadion des Lichts war schon an die Medien verschickt worden.

Teresa saß bei Robert auf dem Bett, Jörg setzte sich in den grauen Stoffsessel. Auf dem Schreibtisch stand ein Strauß weißer Rosen.

»Und wenn wir sagen, Teresa gehe es nicht gut, wir müssen kurzfristig abreisen?«

Sie würde da mitspielen, sagte Teresa.

Jörg sah Robert an.

Robert wartete, dass sie etwas unternahmen.

Dann kläre er das, sagte Jörg. Aber dem Trainer zumindest müsse er die Wahrheit sagen. Robert hatte den Vertrag bei Benfica allein Jupp Heynckes zu verdanken, schon deshalb seien sie ihm Ehrlichkeit schuldig. Was auch immer danach passiere.

Jörg Neblung trat auf die Straße. Schwierige Gespräche führte er besser, wenn er in Bewegung war. Er marschierte die Rua Castilho hinunter. Der Autoverkehr rauschte, während er über Handy im Büro von Benficas Präsidenten Bescheid gab, dass sie leider die Präsentation verschieben müssten, der Frau des Torwarts ginge es nicht gut, sie würden morgen mit dem ersten Flugzeug zurückreisen, ja, leider. Welche Erleichterung, dass der Anstand Sekretärinnen gebietet, keine neugierigen Nachfragen zu stellen. Es blieb Jupp Heynckes.

Jörg machte kehrt und ging die Rua Castilho wieder zurück, vorbei an der Sotheby's-Vertretung und dem Ritz-Hotel, die er nicht wahrnahm. Es ging leicht bergauf, das war gut, je mehr körperliche Anstrengung, desto weniger bemerkte er die nervliche Anspannung.

Jupp Heynckes meldete sich freundlich am Telefon.

Jörg wollte es so schnell wie möglich hinter sich bringen und redete drauflos, ohne dem Trainer eine Chance zu geben, ihn zu unterbrechen. Robert gehe es schlecht, die Angst vor dem Ausland, ganz plötzlich, ein junger Kerl, kurz gefasst, sie müssten sofort abreisen, es gebe keine andere Möglichkeit, alles Weitere werde man sehen, aber um ehrlich zu sein, Roberts Wechsel zu Benfica sei fraglich.

»Herr Neblung, Sie sind maßlos arrogant.«

»Ja, das tut mir auch sehr leid. Aber es geht nicht anders.«

Er bemerkte, dass er schon wieder auf dem Weg die Straße hinunter war, als er aufgelegt hatte und stehen blieb.

»Heynckes musste sich angesichts der Gepflogenheiten im Profifußball natürlich gedacht haben, wir hätten plötzlich ein besseres Angebot für Robert und wollten ihn deshalb unter Ausreden bei Benfica rausboxen. Deshalb konnte ich verstehen, dass der Trainer mir in diesem Moment nur das Schlechteste unterstellte. Berater sind ja auch dafür da, die Schläge abzufangen, damit es nicht den Spieler trifft. Das war schon in Ordnung so, dass ich mich von Heynckes beschimpfen lassen musste.«

Am Abend blieben sie im Hotel. Jörg buchte die Rückflüge auf den nächsten Tag um. Robert ging früh ins Bett.

Am nächsten Morgen kaufte ihm Jörg am Flughafen den *Record* mit der Schlagzeile »Enke unterschreibt«. Robert Enke sah auf dem Titelfoto, wie glücklich er lächelte. Jetzt hatte er nur ein einziges Ziel: weg aus Lissabon. Er war zu erschöpft von der Angst, um daran zu denken, dass jemand, der wegfliegt, auch irgendwo ankommen und weitermachen muss.

Teresa und er fuhren erst einmal in den Urlaub. Gleich hinter dem kilometerlangen Strand von Domburg begannen die Dünen mit ihrem windzersausten Gestrüpp. Die Wolken schienen sich auf den Sandhügeln auszuruhen, so tief hingen sie über dem äußersten Zipfel Südhollands. Robert Enke sah den Hunden nach, wie sie durch die Dünen rannten.

Teresa und er erwähnten den Abend von Lissabon nicht, aber das Ausblenden hatte nichts Verkrampftes. Es schien hier einfach kein Thema zu sein.

Wir haben vier Wochen Zeit, bis bei Benfica das Training beginnt, dachte sich Teresa. In vier Wochen konnte alles Mögliche passieren.

In der Agentur von Norbert Pflippen planten sie unterdessen die Zukunft. Der Flippi rief noch einmal Edgar Geenen an, den Sportdirektor von 1860 München. Jetzt würde Robert Enke vielleicht doch noch zu 1860 kommen. Aber die Aussicht, sich in einen Rechtsstreit um einen Spieler zu stürzen, der vor zwei Monaten nicht zu ihnen wollte und nun bei einem anderen Verein unterschrieben hatte, fand Geenen wenig verlockend.

Der einzige Ausweg war, Robert dazu zu bewegen, doch nach Lissabon zu gehen.

Der Flippi telefonierte mit Jupp Heynckes.

»Liebe Leute, das kann doch alles nicht wahr sein!«, rief der Trainer.

»Wem sagst du das! Jupp, ich verstehe dich doch, ich bin auf deiner Seite. Der Junge ist nur ein bisschen durch den Wind, die Paparazzi in Lissabon haben ihn scheu gemacht, der Empfang war zu viel für ihn.«

»Seht ihr eigentlich noch die Realität? Der hat hier einen exzellenten Vertrag bekommen, und zwar weil ich für ihn gebürgt habe!«

»Das weiß ich doch, Jupp, das sage ich dem Jungen doch auch. Wir versuchen das zu regeln, gib ihm ein wenig Zeit.«

Er habe keine Zeit, er habe eine Saison zu planen, sagte Heynckes, und sein Ton näherte sich dem eines Trainers, der in der Halbzeitpause bei einem 0:4-Rückstand zu seiner Mannschaft spricht.

Wenig später kam eine Meldung aus Portugal. Jupp Heynckes hatte einen neuen Torwart verpflichtet.

Das Internet war in seinen Anfängen, Jörg gab den Namen des neuen Mannes in die Suchmaschine ein.

Carlos Bossio.

Vier Jahre älter als Robert Enke, Silbermedaillengewinner bei den Olympischen Spielen 1996 mit Argentinien, 146 Spiele in der ersten argentinischen Liga für Estudiantes.

Den Rest sagten die Fotos im Internet. »Ein Riesenkerl, 1,94 Meter, und ein Kinn wie Sylvester Stallone«, sagt Jörg Neblung. »Das war ein Torwart mit dem Profil einer Nummer eins.« Benfica Lissabon rechnete nicht mehr wirklich mit Robert Enke und vertraute ihm nach seiner überstürzten Abreise noch weniger. Das war die Botschaft in der Meldung aus Portugal.

Jörg erzählte Robert davon, als hätte es nicht besser kommen können. »Du hast jetzt überhaupt keinen Druck in Lissabon, die haben noch einen Torwart aus Argentinien geholt, eventuell wird der am Anfang spielen, aber das wäre vielleicht gar nicht so schlecht, dann kannst du dich in Ruhe dort einleben.«

Die Haut bronzefarben, das blonde Haar leuchtend nach dem Sommerurlaub, sagte Robert Enke, vernünftig, wie ihn alle kannten, natürlich verstehe er, dass er nach Lissabon müsse, wenn er den Vertrag unterschrieben habe.

Teresa organisierte den Umzug aus Gierath. Am Tag vor ihrer Abreise nach Lissabon sahen sie zu, wie die Möbelpacker die Kisten aus der Dachwohnung schleppten. Die Koffer und Taschen für den Flug standen in der Küche. Nachdem der Umzugslaster abgefahren war, schaute Teresa noch einmal durch die leere Wohnung, ob sie nichts vergessen hatten. Es war Samstag, die Grundschule gegenüber geschlossen, die Stille eines Dorfes am Wochenende passte zur Leere der Wohnung. Robert stellte sich vor Teresa.

»Ich komme nicht mit.«

»Was?«

»Ich komme nicht mit. Wo ist der Autoschlüssel?«

Teresa war zu perplex, um irgendetwas zu denken, geschweige denn zu unternehmen, als er die Treppen hinunterrannte.

Sie rief ihn auf dem Handy an. Er hatte es ausgeschaltet. Sie rief seine Eltern an. »Falls sich euer Sohn meldet, dann denkt euch etwas aus, wie ihr ihn beruhigt. Er ist nämlich gerade abgehauen.«

Es gelang ihr noch immer nicht, so ernst zu sein, wie sie es gerne wollte. Dazu war sein Verhalten zu unmöglich.

Sie fuhr mit ihrem Auto zu Jörg und Dörthe nach Rheydt. Unweit vom alten Bauernhof von Oma Frida sah sie Jörg in Joggingkleidung im Wald verschwinden. Lass ihn laufen, dachte sie sich, reicht auch, wenn ich ihn in einer Stunde mit der Neuigkeit erschrecke.

Mit dem angenehmen Gefühl der Erschöpfung nach dem Sport kehrte Jörg eine Dreiviertelstunde später zurück. Er begrüßte Teresa und fragte beiläufig: »Wo ist Robbi?«

»Abgehauen.«

»Quatsch.«

»Nein, wirklich. Er ist abgehauen.«

Teresa, Dörthe und Jörg waren sich bewusst, dass es absolut unangemessen war zu lachen, und deshalb war es das Einzige, was sie tun konnten: Sie lachten.

Alle paar Minuten wählten sie seine Handynummer. Das Telefon blieb ausgeschaltet. Sie schickten ihm SMS-Nachrichten. Sie konnten nur weiter warten. Die Dunkelheit vertrieb gemächlich den herrlichen Tag, es wurde 21 Uhr. Sieben Stunden hatten sie ihn vermisst, als es klingelte. Teresa rannte zur Tür und sah ihn am Fuß der steilen Treppe stehen. Er blickte kurz hinauf und dann wieder weg, als ginge ihn nichts auf dieser Welt irgendetwas an.

»Mein Gott, Robbi, wo warst du?«

»Weg.«

Eine konkretere Antwort hat Teresa nie erhalten. Sie drängte auch nicht darauf. Sie hatte das Gefühl, dass sein inneres Gleichgewicht gerade wiederhergestellt worden war und dass sie die feine Balance keinesfalls noch einmal ins Wanken bringen durfte.

»Dann geht es heute nach Lissabon«, sagte sie am nächsten Morgen, sehr bemüht, den Satz nicht wie eine Frage, aber auch nicht wie einen Befehl klingen zu lassen.

Er nickte, und niemand konnte erkennen, was er fühlte.

FÜNF

Die Stadt des Lichts

Sie bezogen ein Hotelzimmer am Flughafen, wo die Leute wohnen, die schnell wieder wegwollen. Der kleine Park in der Nähe des Hotels hieß Tal der Stille. Von dort waren es nur fünf Minuten zum alten Weltausstellungsgelände, dem einen vertrauten Ort, von dem aus sie sich in die fremde Stadt vortasten konnten.

Die milde Luft der hereinbrechenden Nacht nach dem heißen Julitag legte sich auf ihre Körper, als Teresa von einer Restaurantterrasse auf dem Weltausstellungsgelände über den Tejo schaute. Die Lichter Lissabons schaukelten auf dem Fluss, die Fahnen aller Länder flatterten an den Masten zu Füßen der Vasco-da-Gama-Brücke. Es ging ein friedlicher Wind.

»Ist es nicht wunderschön hier, Robbi?«

Er schnitt weiter an seinem Steak.

»Ich höre die ganze Zeit nur das Quietschen der Fahnenmasten«, sagte er.

Teresa ist sich nicht sicher, ob er den Kopf schief hielt, sie weiß nicht mehr, ob sie wirklich stumm ihr Besteck fallen ließ. Aber so hat sie die Szene heute vor Augen.

Zum täglichen Training bei Benfica begleitete sie ihn, als bringe sie ihn ins Krankenhaus. Sie setzte Robert am Stadion des Lichts ab und ging im Einkaufszentrum auf der anderen Straßenseite in ein Café, eine Angehörige, die vor dem Operationssaal wartet und versucht, nicht mit den Fingern auf den Tisch zu trommeln. Er musste dem Trainer gegenübertreten, den er fast versetzt hatte.

Am Eingang des Stadions erwartete Robert Enke ein Adler. An Benficas steinernem Wappentier vorbei eilte er in die Umkleidekabine. Er verstand nicht, was die anderen Spieler redeten,

Robert Enke 2000 über der Stadt des Lichts.

aber er verstand ihr Lachen, es war dasselbe wie bei der Borussia in Mönchengladbach nach Marcos Späßen. Er fühlte sich noch fremd und schon wieder zu Hause.

Der Trainer stellte sich der Mannschaft vor, und schon ging es hinaus auf den Campo Numero 3, den Trainingsplatz. Robert Enke hielt sich immer zwischen den neuen Mitspielern. So hatte Jupp Heynckes keine Gelegenheit, ihn unter vier Augen zu sprechen. Heynckes' Torwarttrainer Walter Junghans tat gegenüber Robert Enke, als wisse er gar nichts von seiner Panikattacke.

Sie waren vier Torhüter, einer zu viel nach der kurzfristigen Verpflichtung von Carlos Bossio. Junghans war bemüht, alle Torhüter gleich zu behandeln. Er hatte in seiner aktiven Zeit sämtliche Gemütszustände eines Torwarts selbst erlebt, deutscher Meistertorwart mit Bayern München, nicht gefragter Ersatzmann, Kapitän auf Schalke, gestrandet in der Zweiten Liga, »diese Position bringt so viel Euphorie und Leid mit sich, ein Torwart muss damit rechnen, in jeder Sekunde der Depp zu sein«, sagt Junghans, »da sollte der Torwarttrainer als verständnisvoller Freund aller seiner Torhüter agieren«. Dementsprechend unangenehm war es ihm, dass er Robert Enke bei jeder Trainingsübung zuerst ins Tor stellte. Es ging nicht anders. Bossio konnte nur Spanisch, der dritte Torwart Nuno Santos Portugiesisch, Sergej Owtschinnikow, dem als vierten Mann die Abschiebung drohte, Russisch und Portugiesisch. Walter Junghans sprach bloß Deutsch und Englisch. Robert Enke musste die Übungen immer vormachen, damit sie die anderen verstanden. Darüber hinaus verständigten sie sich in der Sprache der Sprachlosen, mit Lächeln.

Der Rasen war noch herrlich feucht, direkt vor dem Training bewässert, der Ball haftete angenehm zäh an den Handschuhen. Robert Enke beobachtete die Konkurrenten. Alles an Bossio war riesig, die Oberarme, die Hände, tatsächlich auch das Kinn; und fulminant springen konnte er auch. Aber das Größte am Argentinier, bemerkte Robert Enke, war sein freundliches Lächeln. Er lächelte zurück.

Er dachte gar nicht mehr daran, an die Angst zu denken.

Sein Drang, perfekt zu sein, jede Herausforderung zu meistern, war auf dem Trainingsplatz instinktiv erwacht.

Wenn die anderen Profis sich nach dem Training verabschiedeten, ging er in den Kraftraum. Zu Beginn in Mönchengladbach hatte er sich an den Hanteln unwohl gefühlt, unter den Augen von Kamps. Nun setzte er sich als Einziger freiwillig an die Maschinen. Walter Junghans begleitete ihn, um mit 41 an den Maschinen ein wenig gegen das unvermeidliche Bäuchlein eines ehemaligen Profisportlers zu kämpfen, der die körperliche Anstrengung nach so vielen quälenden Jahren inzwischen verachtet. Plötzlich stand der Trainer neben ihnen.

Jupp Heynckes wartete, bis Robert Enke eine Pause zwischen den Serien an der Beinpresse einlegte. Der Trainer begann, von den ersten Eindrücken in Lissabon zu erzählen, wie zuvorkommend die Portugiesen waren, jedenfalls wenn sie nicht gerade Auto fuhren, wie viel klarer als im Norden das Licht sei. Jupp Heynckes redete leise, langsam, aufgeräumt, und irgendwann sagte er abrupt: »Schau, Robert, du bist hier nicht alleine. Ich weiß, was für ein Schritt das für einen 21-Jährigen ist, ins Ausland zu gehen, aber du brauchst keine Angst zu haben. Ich habe dich geholt und werde dir helfen. Walter, du und ich, wir sind gemeinsam hier, und wir ziehen das auch gemeinsam durch.«

Niemand erinnert sich mehr, was Robert Enke antwortete. Es war Zeit für die nächste Serie an der Beinpresse. Er klemmte die Füße in die Maschine, die Knie angewinkelt, den Mund zusammengedrückt in Erwartung der Anstrengung. Und die Gewichte in der Maschine sausten nach oben, als ob er jede Anstrengung bewältigen könne.

»Ich mochte Robert von Anfang an. Ich hatte ihn ja im Frühling zweimal in meinem Haus am Spielberg in Mönchengladbach getroffen, um ihn für Benfica zu gewinnen. Er war unheimlich aufgeschlossen, sympathisch, auch sehr selbstbewusst, und dieser Eindruck blieb mir, obwohl ich zunächst richtig sauer geworden war, als er plötzlich nicht mehr nach Lissabon wollte. Aber ab dem Moment, als wir uns bei Benfica im Kraftraum aussprachen, war die Sache mit seiner Panikattacke für mich vergessen«, sagt Heynckes. »Ich habe erst vier Jahre später wieder daran gedacht.«

Robert Enke fiel es nicht so leicht zu vergessen. Sobald er das Trainingsgelände verließ, kehrte das Gefühl, fremd zu sein, langsam, lähmend zurück. Er wusste, er hatte keinen Grund, sich zu fürchten. Aber er konnte die Angst deswegen noch lange nicht abschütteln. Das Hotel am Flughafen wurde seine Festung. Er verschanzte sich darin.

»Robbi, Kopf gerade!«, rief Teresa, er schreckte vor dem Fernseher auf, richtete den Kopf auf, und eine Viertelstunde später wiederholte sich das Spiel.

Eines Nachmittags rief Tina an, ihre gemeinsame Freundin aus Jena. Robert war gerade beim Training.

»Und, was machst du?«

»Was soll ich machen, ich würde auch mal gerne raus, in die Altstadt oder so, aber Robbi geht es nicht gut, er sitzt immer nur betrübt auf dem Zimmer.«

»Dann geh doch du mal alleine raus, und wenn du dich nur mit einem Buch ins Café setzt. Du kannst nicht immer nur alles Robbi recht machen.«

Aber Teresa glaubte nicht, dass es ihr irgendwie gut gehen konnte, solange es ihm schlecht ging.

Der Fußball gestattete ihm eine kurze Flucht vor der Furcht. Er durfte mitten aus Benficas Trainingslager im Salzburger Land abreisen, um mit der deutschen Nationalmannschaft zum Konföderationenpokal nach Mexiko zu fliegen. Zum ersten Mal war er in die A-Nationalelf eingeladen worden. Die Umstände waren wenig feierlich. Das Turnier in Mexiko war von sportlich zweifelhaftem Wert, der Termin Ende Juli ein kruder Scherz, unmittelbar vor dem Start der Vereinssaison, weshalb die etablierten Nationaltorhüter Oliver Kahn und Hans Jörg Butt die Mexikoexpedition abgesagt hatten. Robert Enke war als Ersatztorwart nachgerutscht. Niemand im deutschen Fußball wusste von seinem inneren Kampf. Viele verstanden die Nominierung als logische Folge: Diesem Torhüter würde die Zukunft gehören.

Ohne in einem einzigen Spiel eingesetzt zu werden, verbrachte er 14 flimmernd heiße Tage in Mexiko, nachts konnte er nicht schlafen vor Hitze und Jetlag, tagsüber sah er zu, wie eine in engen Grenzen motivierte deutsche Elf Brasilien 0:4 und den USA 0:2 unterlag. Dafür hatte er seine Position bei Benfica nicht gerade verbessert, weil er zwei Wochen der Saisonvorbereitung verpasste. Doch so sah er es nicht. Zwei Wochen lang hatte er im fernen Mexiko wieder zu Hause sein dürfen; in einer deutschen Fußballelf.

Bei seiner Rückkehr nach Lissabon konnte er der Wirklichkeit nicht mehr ausweichen. Er lebte jetzt hier. Er ging mit Teresa auf Haussuche. Sogar einen Palast zeigte ihnen der Immobilienmakler. Am Hang des Pinienparks Monsanto, abgetrennt vom Lärm der Stadt, lag der Palácio dos Marqueses de la Fronteira. Das ehemalige Gästehaus hinter dem Palast sei zu vermieten. Aha, sagte Robert Enke und grinste bei der Vorstellung, hier zu wohnen. Nun aber weiter, sagte der Makler, er werde ihnen noch etliche spektakuläre Häuser zeigen, da würden sie Tage brauchen, um sich zu entscheiden.

Am 10. August 1999 bestritt Benfica ein Testspiel gegen Bayern München im Stadion des Lichts. Portugiesen nennen das

Stadion oft nur *A Luz*. Das Licht. Die neue Elf, das Benfica von Jupp Heynckes, präsentierte sich, und 60 000 füllten die Arena unter dem Licht, denn nichts ist am Fußball betörender als das immer wiederkehrende Versprechen vor einer neuen Saison, jetzt werde alles anders, besser. Zum ersten Mal würde der neue Trainer seine Wunschelf zeigen, mit Nuno Gomes im Sturm, Karel Poborský auf dem Flügel und João Pinto, dessen Fuß einen Ball streicheln konnte, als Maestro. Im Tor stand Carlos Bossio. »Er war eingeplant, die Nummer eins zu sein«, sagt Walter Junghans.

Bayern gewann den Test 2:1. Das gleißende Licht richtete sich gegen Bossio. 60 000 pfiffen und buhten ihn zornig aus. Er hatte bei beiden Münchner Toren keine glückliche Figur gemacht.

Es war nur ein Testspiel, das Ergebnis schon im Moment des Schlusspfiffs bedeutungslos. Keiner redet von solchen Abenden, wenn in Fußballkarrieren Bilanz gezogen wird; denn niemand mag glauben, dass es wirklich solche unbedeutenden Augenblicke sind, die über Karrieren entscheiden.

Zehn Tage später, unmittelbar vor dem Start der portugiesischen Meisterschaft, entzog der Weltfußballverband FIFA Bossio einstweilig die Spielberechtigung für Benfica. Sein vorheriger Klub, Estudiantes de la Plata, hatte Benfica bei der FIFA angezeigt. Die fällige Ablöse sei nicht bezahlt worden.

Die ganze Wahrheit, sagt Heynckes, kenne die Öffentlichkeit bis heute nicht: »Bossio war Benficas Präsidium nach seinem unglücklichen Spiel gegen Bayern nicht mehr gut genug. Benfica hat die Zahlungen an Estudiantes erheblich hinausgezögert.«

Carlos Bossio war gesperrt, Nuno Santos verletzt, Sergej Owtschinnikow mittlerweile an den Vorortserstligisten FC Alverca abgeschoben. Niemand außer Robert Enke konnte spielen.

Er überbrachte Teresa die Nachricht beiläufig, so wie er gute Neuigkeiten immer am liebsten weiterleitete. Er hatte eine große Freude daran, dann die Aufregung im Gesicht der anderen erwachen zu sehen.

»Ach, übrigens, am Samstag spiele ich.«

Sie saßen an einem Swimmingpool unter Palmen, mit Blick über einen im Stil der italienischen Renaissance angelegten Garten mit geometrisch geschnittenen Zierbäumen. Sie waren in das Gästehaus des Palácio Fronteira eingezogen.

In einer Stadt, deren Namen er schon vergaß, als er noch dort war, in einem Stadion, in dem hinter den Toren statt Tribünen Grashügel lagen, musste Robert Enke beweisen, dass er die Angst verdrängen konnte. Benfica begann die Saison der ersten portugiesischen Liga gegen den FC Rio Ave, einen Klub aus der Kleinstadt Vila da Conde im Niemandsland hinter Porto. Das Stadion fasste nur 12 000 Menschen; damit war Platz für 60 Prozent der Einwohner des Orts. Der Grashügel hinter ihm wimmelte von Jugendlichen und Kindern, ihre Stimmen schwollen zu einem unangenehmen, konstanten Piepsen im Ohr an.

Zu Hause in Deutschland tigerte Jörg Neblung durch seine Wohnung. Der Flippi hatte entschieden, dass doch niemand von der Agentur zu diesem Spiel am Rande Europas reisen musste. »Aus heutiger Sicht war das grob fahrlässig, wenn man bedenkt, wie es Robert ging«, sagt Jörg Neblung. Im Satellitenfernsehen kamen zwar Snookerturniere oder Dartmeisterschaften, aber Fußballspiele aus Portugal dann doch nicht. Er ließ sich per SMS von Teresa aus Lissabon informieren.

Spiel aus. 1:1. Gut gehalten.

Jörg atmete aus.

Eine Woche später, nach dem ersten Heimspiel von Benfica, besetzte Robert Enke schon die Titelseiten der Sportzeitungen.

Voa Enke! Enke fliegt!, prangte auf Portugals meistverkaufter Zeitung *A Bola*.

In einem dieser Momente, wenn der Torwart nicht weiß, wie er es tut, hob er ab und parierte einen heftigen Kopfball aus fünf Metern. Paraden wie diese erlebte er in rauschhafter Langsamkeit. Schlagartig erreichte er eine höhere Stufe der Wahrnehmung, er sah auf einmal gestochen scharf, die Farben des Trikots, die Bewegungen des Stürmers. Andere erleben eine solche Grenzerfahrung allenfalls in traumatischen Schrecksituationen, wenn sie im Auto abrupt bremsen müssen oder vom Fahrrad stürzen. Hat er die Gefahr einmal gemeistert, wird ein Torwart süchtig nach diesen wunderschön schrecklichen

Robert Enkes typische Abwehrhaltung mit dem nach innen gebeugten Knie bei Eins-gegen-eins-Situationen.

Augenblicken im Spiel. Gegen Ende des ersten Heimspiels boxte Robert Enke noch einen Querschläger um den Pfosten und rettete Benficas 1:0-Sieg über Salgueiros. *A Luz*, das Licht, strahlte. »Enke schon Publikumsliebling in Lissabon«, meldeten in Deutschland die Nachrichtenagenturen, denen nie etwas schnell genug gehen kann.

Die Sportreporter wollten wissen, ob die Lage bei Benfica mit nur noch einem gestandenen Profitorwart im Aufgebot nicht bedenklich sei, auch für ihn, so ganz ohne Rivalen, der ihn im Training pusche. Druck machen, Druck kriegen schien offenbar auch im portugiesischen Fußball eine populäre Methode. »Mir gefällt die Situation«, entgegnete Robert Enke. »Ich brauche keine Konkurrenz.«

Ein 17-jähriger Junge aus dem B-Team war sein neuer Trainingspartner und Ersatzmann, José Moreira. »Das Erste, was mir auffiel, war sein Gesicht«, sagt Moreira. »Sein Gesicht während eines Spiels war das Gesicht von Oliver Kahn! Da bewegte sich nichts, keine Geste, keine Regung, nichts lenkte ihn ab, nichts brachte ihn aus der Konzentration.«

Robert Enke merkte, wie der Junge jede Bewegung von ihm aufsaugte, wie Moreira begann, ihn zu imitieren. »Wenn du mich ansiehst«, sagt Moreira elf Jahre später und kann den Stolz nicht verstecken, »wirst du einiges von Robert wiedererkennen.«

In der Kathedrale des Biers, wie der Bereich für die besonders wichtig genommenen Gäste im Stadion des Lichts heißt, schwingt sich Moreira vom Barhocker. Vor ihm speisen Geschäftsleute in Anzug und Krawatte, und Moreira, in weiter Jeans und schlabbrigem schwarzem T-Shirt, ignoriert, dass er ein Publikum hat. Er geht in die Hocke, fast ins Spagat, das rechte Bein ausgestreckt, das linke Knie abgewinkelt, den Oberkörper kerzengerade, die Arme ausgebreitet, alle zehn Finger gespreizt. »So stand Robert in Eins-gegen-eins-Situationen, wenn der Stürmer vor ihm auftauchte«, Moreiras Stimme ist nun hell und laut vor Enthusiasmus, »er machte sich so breit, und er war so beweglich und schnell, er konnte diese Position aus dem Nichts einnehmen und sofort wieder aus dem Spagat springen. Kein anderer Torwart beherrschte diese Haltung.«

Moreira fragte Robert Enke, warum nimmst du diese Spagathaltung ein, warum eilst du bei Flanken nicht öfter aus dem Tor, in deinen Handschuhen ist ja auch innen Latex, wieso das denn? Und Robert Enke, der sich einredete, ihm sei es egal, was andere Leute von ihm hielten, blühte auf, seit er keinen Druckmacher mehr neben sich hatte, sondern einen wissbegierigen Schüler, der ihn bewunderte.

An Abenden vor den Spielen teilten sie sich das Hotelzimmer. Sie sprachen ihr eigenes Portugiesisch-Englisch miteinander.

»Moreira, in drei Monaten will ich Portugiesisch können. Du bist jetzt mein Lehrer. Wie spricht man das aus: *aipo hortense*?«

»Robert, da ist ein R in *hortense*, man hört dein R nicht. Du sprichst es aus, als hättest du eine heiße Kartoffel im Mund.«

»Egal, in drei Monaten kann ich das, Moreira. Aber du musst auch Deutsch lernen. *Bring mir Wasser!* Das ist der wichtigste Satz, den du als mein Ersatztorwart verstehen musst, hast du verstanden: *Bring mir Wasser!*«

Moreira beherrscht den Satz noch heute und auch so einiges anderes, wie bei unserer Begrüßung am Stadion des Lichts deutlich wird. Wir treffen uns um 14 Uhr. »Gute Nacht!«, grüßt Moreira auf Deutsch.

»Moreira, jetzt schauen wir die Bundesliga im deutschen Fernsehen«, sagte Robert Enke samstagabends auf dem Hotelzimmer.

»Aber wir können die Tore doch auch auf Eurosport mit englischem Kommentator anschauen, dann verstehe ich auch etwas.«

»Ach, nein. Es ist besser, wenn wir das auf Deutsch schauen.«

»Besser?«

»Ja, ja. Oh, Moreira, danach kommt noch ein guter Film mit Eddie Murphy im ZDF.«

»Aber da gibt es ja noch nicht einmal Untertitel!«, merkte Moreira, als der Film lief. »Eddie Murphy spricht Deutsch!«

»Macht nichts, Moreira, das ist schon gut so.«

»Aber Robert, wir könnten portugiesisches Fernsehen schauen, da kommen die Spielfilme auf Englisch mit portugiesischen Untertiteln.«

»Er hat sich immer durchgesetzt«, sagt Moreira voller Zuneigung, »und ich habe nie so viel geschlafen wie mit ihm auf dem Zimmer, weil mir die deutschen Filme zu langweilig wurden.«

Heute mit 28 trägt Moreira die Haare bis zur Schulter, sie rahmen ein weiches Gesicht ein, doch wie bei praktisch allen Torhütern ist auch sein Gesicht gezeichnet vom Zusammenprall mit den Stürmern. Eine Schürfwunde klafft unter dem rechten Auge. Er ist Benfica elf Jahre treu geblieben, auch wenn der Klub ihn als Inventar behandelt, mal spielt er, meistens nicht, weil die anderen Torhüter, die Benfica teuer einkaufte, wegen ihrer Ablöse fälschlicherweise als gewichtiger gelten.

Robert Enke mit seinem kleinen Torwartbruder José Moreira.

»Hast du Moreira letztens spielen sehen?«, fragte Robert Enke mit Sicherheit jedes Mal, wenn wir in späteren Jahren auf große Torhüter zu sprechen kamen.

»Robbi, ich schaue mir doch nicht auch noch portugiesischen Fußball an!«

»Du *musst* dir Moreira anschauen.«

Robert Enkes Augen lachten, wenn er von Moreira redete, dem Torwart, der von ihm lernte, der ihm eine nie geahnte Unbeschwertheit beim Training schenkte; der sein Komplize und nicht Rivale war.

Im Palast Fronteira konnte man sich wie der Marquis fühlen, auch wenn man nur im Gästehaus wohnte. Es gab mehr Bäder als in ihrer Mönchengladbacher Wohnung Zimmer; sechs. Die Gartenmauern waren mit blauweißen *azulejos* gekachelt, die Motive kündeten von Ritterschlachten und trompetenden Affen.

Anrufe aus Deutschland wurden zu Teresas und Roberts Triumphen.

»Oh, Mann, hier regnet es schon wieder.«

»Ach, so? Wir sitzen im T-Shirt im Garten.«

Sie erkundeten die Stadt, die Festung San Jorge und das Museum Gulbenkian, das *Eleven* und das *Blues Café*, sie machten erste Bekanntschaften unter den Profis bei Benfica. Manchmal saßen sie im Garten und betrachteten das Licht Lissabons, golden am Nachmittag, milchig zur Dämmerung.

Teresas Gewissensbisse, dass sie ihr Studium aufgegeben hatte, verblichen. »Die Wahrheit ist, dass ich es genoss, nicht arbeiten oder lernen zu müssen.« Wenn Robert beim Training war, lag sie im Garten und las Kriminalromane. Absätze mit reinen Beschreibungen von Orten oder gar dem Licht übersprang sie genervt. Es musste schon etwas passieren in Büchern.

Eines Vormittags klebte sie Fotos vom Sommerurlaub in Südholland in ihr Album, Robert mit Schlapphut in den Dünen, lächelnd. »Eine schwarze Zeit stand uns bevor«, schrieb sie darunter, es schrieb sich so leicht. Es schien so vergangen.

»Ich glaube, Robert bekommt nie mehr eine Angstattacke«, sagte sie seinem Vater, als er sie in Lissabon besuchte.

»Da wäre ich mir leider nicht so sicher«, sagte der Vater.

Teresa schauderte kurz und schüttelte den Gedanken locker ab.

Robert Enke flog weiter. Als Benfica Ende Oktober den FC Gil Vicente 2:0 besiegte, war die Elf nach sieben Spieltagen weiter ungeschlagen. Robert Enke hatte seit dem 1:1 gegen Rio Ave zum Auftakt kein einziges Tor mehr hingenommen. »Enke ist der Teufelsaustreiber«, dichtete der *Record*.

Die Besuche aus Deutschland nahmen zu. Teresas Mutter war die Nächste. Das Herbstlicht färbte den Garten heller, milder. Die Anrufer aus Deutschland erzählten, sie hätten gestern Abend zum ersten Mal die Heizung eingeschaltet, und sie schwammen im Palastgarten in ihrem Swimmingpool.

»Ist das herrlich hier«, sagte Teresas Mutter.

»Und ich kenne jemanden, der wollte gar nicht nach Lissabon«, rief Robert aus dem Schwimmbecken und wandte sich lächelnd Teresa zu: »Warum noch mal wolltest du eigentlich nicht nach Lissabon?«

SECHS

Glück

Zu einer Stunde in der Nacht, wenn das Klingeln des Telefons den Anruf einer verliebten Frau oder nichts Gutes verheißt, schreckte Marco Villa auf. Es war der 25. November 1999, er sah auf die Uhr, kurz vor Mitternacht. Robert Enkes Name blinkte auf dem Display seines Handys auf.

Nach dem Abstieg der Borussia hatte es Marco nach Österreich verschlagen. Das Wort Provinz bekam einen neuen Klang für ihn. Er spielte bei der Spielvereinigung Ried in der Ersten Liga. Der Ort, zwischen Salzburg und Linz in einer Bodensenke des Alpenvorlands versteckt, hatte 11 000 Einwohner, und die Spielvereinigung 1998 den österreichischen Pokal gewonnen. Das Stadion in Ried heißt *Keine Sorgen Arena*. Marco spürte die Rieder Sorglosigkeit schon, er hatte in fünf Monaten bereits acht Tore für den Klub markiert. Er nahm den Anruf entgegen.

»Robbi?«

»Weißt du, was gerade passiert ist?«

Marco Villa spürte, dass er es gar nicht wissen wollte.

»Ich habe wieder sieben Tore reingekriegt.«

Alte Wunden öffneten sich, 1:7 in Wolfsburg, 2:8 gegen Leverkusen, »ach du Scheiße, Robbi«.

Robert Enke lachte nur. Als würde ihn das 0:7 mit Benfica im UEFA-Pokal gegen Celta Vigo nicht niederschmettern, sondern einfach nur unglaublich erscheinen.

Benfica war mit der Idee in das Spiel gegangen, aggressiv und geballt zu verteidigen, es sollte nach der Vorstellung des Trainers ein klassisches Europapokalhinspiel werden, das alles, die Entscheidung wie die Dramatik, auf das Rückspiel vertagte. Dann erzielte Celta schon nach einer Viertelstunde das 1:0.

Etwas brach. Benfica, die glorreiche Seite portugiesischer Vergangenheit, das so famos in die Saison gestartete neue Versprechen von Jupp Heynckes, verirrte sich in den eigenen widersprüchlichen Gedanken. Einerseits waren sie nur zum Verteidigen gekommen, andererseits mussten sie jetzt offensiver werden. Benfica verlor die Ordnung, ungeahnter Spielraum öffnete sich Celta, das damals eines der feinsten Ensembles Europas besaß, mit Claude Makelele als Wellenbrecher im Mittelfeld sowie den Russen Alexander Mostovoi und Waleri Karpin, die im Angriff Exzentrik wie Genialität aussehen ließen. Ihr Passspiel wurde zum Strudel. Makelele tauchte frei vor Robert Enke auf, Mario Turdó malte mit aller Ruhe der Welt einen Schuss mit parabolischer Kurve über Enke in den Himmel, nach 42 Minuten hieß es 4:0. In der Halbzeit erklärte Heynckes tobend, was sie alles besser machen müssten. 16 Spielminuten später, ein Drittel der Partie noch zu bestreiten, stand es 7:0. »Das Spiel hieß: Robert alleine gegen elf«, sagt Moreira. »Und er war bei jedem Tor aufs Neue chancenlos.«

Als Robert Enke vom Fußballplatz ging, blickte er in die Kurve mit den Benficistas, 8000 Fans, die die wenigen Kilometer aus Nordportugal über die Grenze nach Galicien gekommen waren. Der Anblick, die überwältigende Schönheit der Traurigkeit, blieb ihm für immer, »8000 Menschen, und keiner sagte einen Laut«.

Der Präsident João Vale e Azevedo stürmte in die Umkleidekabine, fuchtelte und brüllte. Die 3000 Fans, die dem Team nachts um halb zwei bei der Rückkehr aus Nordspanien am Flughafen Lissabon auflauerten, hatten ihre Schimpfwörter auch wieder gefunden. Robert Enke sagte den Sportreportern ruhig: »Sieben Gegentore kenne ich doch schon.«

»Eine Niederlage ist eine andere Niederlage für einen Torwart, wenn er daran keine Schuld trägt«, sagt sein Torwarttrainer Walter Junghans.

Zwei Tage später, vor dem Heimspiel gegen Campomaiorense, war Robert Enke wieder mit Moreira in seinem Hotelzimmer. In Vigo hatte Roberts kleiner Torwartbruder wegen einer Verletzung gefehlt.

»Kaum bin ich einmal nicht dabei, lässt du sieben Tore rein.«
»Moreira, *bring mir Wasser*!«
Es lief deutsches Fernsehen.
»Warum kommen in diesem Land nur 1000 Zuschauer zu manchen Erstligaspielen, aber 3000 Leute stehen mitten in der Nacht auf, um uns am Flughafen zu beschimpfen; ich verstehe dieses Land nicht, Moreira.«
»Robert, das ist normal, du bist in Portugal.«
»Und warum spricht hier niemand Englisch – gibt es keine Schulen in Portugal?«
»Englisch ist bis zur achten Klasse obligatorisch, und dann vergessen es alle, das ist normal, du bist in Portugal.«
»Wo es Geschwindigkeitsbeschränkungen von 120 km/h auf den Autobahnen gibt, damit dann alle 190 fahren.«
»Das ist normal, du bist in Portugal, wir sind verrückt hier.«
»Und warum mag ich dann dieses Land so gerne?«
»Das kann ich dir nicht sagen, Robert.«

In ihrem Palast machten Teresa und Robert vier Monate nach ihrem Einzug noch eine neue portugiesische Erfahrung. Nirgendwo friert man so wie in den warmen Ländern Südeuropas.

Wie viele Wohnungen in Süditalien, Spanien oder Portugal hatte auch das Gästehaus des Palácio Fronteira keine Heizung. Teresa und Robert hatten nicht darauf geachtet, als sie im August an einem sonnenüberfluteten Tag eingezogen waren.

»Es gab in jedem Zimmer einen Kamin, und im 17. Jahrhundert liefen wahrscheinlich fünf Angestellte durch das Haus, die dafür sorgten, dass die Feuer immer brannten«, sagt Teresa.

Feucht kroch die Kälte durch die Wände.

In der Küche konnten sie ihren Atem sehen. Die Kleidung in den Schränken roch modrig. Sie kauften zwei elektrische Heizkörper und begannen, in einem Haus mit sechs Bädern in einem einzigen Zimmer zu wohnen. Hubert Roßkamp, der Jäger aus Gierath, kam zu Besuch. »Bring uns Heizdecken mit!«, hatte Teresa gebeten. Eine halbe Stunde, bevor sie ins Bett gingen, schalteten sie die Decken ein. »Schlimm war es, wenn du etwas im Bad vergessen hattest. Dann musstest du noch einmal aus dem Bett raus.«

Robert hatte es besser als sie. Er konnte im Stadion duschen. Bald begann er, sich dort auch die Zähne zu putzen.

Die Winterbesucher im Palast waren nicht ganz so begeistert wie die Sommergäste.

»Das ist der erste begehbare Kühlschrank der Welt«, sagte Teresas Bruder Florian. Eines Morgens sah Teresa ihren Bruder regungslos, mit verschränkten Armen und geschlossenen Augen vor dem Haus stehen, den Kopf der Sonne zugeneigt.

»Flo, was machst du?«, rief sie.

»Ich wärme mich auf!«

Still festigte sich in Lissabon eine schlummernde Irritation in Teresas Bruder. Er mochte Robert, er genoss die Gespräche mit ihm; im Prinzip. Aber wieso erkundigte sich Robert nie, was er machte? Warum fragte Teresas Freund nie nach, wenn er von seinem Leben als Lehrer in München erzählte?

Es war die Fußballerkrankheit. Profifußballer gewöhnen sich daran, dass ständig sie gefragt werden, dass alle sowieso immer nur etwas von ihnen hören wollen. So verlernen viele Fußballer, sich für andere zu interessieren.

Anders als Florian bemerkte Hubert die Ichweißnichtwiemanfragt-Krankheit nicht bei Robert. Hubert wartete auch nicht darauf, dass ihn irgendwer etwas fragte. Wenn er etwas erzählen wollte, dann erzählte es Hubert, der in Lissabon nicht seinen weißen John-Travolta-Anzug, sondern ein Trainingsshirt der deutschen Junioren-Nationalelf trug, das ihm Marco geschenkt hatte. Im Stadion des Lichts stellte Robert ihn Portugals Legende vor, Eusebio, niemand spielte wie er. »Eusebio, das ist der Hubert.« Eusebio reckte den Daumen nach oben. Teresa und Robert zeigten Hubert die Stadt, den Turm von Belém, den Blick auf den Atlantik, und Hubert konnte es die ganze Zeit nicht glauben, wie rührend sich diese jungen Leute um ihn bemühten.

Marco und Christina kamen kurz vor Weihnachten. Auch von Ried ging es hinaus in die Welt, Panathinaikos Athen, einer der

25 größten Klubs Europas, hatte Marco Villa als Torjäger in der Alpenvorlandbodensenke entdeckt und umgehend abgeworben, nach Weihnachten schon würde er in Griechenland sein.

Ohne es zu merken, waren Robert Enke und Marco Villa zu Boten einer neuen Zeit geworden. Der Profifußball machte der Welt die Globalisierung vor. Spielten 1992 zum Beispiel ganze elf Ausländer in der englischen Premier League, so kam nun, sieben Jahre später, bereits jeder Dritte der rund 500 Erstligaprofis in England aus dem Ausland. Jungen wie Robert Enke oder Marco Villa, die, wären sie zehn Jahre früher geboren worden, in ihrer Karriere vielleicht einmal von Mönchengladbach nach Bremen oder Frankfurt gewechselt wären, wurden zu modernen Wanderarbeitern. Vorbereitet hatte sie darauf niemand.

In Teresas und Roberts Eispalast liefen die Heizstrahler im einzig bewohnbaren Raum, Teresa und Christina saßen auf dem Sofa, Robert und Marco auf dem Boden. Sie spielten *Stadt, Land, Fluss* gegeneinander.

»E«, sagte Marco.

»Was habt ihr für einen Fluss?«, fragte Robert.

»Die Ems«, sagte Teresa.

»Ach, haben wir auch«, sagte Robert.

»N«, sagte Christina.

»Was habt ihr für einen Fluss?«, fragte Robert.

»Neckar«, sagte Christina.

»Ach, haben wir auch«, sagte Robert.

Irgendwann merkten Teresa und Christina, dass die Männer gar keinen Fluss wussten, sondern immer nur ihre Lösungen klauten.

»Der Verdacht fiel natürlich auf mich, weil ich immer derjenige war, der Blödsinn machte«, sagt Marco. »Aber ich konnte doch auch nur staunen.« Robert hatte, voller Ehrgeiz, auch dieses Spiel nicht zu verlieren, immer geschummelt.

Zum Frühstück servierte Teresa Rührei ohne Eigelb. Sie experimentierte mit Trennkost.

»Was ist das denn?«, fragte Marco belustigt. Er warf Robert

einen verschwörerischen Blick zu, hob die Augenbrauen, grinste und deutete mit einem Nicken auf Teresa.

Robert tat ihn mit einem unwirschen Kopfschütteln ab. Über Teresa machte man keine Witze.

Mittags gingen Robert und Marco nach ihrem Geschmack essen, in ein Fast-Food-Lokal. Sie standen am Essensschalter, als Marco das anschwellende Summen und Brummen hinter ihnen auffiel. Er drehte sich um. An den Scheiben des Restaurants hingen Dutzende Kinder, die ersten kamen schon herein, in wenigen Minuten waren sie von 200 kichernden und lachenden Portugiesen umzingelt.

»Uenk! Uenk!«

Nach einem halben Jahr in Lissabon wusste Robert Enke, wer das war. Der Enke. U Enke. Wenn es die Portugiesen aussprachen, klang es immer wie *Uenk*.

»Sag mal, was ist denn hier los, verwechseln die dich mit einem Star, oder was?«, fragte Marco.

Robert lachte, Marco fand: stolz.

»Es war paradox: Robbi war zurückhaltend, er wollte seine Ruhe, aber dieser Starrummel gefiel ihm doch.«

Für die Portugiesen war er mehr als ein guter Torwart. Ein Land, das sich selbst oft melancholisch an die untergegangene Größe als Kolonialmacht erinnerte, registrierte die kleinen Gesten von Ausländern gegenüber Portugal sehr genau. Während zugezogene Geschäftsleute oder Profisportler meist noch nach Jahren in Lissabon erwarteten, dass man sie auf Englisch oder Spanisch verstand, gab Robert Enke nach vier Monaten seine erste Pressekonferenz auf Portugiesisch. »Natürlich nicht nach drei Monaten, wie du dir vorgenommen hast«, zog ihn Moreira auf. Nachrichten für das ganze Land produzierte allerdings Roberts zweite Pressekonferenz.

Fodes!, stand am nächsten Tag auf den Titeln der Zeitungen.

Die Fernsehnachrichten wiederholten die Szene wieder und wieder, Robert Enke auf dem Podest hinter den Mikrofonen, wie ihm ein bestimmtes Wort partout nicht einfiel, wie er die Stirn in die Hand legte und zischte: Fodes!

Die Leute lachten und freuten sich königlich.

Fodes heißt Scheiße, und für die Portugiesen war klar: Wer fluchen konnte wie sie, war einer von ihnen.

Benfica verarbeitete das 0:7 von Vigo nicht. Die Erinnerung hielt den Klub gefangen, das Publikum reagierte auf jeden neuen Fehler der Spieler gereizter, die Fußballer machten mehr Fehler, der Präsident, noch immer beleidigt, ließ Spieler, die zu viele Fehler machten, Wochen auf das Gehalt warten, die um ihr Einkommen besorgten Fußballer spielten daraufhin nicht besser. Die Dynamik, mal Verbündeter, mal Feind des Fußballers, zog Benfica nach unten. Eine Elf, die monatelang geflogen war, gewann zwischen Dezember 1999 und Januar 2000 von fünf Ligaspielen nur noch eines, ein wackliges 3:2 gegen União Leiria. Benfica fiel auf den dritten Tabellenplatz hinter Porto und Sporting zurück.

Der Trainer geriet unter Beobachtung. Vor seinem Haus in Mönchengladbach lagerten am 3. Januar portugiesische Journalisten und versuchten, mit Ferngläsern in die Fenster zu schauen. Sie wollten überprüfen, ob Jupp Heynckes wirklich im Bett lag.

Zu Silvester war Heynckes bei Bayern Münchens Manager Uli Hoeneß eingeladen gewesen, als ihn plötzlich hohes Fieber befiel. Silvester verbrachte er im Hotelbett und reiste statt zum Training nach Lissabon nach Hause, um sich auszukurieren. Am 4. Januar stand Benfica das fieberhaft erwartete Derby gegen Sporting bevor. Die portugiesischen Medien verdächtigten den Trainer, er habe seine Grippe erfunden, um noch ein paar Urlaubstage in der Heimat verbringen zu können. Wer Heynckes Arbeitsethos kennt, kann sich prächtig amüsieren über die Idee, dieser Trainer würde die Arbeit schwänzen. Aber bei Benfica war es nicht mehr so lustig nach dieser Episode.

Jupp Heynckes flog fiebrig zurück nach Lissabon, ging aber auf Rat seines Arztes nicht ins Stadion, sondern sah sich das Derby im Fernsehen an, es endete 0:0 mit Robert Enke als Benficas bestem Mann. Ein Trainer, wie krank auch immer, müsse bei seiner Mannschaft sein, empörten sich die Sportreporter.

»Der portugiesische Journalismus ist noch schlechter als der portugiesische Fußball«, erklärte ihnen Heynckes ungefragt, kaum dass er wieder gesund war. Benficas Präsident geriet in Wallung. Öffentlich stellte er sich vor den Trainer – und überwies ihm fortan das Gehalt nicht mehr.

Mit Bossio, dem nach einem Testspiel in Ungnade gefallenen Torwart, trieb Benfica das Spiel schon seit Monaten. Man brauchte ihn nicht mehr, also ließ man ihn auf sein Gehalt warten. Die Ablöse und den Papierkram für seine Spielberechtigung erledigte Benfica erst sechs Monate nach Saisonbeginn.

Gemessen daran, wie man ihm mitspielte, verhielt sich Bossio bewundernswert gelassen. Er trainierte klaglos als dritter Torwart mit Enke und Moreira. Das Publikum hatte Bossio schon vergessen im Schatten von Robert Enke, der »auf dem Weg war, international ein ganz großer Torwart zu werden«, wie Walter Junghans beobachtete. Nummer eins und dritter Torwart, das klang nach einem endgültigen, eindeutigen Qualitätsunterschied, dabei hätten ohne diesen einen schlechten Tag von Bossio in der Saisonvorbereitung Enkes und Bossios Rollen bei Benfica ganz leicht vertauscht sein können. Zum Beispiel gab es im Training Details, die der Publikumsheld Enke vom Ausgestoßenen Bossio lernte.

Er bemerkte, wie die anderen Torhüter bei Benfica, ob Moreira, Bossio oder Nuno Santos, sich deutlich weiter vorne im Strafraum positionierten als er oder Köpke, Kahn, Kamps in Deutschland. So fingen sie mehr Steilpässe und Flanken ab. »Lieber ein Torwart, der nur bei den sechs einfachen Flanken rausgeht und sie alle fängt, als ein Torwart, der bei zehn Flanken herausrennt und bei den zwei schwierigsten vorbeisegelt«, erklärte Robert Enke Moreira. Daran glaubte er wirklich: Der beste Torwart war nicht der, der die schwierigsten Situationen meisterte, sondern der, der am wenigsten Fehler machte. Im Stillen aber orientierte er sich an Moreira und Bossio. Wenn der Gegner mit dem Ball in Benficas Spielfeldhälfte vorstieß, blieb Robert Enke sieben Meter vor dem Tor stehen, während er sich in Mönchengladbach immer an die Fünfmeterlinie zurückgezogen hatte.

Mehr als ein Schritt von zwei Metern nach vorne war dies für ihn eine Expedition ins Unbekannte. Das Wichtigste für einen Torwart ist sein Gefühl von Sicherheit, und Robert Enke stand nun, wo er noch nie gestanden hatte. Er gab die in Jahren aufgebaute Sicherheit auf, genau zu wissen, wie viele Schritte es zurück zum Tor waren, in welchem Winkel zum Pfosten er stand. Instinktiv zog er sich immer wieder auf die alte, konservative Position näher am Tor zurück. Jedes Mal trieb er sich an, wieder vorzurücken.

»Robert brauchtest du nicht antreiben, er war selbstkritisch und wollte immer von sich aus lernen«, sagt Jupp Heynckes. »Ich habe in meiner Laufbahn unheimlich viele Spieler trainiert, mit dem einen oder anderen verstehst du dich als Trainer in jeder Mannschaft gut. Aber wenn ich nach dreißig Jahren im Beruf nach dem idealen Profi gefragt werde, sage ich immer: Fernando Redondo und Robert Enke. Die beiden waren nicht nur besondere Fußballer, sondern besondere Menschen, respektvoll, sozial, intelligent.«

Jedes Mal, wenn die Mannschaft nach dem Training frisch geduscht und nach Fußballertradition ungefönt, mit nassen Haaren das Stadion verließ, ging der Trainer in den Kraftraum. Dort waren wie gehabt als Einzige Robert Enke und Walter Junghans an den Maschinen, nur seinen kleinen Bruder Moreira schleppte Robert mittlerweile auch mit. »Das waren die schönsten Momente«, sagt Heynckes. Die Anspannung der Arbeit fiel von ihm ab. Nach der Anstrengung, sich die ganze Zeit in einer fremden Sprache verständlich zu machen, war es einfach wunderbar, mal wieder Deutsch reden zu können. Der Trainer wartete, bis sein Assistent und der Torwart eine Pause an den Maschinen einlegten, dann redeten sie, »über Fußball, Politik, Alltägliches«, sagt Heynckes. Es ging wieder an die Hanteln und danach weiter mit den Themen Kino, Essen, Hunde. »Diese Gespräche alleine im Kraftraum, drei Deutsche in der Fremde«, sagt Heynckes, »das war wie eine Andacht.«

In ihrem Eispalast träumten Teresa und Robert vom Sommer. Im nächsten Herbst würden sie aus dem Palácio Fronteira aus-

Das Hochzeitsfoto von Robert und Teresa im Jahre 2000.

ziehen müssen, sagten sie sich, noch einen Winter hier ertrugen sie nicht. Doch jetzt hieß es durchhalten. Damit sie noch einen Sommer im Palast genießen konnten.

Am 18. Februar 2000 packte Teresa Roberts Geschenk zu ihrem 24. Geburtstag aus. Sie fühlte den Stoff durch das Geschenkpapier.

»Aha, ein Trikot«, sagte sie und gab sich Mühe, eher erfreut als verwirrt zu klingen.

»Jetzt zieh es doch erst mal an«, sagte er, wie so oft außerhalb des Fußballplatzes rührend hektisch, wenn die Dinge nicht wie geplant liefen.

Teresa zog das schwarzgelbe Torwarttrikot von Benfica an.

»Okay?«, fragte sie.

Das Trikot reichte ihr bis an die Knie.

»Ja, stell dich doch erst mal mit dem Rücken vor einen Spiegel, bevor du meckerst.«

Das bedeutete einen Gang ins Bad, sprich eine Polarexpedition.

Im Spiegel schaute Teresa auf ihren Rücken. TERESA ENKE war auf die Trikotschultern gedruckt. Darunter, wo normalerweise die 1 beim Torwart prangt, hatte Robert Enke mit Tapeverband ein weißes Fragezeichen geklebt.

Teresa Reim brauchte keine Sekunde, um zu verstehen, was das Geschenk bedeutete.

Die Hochzeit feierten sie in den Sommerferien auf einer Burg bei Mönchengladbach. Ihre Freundin Christiane fotografierte kopfschüttelnd Teresas türkisfarbene Brautschuhe.

Teresa fand einen neuen Kameraden. Einen ihrer zwei Hunde hatte sie schweren Herzens in Deutschland bei den Eltern gelassen. Nun holte sie, wann immer sie konnte, den Hund der Palasthaushälterin zu sich, damit er von der Kette loskam.

»Moreira«, sagte Robert Enke im Hotelzimmer, »wie kann es sein, dass die Tiere hier so schlecht behandelt werden, überall sehe ich Hunde streunen oder an der Kette.«

»Ich habe dir doch schon oft gesagt: Du bist hier in Portugal.«

»Man muss den Hunden helfen.«

Aber auf diese Idee kamen nur Teresa und er.

Im Herbst zogen sie aus dem Palácio Fronteira in ein flaches Haus mit Garten und Heizung in Sassoeiros, nahe am Strand. Keine Palastvorschriften hinderten sie mehr daran, Hunde zu halten.

Teresa kaufte der Haushälterin den Hund ab, damit er nicht mehr an der Kette hing. Sie las im Park einen abgemagerten Mischling auf. Es sprach sich herum, dass der Torhüter und seine Frau Tiere mochten. Ein Hund wurde über ihren Gartenzaun geworfen, ein Pudel vor ihrer Tür an eine Laterne gebunden. Die Frau von Benficas Geschäftsstelle rief Robert nach dem Training zu sich. Ein Dobermann, dem das viel zu eng geschnürte Halsband bereits in den Hals gewachsen war, sei für ihn abgegeben worden.

»Mein Schatz, manchmal hasse ich dich dafür, dass ich an

keinem kranken Tier mehr vorbeigehen kann«, sagte Robert zu Teresa.

Auf einmal hatten sie sieben Hunde.

Joker vertrug sich nicht mit Alamo. Sie überließen Joker die Gartenhütte. Teresa ging mit Handy hinein. Wenn Robert im Haus Alamo unter Kontrolle hatte, rief er an: »Du kannst jetzt mit Joker rauskommen.«

Irgendwann erschien es ihnen bei aller Tierliebe absurd. Sie gaben Joker in eine Tierresidenz in Sintra. Robert war manchmal irritiert, dass Teresas Engagement keine Grenzen kannte, sie konnten nun mal nicht jeden Hund Portugals retten. Aber er fuhr täglich die halbe Stunde zu Joker ins Tierheim, um mit ihm spazieren zu gehen.

»Da habe selbst ich gedacht: Muss das jeden Tag sein?«, sagt Teresa.

Bei Benfica begann Robert Enkes zweite Saison mit einem Abschied. Der Trainer gab im September 2000 nach nur vier Spieltagen auf. »Ich halte das hier nicht länger aus«, sagte Jupp Heynckes. Das erste Spieljahr mit ihm und Enke hatte Benfica als Dritter der portugiesischen Meisterschaft abgeschlossen. Mit 15 Punkten mehr als im Jahr zuvor, betonte Heynckes; zwei Plätze hinter Sporting, außerhalb der Qualifikationsränge für die Champions League, murrten Medien und Fans. Seit neun Monaten hatte Heynckes kein Gehalt mehr erhalten.

Für Robert Enke bedeutete der Abtritt seines Förderers keine Zäsur. Er war in einem Jahr in Lissabon selbstständiger geworden, auch als Torwart.

Ein neuer Trainer kam, und das meiste bei Benfica ging so weiter. Die Gehaltsschecks kamen gerne einmal zwei Monate später, der Präsident João Vale e Azevedo wurde wegen Betrugsverdachts verhaftet, das portugiesische Parlament debattierte über Benficas Situation, der Finanzminister berichtete den Abgeordneten von umgerechnet 200 Millionen Mark Schulden und »kriminellen Machenschaften«. Die Öffentlichkeit aber maß Benficas Elf nicht an diesen Meldungen, sondern an der glorreichen Vergangenheit. Nachdem sie unmittelbar nach Jupp

Heynckes' Abschied 0:1 gegen Boavista verloren und gegen Braga nur 2:2 gespielt hatten, saß Robert Enke zu Hause und konnte kaum ein normales Gespräch mit Teresa führen. Seine Gedanken trugen ihn immer wieder fort zu den Toren, an denen ihn keine Schuld traf.

»So, es reicht! Wir gehen raus«, sagte Teresa auf einmal wild entschlossen. »Du kannst nicht immer nur das Leben genießen, wenn ihr gut gespielt habt.«

Sie fuhren nach Belém. Er ging lustlos mit.

Die Passanten in Belém hielten ihn an. »Uenk, was ist los mit Benfica?«, »Uenk, warum gewinnt ihr nicht mehr?« Er lächelte, er gab ein paar nichtssagende Antworten, sie gingen ein wenig spazieren. Danach war er gelöster.

Lernte er, die Dinge abzuhaken? Konnte man die Dinge abhaken?

Der neue Trainer war 37 und hatte noch nie die Verantwortung für eine Profimannschaft getragen. Er hieß José Mourinho. Jahre später, als er bei Chelsea und Inter Mailand zu *The Special One* wurde, zum auserwählten Trainer, schrieben die Sportreporter über seine faszinierende Arroganz und großen Sprüche. Robert Enke erlebte damals bei Benfica nur begeistert, mit welcher taktischen Präzision, ansteckenden Euphorie und Zuneigung zu den Spielern Mourinho arbeitete. »Er war der beste Trainer meiner Karriere.« Und er war nach nicht einmal vier Monaten auch schon wieder fort. Gekränkt, dass ihm Benfica auch nach fünf Siegen in Serie, darunter ein 3:0 im Derby über Sporting, den Vertrag nicht über den nächsten Sommer hinaus verlängern wollte, kündigte Mourinho. Als er sich von den Spielern verabschiedete, schwammen seine Augen.

Es wurde wieder Zeit, die Heizung einzuschalten in Lissabon. Gemütlich warm war etwas anderes, aber die Heizöfen in Sassoeiros verschafften ihnen mit ein bisschen Phantasie das Gefühl, es sei im Haus recht angenehm. Als sie von Roberts Mannschaftskollegen Paulo Madeira zum Abendessen eingeladen wurden, fühlten sie sich gleich besser: Auch andere in Lissabon froren in schlecht isolierten Häusern.

In der Umkleidekabine hatte Robert Enke eine kleine Gruppe von Arbeitsfreunden gefunden, neben Madeira und Moreira gehörten Pierre van Hooijdonk und Fernando Meira dazu. »Das blieb mir von Robert im Gedächtnis«, sagt Moreira: »Er sagte zu allen Spielern freundlich *Bom dia!*, aber wirklichen Kontakt hielt er immer nur zu einer kleinen Gruppe, selbst als er Mannschaftskapitän wurde.«

Benfica verlor weiter den Vergleich mit der eigenen Vergangenheit. Sechster in Portugal wurde die Elf in Robert Enkes zweitem Jahr bloß. Die beliebigen Auftritte der Mannschaft ließen die Rettungstaten des Torwarts nur herausragender erscheinen. »Obwohl ich sehr oft dort war, sind mir vom Fußball in Lissabon gar keine Momente in Erinnerung geblieben«, sagt Jörg Neblung, »es ist komisch – oder vielleicht auch nicht. Der Fußball lief, aber das wirklich Schöne war das Leben in Lissabon.«

Zitronenbäume standen im Garten in Sassoeiros. Eine Zitrone lag am Boden, Jörg und Robert begannen spontan, barfuß Fußball zu spielen, bis die Partie abgebrochen werden musste, weil die Zitrone auf Jörgs großem Zeh stecken blieb. Jörg weigerte sich jeden Morgen, aus der Dusche zu kommen, »die schönste Dusche der Welt mit einem riesigen Duschkopf, als ob du unter einer warmen, herrlichen Wolke stündest«. Wo gehen wir hin?, fragte Robert nachmittags. Lass uns mal bei Marc vorbeischauen. Und sie gingen zu einem Freund in dessen Plattenladen, hörten Musik, standen zusammen, bis es Abend wurde. Komm, wir gehen noch ins *Blues Café*. Sonntags vor dem Spiel flog der Benfica-Adler durch das Stadion des Lichts, und 60 000 Zuschauer applaudierten frenetisch. An Silvester kam Roberts Mutter zu Besuch. Sie feierten im *Montemar* in Cascais, unter den breiten Restaurantfenstern vermischte sich das Blau des Atlantiks mit dem Schwarz der Nacht. Die Gäste trugen Anzüge von Prada, Kleider von Gucci und redeten gedämpft; die Mutter startete nach Mitternacht eine Polonaise, um das neue Jahr zu begrüßen. Teresa stieg als Erste ein, und in wenigen Minuten schleppten die beiden die halbe piekfeine Gästeschar durch das Restaurant.

Die portugiesischen Jahre: Robert Enke mit Walter Junghans (ganz links) und Pierre van Hooijdonk (ganz rechts).

»Komm, mach mit!«, rief die Mutter Robert zu, der weiter auf seinem Stuhl saß.

»Mutter, bitte.«

»Was denn, mich kennt doch hier keiner.«

»Mich aber leider schon!«

»Das waren die kleinen Momente, die ganz groß waren«, sagt Jörg Neblung. »Eine Zeit, von der man sagt: die schönste meines Lebens.«

Einmal bat Benfica sein Torwartidol, ein Krankenhaus zu besuchen. Teresa begleitete ihn. Er sollte Kinder auf der Krebsstation aufmuntern. Als er zur Tür hereinkam, wendete sich ein Junge abrupt von ihm ab. »Er ist ein großer Benfica-Fan«, flüsterte die Krankenschwester Robert zu.

Robert Enke versuchte mit dem Jungen zu sprechen, einmal, zweimal, dreimal. Endlich entlockte er ihm eine Antwort. Aber hartnäckig blickte der Junge weiter die Wand an. Er ertrug es nicht, dass sein Idol ihn ohne Haare, leidend, krank sah.

Nach dem Besuch fuhren Teresa und Robert Enke zum Strand,

um dort spazieren zu gehen. Die Anspannung fiel nur langsam von ihnen ab. Schließlich brachen sie ihr Schweigen.

»Die armen Kinder«, sagte Teresa.

»Und die Eltern«, sagte Robert.

Der Gedanke kam ihnen praktisch gleichzeitig.

»Was haben wir dagegen für ein Glück im Leben.«

SIEBEN

Immer höher, immer weiter

Auf einem Schmierzettel unterschrieb er einen Vertrag mit Teresa.

»Hiermit erkläre ich, Robert Enke, dass ich nicht mehr *La Ola* schauen werde, außer wenn a) Teresa nicht da ist, b) Teresa schläft oder c) sie es mir ausdrücklich erlaubt.«

Mit dem Abkommen versuchten sie auf humorvolle Weise zu entschärfen, was im dritten Jahr in Lissabon ein Konflikt zu werden drohte. Er schaute wieder exzessiv viel Fußball, sogar montags *La Ola* mit Spielberichten aus der italienischen oder griechischen Liga.

»Ich habe nie gewusst, dass er sich Fußballspiele auch ansah, um als Torwart zu lernen. Ich habe auch nicht darüber nachgedacht: Hilft ihm das Fußballschauen, um nicht an das eigene Spiel zu denken?«, sagt Teresa. »Ich war einfach nur gereizt, weil er plötzlich weniger Lust hatte, Ausflüge zu machen oder nach dem Abendessen noch zusammen am Küchentisch zu sitzen.«

Am Ende der Saison, im Juni 2002, würde sein Vertrag mit Benfica auslaufen. Robert Enke grübelte, zu welchem Verein er weiterziehen sollte. In Lissabon zu bleiben, wo er glücklich war, schien keine Option. »Es war Zeit für den nächsten Schritt«, sagt Jörg Neblung.

Manchester United, die Supermacht des globalisierten Fußballs, wollte Robert Enke bereits im Sommer 2001 verpflichten. Uniteds Trainer Alex Ferguson rief ihn persönlich an und gab sich Mühe, trotz seines unzähmbaren schottischen Akzents verständlich zu klingen. Benfica signalisierte Robert Enke, dass es dem Verein nicht ungelegen käme, würde er Lissabon verlassen. Bargeld, wie es Uniteds Ablöseangebot von rund zehn Millionen

Mark garantierte, benötigte man dringender als ein Torwartidol.

Robert Enke sagte Ferguson ab.

»Ja, einige Spieler lehnen tatsächlich ein Angebot von Manchester United ab!«, sagt Ferguson. Zehn bis fünfzehn Spiele sollte Robert Enke in seinem ersten Jahr in Manchester als Ersatztorwart des französischen Weltmeisters Fabien Barthez absolvieren, diese Einsätze garantiere er ihm, warb Ferguson, »und in zwei, drei Jahren hätte Enke dann Barthez als unsere Nummer eins abgelöst. Das war mein Plan.«

Robert Enke wollte niemals wieder und nirgendwo Ersatztorhüter sein.

»Kopfgesteuert« nannte ihn sein ehemaliger Trainer Jupp Heynckes.

Ein Dreivierteljahr nach dem Telefonat mit Ferguson, im *La Villa*, einem portugiesischen Strandrestaurant mit japanischer Küche und Blick auf das Meer von Estoril, sagte Robert Enke: »Vielleicht habe ich vor dieser Saison einen Fehler gemacht.« Er ließ den Satz im Raum stehen wie ein Geschichtenerzähler, der die Atemlosigkeit seines Publikums genießt. Das abgelehnte Angebot aus Manchester meine er, erklärte er schließlich. »Wenn ich sehe, dass Barthez nun in Manchester nicht gerade glücklich spielt ...« Er beendete den Satz nicht. Im nächsten Moment schien er schon nicht mehr zu Teresa und mir, sondern zu sich selbst zu sprechen. »Vorbei ist vorbei. Die richtige Entscheidung, wohin ich gehe, muss ich jetzt treffen.«

Es war der Tag, als wir uns kennenlernten.

Er sprintete durch die Empfangshalle des Estádio da Luz auf mich zu, noch im weinroten Trainingssweater Benficas, er schüttelte mir die Hand, ich dachte noch, so stürmisch kommen Fußballprofis selten zum Interview, da rannte er schon an mir vorbei aus dem Stadion hinaus. »Unglaublich«, rief er mir noch zu, »die haben meinen Scheck einem anderen Spieler gegeben! Ich komme sofort, aber ich muss erst mal sehen, dass ich mein Geld wiederkriege.« Zwei Stunden später bei Sushi und grünem Tee im *La Villa* hatte er sein Gehalt zwar noch nicht zurückerobert, aber er konnte schon wieder über diesen Irrtum lachen.

Ein Mitarbeiter von Benficas Geschäftsstelle hatte nicht so genau hingesehen und Robert Enkes Scheck dem erstbesten Blonden in die Hand gedrückt; dem schwedischen Mittelfeldspieler Anders Andersson. Der hatte den Briefumschlag eingesteckt und war nach Hause gefahren. »Ist ja schön, dass mich hier mal einer nicht erkennt«, sagte Robert Enke, »aber muss es gerade der Mann von der Geschäftsstelle sein, der die Schecks austeilt?«

Er machte bei unserem ersten Treffen den Eindruck eines 24-jährigen Mannes, der die Dinge reflektiert betrachtete und völlig frei von Zynismus war, der sich in der fremden Stadt heimisch fühlte und genau zu wissen glaubte, was ein glückliches Leben war. Das stärkste Bild, das mir von ihm blieb, war jedoch das eines Profisportlers, der vom Gedanken beseelt ist, er müsse weiter, höher hinaus.

Nach dem Mittagessen im *La Villa* waren wir am Strand spazieren gegangen. Wir redeten gegen den Wind an.

»Es hat sich gelohnt, zu Benfica zu wechseln. In meinem jungen Alter drei Jahre lang Stammtorwart bei so einem großen Klub zu sein, wer bekommt diese Chance schon? Aber jetzt reicht es hier auch.«

Wieso?

»Ich bin jetzt zweieinhalb Jahre hier und schon der Dienstälteste; ich hatte so viele Mitspieler, dass ich mich gar nicht mehr an alle erinnern kann, so oft wechseln die hier. So entsteht keine Siegerelf. Dieses Jahr bin ich sogar Mannschaftskapitän, das ist natürlich toll. Aber wenn du ehrlich bist, musst du dir auch sagen: Ein Ausländer mit 24 Kapitän, das zeigt doch nur, dass sie alle anderen Führungsspieler verkauft haben – das zeigt doch nur, dass etwas in diesem Verein nicht stimmt.«

Den Eindruck könnte man bekommen, wenn man sieht, wie der Verein mit den Gehaltsschecks umgeht.

»Wenn du auf dem Rückflug einen kleinen Schweden mit schwarzer Sonnenbrille und großem Koffer siehst, halt ihn auf: Das ist Anders Andersson, wie er mein Geld außer Landes schafft.«

Ein Spaziergänger stellte sich uns in den Weg. Im ersten Moment sah er wie ein Exhibitionist aus mit seinem weiten

Mantel und den wild in der Luft rudernden Armen. Dann wurde klar, er wollte nur den Torwart Benficas bei einer Parade imitieren.

Ich lachte. Robert Enke schaute angestrengt an ihm vorbei.

»Ich habe hier einen Torwarttrainer, der macht mich verrückt. Bei seinem Training habe ich Mühe, meine Form zu halten.«

Erst dachte ich, wie kommt er jetzt auf dieses Thema. Dann erzählte Robert Enke von Samir Shaker, seinem neuen Torwarttrainer bei Benfica, und ich verstand: Der zappelnde Fan im weiten Mantel am Strand hatte ihn an Shaker erinnert.

Die Torhüter bei Benfica hatten geglaubt, ihr bisheriger Mentor Walter Junghans habe alles, was ein Torwarttrainer braucht, und noch ein bisschen mehr. »Einmal schoss er einen Plastiksitz auf der Tribüne hinter dem Tor kaputt«, sagt Moreira. »Er hatte den härtesten Schuss unter allen Torwarttrainern meiner Karriere.« Doch Junghans war nach zwei Jahren auf die spezielle Benfica-Art zum Gehen überredet worden. Das Gehalt war plötzlich deutlich geringer als verabredet.

Dies sei ihr neuer Torwarttrainer, stellte ihnen kurz darauf der Trainer einen weißhaarigen, strahlenden Mann vor. Samir Shaker kam aus dem Irak. Wie er nach Portugal gekommen war, wusste niemand; wie er bei Nacional Funchal in der Ersten Liga eine Karriere als Torwarttrainer hatte beginnen können, war nicht leichter zu verstehen. Fragen konnten ihn die Torhüter nicht. »Samir sprach kein Englisch und ungefähr drei Worte Portugiesisch«, schätzt Moreira: »*Amigo, bola, vamos!*« Freund, Ball, auf geht's!

»Er war ein ganz lieber, sympathischer Mann«, sagt Moreira.

Auf geht's, Freunde, rief Samir Shaker und machte Robert Enke die Aufwärmübung vor. Er schlug Purzelbäume.

Purzelbäume!

Freunde, rief Samir Shaker und zeigte ihnen die nächste Übung: Der eine Torwart sollte sich breitbeinig mit gebeugtem Rücken hinstellen, der andere Torwart würde Anlauf nehmen und ein Rad über den Rücken des Kollegen schlagen, auf geht's!

»Moreira, sag mir, dass das alles nicht wahr ist.« Moreira

lachte und zuckte mit den Schultern. Robert Enke lächelte unschuldig den Torwarttrainer an und bedeutete ihm mit Gesten, Rückenschmerzen, diese Übung kann ich leider, leider nicht machen.

Im nächsten Training band Samir Shaker die Torhüter mit elastischen Bändern an den Torpfosten fest. Sie sollten gegen den Widerstand des Gummibandes ansprinten.

»Samir, das ist gefährlich, wenn wir die Übung beenden, schleudert es uns mit voller Wucht zurück, gegen den Torpfosten.«

Beim nächsten Mal band Samir Shaker Schaumstoffmatten um die Pfosten.

Vor dem Spiel gegen Maritimo auf Madeira stellte er einen Eimer mit Wasser neben sich auf den Trainingsplatz und tauchte vor jedem Torschuss den Ball hinein.

»Was soll das jetzt wieder?«

Chuva, sagte Shaker. Regen. Auf Madeira regne es viel, darauf bereite er sie vor.

Aha, sagte Robert Enke. »Und wäre es dann nicht besser, wenn du gleich den ganzen Strafraum unter Wasser setzt?«

Samir Shaker lächelte. Er hatte Robert nicht verstanden.

Samstagabends tagten Robert Enke und José Moreira wie gewohnt im Hotelbett.

»Ich kann das nicht glauben, das ist ein lieber Kerl, aber das ist kein Torwarttrainer. Der Verein muss ihn entlassen.«

»Robert, ich sehe es positiv: Wir können etwas Neues von ihm lernen.«

»Ich arbeite aber nicht im Zirkus.«

»Erst hatten wir die deutsche Torwartschule mit Walter und jetzt die irakische mit Samir.«

»Und hast du schon einmal einen guten irakischen Torhüter gesehen?«

Moreira kannte Robert Enke seit über zwei Jahren als hochprofessionellen Sportler, aber auch als herzlichen, ausgeglichenen Menschen. Er konnte sich nicht vorstellen, dass ihn die schrullige Methodik des Torwarttrainers wirklich belastete. Als er sah, wie Robert im Training zornig über Shaker wurde, glaubte Moreira, »Robert täuschte diese Wut nur vor, um nicht loslachen zu müssen. Er wollte nicht unhöflich sein und über Samir lachen, deshalb spielte er den Zornigen.«

Teresa wusste es besser. Nachdem er gegen den SC Beira Mar drei Tore hinnehmen musste und Benfica auch die folgenden zwei Spiele nicht gewann, erlebte sie, wie er sich zu Hause vor dem Fernseher verschanzte und brütete.

Dieser Torwarttrainer raubte ihm die Form.

Nichts und schon gar nicht die Wahrheit konnte Robert Enke von diesem Gedanken abbringen. In Wahrheit waren im dritten Jahr bei Benfica die Umrisse eines vollendeten Torwarts zu erahnen. Sein Körper war seit der Ankunft aus Mönchengladbach ein anderer geworden, Arme und Beine passten sich langsam der imposanten Schulterachse an, seine Sprungkraft und Reaktionsfähigkeit waren gewaltig. Er fing nun regelmäßig Flanken, statt sie zu fausten. Wenn der Gegner aus dem Mittelfeld kam, lauerte er sieben Meter vor dem Tor, ohne gleich wieder in den eigenen Fünfmeterraum zurückzufallen, und ließ dem Gegner so nur geringen Spielraum für Steilpässe. Der geschulte Instinkt, zu begreifen, was im nächsten Moment passieren würde, half ihm in spektakulären Szenen.

Nur er selbst, gestresst von Samir Shaker und Benficas anhaltend mäßigem Erfolg, bemerkte seine neue Qualität nicht.

Teresa war entschlossen, den Launen des Fußballspiels nicht nachzugeben. Er musste lernen, sich weder von Niederlagen noch von Samir Shaker das Lachen nehmen zu lassen.

»Warum hast du denn heute wieder beim Gegner gespielt?«, fragte sie fröhlich, wenn einige Abschläge beim anderen Team landeten.

»Und, kannst du deine Paraden schon auswendig?«, sagte sie, wenn er am Abend nach einem Spiel auf dem Sofa hing, bis die letzte Sportsendung sich in Zeitlupe und endlosen Wiederholungen seinen imposanten Taten gewidmet hatte.

»Hast du meine coole Parade überhaupt schon gesehen?«

»Zumindest habe ich die Kommentatoren in der letzten Stunde 27-mal *Uenk! Uenk!* durch das Haus schreien hören.«

»Aber du bist doch eine Spielerfrau. Lies doch mal *A Bola*.«

Leute, die die Enkes nur oberflächlich kannten, erschraken sich oft über den vermeintlich schroffen Umgangston der beiden miteinander. Teresa sagt, »wir haben es geliebt, uns zu necken«.

Nachmittags, auf den Spaziergängen mit den Hunden am winterlichen Strand, formten sie ihre Ideen von der Zukunft.

»Am liebsten würde ich zurück in die Bundesliga.«

»Und irgendwie«, sagt Teresa acht Jahre später auf einem anderen Spaziergang, den Langen Berg in Empede hinauf, »haben wir uns dann in den Glauben hineingesteigert, wir müssten nach Deutschland zurück; auch ich dachte, das wäre das Beste, dann wäre ich wieder näher bei den Freunden.«

Das erste Angebot im Januar 2002, ein halbes Jahr vor seinem Vertragsende bei Benfica, erschrak Robert Enke.

Der FC Porto wollte ihn.

Es gibt einige wenige Sachen, die ein Fußballprofi nicht machen darf; vom FC Barcelona zu Real Madrid zu wechseln, von Celtic zu den Rangers in Glasgow oder von Benfica zum FC Porto. Die Stammesfehden dieser ewigen Rivalen sind eine der letzten Gelegenheiten im zivilisierten Europa, bei denen es gestattet ist, seinen Hass auszuleben. Und offensichtlich haben Hunderttausende noch immer das Bedürfnis, gelegentlich zu hassen. In den Fußballderbys sind Klischees nicht lächerlich, sondern willkommen, um die Rivalität zu befeuern. »Porto arbeitet, Lissabon verprasst das Geld«, sagen sie in Nordportugal.

»Ich bin Benficista, ich kann doch nicht nach Porto gehen«, sagte Robert Enke.

Das Angebot war so, dass er nach Porto gehen musste. Insgesamt zehn Millionen Euro für drei Spieljahre. Netto.

Den Spaß, Benfica-Profis mit unwiderstehlichen Angeboten zu quälen, erlaubte sich Jorge Pinto da Costa öfter. Erzogen in einer Jesuitenschule, regierte der Präsident den FC Porto seit 20 Jahren im Gutsherrenstil. Als er sich von seiner Freundin trennte, schrieb die ein Buch, in dem sie behauptete, Pinto da Costa gebe einiges Geld für Damenschmuck, Rivalenverprügeln und Schiedsrichterbestechung aus, aber der Präsident konnte vor Gericht die Behauptungen als »schwerwiegend falsch« zurückweisen.

Der Trainer des FC Porto, der Pinto da Costa im Januar 2002 animierte, Enke in den Norden zu locken, hieß José Mourinho.

»Das kann ich nicht machen«, wiederholte Robert Enke.

»Zehn Millionen Euro netto, das ist so exorbitant, da unterschreibst du diesen einen Vertrag und musst danach nie mehr etwas machen«, sagte Jörg Neblung.

Sie mussten Pinto da Costa zumindest einmal treffen, darin wurden sie sich einig.

Im Sommer zuvor hatte Manchester Uniteds Trainer Alex Ferguson Robert Enke angerufen, um für United zu werben. So direkt geht es allerdings bei den wenigsten Spielertransfers zu. Gerade in südlichen Ländern ist eine Klasse der *intermediarios* entstanden, der Zwischenhändler. Pinto da Costa hatte seinen persönlichen *intermediario,* einen Spezialagenten, der beim FC Porto in keinem Amt stand, aber immer vorgeschickt wurde, um das Interesse einer potenziellen Neuerwerbung auszuloten.

Der Präsident erwarte sie in einer, nun im Winter leer stehenden Sommervilla in Cascais, richtete der Zwischenhändler aus.

Das Einfahrtstor öffnete sich elektronisch und langsam, als Jörg Neblung und Robert Enke in dessen Opel die Villa erreichten. Du musst dir ein größeres Auto kaufen, du bist doch ein Star, hatten ihm Fans oft gesagt. Warum sollte er sich ein Auto kaufen, wenn er dieses von einem Sponsor gestellt bekomme, hatte sich Robert Enke immer gesagt. Wie gut, dass er so ein unauffälliges Auto fuhr, dachte er zum ersten Mal.

Er wusste, ein Kapitän Benficas, der mit dem Präsidenten des FC Porto bei Verhandlungen gesichtet wurde, könnte sich am nächsten Tag nicht mehr zum Training trauen.

Der Zwischenhändler öffnete ihnen die Tür. Der Präsident, randlose Brille, dunkler Anzug, saß in einem Plüschsessel. Es wurde den Gästen nichts zu trinken angeboten, nicht einmal ein Glas Wasser. Eine Lampe brannte. Die Rollläden waren heruntergelassen.

In der Erinnerung von Jörg Neblung fand kein Austausch

von Nettigkeiten stand, kein höfliches Herantasten. »Es ist gut möglich, dass wir zwanzig oder dreißig Minuten in der Villa blieben«, sagt er, »aber gefühlt dauerte das Treffen nicht länger als fünf Minuten. Ich kam mir vor wie bei einer Drogenübergabe.«

»Wir danken Ihnen für Ihr Interesse«, sagte Jörg Neblung, »dass wir bei der Summe, die im Raum steht, reden müssen, ist natürlich klar. Zehn Millionen Euro netto für drei Spieljahre ist ein stolzes Angebot.«

Robert Enke übersetzte.

Pinto da Costa antwortete auf Portugiesisch, aber Jörg Neblung brauchte Roberts Übersetzung gar nicht. Er las schon alles aus den Gesten des Präsidenten.

Wie kommen Sie auf diese Summe, zehn Millionen, davon war nie die Rede, wir haben überhaupt noch keine Summe genannt.

Der Zwischenhändler, der das angebliche Gehaltsangebot zwei Wochen zuvor übermittelt hatte, saß mit unbeweglichem Gesicht daneben.

Robert Enke und Jörg Neblung versicherten sich mit einem Blick, dass sie dasselbe dachten. Man hatte Robert ein Scheinangebot gemacht, um ihn erst einmal an den Verhandlungstisch zu bekommen.

»Wir haben wirklich großes Interesse an Robert Enke.«

»Aber wir sind unter der Voraussetzung erschienen, dass es hier um zehn Millionen Euro geht. Sie wissen, dass es für einen Benficista wie Robert eigentlich unmöglich ist, zum FC Porto zu wechseln. Da erscheint es uns nur zwangsläufig, dass solch ein gewagter Schritt finanziell entschädigt wird. Man könnte denken, Sie hätten uns unter falschen Vorzeichen eingeladen.«

»Bitte, lassen Sie uns jetzt nicht streiten. Wir werden Robert ein Angebot unterbreiten, das ihn höchst zufriedenstellen wird, auch wenn es für drei Jahre sicher nicht zehn Millionen Euro netto sein werden.«

»Es tut uns leid, aber das sind nicht die Voraussetzungen, um weiterverhandeln zu können.«

Robert Enke und Jörg Neblung standen auf. Höflich reichten sie dem Präsidenten und dem Zwischenhändler zum Abschied die Hand. Jorge Pinto da Costa sagte noch etwas auf Portugiesisch zu Robert.

»Wenn du zum FC Porto wechselst, halten wir das bis zur Saisoneröffnung geheim, und am Tag der Mannschaftspräsentation stehst du plötzlich als Überraschung im Stadion des Drachens.«

In entscheidenden Momenten brauchten Robert Enke und Jörg Neblung oft nur einen schweigenden Blick, um sich zu verständigen. Diesen Blick tauschten sie aus, als sich das Einfahrtstor surrend öffnete und ihnen den Weg freigab.

Das war's, sagte der Blick. Porto können wir uns sparen.

Ein paar Tage später kam ein schriftliches Angebot des FC Porto. Von zehn Millionen Euro netto war wie erwartet keine Rede mehr, aber es war das lukrativste Angebot, das Robert Enke in seiner Karriere je erhalten hatte.

»Aber für das Geld muss ich Benfica nicht verraten, lieber spiele ich woanders für etwas weniger«, versuchte er sich einzureden.

In ihrem schwarzen Taschenkalender protokollierte Teresa in Stichpunkten die Schwankungen des Winters 2002.

5. Februar. Balou hat am Strand mit einem fremden Hund gekämpft. Robbi mir gegenüber gereizt.

10. Februar. Porto gegen Benfica. Bremen kommt zur Beobachtung. Spannend.

11. Februar. Kaiserslautern will ihn!

Es war die Zeit, als die Profivereine ihre Spielersuche vom Glück unabhängig machen wollten. Sie stellten Scouts ein, die von Buenos Aires bis Belgrad nach Talenten suchten, sie legten detaillierte Computerdateien an, in denen auf Knopfdruck 16 rechte Verteidiger mit allen Details ihres Könnens erschienen. Am Ende jedoch basierten viele Transfers noch immer eher auf Zufällen und persönlichen Kontakten als auf Rasterfahndung.

Werder Bremen beschäftigte zwei Scouts, Hune Fazlic, den besten Späher der Bundesliga, und Mirko Votava, der den Job wohl vor allem bekommen hatte, weil er ein ehemaliger Werder-Spieler war. Nach Porto fuhr Votava. Benfica verlor 2:3. Votava analysierte den beobachteten Torwart im Stil eines Stammtischonkels: »Der Enke bekommt drei Schüsse drauf und drei Tore rein, was soll ich da sagen?«

Werder Bremen teilte Jörg Neblung mit, dass sie kein Interesse an einer Verpflichtung von Robert Enke hätten.

Vom 1. FC Kaiserslautern sah sich niemand ein Spiel von Enke an. Trainer Andreas Brehme telefonierte nur einmal mit Jupp Heynckes, um dessen Urteil zu hören.

25. Februar. Robbi hat mit Brehme gesprochen. Jörg trifft sich mit Kaiserslauterns Vorstand. Hoffentlich geht alles gut.

In der Zwischenzeit kursierten in Lissabon ein paar Gerüchte. Robert Enke werde Benfica verlassen. Robert Enke werde zum FC Porto wechseln!

Er hatte nach seinen schlechten Erfahrungen beim Abgang in Mönchengladbach gehofft, seine Wechselabsichten bis zum Saisonende geheim halten zu können.

»Ich weiß nicht, wie Leute, die ich nicht kenne, dazu kommen, im Fernsehen zu sagen, ich hätte für Porto unterschrieben. Das ist einfach eine Lüge!«, sagte Robert Enke die halbe Wahrheit.

Fica Enke!, riefen die Fans. *Fica Enke!*, wehte es im Wind, auf selbst gebastelten Bannern im *Licht*. Enke bleib! Ein Fernsehsender überreichte ihm ein halbes Dutzend Videokassetten. Sie waren voll von Botschaften der Fans. *Fica Enke!*

Er war gerührt. Aber er musste doch weiter, höher hinaus.

Er lehnte Benficas Angebot ab, den Vertrag zu verlängern. Da kamen seine Umzugspläne auf die überraschendste und eindeutigste Weise heraus.

4. März. Robbi wird aus dem Tor genommen. Moreira spielt.

Als die Sportreporter ihn ohne sportlichen Grund drei Monate vor Vertragsende auf einmal auf der Ersatzbank sitzen sahen, war es ein Leichtes für sie zu kombinieren. Robert Enke musste eine Pressekonferenz geben. »Ich werde Benfica verlassen.«

Die Abendnachrichten des staatlichen Senders RTP berichteten.

Er würde in den verbleibenden neun Partien nicht mehr spielen, erklärte ihm der Trainer Jesualdo Ferreira.

»Nachdem er gegen Gil Vicente einmal auf der Ersatzbank gesessen hatte, war er plötzlich für den Rest der Saison verletzt«, sagt Moreira. »Mein Verdacht war, dass er sich die Verletzung nahm, um sich diese Demütigung zu ersparen, und ich wäre der Letzte, der ihn nicht verstünde. Robert erlebte eine schwarze Epoche bei Benfica, eine Zeit, als es hier viele, viele Probleme gab, und irgendwann reichte es ihm. Aber er war immer da, mir mit Rat und Zuspruch zu helfen, auch damals, als ich auf einmal spielte.«

Teresa kann sich nicht erinnern, ob er tatsächlich eine Verletzung fingierte oder ernsthaft verletzt war, und das ist keine Ausrede: Sie weiß es wirklich nicht mehr. Es schien damals nebensächlich.

11. März. Kaiserslautern hat Jörg abgesagt. Das Glück ist nicht auf unserer Seite. Wir warten auf die Sonne.

»Oh Gott!«, ruft Teresa und schlägt sich mit der flachen Hand gegen die Stirn, als sie ihren Eintrag im Taschenkalender acht Jahre später noch einmal liest. »Da siehst du einmal, wie wir damals vom Leben verwöhnt waren. Wenn wir das schon für die dunklen Momente hielten: *Kaiserslautern sagt ab.*«

Nachdem ihnen Jörg Neblung die schlechte Nachricht aus der Pfalz übermittelt hatte, fuhren sie mit den Hunden zum Strand. »Prompt begann es zu regnen«, erzählte Robert und fügte hinzu, wie man es ohne nachzudenken so sagt: »Da war die Depression komplett.«

Robert Enkes Sehnsucht nach Orten wie Kaiserslautern oder Bremen wuchs mit den Absagen aus der Bundesliga. Zu Hause in Sassoeiros schaute er deutschen Fußball im Satellitenfernsehen und es schmerzte ihn, dass der deutsche Fußball nicht ihn anschaute. »Klar wäre es schön, wenn jemand in Deutschland mal bemerkte: Der Enke lag in den drei Jahren in Portugal nicht nur am Strand.« Er wurde begehrt von den größten Klubs der Welt wie Manchester United, er war ein Star in Portugal und in Deutschland nur ein übersehener Weltklassetorwart; ein Souverän ohne eigenes Land. Es lag weniger an ihm als an der europäischen Randlage. Portugals Liga, im internationalen Vergleich nur Klasse 1b, wurde in Deutschland weitgehend ignoriert. Für die Champions League, eine der vermeintlichen Attraktionen, 1999 nach Lissabon zu wechseln, hatte er sich mit Benfica nie qualifiziert. Auch im dritten Jahr würden sie nur Vierter in Portugal werden. 27-mal war Benfica portugiesischer Meister gewesen, doch das letzte Mal 1994. Nur als Portugal-Reiseführer tauchte Robert Enke gelegentlich in den deutschen Medien auf. Dann durfte er berichten, »hier trinkt man kein Wasser mit Kohlensäure, das bläht den Magen zu sehr auf« und »im Supermarkt darf man in Lissabon keine Eile haben«. Aber ein Spiel von ihm für Benfica sah sich in drei Jahren ein einziger deutscher Sportreporter an.

Im Garten von Sassoeiros trug Robert Enke das Trikot von Werder Bremen. Besuch seines Freundes Marc aus der Heimat hatte ihm das grüne Jersey mitgebracht.

Jörg Neblung teilte Teresa und Robert Enkes plötzliche Vorliebe für ruhige deutsche Städte nicht. »Robert fühlte sich wie der verlorene Sohn der Bundesliga, aber ich fand: Mein Gott, du wirst in England und Spanien geschätzt, den Ländern mit den stärksten Ligen, da musst du dich nicht in Deutschland anbiedern.«

Er hatte Angebote von Alavés und Espanyol Barcelona aus der spanischen Primera División vorliegen, zwei Klubs der aufstrebenden Mittelklasse. Oder sollte er doch zum FC Porto wechseln?

Jörg Neblung hatte sich einige Monate zuvor als Sportagent selbstständig gemacht, neben Robert Enke zählten zunächst nur ein weiterer Torwart, Alexander Bade, Ersatzmann beim 1. FC Köln, und die Weitsprung-Olympiasiegerin Heike Drechsler zu seinen Klienten. »Ich wusste, der Transfer von Robert war existenziell für mich.«

Er ging die internationalen Spitzenklubs durch. Der FC Barcelona, Hüter des schönen Spiels, könnte vielleicht einen Torhüter suchen, der Trainer dort hatte jüngst mehrmals zwischen Roberto Bonano und Pepe Reina hin und her gewechselt, das war immer ein Zeichen von latenter Unzufriedenheit. »Aber

Jörg Neblung, Frischling aus Köln, kann ja nicht einfach bei Barça anrufen«, sagt Jörg Neblung.

Er brauchte einen Zwischenhändler.

In wenigen Tagen hatte er zwei.

Bernd Schuster, blonder Engel der Achtziger, dessen Diagonalpässe aus dem Mittelfeld das Publikum schlagartig verstehen ließen, was Schönheit ist, hatte als einziger Deutscher je für Barça gespielt. Eine besondere Attraktion war damals seine Frau Gaby gewesen. Sie trat als seine Managerin auf. Einen Anruf bei den alten Kontakten erledigte sie immer noch gerne, wenn eventuell eine Provision dabei heraussprang. Sie ließ Barças Sportdirektor Anton Parera wissen, dass es in Portugal einen talentierten und ablösefreien Torhüter gebe, den bereits Manchester United verpflichten wollte.

In einem Verein wie Barça mit zwanzig Präsidiumsmitgliedern, die am liebsten alle ihre eigene Politik machen wollen, bleibt nichts geheim. Irgendjemand aus Barças Präsidium informierte den portugiesischen Agenten José Veiga: Unser Sportdirektor interessiert sich wohl für Benficas Torwart, vielleicht kannst du auf den Transfer noch aufspringen. Und schon hatte Jörg Neblung Veiga am Telefon. Er könne ihm bei Barça ein paar Türen öffnen. Veiga hatte den Transfer des Jahrzehnts durchgepeitscht, Luis Figo von Barça zu Real Madrid. Jörg Neblung beauftragte ihn als Zweitzwischenhändler.

Käme der Transfer zustande, könnten sich die Agenten mehr als eine halbe Million Euro Provision teilen. Veiga verschaffte Neblung einen Termin bei Parera. Man habe Interesse an Enke, sagte der Sportdirektor. »Das konnte alles heißen oder nichts«, sagt Jörg Neblung.

In den kommenden Wochen erhielt er regelmäßig Anrufe von Vermittlern, die alle von wirklich ganz außerordentlichen Kontakten zu Barças Sportdirektor und Präsidium erzählten. Es existiert im Profifußball ein Heer von Zwischenhändlern, die keinen einzigen Spieler repräsentieren, aber den Vereinen alle möglichen Spieler anbieten. Sie prüfen, welcher Klub etwa einen neuen Torwart suchen könnte, rufen dann jede Menge Torhüter an, behaupten, sie könnten ihn dort unterbringen, und im besten

Fall sind sie plötzlich als Verbindungsmann im Geschäft. Nur von Barça hörte Jörg Neblung nichts mehr.

In Portugal ging die Saison zu Ende. Teresa und Robert Enke hatten den Mietvertrag in Sassoeiros gekündigt und wussten nicht, wohin es gehen würde.

In den Zeitungen stand, der FC Barcelona wolle einen neuen Torwart verpflichten, den Franzosen Ulrich Ramé von Girondins Bordeaux.

Robert reiste mit Jörg nach Vitoria, um sich den dortigen Sportklub Alavés anzusehen. Der Verein war wie die nordspanische Stadt: reizend, aber klein. Vielleicht wechselte er doch lieber nach Porto?

In Lissabon gingen Teresa und Robert mit einer Videokamera auf die letzte Fahrt. Sie fuhren alle Orte ab, die ihnen so viel bedeuteten, den Strand von Estoril, das *La Villa*, Marcs Plattenladen, den Pinienpark Monsanto. Sie stellten sich an jeden Ort und winkten, lächelten, riefen: »Adeus Lisboa!«

Der Abschied fiel ihnen nicht schwer. Nach der schönen Zeit in Lissabon glaubten sie einfach, es würde ihnen überall gut ergehen.

Im Sommer zuvor waren sie mit dem Auto in den Urlaub gefahren. 3000 Kilometer, zwei Tage unterwegs nach Deutschland. Sie wussten nicht, wie sie sonst die Hunde hätten transportieren sollen. Diesmal ließen sie die Hunde bei Marc in Lissabon und nahmen das Flugzeug nach Frankfurt. Sie würden doch nur kurz im Urlaub sein und danach wo auch immer.

Jörg Neblung flog zu einem Fotoshooting von Heike Drechsler nach Mallorca. Von dort wollte er zu Vertragsgesprächen mit Espanyol Barcelona nach Katalonien kommen.

Der 28. Mai wäre ideal.

Ein, zwei Tage davor wurde Jörg Neblung erneut aus Barcelona angerufen.

Barças Sportdirektor Anton Parera wünschte ihn zu sehen.

Am 28. Mai, auf dem Weg zu Verhandlungen mit dem FC Barcelona, wurde Jörg Neblung bewusst, dass er mit einem Flugticket reiste, das ihm Barças Stadtrivale Espanyol bezahlt hatte.

ACHT

Füße

In Barcelona kann man 300 Meter vor dem Camp Nou stehen und sieht das Stadion nicht. Mitten in der Stadt gelegen, von Wohnblocks verdeckt, lässt sich seine Größe von außen nicht erahnen. Sitzt man im Stadion, ergreift einen die Pracht des Camp Nou überfallartig.

Oval und gigantisch, ist es mehr Kolosseum als Fußballarena. Die Tribünen steigen so hoch auf, dass sie eins werden mit dem Himmel. Wenn 100 000 Zuschauer das Camp Nou füllen, sieht man von hoch oben die menschliche Zerbrechlichkeit. Klein und schutzlos wirken die Fußballer tief unter einem. Sitzt man alleine im leeren Stadion, lässt der Klang der Stille all die Schlachten lebendig werden, die man nie sah, die man sich plötzlich ganz genau vorstellen kann, Kubala am Flügel, Zubizarreta in der Luft, Goikoetxea am Boden, in schwarzer Rache mit einem Foul niedergestreckt vom Engel Schuster, unter der dröhnenden Zustimmung der Hunderttausend, ihre Fäuste in der Luft.

In der Welt des Fußballs ist das Camp Nou der Hort des Schönen, Guten, Wahren. Die Welt um Barcelona herum hatte das *juego bonito*, das schöne Spiel, nach Brasiliens herzzerreißendem Scheitern bei der Weltmeisterschaft 1982 definitiv für gescheitert erklärt, der Realpolitik-Fußball dominierte, defensiv kompakt stehen und dann blitzschnell auf Angriff umschalten. Nur bei Barça verweigerten sie sich dieser Realität. Fundamentalisten der Anmut, bestanden sie darauf, immer weiter, immer mutig im betörenden Kurzpassspiel anzugreifen.

Die Leute haben ihre Theorien, warum Barça sich kompromisslos der Schönheit verschrieb. Weil der ewige Rivale Real Madrid stets mehr gewann, sagen sie, und Barça so den Trost suchte, ja, aber wir spielen schöner! Oder weil die Katalanen mit dem Stil ausdrücken wollten, dass sie anders, eigenständig seien. Die Wahrheit ist banaler. Der FC Barcelona erfuhr mit seinem Perpetuum mobile des Passspiels zum ersten Mal höchsten Erfolg. 1992 gewann der Klub unter Johan Cruyff zum ersten Mal die Champions League. Und ein Verein wurde gläubig. Dies war der einzige Weg.

Der Alltag 2002 war weniger grandios. Luis Figo, der Barça personifizierte, dessen Dribblings eine Melodie hatten, war zwei Jahre zuvor als teuerster Fußballer der Welt zu Real desertiert. Das Trauma verweilte. Präsident Joan Gaspart, ein Mann mit hektischen Gesten und hüpfendem Herzen, versuchte, den Klub aktionistisch zu steuern. Ein neurotisches Umfeld war keine besondere Hilfe.

Doch der Mythos Barças überstrahlte die Realität.

Jörg Neblung verließ das Büro von Sportdirektor Anton Parera am 28. Mai im Gefühl, sein Glück nicht für sich behalten zu können. Dazu war es zu groß. Barça würde Robert Enke verpflichten.

Während sie wochenlang nichts von Barça gehört hatten, hatte sich der Klub gewissenhaft über ihn erkundigt. Barças Torwarttrainer Frans Hoek sezierte Enkes Spiel auf Video. »Er hatte unglaubliche Reflexe«, sagt Hoek, »und das war kurios, denn gleichzeitig war er nicht dieser typische muskelbepackte deutsche Torhütertyp wie Kahn, Köpke oder Schumacher, der fast nur auf der Torlinie spielt. Wenn er so gewesen wäre, wäre er nicht für Barça infrage gekommen. Hier muss der Torwart mitspielen können.« Zur Sicherheit rief Hoek noch einen Bekannten an, der sich in Portugal auskannte. »Ich sprach mit José Mourinho.«

Mourinho hatte einst bei Barça gelernt. Als Trainer des FC Porto hoffte er weiterhin, Enke zu verpflichten. Gleichzeitig lobte er den Torwart im freundschaftlichen Gespräch mit Hoek so unverstellt ehrlich, dass Barça entschied, Enke dem FC Porto wegzuschnappen.

Der Sportdirektor wurde sich mit Jörg Neblung gleich über das Gehalt einig. Der Geschäftsführer müsse noch auf den Vertrag schauen, eine Formalie, er sei nur gerade in Madrid, aber er sollte am nächsten Tag wieder im Büro sein. »Dann könntest du am Donnerstag nach Barcelona kommen und den Vertrag unterschreiben«, sagte Jörg am Telefon zu Robert.

»Nach Barcelona will ich eigentlich nicht«, sagte Teresa.

Ihre Stimme war ernst. Sie ist es noch heute, wenn sie darüber spricht.

»Jetzt hatten wir es nach drei Jahren gerade geschafft, fließend Portugiesisch zu sprechen, da erschien es mir abschreckend, schon wieder in ein anderes Land zu gehen und von vorne anzufangen, wenn wir doch, dank des Angebots aus Porto, auch in Portugal bleiben oder vielleicht nach Deutschland zurückgehen konnten.«

»Liebe Teresa, entschuldige bitte, aber da müssen wir dich mal kurz entmündigen«, sagte Jörg Neblung. »Wenn Barça ruft, muss man zu Barça gehen.«

Am Tag danach telefonierte er noch einmal mit dem Sportdirektor. Der Vertrag sei aufgesetzt. Am besten komme Robert Enke gleich morgen zur Unterschrift vorbei.

»Enke mit Barça einig«, meldete *A Bola* in Lissabon, und die Nachricht verbreitete sich rasch.

Eine Schweizer Privatbank rief Jörg Neblung an. Sie würden Robert Enke und ihm pauschal sechs Millionen Euro bezahlen. Dafür sollten der Spieler und sein Agent ihnen alle Rechte überlassen, Handgeld, Provisionen und Gehalt von Barça gingen an die Bank.

»Überlegen Sie es sich: Sie und der Spieler haben sechs Millionen garantiert und müssen sich um kein Vertragsdetail mehr kümmern, die Verhandlungen mit Barça übernehmen wir.«

»Interessant«, sagte Jörg Neblung und dachte: Aber dann doch eher, um es später als Anekdote zu erzählen.

Der Präsident von Espanyol Daniel Sánchez Llibre, der Neblung die Flugtickets nach Barcelona gekauft hatte und nie mit ihm verhandeln konnte, war wenig erfreut. »Ich habe die Schnauze voll. Wir machen hier gute Arbeit, unser Sportdirektor hat Enke vor zwei Monaten entdeckt, und dann kommt dieser andere Verein und kopiert unsere Idee. Von Enkes Repräsentanten fühle ich mich auf den Arm genommen.«

Teresa und Robert Enke landeten in Barcelona. Als handle es sich um eine Staatsvertretung, hingen vor Barças Geschäftsstelle an stattlichen Masten die Fahnen des Klubs, der Stadt und des Landes; von Katalonien, nicht von Spanien. Im Vorzimmer des Sportdirektors stutzte Jörg Neblung. Die Zwischenhändler waren nicht da.

Statt einer blonden Frau empfing sie nur ein dunkelhaariger junger Mann, der sorgfältig darauf achtete, sich alle drei Tage zu rasieren. Gaby Schuster hatte nur ihren Assistenten Wim Vogel geschickt. José Veiga, der Zweitzwischenhändler, rief aus einem lauten Raum auf Jörg Neblungs Handy an und sagte, er sei am Flughafen Rom hängen geblieben, es tue ihm schrecklich leid. Zur Vertragsunterzeichnung erschienen die Zwischenhändler normalerweise am pünktlichsten, denn hier wurde das Geld verteilt.

Barças Geschäftsführer kam, der Sportdirektor bat sie herein. Teresa nahm im Vorzimmer Platz. Als eine Stunde später die Bürotür des Sportdirektors wieder aufging, suchte sie vergeblich Augenkontakt zu Robert. Er blickte zu Boden. Sie sah Jörg an. Er schüttelte den Kopf.

Aus netto war im Vertrag auf einmal brutto geworden.

Jörg Neblung hatte in Pareras Büro einen langen Moment auf die Zahlen im Vertrag vor ihnen geschaut, dann wurde ihm jäh klar, warum Gaby Schuster und Veiga nicht anwesend waren. Sie würden schon geahnt haben, dass diese Verhandlungen nicht an einem Vormittag, nicht ohne einen Versuch des Klubs, das Gehalt zu drücken, über die Bühne gingen.

»Das ist nicht das Gehalt, auf das wir uns vorgestern geeinigt haben! Das ist unlauter«, sagte Jörg Neblung. Der Sportdirektor lächelte freundlich. Jörg sah Robert an und er wusste, was dieser dachte.

Sie flogen noch am selben Abend zurück nach Deutschland.

»Enke-Transfer geplatzt«, schrieb *A Bola*.

»Barça will Fabián Carini von Juventus Turin als neuen Torwart«, meldete *Tuttosport.*

»Macht es Barça mit Enke wie mit Köpke?«, fragte *Bild.*

Andreas Köpke, Nationaltorhüter der Neunziger, hat in seinen Ordnern zu Hause in Nürnberg noch heute einen unterschriftsreifen Lizenzspielervertrag von Barça. Als er ihn 1996 unterzeichnen wollte, hatte Barça plötzlich die portugiesische Nummer eins Vítor Baía eingestellt.

Auf dem Rückflug sprachen Robert und Teresa kaum ein Wort.

Zwei Tage nach der Brüskierung im Camp Nou stellte Robert Enke fest, es gab Torhüter, die waren deutlich schlimmer dran als er. Wieder in Bad Windsheim bei Teresas Eltern, sah er im Fernsehen Mohammed Al-Deayea. Er verlor mit Saudi-Arabien 0:8 gegen Deutschland. Die Weltmeisterschaft in Japan und Südkorea hatte begonnen.

Bei der nächsten WM, 2006 in Deutschland, wollte er dabei sein. Und im Augenblick wusste er nicht einmal, wo er in einem Monat im Tor stehen würde. Er war nervös, nicht zornig. Wenn Barça mit einem spielte, hielt man still und hoffte, dass es irgendwie gut ausging.

Jörg Neblung telefonierte mit Barças Sportdirektor. Man sei selbstverständlich weiter an Robert Enke interessiert, sagte Parera. Sie müssten nur noch einmal miteinander reden.

Barça wolle den Torwart Carini für die anstehende Saison von ihnen ausleihen, meldete Juventus Turin.

Ruf den Trainer an, sagte Jörg zu Robert.

Als sich die Vertragsgespräche in Barcelona angebahnt hatten, hatten sie den Sportdirektor um die Handynummer von Louis van Gaal gebeten. Der niederländische Trainer war selbst erst vor einigen Wochen bei Barça eingestellt worden, Robert Enke wollte wissen, ob van Gaal ihn als ersten Torwart oder Ersatzmann sah. Nun hatte der Anruf eine andere Dringlichkeit. Konnte ihm van Gaal sagen, ob er bei Barça überhaupt noch ein Thema war?

Er erreichte den Trainer im Badeurlaub auf Aruba.

»Ja, das ist sehr schlau von Ihnen, Herr Enke, dass Sie mich anrufen, das ist gut. Denn ich alleine entscheide, wer bei Barça spielt.«

Er rufe nur einmal an, um zu hören, welche Rolle er in seiner Planung spielen würde.

»Also, ich bin nicht derjenige, der Sie verpflichten will! Der Sportdirektor will Sie. Ich kenne Sie nicht einmal. Aber bei mir bekommt jeder der drei Torhüter in der Saisonvorbereitung dieselbe Chance, sich als Nummer eins durchzusetzen, auch Sie, wenn Sie unterschreiben.«

Als er aufgelegt hatte, sagte Robert Enke zufrieden zu Jörg, es sei ein gutes Gespräch gewesen. Van Gaal schien seine Verpflichtung zumindest zu akzeptieren und werde ihn fair behandeln.

Als Robert Enke mir Jahre später von dem Telefongespräch erzählte, betonte er, van Gaal habe ihn gleich angefahren: »Ich kenne Sie gar nicht.«

Vier Tage, nachdem er die Vertragsgespräche abgebrochen hatte, war Robert Enke wieder auf dem Weg nach Barcelona. Er trug Jeans und seinen graublau gerippten Lieblingspullover, eine Kleidung für Tage ohne Hoffnung auf besondere Anlässe. Um 19 Uhr landete er mit Teresa, Jörg wartete bereits auf sie. Sie lernten gleich ein wenig über spanische Gepflogenheiten. 19 Uhr ist noch Nachmittag in Spanien. Auf der Geschäftsstelle am Camp Nou wurde noch gearbeitet.

Jörg Neblung wollte auf erneute Enttäuschungen vorbereitet sein. Er hatte einen Vertrag mitgebracht. Vom FC Porto. Das Dokument, bereits abgezeichnet vom Präsidenten Pinto da Costa, hatte er sich zufaxen lassen. Falls Barça weiter seine Spielchen trieb, würde Robert Enke noch in Barcelona für Porto unterschreiben.

Jörg Neblung ging alleine zum FC Barcelona. »Ich hatte Herzklopfen«, sagt er.

Teresa und Robert sollten im Hotel an der Avenida Diagonal warten, bis im Vertrag wieder das ursprünglich versprochene Gehalt auftauchte; oder bis Jörg Neblung ohne Erfolg zurückkehrte.

Robert Enke trank nie viel Alkohol. Auf ihrem Hotelzimmer öffneten er und Teresa den Sekt aus der Minibar. Dann das Bier. Im Fernsehen zeigten sie immer wieder, wie der Weltfußballer des Jahres 1999, Rivaldo, die Hände vor das Gesicht schlug und schreiend zu Boden stürzte. Der Türke Hakan Ünsal hatte ihm in einer Spielpause bloß den Fußball gegen den Oberschenkel geschossen, aber der Schiedsrichter fiel auf Rivaldos Theatralik herein und zeigte dem Türken die Rote Karte. Es war der Höhepunkt des Weltmeisterschaftstages in Südkorea. 21 Uhr ging vorüber, 22 Uhr, und noch immer bewegte sich nichts außer Rivaldo.

Als das Handy klingelte, wusste Robert, wer es sein würde. 23 Uhr war vorüber.

»Du kannst jetzt kommen«, sagte Jörg.

In 103 Jahren waren nur zwei deutsche Fußballer in die Mannschaft des FC Barcelona aufgenommen worden, Bernd Schuster und nun Robert Enke. Mitternacht war vorbei, und er wurde im Camp Nou von Radioreportern umringt, die live die ersten Worte des neuen Torhüters übertrugen. Er sprach auf Portugiesisch, als würde im deutschen Radio ein Niederländer in seiner Heimatsprache ohne Übersetzung interviewt. Im spanischen Sportradio, wo die Exzentrik Programm ist, störte das wenig. Ab Mitternacht, zu einer Zeit, wenn sie doch schlafen oder etwas anderes tun sollten, hören täglich Millionen Spanier die Sportsendungen im Radio. Von Fußballern wird erwartet, dass sie sich auch zu dieser Zeit für Interviews anrufen lassen. Auf der *Cadena Ser*, dem am meisten gehörten Sender, singen die Moderatoren gerne auch die Werbespots selber.

Ordentlich vorgestellt wurde Robert Enke in Spanien am nächsten Tag – von Portos Trainer José Mourinho. »Robert ist eine sichere Wette für Barça. Wir wollten ihn auch holen, aber dann stieg Barça ins Rennen ein«, schrieb er in einem Beitrag für die katalanische Sportzeitung *El Mundo Deportivo*. »Robert ist eine großartige Wahl, als Torwart wie als Mensch.« Da in Barcelona nicht wenige ihr Deutschenbild ausschließlich von Bernd Schuster ableiteten, fügte er hinzu: »Robert ist nicht der klassische Deutsche, introvertiert, mit einem schwierigen Charakter, ganz im Gegenteil.«

Ein guter Monat Urlaub blieb Robert Enke noch, bevor das Abenteuer bei Barça begann. Er konnte es nicht abwarten. Als er Marco Villa besuchte, der inzwischen für den 1. FC Nürnberg spielte, ging er mit dem Freund in den Ferien auf den Trainingsplatz.

»Chico, ich komme heute mal mit dem Robert Enke vorbei, wir wollen ein bisschen was tun.«

»Robert Enke? Wer ist denn das?«, fragte Nürnbergs Platzwart.

Aber auf einmal war es nur noch lustig, dass er in der Heimat übersehen wurde. »Es gibt in Deutschland sicher Leute, die fragen: Wie, Barcelona hat den Enke verpflichtet – für die B-Jugend, oder was?«, vermutete er. Wenn er am glücklichsten war, machte er am liebsten Späße über sich selbst.

Einige Wochen später saß er zum ersten Mal in einem Straßencafé unter den gotischen Häusern in Barcelonas Altstadt. Er sah die Gefahr von links auf sich zukommen. Doch bevor er etwas sagen konnte, war der Kampfhund vom Nebentisch schon bei Teresa. »Lass gehen!«, rief Robert – seiner Frau zu, nicht dem Hund. Das große Risiko sei nicht, dass seine Frau von dem Tier gebissen werde, sondern dass »sie den Hund mit nach Hause nimmt«.

Er lehnte sich im Stuhl zurück, um das Gesicht in die Sonne zu halten.

»Und vor ein paar Wochen dachten wir, es sei das Ende der Welt, weil mich Kaiserslautern nicht wollte.«

Er musste über sich selbst lachen.

»Stell dir vor, Kaiserslautern hätte mich gewollt. Wahrscheinlich hätte ich sofort zugesagt. Wie ich wohl geschaut hätte, wenn mir Jörg ein paar Wochen später mitgeteilt hätte: Übrigens, Barcelona wäre auch möglich gewesen.«

Er fragte, ob ich ihm einen Spanischlehrer empfehlen könne. Am Abend, zurück in ihrem neuen Zuhause in Sant Cugat, hinter den grünen Bergen des Collserola, würde er den Lehrer sofort anrufen. Nach der ersten Unterrichtsstunde schenkte er ihm spontan Eintrittskarten für Barça.

»Ich weiß auch nicht warum, aber irgendwie finde ich zurzeit einfach alles toll. Die Stadt, den Verein, das Leben«, sagte er im Straßencafé. Die fünfstöckigen Häuser standen wie ein Schutzwall um die kleine Plaza, kein Autolärm war zu hören. Das bunte Sortiment der Eisdiele gegenüber spiegelte sich in der gläsernen Eingangstür. »Ich bin erst drei Wochen da, aber ich habe schon das Gefühl: Hier möchte ich lange bleiben.«

Ein Obdachloser ging durch die Reihen der Cafégäste und bat um Geld. Er war der Erste, der Robert Enke an diesem Nachmittag erkannte.

»Enke, el numero uno!«

Robert antwortete ihm auf Portugiesisch: »Sind Sie Benficasta?« Er konnte sich nicht vorstellen, dass ihn in Barcelona schon jemand kannte.

Sag einen Satz auf Katalanisch, bat Barças Präsident Joan Gaspart Robert Enke vor dessen offizieller Präsentation. Trainer van Gaal begleitete die beiden auf das Podium des Pressesaals. An den Wänden hingen kleine, dunkelbraun gerahmte Porträts aller Nationalspieler, die Barça gedient hatten. Die Wände verschwanden unter all den Fotos. Van Gaal hatte das weiße, steife Hemd unter seiner Krawatte geschlossen, was seinen riesigen Hals noch beeindruckender aussehen ließ. Robert Enke trug ein kurzärmliges rotes Hemd und die Frisur frisch von einem jener Friseure gestutzt, die die Haare immer zu kurz schneiden. So sah er neben van Gaal noch jünger aus.

Für seine Vorstellung in Lissabon hatte er sich einen portugiesischen Satz zusammengebastelt, *É bom estar aqui*, und es hatte ihm Freude bereitet. In Barcelona sprach er Englisch und sagte nur: »Ich werde Spanisch lernen, und vielleicht gelingt es mir mit der Zeit auch, Katalanisch zu sprechen.« In Katalonien, wo die Politiker die Sprache als Waffe im Autonomiestreit mit dem spanischen Zentralstaat benutzten, hätte es anbiedernd, durchschaubar und falsch geklungen, hätte er etwas auf Katalanisch

2002, Robert mit dem damaligen Barça-Trainer Louis van Gaal.

gesagt, fand er; vor allem nachdem ihn der Präsident dazu aufgefordert hatte. Er wollte sich nicht vereinnahmen lassen.

»Die drei Torhüter Enke, Bonano und Valdés beginnen bei null, auch wenn die beiden Erstgenannten größere Chancen haben«, sagte van Gaal. »Doch alles kann sich ändern.« Seine Stimme dröhnte. »Denn bei mir hat niemand seinen Platz im Team sicher.«

Robert Enke war neu in Barcelona und hatte sich bereits daran gewöhnt, dass der Trainer einen schonungslosen Umgangston für Ehrlichkeit hielt.

Louis van Gaal hatte vier Jahre zuvor bereits einmal eine Etappe bei Barça eingelegt, er gewann die Meisterschaft und den Königspokal, er formte eine Mannschaft, die Freigeist und Organisation auf das Herrlichste miteinander verband, und schaffte es dank seiner barschen Art, dass ihn viele Spieler und die meisten Zuschauer trotzdem fortwünschten.

Als er noch für Ajax Amsterdam arbeitete, hatte ich van Gaal einmal interviewt. Er watschelte in Badeschlappen durch den alten Trainingskomplex von Ajax, alles an ihm war gigantisch, der Bauch, der Hals, der Kopf. »Guten Morgen, Herr van Gaal, ich habe ein Interview mit Ihnen ausgemacht«, sagte ich. »Nein!«, brüllte van Gaal, »Sie haben ein Interview mit David Endt verabredet!« Ajax' Pressesprecher hatte das Gespräch arrangiert. Nachdem er dies grundsätzlich klargestellt hatte, bat Louis van Gaal höflich in sein Büro. Zehn Tage später, am Morgen des Champions-League-Halbfinales gegen Bayern München, rief er mich in der Zeitungsredaktion an. Er war wieder einmal sehr ehrlich und ein wenig gekränkt. Er habe die Reportage über Ajax gelesen, sagte er mir. »Sie haben gar nicht viele Zitate von mir benutzt!«

Das Duell mit Roberto Bonano um den Platz im Tor bestritt Robert Enke zunächst ohne Gegner. Bonano war noch in den Ferien. Als Argentiniens Ersatztorwart hatte er an der Weltmeisterschaft in Japan und Südkorea teilgenommen und durfte deswegen einige Wochen später ins Vereinstraining einsteigen.

Frans Hoek, der Torwarttrainer, stellte Robert dem dritten Torwart vor, einem 20-jährigen Jungen mit ernstem Blick und dichten schwarzen Haaren, der aus dem B-Team aufrückte. »Robert war in der Form kühl, aber er hatte die Ausstrahlung eines guten Menschen«, sagt Victor Valdés. Das erste Training begann. Roberts mageres Spanisch und Victors brüchiges Englisch gaben ihnen einen willkommenen Vorwand, fast nichts zu sprechen. Der Trainer ließ ein lockeres Spiel entstehen, um zu sehen, in welchem Zustand die Profis den Urlaub überstanden hatten. Mit dem Eifer eines Jungen, der zum ersten Mal in der Erstligamannschaft mitmachen darf, beobachtete Valdés jede Bewegung Enkes. Er hoffte, etwas in dem Deutschen wiederzuerkennen.

Sechs Jahre zuvor, als Robert Enke in Mönchengladbach von Kamps das Fliegen lernte, hatte Bayern München im UEFA-Cup-

Halbfinale in Barcelona gespielt. Hinter Bayerns Tor stand ein 14-jähriger Balljunge, Torwart in der C-Jugend des FC Barcelona. Er hieß Victor Valdés. Er sah, wie Oliver Kahn in wenigen Minuten einen Schuss von Kodro und einen Freistoß von Popescu mit gewaltigen Sprüngen und Reflexen meisterte. Es sei Liebe auf den ersten Blick gewesen, sagt Valdés. »Mir blieb der Mund offen stehen. Boah!, dachte ich und wusste: Das ist mein Torwart. Kahn war von diesem Moment an mein Idol.«

Valdés sitzt im Pressezentrum der Sportstadt des FC Barcelona. Der Raum ist eine kuriose Kreuzung, ein Baucontainer mit zwei Designersofas aus braunem Leder. Aus dem 14-jährigen Jungen ist ein Mann mit Pranken und breiten Armen geworden. Ein schwarzes T-Shirt mit einem lebensgroßen Adler, der die Krallen zum Zugreifen ausgefahren hat, betont seine mächtige Erscheinung. »Weißt du«, sagt Valdés, »seit jenem Tag, als ich Kahn sah, bewundere ich die deutsche Torwartschule. Deutsche Torhüter fallen nach einer Parade viel schöner als wir Spanier.«

Nämlich?

Er setzt an, es mit Worten zu erklären. Dann steht er vom Ledersofa auf. »Wir Spanier fallen einfach wie ein Klops zu Boden, bumm.« Victor Valdés legt sich auf den Boden des Presseraums. »Die Deutschen rollen sich ab.« Die dreifache Rolle macht er nur noch mit beiden Händen, nicht mehr mit dem ganzen Körper nach.

Als Robert Enke 2002 nach Barcelona kam, distanzierte er sich innerlich schon vom altdeutschen Torwartmodell. Er hatte in Lissabon gelernt, ein wenig offensiver und vor allem viel sachlicher zu spielen. Und nun bewunderte ihn Victor Valdés, der Junge, der gerade aus dem B-Team kam, gerade für das Spektakuläre, das Robert Enke hinter sich lassen wollte.

»Robert rollte sich auch so ästhetisch ab.«

Das kann nicht sein, er achtete penibel darauf, keine Schau aus seinen Paraden zu machen.

»Doch, wirklich!« Victor Valdés strahlt vor Begeisterung. Er erinnert sich noch genau an das erste Training mit Robert Enke.

»Robert war unglaublich. Er legte drei, vier Wahnsinnsparaden hin. Ich hatte erst ein einziges Trainingsspiel gesehen, und mir war bereits klar, über welch hohe Qualität er verfügte.«

In der Umkleidekabine, nach dem ersten Training, kam Mittelfeldspieler Gerard López auf Robert Enke zu. »*Man of the match, man of the match!*«, rief Gerard, und dann verließ ihn sein Englisch.

Roberto Bonano, der Konkurrent, Barças Nummer eins der vorherigen Saison, stieß im Trainingslager in der Schweiz zur Mannschaft. Nun schaute Robert Enke, wie eben noch Victor Valdés geschaut hatte. Die meisten Fußballer sehen auf dem Sportplatz größer aus als in Freizeitkleidung, Bonano war keine Ausnahme. Sein Brustkorb in Übergröße ließ ihn im Trainingspullover wachsen. Allerdings hielt er nicht, was seine Erscheinung versprach. Es war schnell zu erkennen, dass er nicht in Form war.

Enttäuscht, dass ihn der Trainer bei der Weltmeisterschaft nur auf die Ersatzbank gesetzt hatte, verdrossen wegen Argentiniens Scheitern in der Vorrunde, hatte Bonano in den Ferien nichts vom Sport wissen wollen. Nun zahlte er dafür.

In gut drei Wochen begann die Saison. Robert Enke hatte ein gutes Gefühl.

»Robert, du stehst zu weit hinten!«, rief der Torwarttrainer.

»Robert, den Ball musst du mit dem linken Fuß annehmen!«, schrie der Torwarttrainer.

»Robert, schon wieder ein unsauberer Pass. Konzentrier dich besser auf deine Füße!«, brüllte der Torwarttrainer.

Frans Hoek, die braunen Haare akkurat seitlich gescheitelt, teilte mit seinem Chef van Gaal den Umgangston und die Überzeugung, dass ein Torwart der elfte Feldspieler sein musste. Mit dem Pass des Torwarts beginne schon der Angriff, dementsprechend präzise, vorausschauend und variabel müsse ein Torwart den Ball spielen können. Zudem rückte Barças Abwehr weiter vor als alle anderen Verteidigungsreihen, damit die Elf ihren edelmütigen Angriffsfußball aufziehen konnte. Dies zwang den Torwart, weiter denn je vorzurücken, um den Spielraum für

Konter zwischen ihm und der Verteidigung nicht zu groß werden zu lassen. Er hatte sich bei Benfica mühsam antrainiert, seine Basisposition bis auf sieben Meter vor die Torlinie vorzuverlegen. Jetzt sollte er noch weiter vorne spielen? Er strengte sich an, obwohl er sich unwohl dabei fühlte, und schon brüllte der Trainer wieder, *noch weiter vor, Robert, ich will, dass du spielst wie van der Sar*.

»Ständig erzählten uns die Trainer von Edwin van der Sar«, erinnert sich Bonano: »Van der Sar macht dies, und van der Sar macht das.« Als der niederländische Nationaltorwart Edwin van der Sar bei der Europameisterschaft 1996 im Match gegen die Schweiz einen Eckball abfing und mit einem präzisen, weiten Drop-kick-Abschlag postwendend Denis Bergkamps Tor einleitete, hatte er in einer Sekunde den sogenannten modernen Torwart geschaffen: Er bereinigte Torgefahr, bevor sie entstehen konnte, und war der Initiator des Angriffsspiels; er agierte.

In Barcelona fand Robert Enke, die Trainer hatten recht, wenn sie ihn anschrien, *deine Füße*! »Ich bin nicht Maradona. Ich habe Defizite beim Mitspielen mit dem Fuß«, sagte er.

Er wollte lernen. Er glaubte, dass die Trainer es gut mit ihm meinten. In seiner Hochstimmung tat er sich schwer, irgendetwas Schlechtes zu sehen. Es war wunderbar, in Barcelona zu sein, und angesichts Bonanos anhaltenden Ringens um die Form musste eigentlich er die Saison als Nummer eins beginnen.

»Schon bald merkten wir, dass Robert eine phantastische Einstellung hatte«, sagt Frans Hoek, der Torwarttrainer. »Er war sehr willig. Er war offen für Kritik und Anweisungen.«

Bei einem Turnier in Amsterdam, der Generalprobe zum Saisonstart, würden Bonano und Enke jeweils ein Spiel bestreiten. Bonano machte bei der 3:4-Niederlage gegen Ajax einen verunsicherten Eindruck. Er ließ Flankenbälle fallen, er lenkte einen Schuss zum Eckball, der sowieso neben das Tor geflogen wäre. Robert Enke kam beim 4:2-Sieg über den AC Parma beim ersten Gegentor sichtbar zu spät aus der Tiefe des Strafraums, als Marco Di Vaio allein auf ihn zurannte.

»In Trainingsspielen auf niedrigem Tempo kam er mit dem großen Abstand eines Barça-Torwarts zur Abwehr schon gut zurecht«, sagt Hoek. »Doch in Testspielen, auf Wettkampftempo, war zu erkennen, dass er noch Schwierigkeiten mit dem Stellungsspiel in unserem sehr besonderen Spielsystem hatte. Dass er über vorzügliche Reflexe auf der Torlinie verfügte, war schnell zu sehen, doch die Frage, die niemand beantworten konnte, war: Wie lange würde er brauchen, um sich auf den Barça-Stil umzustellen?«

Im nächsten Testspiel, sagte van Gaal, würde Victor Valdés spielen.

»Da wurde Robbi nervös«, sagt Teresa. »Wieso auf einmal Victor?«

Sie lenkten sich mit den Hunden im Garten ab, als es eines Nachmittags an ihrer Haustür in Sant Cugat klingelte. Sie erwarteten weder Handwerker noch den Sprachlehrer und kannten ansonsten noch niemanden, der einen Grund haben könnte, bei ihnen vorbeizuschauen.

Teresa öffnete die Tür.

Eine Frau, ihre schlanke Figur durch eine Kurzhaarfrisur betont, stand vor ihr und sagte auf Deutsch: »Hallo, ich bin Frauke.«

Die Hunde hatten sich am neuen Wohnort schneller einen Ruf gemacht als der Torwart.

Ihr sei zu Ohren gekommen, dass sie sieben Straßenhunde aufgenommen hätten, sagte Frauke. Sie selbst habe zwei Mischlinge und engagiere sich im Tierschutz. Da dachte sie sich, sie klingle mal kurz, um sich vorzustellen, sie sei gerade bei den Nachbarn gewesen.

Ihr Mann arbeitete am deutschen Konsulat. Beim nächsten Empfang in ihrem Haus waren Teresa und Robert eingeladen.

Auf der Terrasse sprach eine junge Frau Teresa unverblümt von der Seite an. »Du bist doch die mit den sieben Hunden, oder?«

»Warum, riecht man das?«

So entstehen Freundschaften.

In Mönchengladbach und Lissabon hatten Teresa und Robert in ihrer eigenen Welt gelebt, umgeben nur von vereinzelten Bekannten. Sie hatten es hingenommen im Glauben, das müsse wohl so sein als Profifußballer. Wie sollte er Freunde finden, fragte er sich, wie sollte er wissen, ob sie ihn oder nur seinen Status schätzten? Beim Versuch, sich denen zu entziehen, die nur die Nähe eines Fußballers suchten, hatte er sich auch von allen anderen abgekapselt. »In Barcelona war es von Anfang an so anders«, sagt Teresa.

Susanne, die junge Frau vom Konsulatsfest mit den direkten Fragen, nahm sie in den Reitstall mit. Als Moderne Fünfkämpferin hatte Teresa ihre Jugend auf Pferderücken verbracht. Ohne dass sie merkten wie, ohne dass er Zeit fand, sich zu fragen, suchen die nur die Nähe zu einem Fußballer, wurden Teresa und Robert im Reitstall Teil einer kleinen deutschen Kolonie. Sant Cugat liegt in der Nähe der Deutschen Schule Barcelona, das bündelt die Deutschen, und das Gefühl, gemeinsam in der Fremde zu sein, verband Leute, die in der Heimat nie zusammengefunden hätten, Sozialpädagogin, Verlagskaufmann, Tierheilpraktikerin und Fremdsprachenkorrespondentin. Da war der Fußballtorwart des FC Barcelona beim Plausch am Reitplatz nur einer mehr in der Kolonie.

Immer wieder schaute Robert Enke zu einem der Pferde. Das Fell des Tiers war stumpf, die Augen leer. Es war alt, sicher fünfzehn Jahre, und noch immer musste es für die Anfänger herhalten, die im Trab auf seinen Rücken plumpsten.

Er kaufte das Pferd.

Zwei Tage vor dem ersten Saisonspiel, in der Champions-League-Qualifikation gegen Legia Warschau, machte er sich vom Training auf den Weg nach Sant Cugat, er nahm die Landstraße, um die zwei Euro für den Autobahntunnel vor Vallvidrera zu sparen. »Willst du wissen, wer spielt?«, sagte er am Handy und wartete meine Antwort gar nicht ab. »Victor steht am Mittwoch im Tor.«

Er war irritiert. Victor Valdés war noch ein Junge, ohne die Erfahrung eines Erstligaspiels, athletisch alles andere als ausgereift.

»Victor schien – in jenem Augenblick – von allen drei Torhütern das Spiel im Barça-System am besten umzusetzen«, sagt Hoek.

Gewöhnlich sehen Profisportler sich, sich und sich, viele glauben, das sei die Notwendigkeit eines Berufs, in dem es immer um Verdrängen, Besiegen geht. Robert Enke zwang sich, die Entscheidung auch aus der Sicht des Trainers zu betrachten. »Es ist sehr mutig von van Gaal, das muss man anerkennen« sagte er am Handy. »Er hätte es sich einfach machen können und Bonano oder mich ins Tor stellen. Aber er entscheidet sich für einen unerfahrenen Nachwuchstorwart, das hat er sich sicher gut überlegt.«

So rational konnte er es allerdings nur sehen, wenn er mit anderen sprach. Zu Hause grübelte er. Warum Victor?

Nachmittags fuhr er mit Teresa in die Stadt. Sie mussten noch Möbel für das Haus kaufen. Es war August, wenn in Spanien nicht einzelne Geschäfte, sondern praktisch ganze Städte wegen Ferien geschlossen haben. Mit zunehmendem Zorn gingen sie von einem geschlossenen Einrichtungsgeschäft zum nächsten. Nur in der Zeit, die ein kurzer Gedanke braucht, war Teresa froh: Vor lauter Ärger über die Möbelgeschäfte vergaß Robert, über den Fußball zu brüten.

Teresa ging ins Stadion, auch wenn Robert nur auf der Ersatzbank saß. Sie fand die Haupttribünen des Profifußballs mit den gegelten Männern und tiefgekühlten Frauen faszinierend, sie nahm sich mit den Klischees einer Fußballerfrau gerne selbst auf den Arm, »die zwei Euro für den Autobahntunnel brauchst du nicht sparen, Robbi, deine Frau gibt das Geld sowieso aus«. Sie hatte überall ein, zwei nette Bekannte unter den anderen Fußballerfrauen gefunden. Sie musste sich nur anstrengen, dann würde sie auch im Camp Nou Anschluss finden. Sie fragte eine der Frauen, ob sie nach dem Spiel noch ausgingen. Natürlich, sagte die Frau und fragte nicht nach, ob Teresa mitkommen wollte.

Auf der Tribüne des Camp Nou benahmen sich die Frauen, als seien sie die Fußballmannschaft, in harter Konkurrenz um die Starrollen im Team. Sie war nur die Frau des Ersatztorwarts.

Unten auf dem Rasen offenbarte Victor Valdés in seinen ersten Einsätzen alles; sein immenses Talent wie die Übermotivation eines Berufsanfängers. Gegen Warschau stellte er sich beherzt dem durchgebrochenen Cesary Kucharski entgegen. Zum Saisonauftakt der spanischen Liga gegen Atlético Madrid rannte er überstürzt aus dem Tor und unter einer verunglückten Flanke hindurch, die Flanke landete im Tor.

Robert Enke kamen ein paar Gerüchte zu Ohren. Valdés werde bevorzugt, weil er Katalane sei. Van Gaal habe einen Jugendtick; wie besessen versuche er, seinen Ruf als Entdecker zu festigen, und favorisiere rücksichtslos junge Talente. Gerede, Geschwätz; vergiss es, sagte sich Robert Enke. Aber es fiel schwer, nicht daran zu denken. Wie konnte es sein, dass Victor trotz seiner Fehler im Tor blieb, wieso applaudierte das Publikum frenetisch jede selbstverständliche Parade, und er wurde immer nur von den Trainern angeschrien, *van der Sar wäre rausgekommen!, spiel den Ball mit Innenrist wie van der Sar!*, obwohl doch jeder im Training sehen musste, dass er mit den Händen besser war als Victor Valdés. *Die Hände!*, nicht die Füße, das war doch das Wichtige.

Teresa nahm ihn mit zum Reitplatz. Dickens hatten sie das abgetakelte Anfängerpferd getauft, das Robert mehr aus Liebe zu Teresa als zum Tier gekauft hatte. Vom Pferd hielt er sich lieber fern. Aber andere Reiter sprachen ihn an. Ihre Freundlichkeit erfrischte ihn. Er sollte nicht immer an Fußball denken, sagte er sich, und dachte im nächsten Moment an Victor Valdés.

Nächste Woche, im Königspokal gegen einen Drittligisten, werde er einige Reservespieler einsetzen, sagte van Gaal. Seine Stimme gehorchte ihm nicht. Vom vielen Schreien und Aufbrausen überdreht, behielt sie manchmal ihren aggressiven, bellenden Klang, wenn der Trainer nur etwas sachlich vermitteln wollte. »Dort bekommst du deine Chance.« Für Robert Enke klang es wie eine Drohung. Dort kannst du dann ja mal zeigen, ob du wirklich etwas kannst.

Ihr Gegner hieß FC Novelda, Tabellenletzter der Dritten Liga. Noveldas Sportplatz La Magdalena hat drei Eingänge, das grüne Eisentor an der Hinterseite ist mit Graffiti beschmiert, »Revolution Che!« und »Ana, du bist hübsch. Das sagt dir ein Junge«. Der FC Barcelona übernachtete in Elche in einem Hotel mit Palmengarten, nach Novelda waren es 15 Kilometer durch eine Gegend, in der die Hässlichkeit billiger Lagerhäuser mit der Schönheit karger Berge im Widerspruch steht und die besseren Restaurants außerhalb der Orte an den Fernstraßen liegen. Wie immer vor einem Spiel rief er noch einmal Teresa an. Mechanisch spulten sie die Fragen und Antworten ab, wie geht es, wir waren spazieren, jetzt trinken wir Kaffee, alles klar, okay, wir sehen uns heute Nacht. Er hatte ihr verboten, ihm Glück zu wünschen.

NEUN

Novelda

Sie hatten die Sergeant-Navarro-Straße vor dem Sportplatz gesperrt. Toni Madrigal, schon den ganzen Nachmittag zu nervös, um ein Buch zu lesen, ließ das Auto zu Hause und ging zu Fuß. Es waren nur zehn Minuten bis zum Sportplatz. Madrigal war früh dran, er wollte vor dem Spiel noch einen Freund aus Valencia am Kassenhäuschen treffen.

Novelda, 27 000 Einwohner, man lebt nicht schlecht vom Marmor und der Weintraubenernte, ist wie eine Zwiebel, eine Stadt aus Schalen, ganz innen der glänzende Kern mit dem Kasino und dem Rathaus aus Fürstenzeit, darum der Ring der Fünfzigerjahre-Wohnblocks, schließlich die Außenschicht aus Lagerhallen und extragroßen Supermärkten. Madrigal, der aus Anlass des Tages zum Mittagessen Nudel ohne Soße, nur mit Olivenöl gegessen hatte, ging am Rande der zweiten Schicht entlang, er trug den grünweißen Trainingsanzug. Es waren mehr Leute als gewöhnlich auf den Straßen. Manche winkten ihm und reckten den Daumen in die Luft. Sie erkannten den Trainingsanzug, nicht ihn.

Als er die Absperrung vor dem Sportplatz erreichte, hielt ihn der Wachdienst auf.

»Und du, was willst du?«, fragte der Wachmann.

»Ich bin der Mittelstürmer«, sagte Madrigal. »Ich spiele mit.«

Sein Trainingsanzug überzeugte den Wachmann, ihn durchzulassen, wo ansonsten nur Leute mit Eintrittskarten Durchlass fanden.

Instinktiv schaute Madrigal am Sportplatz zuerst nicht nach dem Freund aus Valencia, sondern nach *ihnen*. Sie waren noch nicht da.

In knapp zwei Stunden würde der Schiedsrichter die Partie anpfeifen.

Robert Enke saß im Mannschaftsbus auf der Fahrt von Elche nach Novelda, 15 Kilometer, ein Polizeiauto mit Blaulicht räumte ihnen den Weg frei, Roberto Bonano saß neben ihm. Zu Hause schrieb Bonano Gutenachtgeschichten für seine zwei Kinder, er las Borges und Cortázar, seine Frau arbeitete als Psychologin, Robert Enke fühlte sich ihm instinktiv nahe. »Aber wir haben eigentlich in der gesamten Saison nie etwas Persönliches geredet, obwohl wir uns vor Spielen oft das Hotelzimmer teilten«, sagt Bonano, er sucht nach einer Begründung, er weiß nicht recht, »wenn du als Torhüter bei einem Klub wie Barça konkurrierst, ist immer etwas zwischen dir und den anderen Torhütern.« Im Mannschaftsbus schwiegen Bonano und Enke. Einige Spieler hörten Musik über Kopfhörer. Robert Enke besaß keinen CD-Player. Wenn einem nach Musik war, konnte man doch Radio hören. Aber nun war es still im Bus, sie sollten sich konzentrieren, fand der Trainer. Auf der Landstraße zogen Dörfer vorbei, die Tres Hermanas heißen, Drei Schwestern, dahinter Berge, schroff und gelb, als befänden sie sich auf dem Weg in Don Quijotes Reich.

Der Bus war klimatisiert. Ihm war heiß. Er trug das kurzärmlige Poloshirt mit Barças Emblem über dem Herzen.

Er konnte nur verlieren.

Woran er auch zu denken versuchte, um sich abzulenken, er landete doch wieder bei diesem Gedanken.

Wenn alles wie erwartet lief, siegte Barça 3:0 oder 4:0, und niemand redete vom Torwart. Wenn es schiefging, war er der Schuldige.

Es war eine absurde Sichtweise, hatte ihm Jörg am Telefon gesagt. In Wirklichkeit war das Spiel eine Chance. Er könnte einen souveränen Auftritt hinlegen, und natürlich würde niemand sofort danach sagen, Enke muss jetzt ins Tor, nur weil er in einem Pokalspiel bei einem Drittligisten einen sauberen Eindruck hinterließ. Aber die Trainer würden sehen, er war da. Victor Valdés, der diesmal zu Hause geblieben war, würde in den nächsten Wochen in den Ligaspielen weiter wacklig agieren, da war Jörg sich sicher, Victor war noch nicht so weit, und irgendwann würde Roberts Tag dann kommen. Novelda war der erste Schritt.

Aber so oft sich Robert Enke dies auch sagte – es gelang ihm nicht, es so zu sehen.

Er konnte nur verlieren.

»Seit er vor dem ersten Spieltag von der Nachricht überrascht wurde, Valdés ist die Nummer eins, war er negativ gestimmt«, sagt Jörg Neblung. »Er steigerte sich in den Glauben hinein, alles liefe gegen ihn.«

Aus kleinen Fragen waren Selbstzweifel geworden, und nun, unter dem Druck des nahenden Spiels, verwandelten sie sich in eine Angst, die nichts mehr mit der normalen Furcht eines Torwarts zu tun hatte. Diese Angst war dunkler.

Wenn er hier patzte, hatte er seine Chance verpasst. Dann war es vorbei.

Hoek, der Torwarttrainer, wollte sowieso Victor im Tor sehen, Hoek hatte Victor schon in Barças Jugendmannschaften trainiert, Hoek wollte sagen können, diesen Torwart habe ich gemacht, alle Torwarttrainer träumen davon, ihren Keeper zu entdecken.

Mein Gott, diese verdammte trockene Luft im Bus.

Der Mannschaftsbus verlangsamte die Fahrt. Robert Enke sah eine Menschenmenge auf der Straße, die Leute winkten und schrien. Sie mussten am Stadion sein. Die Leute hinter den Absperrungen strahlten Robert Enke an, als er aus dem Bus stieg. Seine Lippen waren ein schmaler Strich im Gesicht.

Das Radio lief in der Umkleidekabine des FC Novelda. Die Tür stand offen. Bekannte streckten den Kopf hinein, um viel Glück zu wünschen. Madrigal, der versucht hatte, Mittagsschlaf zu halten und nur wachgelegen war, hörte den Larm der Tribüne durch die Mauern. »Es klang, als würde über uns eine Demonstration stattfinden.«

In seinen Haaren zeigte sich bereits ein grauer Schimmer. Er war 26, in den besten Jahren seiner Fußballkarriere. Er hatte sich in der Dritten Liga etabliert. Das Spiel gab ihm genug zum

Leben, 2000 Euro netto im Monat, er rechnete noch in Peseten, vier Millionen im Jahr. Mit zwei anderen Spielern teilte er sich eine Wohnung an der Avenida de Elche in Novelda. Was er gerne tat, war lernen. Nebenbei hatte er die Lehramtsprüfung absolviert. Aber sie waren Profis in Novelda, »wir trainierten wie jeder Erstligist auch«, auf dem letzten Tabellenplatz waren sie nur wegen Barça gelandet, glaubte er: In Gedanken schon beim Pokalspiel, hatten sie sonntags zuvor 0:3 gegen Burgos verloren. »Für Profis wie uns gibt es solch eine Partie nur einmal im Leben.«

Sie hatten sich umgezogen, in der Kabine roch es nach Massageöl, sie waren gierig, hinauszugehen und sich aufzuwärmen. Sie mussten noch die Taktikbesprechung über sich ergehen lassen. Ihr Trainer Antoni Teixido schrieb ihnen an die Filzstifttafel, wer wen bei Barças Eckbällen zu decken hätte, sagte, dieses Spiel sei eine Belohnung für die Anstrengungen des Vorjahres, der schönste Tag ihrer Karriere, sie sollten ihn genießen, spielen wie immer und niemanden verletzen. Die gesamte Ansprache dauerte nur zwei Minuten. Kein besonderer Spielzug stand an der Tafel, es gab keinen speziellen Tipp wie: Rochemback geht immer rechts vorbei, zwingt ihn auf den linken Fuß. Teixido wusste, seine Spieler waren bereits übermotiviert. Jedes weitere Wort hätte sie nur gestresst.

Robert Enke hetzte blind über den Basketballplatz in die Umkleidekabine. Über dem Haupteingang des Sportplatzes hing die spanische Fahne, alt und ausgefranst. Kinder trugen die blitzenden Metallkoffer mit Barças Ausrüstung zwischen der Turnhalle und der Umkleidekabine hin und her. In der Kabine selbst war nicht genug Platz für die Koffer. »Ich musste immer wieder daran denken, wie die Barça-Spieler wohl in der Kabine sitzen würden«, sagt Aurelio Borghino, Noveldas Ersatztorwart. »Es ist mehr ein Schacht als ein Raum, mit nur einem winzigen Fenster, super eng, die Decke tief, in den Wänden der Schweiß der Jahre.«

Robert Enke registrierte, dass der Trainer die Taktik ausgab. Er versuchte zuzuhören. Van Gaals dröhnende Stimme erzählte von im Angriff pressen, den Ball sofort zurückerobern, aggressiv sein, den Ball erst im letzten Drittel in den Rücken der Abwehr passen. Ein guter Trainer bereitete jedes Spiel, auch das banalste, so sorgfältig und detailliert vor wie ein Champions-League-Finale, fand Louis van Gaal, der auch fand, er sei einer der besten Trainer.

Robert Enke musste heute unbedingt acht, neun Meter vor seinem Tor stehen, wenn Novelda im Mittelfeld den Ball eroberte. Er durfte sich dann nicht zurückziehen, Novelda würde sofort einen langen Pass schlagen, dann musste er rauskommen wie van der Sar, den Steilpass abfangen, selbst wenn es außerhalb des Strafraums war, verdammt, jetzt dachte er auch schon genau so, wie die Trainer redeten, Scheiß van der Sar.

Die Zuschauer klatschten, als wäre ein Tor gefallen. Die Mannschaft des FC Novelda war zum Aufwärmen aus dem Kabinentunnel gekommen. »Da sahen wir *sie* zum ersten Mal«, sagt Madrigal, der am Morgen mit den zwei Kollegen aus der Wohngemeinschaft stundenlang gefachsimpelt, geträumt hatte, welche Elf Barça wohl aufbieten würde. »Es war unmöglich, sich beim Aufwärmen zu konzentrieren«, sagt Madrigal. Aus den Augenwinkeln sahen sie unentwegt die Blitzlichter der Pocketkameras auf den Tribünen. Sie machten ein paar Sprints und dehnten die Muskeln lange an den Werbebanden. In dieser Haltung konnten sie die Barça-Spieler gut beobachten.

Frans Hoek wärmte Robert Enke auf. »Solche Cupspiele sind die schwierigsten für einen Ersatztorwart«, sagt Hoek. »Du hast nicht den Rhythmus und sollst dich in diesem einen Spiel beweisen. Da stehst du unter extremem Druck.«

»Du kommst aus einem fremden Land und sollst in einem uneingespielten Team voller Ersatzleute auf einem Drecksplatz spielen«, sagt Víctor Valdés. »Mann, da hast du Zweifel, ein schlechtes Gefühl!«

»Man merkt es, wenn ein Torwart unter zu viel Druck steht«, sagt Bonano.

Im Kabinentunnel nahmen die Mannschaften Aufstellung. Der Gang war so eng, dass die beiden Teams kaum nebeneinander Platz fanden, Toni Madrigal und Robert Enke hätten sich berühren können. Aber sie werden nie im Leben ein Wort miteinander reden. Ganz nah beieinander, standen sie isoliert in ihrer eigenen Welt, weit entfernt voneinander durch ihre Gedanken.

»Ich sah den Schiedsrichter, der sonst in der Primera División pfeift, ich sah die Barça-Elf, Riquelme, Frank de Boer, Xavi«, sagt Madrigal. »Ich hatte das Gefühl: Jetzt spielst du Erste Liga.«

Von Robert Enke gibt es Bilder, wie er mit seiner Elf vor dem Anpfiff, schon auf dem Rasen, für die Fotografen posierte. Es war kurz vor halb acht am Abend, aber noch taghell, er stand in der zweiten Reihe ganz links, Thiago Motta neben ihm streckte die Brust raus und legte den Arm kräftig um ihn. Roberts linke Schulter und der Arm hingen schlaff herunter, er hatte den Mund geöffnet und die Augen geweitet. Die Angst blieb für immer eingefroren auf den Fotos.

Es war der 11. September 2002, das Datum vergisst man nicht, ein Jahr nach den New Yorker Terroranschlägen, am katalanischen Nationalfeiertag.

Auf den kleinen Tribünen des Sportplatzes, an vielen Stellen nur drei grüne Stuhlreihen hoch, saßen die Eltern, der Bruder und ein Onkel von Madrigal.

Teresa saß alleine zu Hause in Sant Cugat vor dem Fernseher. Statt des Kommentators hörte sie Robbis Stimme, die zunehmende Verzweiflung der Vortage. »Da kann ich nur verlieren.«

Als das Spiel begann, wünschte sie sich, es möge schon vorbei sein.

Barça ergriff sofort vom Ball Besitz und gab ihn nicht mehr her. Sie passten und passten, quer und diagonal, Ideologen der Schönheit, die sich frei entfalteten und ein bisschen zu entspannt spielten. »Sie waren schneller, besser, und wir rannten hinterher«, sagt Madrigal. »Wenn wir in die Nähe des Balls kamen, waren sie in Gedanken schon wieder einen Pass weiter.« Román Riquelme, der merkwürdigste Fußballer der Welt, dessen Bewegungen reine Langsamkeit sind, dem aber fast nie jemand den Ball abnehmen kann, weil er schneller denkt als die meisten, spielte mit dem durchgestreckten Rücken und erhobenen Kopf einer Majestät im Mittelfeld; im Mittelpunkt.

Vier Monate zuvor hatte Real Madrid mit Zidane, Figo, Raúl die Champions League erobert, Barça ertrug die unvorteilhaften Vergleiche mit Reals galaktischer Elf nicht mehr. Der Klub wurde getrieben von der Dringlichkeit, endlich wieder zu siegen, und der Argentinier Riquelme, frisch gekommen aus Buenos Aires, sollte der Erlöser sein. Nach sieben Minuten spielte er einen Pass, wie von van Gaal gefordert, erst im Angriffsdrittel steil in den freien Raum, Geovanni verwandelte ihn zum 0:1. Noveldas Zuschauer klatschten. Nach den ersten Eindrücken glaubten sie, dass es ihre einzige Freude des Abends werden würde, Barça zu bestaunen. Madrigal dachte, »die hauen uns zehn Stück rein«.

Teresa sah Robert nicht. Im Fernsehbild war kein Platz für ihn, das Geschehen spielte in der anderen Spielfeldhälfte. Van Gaal hatte eine Abwehr mit nur drei Mann aufgeboten, ein riskantes Unterfangen, das sich sonst kein Trainer mehr traute, aber gegen den Drittligisten ging es offensichtlich auf. So verfügte Barça über einen zusätzlichen Mann in der Offensive; dort waren sie permanent in der Überzahl.

Madrigal lauerte, er kreiste. Er stand mit dem Rücken zu Barças Tor, aber seine Schulter zeigte bereits in die Richtung, nach vorne, damit er beim erstbesten Befreiungsschlag sofort losstürmen konnte. Robert Enke zog sich sofort ganz nah zur Torlinie zurück, wenn Novelda einmal aus dem Mittelfeld herauskam und Gefahr eine entfernte Möglichkeit schien.

Madrigal spürte den Torwart in seinem Rücken. Aber er hörte ihn nicht. »Sie redeten nicht miteinander«, registrierte Madrigal. Er hielt es für eine Stärke. Barças Abwehr und der Torwart wussten wohl automatisch, was der andere tat. Madrigal schaffte es nicht, sich ganz auf das Spiel zu konzentrieren. Das Ambiente war so ungewohnt. Er blickte über das Tor hinaus. Wo normalerweise ein paar Jugendliche an der Balustrade herumlungerten, waren an diesem Abend Zusatztribünen aufgebaut, die Kräne der Bauarbeiter ragten noch über den Sportplatzmauern empor. Im Führerhaus des Krans saßen Zuschauer, ebenso wie auf der gegenüberliegenden Seite an den Fenstern der benachbarten Schule. 5000 Fans überfüllten den Sportplatz. Nach gut einer halben Stunde stießen sich Barças Spieler auf der Ersatzbank an, Bonano deutete zum Himmel. Dort kreisten drei Gleitschirmflieger, um auch etwas vom Spiel zu sehen.

Der Fußballplatz von Novelda ist einer der kleinsten und engsten im spanischen Profifußball, 97 Meter lang, 63 Meter breit; acht Meter kürzer, fünf Meter enger als das Camp Nou. Das sei ein Vorteil für Enke angesichts seiner Anfangsschwierigkeiten, die richtige, weit aufgerückte Position eines Barça-Torwarts zu finden, hatten die Sportreporter vor dem Spiel geschrieben, er würde die Abwehr näher bei sich haben.

Aber was hatten die Sportreporter denn für eine Ahnung. Der Ball kam auf diesem kleinen Drecksplatz nur viel schneller aus Noveldas Mittelfeld in seinen Strafraum geflogen, die Dimensionen stimmten alle nicht mehr, wie sollte er sich hier zurechtfinden, und jetzt schalteten sie auch noch das Flutlicht ein, das waren doch keine Lichter, sondern Funzeln, was für ein merkwürdiges Licht, wie sollte er den Ball hier klar sehen, wie sollte er hier ordentlich spielen?

Alle waren froh, als der Schiedsrichter zur Pause pfiff. Barça, weil es das Spiel mit Leichtigkeit dominierte. Novelda, weil es nur 0:1 zurücklag. Robert Enke, weil er die Hälfte schon überstanden hatte, ohne vom Gegner belästigt zu werden. Teresa ging in den Garten, um eine Zigarette zu rauchen. Ihre Schläfen pochten.

Noveldas Torwart kam im Kabinentunnel zu Robert und fragte, ob er nach dem Spiel mit ihm das Trikot tauschen könnte. Jaja, sagte Robert Enke.

Die Halbzeitpause teilte das Spiel nicht. Es lief einfach weiter, eine endlose Wiederholung von Barça-Pässen, und wenige störten sich daran, dass die Pässe steril blieben. Torchancen erzwang Barça kaum, die Leute glaubten: Sie kontrollieren das Spiel. Auf den Pressestühlen schrieben die Sportreporter gegen den Redaktionsschluss an, »in der ersten Halbzeit wurde Novelda richtig gebadet«, tippte Cayetano Ros von *El País* in seinen Laptop: »Barça glaubte, der Gegner habe aufgegeben: Sie hatten ihn eine

Stunde lang hinter dem Ball herlaufen lassen.« Jene Stunde war fast voll, als Novelda einen Freistoß auf dem linken Flügel zugesprochen bekam. Miguel Ángel Mullor, einer der zwei Mitbewohner aus Madrigals Wohngemeinschaft, trat den Ball, zunächst sah es so aus, als würde er in einer Bogenlampe im Strafraum landen.

Er musste raus aus seinem Tor, die Flanke abfangen, aber der Ball senkte sich, die Flanke wurde immer flacher, direkt im verdammten Funzellicht. Er zögerte. Auf Höhe des zweiten Pfostens war ein Gegner völlig frei, er sah die weiße Hose aus den Augenwinkeln, peripheres Sehen, unterbewusste Wahrnehmung, eine seiner großen Stärken, er musste schreien, *hostia, allí, el delantero!*, irgendetwas, damit seine Abwehr auf den frei stehenden Mann aufmerksam wurde. Aber er konnte nicht.

Schweigend, gelähmt blieb er auf der Torlinie.

Der Ball flog, als suche er Madrigals rechten Fuß.

Michael Reiziger, niederländischer Nationalspieler, Madrigals Bewacher, hatte den Stürmer laufen lassen. Madrigal schoss den Ball mit der ersten Berührung, mit vollem Risiko auf das Tor, diagonal, ins entfernte Toreck von Enke. Es stand 1:1.

»Wir gewinnen das, wir gewinnen das!«, schrien die Mitspieler, als sie über Madrigal herfielen.

»Wir und gegen Barça gewinnen?«, fragte er sich.

Robert Enke stand wie eingefroren vor seinem Tor.

Ein Tor schafft, was Menschen so gerne könnten: alles auf einen Schlag zu verändern.

58 Minuten hatte sich Madrigal zwischen Barças Verteidigern aufgerieben. Der eine, Reiziger, »lief superschnell jeden Ball ab«. Der nächste, Frank de Boer, Weltmeisterschaftshalbfinalist mit den Niederlanden, Barças Kapitän an diesem Abend, hatte »eine ausgezeichnete Technik«. Der dritte, Fernando Navarro, sechs Jahre später Europameister mit Spanien, eilte seinen Kollegen bei der kleinsten Bedrängnis geschickt als Verstärkung zu Hilfe. Auf einmal jedoch »machte Reiziger nicht mehr dicht, Navarro war nervös, und Frank de Boer begann, alle und jeden zu kritisieren. Er war nicht mehr im Spiel.« Madrigal vergaß die Bedeutung der Partie, den

Lärm, den Gegner. Es existierte nur noch der Ball, das Spielfeld, das Tor.

Wenn Barça angriff, wenn der Ball weit weg war, wurde es für Robert Enke schlimm. Er hatte zu viel Zeit, an das Tor zum 1:1 zu denken. Es war Reizigers Fehler gewesen, aber warum war er nicht herausgekommen, natürlich hätte er herauskommen und den Ball abfangen müssen. Ein Schuss flog auf sein Tor, und er war nicht darauf vorbereitet. Er riss sich aus seiner Verzweiflung, er riss instinktiv die Hände hoch, ohne sich entschieden zu haben, was er tun sollte. Er klatschte den Ball kläglich in die Mitte des Strafraums ab. Es entstand kein Schaden daraus. Aber jeder sah, wie es um ihn stand.

Schon wieder schlug Novelda einen Freistoß hoch in seinen Strafraum, abgewehrt, aber zu kurz, 20 Meter vor dem Tor stocherten Freund und Gegner nach dem Ball. Als Rochemback den Ball endlich unter Kontrolle zu haben schien, rückte Barças Abwehr sofort raus. Madrigal spürte mehr, als dass er es sah, dass sein Mitbewohner Mullor den Ball noch zurückgewinnen könnte. Tatsächlich. Ansatzlos schlug Mullor eine Flanke, und während Barças Abwehr noch in der Vorwärtsbewegung abbremste, rannte Madrigal bereits Barças Tor entgegen. Er hatte nur einen Wimpernschlag Vorsprung. Schon jagte de Boer ihm hinterher, aber er war kein schneller Verteidiger wie Reiziger. Der Ball war in der Luft, Robert Enke im Niemandsland eines Torwarts gestrandet, er wusste, herauslaufen machte keinen Sinn mehr, Madrigal würde auf jeden Fall vor ihm am Ball sein. Und schon schoss er ihn aus zwölf Metern ins Tor zum 2:1.

»Ich fühlte nicht: Jetzt bist du berühmt, oder: Jetzt hast du es geschafft«, sagt Madrigal. »Ich war einfach glücklich.«

Drei Minuten später glich Riquelme mit einem Strafstoß wieder aus.

Der Kleine hatte bravourös gekämpft, das Gefühl einer nahenden Sensation hatte das Publikum gepackt und geschüttelt – aber nun würde das große Barça, der 24-malige Königspokalgewinner, mit zwei, drei Strichen eiskalt die Hoffnung wegwischen.

Natürlich hatte er diese Befürchtung, sagt Madrigal. Doch etwas verwunderte ihn.

»Der Ausgleich zum 2:2 beruhigte Barça nicht. Sie redeten jetzt miteinander, aber sehr negativ. De Boer war außer sich, er schrie alle an, auch Robert. Es klingt unelegant, wenn ich als Drittligaspieler das sage, aber die Wahrheit ist, dass ihre Abwehr enorme Fehler beging. Reiziger: Er packte mich beim 1:1 nicht am Arm, er benutzte nie seinen Körper, um dagegenzuhalten«, für einen Moment wirkt Madrigal aufrichtig ratlos: »Ich weiß nicht, ob ich in der Dritten Liga einfach mehr Gewalt gewohnt bin, aber ihr geringer Widerstand war merkwürdig.«

Das Spiel war längst aus den Fugen geraten, die Herzen, nicht die Gehirne zweier Mannschaften trieben es hin und her, und das Tempo ließ Robert Enke in seinem Tor zurück. Er fühlte sich langsam.

Ein Torwart, der sich selbst an einem Tor eine Mitschuld gibt, erlebt die restlichen Spielminuten in einer unerträglichen Mischung aus Gleichgültigkeit und Panik. Er hat schon abgeschlossen mit diesem Abend, der für ihn nicht mehr zu retten ist, egal, wie das Spiel ausgeht. Gleichzeitig will er alles wiedergutmachen und fürchtet sich, dass er bei der nächsten Probe alles noch schlimmer machen wird.

Im Mittelfeld, halblinks, fiel Noveldas Kapitän Cudi ein abgeprallter Pass vor die Füße, und Madrigal wusste genau, was passieren würde. Cudi flankte immer auf die Höhe des hinteren Torpfostens. Madrigal rannte mit einem diagonalen Sprint auf den Pfosten zu, um genug Schwung für den Kopfball zu haben. Robert Enke sah aus den Augenwinkeln, dass de Boer Madrigal bewachte.

Die Flanke hatte nichts Raffiniertes, der Ball flog ohne besondere Drehung Richtung Fünfmeterlinie, er musste raus, die Flanke war doch eine leichte Beute für einen Torwart wie ihn.

Torhüter, die Angst haben, erkennt man bei Flanken. Sie zögern immer einen Moment zu lang. Robert Enke machte nicht einmal einen Schritt nach vorne. De Boer sprang nicht hoch, er blieb einfach stehen, er wird selbst nie wissen, warum, es ging zu schnell; vielleicht hatte auch er Angst vor dem Fehler, vielleicht wollte er Platz für Enke machen, er war gewohnt, dass der Torwart herauskam; er hatte bei Ajax Amsterdam jahrelang mit Edwin van der Sar gespielt.

Madrigal fühlte sich auf einmal so ruhig. Er nahm sich Zeit für ein smartes Manöver. Er köpfte den Ball nicht auf das Tor. Er drückte den Kopfball, sodass er direkt vor Enke auf dem Rasen aufsetzte und unberechenbar wurde. Madrigal sah den Ball schon im Tornetz, als er noch auf dem Weg war.

Noveldas Ersatzbank donnerte, weil Zuschauer auf das Dach schlugen. Aurelio Borghino, der Ersatztorwart, 20 Jahre jung, bildete einen Knäuel mit den anderen Auswechselspielern; die Arme noch erhoben, blieb sein Blick plötzlich an etwas hängen.

»De Boer stand noch im Strafraum. Er faltete Enke zusammen. So etwas hatte ich noch nie gesehen; so etwas macht ein Profi nicht: einen Mitspieler auf dem Spielfeld erniedrigen. Robert Enke stand mit bleichem Gesicht da, Blick nach unten, und sagte gar nichts.«

Es blieben noch zwölf Minuten, doch das Spiel hatte bereits sein Abschlussbild gefunden.

Für Robert Enke war der Weg vom Spielfeld am längsten. Hunderte Zuschauer waren bereits auf den Rasen gestürmt, sie lachten und schrien, wir haben Barça geschlagen, als könnten sie es glauben, wenn sie es sich nur oft genug ins Gesicht brüllten, wir haben Barça geschlagen! Sie umkreisten Robert Enke, sie fragten ihn nach Autogrammen, nach seinen Handschuhen, sie strahlten ihn an. »Die Leute sind oft schlecht erzogen«, sagt Madrigal, »sie verstanden nicht, was diese Niederlage für Barças Spieler wie Robert bedeutete.« Die Lautsprecher schepperten. Der Stadionsprecher hatte unmittelbar nach dem Schlusspfiff die Erkennungsmelodie der Champions League aufgelegt. Robert Enke kämpfte sich durch die Menge, ohne sie bewusst wahrzunehmen. Er gab Noveldas Torwart sein Trikot, ohne die Bewegungen zu spüren, als er es vom Leib streifte. Er rief, wie immer, sofort aus der Umkleidekabine Teresa an. Weder er noch sie konnten sich kurz darauf noch erinnern, was sie sprachen.

Eigentlich liebte er die Momente nach dem Spiel in der Umkleidekabine, wenn die Anspannung langsam von ihm wich. Er hatte sein Ritual. Er zog die Socken immer zuletzt aus, oft saß er vor dem Duschen noch eine Weile in der Umkleide, die Socken bis zu den Knien und ansonsten nackt. In Novelda war kaum ein Mitspieler so schnell geduscht und aus der Kabine wie er.

Er beantwortete den Radioreportern zwei Fragen.

Robert, was ist hier passiert?

»Ich finde keine Erklärung für das, was hier passierte. Es ist hart, ins Tor zurückzukehren und dann drei Tore gegen einen Drittligisten zu kassieren.«

Haben die Verteidiger und du den größten Teil der Schuld an der Niederlage?

»Es ist nicht der Moment, nach Schuldigen zu suchen, sondern jeder Einzelne sollte für sich seine eigene Leistung analysieren.«

Er riss sich los. Er setzte sich in den Bus und wartete darauf, dass sie abfuhren, dass ihn die Dunkelheit schluckte.

Toni Madrigal wollte mit Riquelme das Trikot tauschen, so wie sie es in der Halbzeit verabredet hatten. Riquelme ignorierte ihn. An der Tür zu den Umkleidekabinen rang Madrigals Mutter unter Einsatz von Worten und Händen mit den Ordnern, sie hineinzulassen. Sie insistierte, bis jemand Madrigal rief und der bestätigte, diese Frau zu kennen.

»In drei, vier Wochen wird sich niemand mehr an mich erinnern«, sagte Madrigal den Sportreportern. Er war sich nicht sicher, ob er seine eigenen Worte glauben sollte.

Ein paar Meter weiter bat ein Sohn seinen Vater, er solle endlich aufhören, den dreifachen Torschützen vor den Reportern zu preisen. »Man wird ihn uns sonst noch wegkaufen, Papa«, sagte der Sohn zu Juan Francisco Sánchez, Noveldas Präsidenten.

Das Flutlicht brannte noch, die weißen Sportplatzmauern, an denen der Putz bröckelte, leuchteten. Von den Sportreportern saßen manche auf dem Boden in der zum Pressekonferenzraum umfunktionierten Turnhalle.

»Das alte Laster zeigte sich wieder, vor allem das unerklärliche Loch in der Abwehr, das de Boer und Reiziger öffneten; in dem sie sich und Enke in seinem Debüt selbst begruben«, analysierte *El Mundo Deportivo.*

»Enke unterschrieb sein Urteil«, schrieb *Sport.*

Frank de Boer, als Barças Kapitän an diesem Abend beauftragt, für die Mannschaft zu sprechen, erschien auf dem Basketballplatz hinter der winzigen Haupttribüne, wo die Reporter warteten. Er besaß die Erfahrung von über 400 Erstligapartien und 100 Länderspielen. Er sagte: »Beim ersten Tor sah Michael Reiziger nicht gut aus, aber Enke muss rauskommen, um die Flanke runterzuholen, denn er war doch quasi auf der Höhe des Balls.« Was Noveldas Siegtor zum 3:2 betraf, bei dem er tatenlos neben Madrigal stand, befand de Boer, »den Ball muss Enke abfangen«.

Es ist ein Gesetz des Profifußballs: Kritisiere niemals deine Mitspieler öffentlich.

Am Flughafen Alicante warteten die Fußballer des FC Barcelona auf den Abflug der Chartermaschine, jeder Mann eine Insel, ohne Verlangen zu reden und mit noch weniger Sehnsucht, irgendetwas zu hören. Aufgeregte Sportreporter verbreiteten die Nachricht. De Boer hat sich unglaublich verhalten, das gab es noch nie, ist der schlechteste Mann von allen und fällt über seinen Kollegen her, und das als Kapitän. Niemand traute sich, Robert Enke davon zu erzählen.

Es war nach ein Uhr, als er in Sant Cugat die Tür aufschloss. Er ging ins Bad, um die mit Shampoo gewaschenen Handschuhe sorgfältig zum Trocknen auszulegen, wie immer.

In Novelda, an der Avenida de Elche, saß Toni Madrigal mit seinen zwei WG-Freunden am Küchentisch, Miguel Ángel Mullor, der ihm die Vorlagen zu zwei Toren gegeben hatte, und Toni Martínez, der verletzt am Knie nicht mitspielen konnte, in diesem von allen Spielen. »Es war schon spät, als wir aus dem Stadion kamen, nach elf, und es gibt nicht viele Lokale, die zu dieser Zeit in Novelda noch geöffnet haben«, sagt Madrigal, deshalb waren sie direkt nach Hause gegangen. Zur Feier des Tages bestellten sie eine Pizza.

Am Morgen danach betrat Robert Enke die Umkleidekabine im Camp Nou pünktlich zum Training mit dem Gefühl, lieber sonst wo sein zu wollen. Das Frühstück war wie immer gerichtet für die Spieler, Früchte, Croissants, wenn einige auf freiwilliger Basis jeden Morgen beim Milchkaffee zusammensaßen, würden sie eher eine Mannschaft werden. Er ignorierte das Essen, seine Augen starr nach vorne, auf die Wand gerichtet, suchte er sich seinen Platz neben dem Schweden Patrick Andersson, mit dem er schon bei Borussia Mönchengladbach zusammengespielt hatte, neben dem er sich ein wenig zu Hause fühlte, wenn sie deutsch redeten.

»Hast du gesehen, was der de Boer über dich gesagt hat?«, zischte Andersson, der ein sehr schwedisches Verständnis davon hatte, wie man sich in einer Gruppe sozial verhielt; und der als Innenverteidiger mit de Boer um einen Platz in der Elf konkurrierte. »Das kannst du dir nicht gefallen lassen, da musst du zurückschießen!«

Robert Enke, zu ohnmächtig, um Wut zu spüren, ging aus Pflichtgefühl gegenüber Patrick Andersson zu de Boer. Leise fragte er ihn, was das solle.

Die hätten ihn falsch zitiert, er wisse doch, Journalisten, antwortete de Boer.

Robert Enke sagte nichts mehr.

Er fand, es gehöre sich nicht, Mitspieler bloßzustellen, also würde er sich jetzt auch nicht darauf einlassen. Und vor allem wollte er von de Boer nichts mehr wissen. Er wollte nur noch alleine sein.

Luis Enrique, der wahre Kapitän, der wie einige der etablierten Spieler zur Schonung nicht nach Novelda mitgereist war, knöpfte sich de Boer vor. Trainer van Gaal brüllte de Boer an, so verhalte sich kein Profi, und schon gar nicht einer mit seiner Erfahrung.

Niemand kümmerte sich um Robert Enke. Wozu, er war doch ein Profi. Van Gaal sprach nicht mit ihm, »er hat im ganzen Jahr nie mit mir geredet«. Niemand verteidigte ihn gegen die Schlagzeilen. »Wo war eigentlich Enke?«, »Der deutsche Torhüter hat bewiesen, dass er zu grün für Barça ist«.

»Man hat ihn alleine vor den Löwen gelassen«, sagt Victor Valdés.

Robert Enke und Frank de Boer mussten zur Pressekonferenz. Enke sagte, »ich habe mein Leben lang noch nie einen anderen Spieler kritisiert und werde es jetzt auch nicht tun. Die ganze Mannschaft hat verloren.« De Boer sagte, er habe niemanden kritisieren, sondern nur die Tore erklären wollen. »Enke hätte bei den Toren mehr machen können, ich auch. Beim dritten Tor habe ich versagt, aber ich finde, dass ich gut gespielt habe.«

»Eines wollte ich dich noch fragen«, sagt Victor Valdés acht Jahre später in der Sportstadt. »Hat de Boer sich eigentlich jemals bei Robert entschuldigt?«

Niemals.

Es kommt nur ein merkwürdiger Laut aus Victors Mund, ist es ein Gurgeln, ist es ein Lachen? Ist es Erstaunen, ist es Verachtung?

Robert Enke las nicht die Zeitungen vom 12. September 2002. Er erfuhr auch so, was darin stand. Ein Profifußballer spürt die Schwingungen der öffentlichen Meinung. Irgendein Bekannter am Telefon, irgendein Fan am Trainingsplatz erzählt ihm stets, hast du gesehen, was sie über dich geschrieben haben. In einer Welt, wo Schicksale auf reflexartige Schlagzeilen reduziert werden, war er schlagartig der gescheiterte Torwart.

Er fühlte sich taub und gleichzeitig innerlich aufgerissen.

Teresa schrieb wieder einmal in ihren Taschenkalender, es war noch immer der portugiesische, es war noch immer dasselbe Jahr, in dem sie im Frühling ihre Notizen mit so vielen euphorischen Ausrufezeichen versehen hatte.

12.09.: Das Spiel hat hohe Wellen geschlagen. Die Presse haut voll drauf, durch Angriffe von Frank de Arsch angestachelt. Sind beide mit den Nerven am Ende.

13.09.: Den Tag irgendwie herumgebracht. Noch immer völlig fertig.

Toni Madrigal las noch einige Tage in der Zeitung, was seine drei Tore in Barcelona ausgelöst hatten. Aber er hatte sich noch nie die Sportpresse gekauft, und er verlor auch bald wieder das Interesse an den täglichen Aufgeregtheiten, die die Elite des Profifußballs produziert. Für die Leute wird er immer der bleiben, der Barça aus dem Pokal schoss. Er hat sich das Spiel nie mehr auf Video angeschaut. »Was soll ich mir ein Fußballspiel anschauen, von dem ich schon weiß, wie es ausgeht?«

Er ist nun 34, die Haare sind durchgehend silbergrau. Dafür, dass er im Profifußball arbeitet, dem Beruf der frühen Falten, hat er ein erstaunlich glattes, jugendliches Gesicht. Er trägt die Turnschuhe mit offenen Schnürsenkeln, das khakifarbene T-Shirt hängt lässig aus der Jeans. Für einen Stürmer wirkt er schmächtig. Er sitzt im Straßencafé in Elche, wo er nun lebt, Palmen stehen auf der Plaza, er bestellt den Kaffee extrastark. Seit acht an diesem Morgen hat er zu Hause gelernt, er macht eine Ausbildung zum Fußball-Athletiktrainer, das Lernen bereitet ihm noch immer große Freude. Welch ein Glück, sagt er, hätten sie als Profifußballer, dass ihnen ihr Beruf so viel Zeit zum Lernen lasse. Sein Weg führte Madrigal über Teams wie Levante B, Sabadell und Villajoyosa, Dritte Liga allesamt, mit 33 zurück zum FC Novelda, der nun in der Vierten Liga antritt. »Es gab Gerüchte nach meinen drei Toren gegen Barça, es hieß, Elche, der Zweitligist, wolle mich.« Er lächelt. »Gerüchte gibt es immer im Fußball.«

Toni Madrigal glaubt nicht daran, dass ein Spiel eine Fußballkarriere verwandeln könne. Aber, sagt Toni Madrigal und denkt an Robert Enke, vielleicht könne ein Abend sehr wohl ein Leben zeichnen.

ZEHN

Gedanken am Swimmingpool

Er hätte gerne seine Karriere zerstört. Der Gedanke wurde immer stärker, immer verlockender: Und wenn er einfach nicht mehr zum Training ging? Wenn er dem Sportdirektor sagte, zerreißt meinen Vertrag, auf Wiedersehen, ich höre auf mit dem Fußball?

Die Probleme begannen, wenn er weiterdachte. Was würde er danach tun?

Er war 25, er konnte doch nicht mehr einfach anfangen zu studieren, und welches Fach überhaupt. Als er sechs Jahre zuvor in Mönchengladbach das Buch *100 Jobs mit Zukunft* gelesen hatte, war da kein Beruf gewesen, der ihn gepackt hätte; den er sich zutraute. Wenn ihn die Reporter bei Jugendländerspielen gefragt hatten, welchen Beruf willst du einmal ausüben, falls es mit dem Fußball nicht klappt, hatte er geantwortet: Sportjournalist. Aber Fußballreporter konnte er auch nicht mehr werden. Es würde ihn nur mit seinem Scheitern konfrontieren.

»Es war doch nur ein misslungenes Spiel, außerdem waren alle in der Mannschaft schlecht. Und der Valdés hat doch auch schon ein paar Mal danebengegriffen.«

»Das ist etwas anderes. Den Victor schätzen die Trainer. Ich hatte nur diese eine Chance. Und die habe ich verpatzt.«

»Aber du bist so stark als Torwart. Über kurz oder lang wirst du dich durchsetzen. Ich glaube ganz fest an dich.«

»Es ist vorbei, Terri. Es hat keinen Sinn mehr. Am liebsten würde ich dem Sportdirektor sagen, er soll meinen Vertrag auflösen.«

Teresa fühlte, dass er das nicht machen würde. Aber sie erschrak trotzdem. Seine Traurigkeit klang so endgültig.

Sie saßen am Swimmingpool in ihrem Garten und hatten nicht vor hineinzuspringen. Die Niederlage von Novelda war vier Tage alt.

Für die anderen war einfach wieder der Alltag eingekehrt. Barça hatte drei Tage danach das nächste Ligaspiel 2:0 in Bilbao gewonnen, mit Valdés im Tor und Frank de Boer wie selbstverständlich in der Innenverteidigung. Trainer van Gaal stand auf dem Heimweg im Tunnel von Garraf im Stau, »zweieinhalb Stunden«, wie er sagte, und aus den anderen Autos streckten ihm die Fahrer den erhobenen Daumen entgegen. Der FC Novelda hatte den ersten Punkt in der Dritten Liga erobert, 2:2 in Palamós, mit einem Tor von Madrigal. Nur er blieb zurück. Eine Woche später, beim Derby gegen Espanyol Barcelona, tauchte Robert Enke nicht mehr in Barças Aufgebot auf.

Er hatte während des stundenlangen Grübelns mit Teresa die Füße in den Swimmingpool gesteckt und sich eine Grippe eingefangen.

Teresa schrieb in ihren Taschenkalender.

Lange geschlafen, die Hunde auch. Robbi hat wieder eine Depression.

Heute, nachdem sie zwei klinische Depressionen erlebt hat, würde sie schreiben: Er hatte wieder ein schlimmes Stimmungstief.

Der Hilfstourismus begann. Jörg Neblung eilte nach Barcelona, später der Vater. Marco rief an und die Mutter mit ihrem unerschütterlichen Optimismus, wieso war er eigentlich nicht wie sie? Als Jörg in Sant Cugat ankam, war auch noch Teresa krank. Sie hatte sich angesteckt.

»Es gab einen großen Unterschied in Roberts Beziehung zu mir und zu Marco«, sagt Jörg. »Mit Marco, das war die unbeschwerte Freundschaft. Ich aber war auch sein Berater. Da gab es Konflikte, wir haben uns oft gerieben, und es gab auch Momente, da trat ich herrisch auf.«

Du gehst jetzt zum Training, sagte Jörg.

Du kannst dem de Boer auch mal öffentlich Kontra geben, sagte Jörg, als Robert wieder vom Training zurückkam.

Robert Enke mit seinem Manager und Freund Jörg Neblung.

Robert sagte, »was soll das noch bringen«, und hielt sich von de Boer fern. Er mochte keine Konflikte, und er wollte noch weniger an Novelda erinnert werden. »Ich war einfach geplättet. Ich war so mit mir selbst beschäftigt, dass ich dichtgemacht habe.«

Jörg und Teresa hatten keine psychologische Ausbildung. Sie hatten nur ihren gesunden Menschenverstand.

Traurige Menschen musste man beschäftigen und aufmuntern, glaubten sie.

Vom Schlafzimmer der Enkes sah man den Golfplatz von Sant Cugat. »Komm, wir gehen mal Golfen«, sagte Jörg.

»Golfen?« Robert sah ihn an, als sei er gerade zu einer Mondfahrt eingeladen worden.

Sie waren sich nicht sicher, ob sie immer das richtige Eisen für den entsprechenden Schlag aus der geliehenen Golftasche zogen, den skeptischen Blicken der anderen Golfer nach zu schließen, waren sie gerade dabei, sich zu Trotteln zu machen. Umso besser. Jörg musste sich nicht anstrengen, lustig zu sein, die Komik entstand von alleine.

Sie begleiteten Teresa zum Reitstall. Dickens sprang und lief wieder rund, seit Teresa ihn pflegte. Im Fell und, so kam es ihr vor, auch in den Augen war der Glanz zurückgekehrt. Für eine halbe Stunde wurde das Pferd ein letztes Mal in seine alte, schreckliche Zeit versetzt, mit einer schwankenden, hoppelnden Fracht auf dem Rücken. Robert Enke saß auf dem Pferd wie ein Roboter. Als er abstieg, lachte er unverstellt. Wenn die Leute, die ihn kannten, gefragt werden, wie sie ihn im Gedächtnis bewahren, sagen die meisten wie der Torwarttrainer der Nationalelf Andreas Köpke, ohne zu überlegen: »Wie er lachte.« Minuten später hatten seine Augen wieder die matte Starrheit eines Abwesenden.

»Du musst zum Psychologen gehen«, sagte Jörg zum Abschied, ehe er nach Köln zurückflog.

Er machte einen deutschen Facharzt in Barcelona ausfindig, Doktor Heinrich Geldschläger, Diplom-Psychologe und Psychotherapeut. Robert war skeptisch. Sein Vater war doch Psychotherapeut.

Du gehst, sagte Jörg.

Die Praxis lag im Eixample, wo die modernistischen Häuser von Barcelonas alter Schönheit künden und die Automassen die Stadt in eine moderne Hölle verwandeln. Doktor Geldschläger sagte zu Robert, er habe schon an ihn gedacht. Nachdem er das mit Novelda mitbekommen habe.

Mit seinem festen Blick, Schnauzer und zurückgekämmten schwarzen Haar erinnerte Geldschläger an den zuletzt etwas unzuverlässigen englischen Nationaltorwart David Seaman.

Der Arzt diagnostizierte eine Verstimmung, eine tiefgehende Niedergeschlagenheit, wie sie viele Menschen etwa nach einem Trauerfall, nach einer Entlassung oder als Mobbingopfer erlebten. Sie mussten versuchen, die Angstsituationen aufzuarbeiten, die Robert im Fußball durchgemacht hatte. Außerdem könnte ihm vielleicht die Muskelrelaxation nach Jacobson helfen, sagte Geldschläger. Denn die Verspannung der Muskeln gehe oft mit psychischer Anspannung einher.

Robert Enke sah sich die Übungen an, die Faust bei geschlossenen Augen fünf Sekunden ballen, dann die Hand schnell öffnen und auf die Veränderung der Spannung achten. Er war skeptisch und ging trotzdem über Wochen regelmäßig zu Doktor Geldschläger. Er traute sich nicht, es sein zu lassen. Er spürte, irgendetwas musste er tun.

Als sein Vater nach Barcelona kam, nahm er ihn am ersten Morgen mit zum Training. Der FC Barcelona trainierte auf einem Fußballplatz, über den sich die meisten Bezirksligisten beschwert hätten, deutlich schmaler und kürzer als die üblichen Maße. Eckbälle konnten sie dort nicht üben. Der Platz, La Masía, war Barças Markenzeichen. Diese Elf hatte es doch nicht nötig, ausgiebig Eckbälle zu trainieren, das Stilmittel der biederen Teams.

Nach dem Aufwärmen mussten die Sportreporter das Gelände verlassen, damit die Spieler ungestört arbeiten konnten. »Ich durfte bleiben«, sagt der Vater stolz.

Fasziniert beobachtete er den unendlichen Reigen der Pässe. Wie alle, die Barça zum ersten Mal zuschauen, überwältigte ihn das Gefühl, etwas noch nie Gesehenes zu erleben. »Was die gespielt haben, zack-zack, bumm-bumm – und der Trainer brüllte trotzdem die ganze Zeit herum. Ich fand den van Gaal fürchterlich.«

In einer Trainingspause rief der Trainer die Mannschaft zusammen, um die nächste Übung zu erklären. Robert stand außerhalb des Spielerkreises, zwei Meter hinter den Kollegen.

»Warum gehst du nicht in die Gruppe rein, du gehörst doch dazu?«, fragte der Vater auf dem Nachhauseweg.

Robert antwortete nicht.

»Das macht die Sache nur schwieriger, der Trainer sieht das doch auch und denkt sich: Der ist nicht integriert, nicht involviert.«

Robert ging nicht darauf ein.

Etwas sperrte sich in ihm, wenn die Mannschaft auf dem Trainingsplatz eng zusammenstand. Es war nur ein diffuses Gefühl, aber er wollte zeigen, dass er sich verstoßen fühlte. Er wollte, dass endlich jemand im Verein erkannte, wie schlecht es ihm ging. Gleichzeitig wollte er niemandem offen zeigen, wie niedergeschlagen er war.

»Er trieb weiterhin Scherze mit mir während des Trainings«, sagt Roberto Bonano.

»Robert war sehr speziell«, sagt Victor Valdés, »es war schwierig zu erkennen, ob er fröhlich oder traurig war. Er sah immer gleich aus.«

Lief das Training, packte ihn der Trotz. Denen würde er es zeigen.

Am Trainingsplatz La Masía, wo niemand zusehen durfte, waren große Löcher im Sichtschutz. Hinter den grünen Nylonplanen standen die Sportreporter und Fans und lugten durch die Löcher, immer bereit wegzulaufen, wenn die Wachmänner ankamen. Die Sportreporter und Fans sahen Patrick Kluivert, den Mittelstürmer, seine erhabene Art, sich zu bewegen, er schoss ansatzlos aus der Drehung, Weltklasse, der Ball setzte wie gewollt sechs, sieben Meter vor dem Tor auf, damit der Schuss immer länger, für den Torwart unerreichbar wurde, und Robert Enke spannte mit einem Ruck seinen Körper noch ein wenig mehr. Kurz bevor der Ball ins Toreck flog, erreichte er ihn, niemand verstand wie. Danach, noch im Gras, wurde Robert Enke wieder von der reinen Freude überschwemmt, die nur eine Torwartparade auslösen kann. Die Fans raunten, die Mitspieler johlten. Und fast alle vergaßen im nächsten Moment, was sie gesehen hatten.

Barça hatte andere Sorgen, als sich um den Ersatztorwart zu kümmern. Elfter war die Mannschaft nach sechs Spieltagen in der Meisterschaft, eine unerträgliche Platzierung. Einem atemlos zusammengekauften Team fehlte die Ausgewogenheit, es mangelte an einem herausragenden defensiven Mittelfeldspieler und gesunden Verteidigern. Angesehene Internationale wie Frank de Boer und Gaizka Mendieta waren außer Form, Riquelme, der Erlöser, wurde vom Trainer zum Ersatzmann degradiert. Für diese Elf mit zu vielen Problemen war die gnadenlose Art van Gaals genau das, was sie nicht brauchte. »Die Sache wurde hässlich«, sagt Bonano. »Das Ambiente war ein Wahnsinn, jeden Tag etwas anderes, mal war der Trainer wütend, dann ein Spieler beleidigt, oder ein Vorstandsmitglied schlug auf uns ein. Jeden Tag versuchte ich mit Freude zur Arbeit zu gehen. Aber es war schwierig.«

In der Hoffnung, endlich irgendetwas zu reparieren, wechselte der Trainer Ende Oktober schließlich den Torwart. Victor Valdés hatte die Sprunghaftigkeit eines Debütanten nie abschütteln können. Van Gaal nahm ihn heraus und stellte Roberto Bonano ins Tor.

Bonano war bis dahin die Nummer drei gewesen. Robert Enke die zwei.

»Gerade drei Monate waren vergangen, seit er mit so viel Euphorie in Barcelona angekommen war«, sagt Jörg Neblung, »und es wurde schon wieder wie selbstverständlich davon geschrieben: Barça wird Enke bei der nächsten Gelegenheit verkaufen.«

Wenn er am Ende des Trainings die zwanzig Meter von der Masía zum Eingang der Umkleidekabinen marschierte, klackten seine Stollen auf dem Asphalt. Die kurze Strecke reichte meistens, damit er nach seinem enormen Trainingseinsatz wieder in sich zusammensackte. Dass er so gut trainiert hatte, erinnerte ihn nur daran, wie sinnlos seine Situation war.

Hoek, der Torwarttrainer, begleitete ihn manchmal vom Trainingsplatz. Wenn Hoek ihm etwas sagte, antwortete Robert höflich, nicht selten mit einem Lächeln. Aber er sprach Hoek nicht mehr an. Der Torwarttrainer merkte es gar nicht. »Nach dem Training marschiert Hoek immer direkt an seinen Computer und macht seine Aktiengeschäfte, oder was weiß ich«, sagte Robert, er schrie fast vor Empörung. Ich brauchte einen Moment, um zu verstehen, was daran so schlimm war: Hoek sah gar nicht, wie sehr er sich nach einem lobenden Wort, nach der Frage sehnte, wie geht es dir eigentlich, Robert.

»Ein Torwart hat so viel Druck, von außen, von innen, da sollte der Torwarttrainer immer der Freund der Torhüter sein«, sagt Walter Junghans, Roberts Mentor in Lissabon.

Frans Hoek sagt: »Robert Enke war ein liebenswerter, gut erzogener Mensch. Einem Torwart wie ihm musst du – bildlich gesprochen – manchmal einen Eimer kaltes Wasser über den Kopf schütten, damit er aufwacht und sich der harten Realität des Fußballs stellt.«

Esto no!, war Hoeks Schlachtruf. Victor Valdés imitiert den Torwarttrainer mit dessen niederländischem Akzent und der lauten Stimme: *Esto nooo!*, brüllte er ständig. *Das nicht!* Hoek gilt bis heute als einer der kompetentesten und innovativsten Torwarttrainer, und in seiner Schule kommt es offensichtlich nicht vor zu fühlen, ob einer seiner Torhüter leidet. »Ich habe Enke und Bonano manchmal gesagt: ›Ihr seid zu lieb‹«, sagt Hoek. »Fußball ist eine harte Welt. Da musst du als Spieler in manchen Situationen brutal sein. Victor war der Einzige, der ein wenig *mala leche* hatte, wie man in Spanien sagt: schlechte Milch in den Venen. Ein wenig von der Oliver-Kahn-Mentalität, würde man wohl in Deutschland sagen. Ich hätte mir mehr Rivalität zwischen den dreien gewünscht.«

Robert Enke sehnte sich nach Verständnis, und Hoek schrie *Esto no!* Robert Enke nahm es persönlich: Hoek mochte ihn nicht, Hoek behandelte ihn unfair – Hoek war ihm gram, weil er in Novelda versagt hatte.

Dass Hoek zu den anderen zwei Torhütern ebenfalls grausam ehrlich war, nahm Robert Enke nicht mehr wahr. »Mich hat Hoek auch oft fertiggemacht, da kannst du dir sicher sein«, sagt Bonano im Rückblick.

Frans Hoek lebt bis heute in der Überzeugung, dass er ein hochprofessionelles Verhältnis zu Robert Enke hatte, mit ein paar angespannten Momenten natürlich, aber das sei doch nie persönlich gemeint gewesen.

Robert Enke rief aus Barcelona oft Walter Junghans an.

Jörg, Teresa, der Vater oder Marco schimpften über Hoek, sie zeterten über van Gaal, der wohl im Training nicht richtig hinsehe. Für einen kurzen Augenblick tat die Wut der Freunde gut. Aber die Wahrheit, wie er sie sah, kehrte zu schnell zurück. Er, nur er alleine, war schuld. Er hatte in Novelda versagt. Er hatte es vermasselt, unverrückbar, da war er sich sicher.

So wie Teresa regelmäßig ein paar Stichworte in ihren Taschenkalender schrieb, notierte er unvermittelt, ohne Erklärung, einmal ein Zitat in seinem Terminbüchlein. »Es spielt keine Rolle, ob das, woran du glaubst, zutrifft. Entscheidend ist, ob es dir hilft.«

Warum konnte er sich nicht die Realität zurechtbiegen, damit sie für ihn erfreulicher aussah? Er sah Victor Valdés, der Fehler gemacht hatte, gegen Atlético, Betis, Osasuna. Aber Victor blieb so cool, er hatte ein Gesicht wie eine Maske, nichts schien ihn zu erschüttern. Warum konnte er nicht so sein?

»In Brügge spielst du«, sagte ihm der Torwarttrainer auf einmal.

Sie hatten sich bereits nach vier von sechs Champions-League-Vorrundenspielen für die nächste Runde qualifiziert, von daher war die fünfte Partie am 29. Oktober 2002 beim belgischen Meister bedeutungslos.

Da hast du nichts zu verlieren.

Er versuchte, fest daran zu glauben.

Wenige Stunden vor dem Anpfiff rief er wie üblich Teresa an. »Du hättest unser Gespräch an Spieltagen einmal auf Kassette aufnehmen und es danach einfach abspulen können – es war immer gleich«, sagt sie.

Wie geht es, wir waren spazieren, jetzt trinken wir Kaffee, alles klar, okay, wir sehen uns heute Nacht.

Diesmal aber sagte er: »Bitte wünsch mir Glück.«

Sie fuhr innerlich zusammen.

Er hatte ihr nie erlaubt, ihm Glück zu wünschen. Es bringe nur Unglück.

Nie hatte sie deutlicher gespürt, wie sehr ihn die Versagensängste quälten. Und sie konnte nicht mehr für ihn tun, als diese paar Worte zu sagen, die sie zudem nun kaum noch herausbekam. »Ich wünsche dir ganz viel Glück«, sie glaubte, sie spreche die Worte nicht, sondern spucke sie aus.

»Danach war mir schlecht.«

Der FC Barcelona trug in Brügge Jogginghose und Trainingsjacke statt wie auf Europapokalfahrten üblich die Maßanzüge von Grisby. Der Trainer hatte angesichts der Unwichtigkeit des Spiels sieben etablierte Spieler zu Hause gelassen und dafür sechs Jungen aus dem B-Team mitgenommen, sie besaßen keine Klubanzüge. »Baby-Barça« tauften die Sportreporter das Team. »Es wäre eine Schande, wenn wir gegen so eine Elf nicht gewinnen«, sagte Brügges Kapitän Gert Verheyen. Brügge kämpfte noch um den Aufstieg in die nächste Runde. Novelda lag gut zwei Monate zurück, Robert Enke war seit sieben Wochen ohne Spielpraxis.

Das Jan-Breydel-Stadion ist die Schatztruhe des belgischen Fußballs, rechteckig, eng, das schönste Stadion des Landes, hier lieferten sich Frankreich und Spanien bei der Europameisterschaft 2000 eines der größten Spiele des Jahrzehnts. Wenn die Tribünen gefüllt sind, bedrängen sie das Spielfeld. Die Partie war ausverkauft. Die Zuschauer waren in Winterjacken und Schals gehüllt, die meisten von Brügges Spielern trugen Trikots mit kurzen Ärmeln.

Das Spiel fand keine Richtung. Baby-Barça hatte den Ball, angeführt von einem 18-jährigen Debütanten mit der porzellanfarbenen Haut eines Engels und einem himmlischen Gefühl für den Ball, wie hieß der, fragten sich die Zuschauer, Andrés Iniesta oder so. Brügge arbeitete hochkonzentriert und emsig darauf hin, Barça keinen Spielraum zu geben. Der Ball fand kaum aus dem Mittelfeld hinaus. Robert Enke hatte mehr als genug Zeit nachzudenken; sich zu erinnern. Das Spiel lief wie in Novelda.

Dann plötzlich, Profifußball ist reine Plötzlichkeit, konnte Brügges Sandy Martens das Tor sehen. Er war noch in gehöriger Distanz zu Robert Enke, sicher über zwanzig Meter, aber näher würde Brügge so leicht nicht kommen, fühlte er und schoss. Robert Enke flog. Er war unverwechselbar in seiner Art zu springen. Bevor er abhob, im Moment, wenn der Schütze mit dem Bein ausholte, machte er immer einen kleinen Hopser auf der Stelle, mit weit ausholenden Armen, als ob er Schwung nehmen wollten, nach der reinen Lehre war dies unsinnig, eine Übersprungshandlung, aber ihm half es, sich zu konzentrieren, den Körper anzuspannen, bevor er ihn entlud. Er wehrte den vehementen Schuss von Martens ab und nach 58 Spielminuten auch einen ähnlichen Versuch von Verheyen, platziert, ins Toreck. Wegen solcher Paraden erinnert sich das Publikum an Torhüter.

In einer Partie, die mehr dahinplätscherte als floss, brachte Riquelme, der zur Aushilfskraft herabgestufte Erlöser, Baby-Barça 0:1 in Führung. 25 Minuten blieben, 25 Minuten, in denen Robert Enke ständig zusammenfuhr, seine Konzentration auf eine höhere Stufe sprang, weil Brügge plötzlich da war – doch dann brauchte er nie eingreifen, weil ein Abwehrbein noch dazwischen war. Das Spiel war praktisch aus, ein Angriff noch, Brügge auf dem linken Flügel, ein feiner Doppelpass ließ zwei Verteidiger von Baby-Barça auf einmal ins Leere laufen, Ristic am Ball, frei, 18 Meter vor dem Tor am Strafraumeck, er zog nach innen, er konnte schießen und flankte lieber. Hoch, scharf, auf die Fünfmeterlinie zu, flog der Ball, der Torwart sollte herauskommen und den Ball abfangen, aber vor ihm rannte eine Büffelherde von fünf Mann in die Flanke hinein, drei Feinde, zwei Freunde, an ihrer Wucht konnte er beim Griff nach dem Flankenball nur abprallen. Robert Enke machte zwei Schritte nach vorne, dann stoppte er auf halbem Weg. Martens gewann das Kopfballduell. Die Zuschauer hinter Enkes Tor sprangen mit erhobenen Armen in die Luft, die Ersten, die Gedankenschnellsten, schrien Tor! Der Kopfball war hart, perfekt. Robert Enke lenkte ihn im letzten Moment mit der linken Hand über die Latte. Die Zuschauer hielten die Hände an den Kopf und vergaßen, den Mund zu schließen.

»Riquelme entschied ein Spiel, in dem Iniesta und Enke brillierten«, stand am Morgen nach dem 1:0-Sieg auf der Titelseite von *El Mundo Deportivo*.

Francisco Carrasco, genannt *Lobo*, der Wolf, Europapokalsieger von 1979 mit Barça und nun Spielanalyst von *Mundo Deportivo*, schrieb, »Enkes Auftritt war eine Nachricht an Louis van Gaal: Hier bin ich, wenn du mich brauchst«, und der Trainer, der ständig bellte, offenbarte einen einfühlsamen Zug. Kein Mensch ist emotional eindimensional, auch van Gaal konnte verständnisvoll sein; es war nur nicht immer so einfach zu erkennen. Er rede nie über einzelne Spieler in der Öffentlichkeit, sagte der Trainer auf der Pressekonferenz, »aber ein Torwart ist ein einsamer Spieler, deshalb verdient er es heute auch, allein erwähnt zu werden: Enke war sehr gut, am Ende rettete er uns den Sieg.«

Robert Enke selbst, notierte Teresa in ihren Taschenkalender, wollte es »sich nicht mehr eingestehen, dass er ein super Spiel gemacht hat«.

Das eine Spiel würde doch nichts ändern. Er würde weiterhin Ersatz bleiben, Bonano war jetzt die Nummer eins und spielte ordentlich. Wenn ein Torwart einmal auf der Ersatzbank gelandet war, kam er von dort nur schwer wieder herunter, einen Torwart wechselte man nicht einfach so. Drei Jahre zuvor hatte sein freundlicher Konkurrent Bossio bei Benfica nie mehr eine Chance erhalten, nur weil er in der Vorbereitung gegen Bayern München einmal gepatzt hatte, und Robert Enke hatte von Bossios Missgeschick profitiert. Aber das Glück, das man früher selbst einmal hatte, sehen die wenigsten in Situationen, wenn die Gunst nur den anderen gewogen scheint.

Stille, kurze Freude wie nach dem Spiel in Brügge brachte ihn immer nur dazu, daran zu denken, wie aussichtslos alles war.

Am Tag nach seinem prächtigen Auftritt in Belgien widmete er sich den Sorgen. Er war der Erste aus Barças Mannschaft, der Patrick Andersson anrief, um sich zu erkundigen, wie es dem Verteidiger nach einer Oberschenkeloperation ging. Robert Enke identifizierte sich mit denen, denen es schlecht ging.

Nach dem Mittagessen fuhr er regelmäßig nach Manresa, eine halbe Stunde nach Norden, in das Land hinein, zur Linken der leuchtende Berg Montserrat, Kataloniens Nationalsymbol. Im Tierheim Manresa arbeitete Teresa vormittags. Wenn er sie besuchen kam, gingen sie mit den Heimhunden spazieren, mit den meisten mussten sie einzeln gehen, damit sich die Hunde nicht zankten und rauften. Sie gingen zehn Mal hintereinander eine Runde, und Robert Enke sagte, »komm, wir holen noch einen aus dem Käfig, wir gehen noch eine Runde«.

Mit den neuen Freunden, der deutschen Kolonie von Sant Cugat, fuhren sie an den Strand von Sitges, sie grillten im Garten, er ging mit den Männern joggen und feuerte Teresa und

Dickens auf einem Springreitturnier an, wer hätte gedacht, dass der alte Fuchs noch einmal so springen würde. Es war November, und sie lebten an der Sonne. Teresa glaubte, dass ihm die neuen Freunde nichts anmerkten. Er konnte noch vergessen, zumindest für Stunden, ausgelassen mit den Freunden. Wenn er abrupt, mitten im Gespräch, mitten im Gelächter, für einen langen Moment abwesend war, sagte niemand etwas. Einen Profifußballer, einen Star, behandeln die Leute immer mit besonderer Rücksicht, selbst die Freunde, selbst wenn sie es gar nicht wollen.

An einem Sonntag rief er an. »Hast du gehört, was der Victor gemacht hat?«

Victor Valdés, zwanzig Jahre jung, erst vier Monate Erstligaprofi, hob die Welt aus den Angeln. Er meuterte gegen van Gaal. Nachdem Valdés seinen Platz in der ersten Mannschaft an Bonano verloren hatte, schickte ihn der Trainer zurück ins B-Team, damit der Torwart den Spielrhythmus behalte. Da mache er nicht mit, erklärte Valdés. »Mein Team ist die erste Mannschaft.« Zur Partie des B-Teams gegen den FC Reus in der Dritten Liga erschien er nicht. Sein Handy schaltete er aus.

Louis van Gaal, der ständig brüllte, war sprachlos.

»Der Victor kennt keine Selbstzweifel«, sagte Robert Enke. Es klang bewundernd, es klang irritiert. »Und natürlich frage ich mich manchmal, was, wenn ich genauso wäre?«

»Ich beging viele Jugendsünden«, sagt Victor Valdés, der riesige Adler auf seinem schwarzen T-Shirt schwingt die Flügel. »Aber du musst die Situation verstehen: Vor jener Saison hatte ich ein Angebot vom FC Villarreal. Ich telefonierte mit van Gaal: ›Mister, ich kann nach Villarreal gehen.‹ Und van Gaal sagte mir: ›Nein, bleib, du bekommst bei mir eine Chance in der ersten Mannschaft.‹ Als er mich dann nach elf Partien nicht nur aus dem Tor nahm, sondern ins B-Team zurückschickte, fühlte ich mich verraten. Heute verstehe ich, was der Trainer bezweckte. Damals fühlte ich mich erniedrigt.«

Vier Tage nachdem er, ein 20-jähriger Neuling, offen den autokratischen Trainer herausgefordert hatte, entschuldigte sich

Victor Valdés, ohne wirklich einzusehen, dass er etwas falsch gemacht hatte. Er wurde wieder aufgenommen, »aber nichts wird wie vorher sein«, sagte van Gaal. Valdés sollte mit dem Torwarttrainer Extraschichten einschieben, niemand nahm das Wort Straftraining in den Mund; er müsse die Einheiten aufholen, die er geschwänzt habe, hieß es. Der andere Ersatztorwart sollte auch mitmachen, es konnte ihm nicht schaden.

Allein mit Valdés und Hoek war Robert Enke draußen in der Masía. Der Torwarttrainer schrie, »*esto no*, Victor, du gehst zu früh runter, du spekulierst, ich will, dass du lange wartest, bevor der Schuss kommt, wie van der Sar«. Nach einer Viertelstunde brach Victor Valdés wutentbrannt das Training ab. »Es endete schlimm«, sagt er. »Hoek und ich bewarfen uns mit Fußbällen.« Robert Enke stand daneben, staunte und zweifelte mindestens genauso sehr an sich wie an Victor.

Aber etwas stimmt nicht, etwas geht nicht auf, während Victor Valdés auf dem Designersofa im Baucontainer von damals erzählt. Der Valdés auf dem Sofa wirkt so absolut konträr zu dem Victor, den er beschreibt. »Ich war damals sehr verschlossen«, sagt er offen, »im Fernsehen sah ich mir keinen Fußball an, weil ich dachte, ich müsste mich abschotten von allem, was mit dem Spiel zu tun hat.«

Ein Baby und ein Trainer haben ihn verwandelt, sagt Victor Valdés, der Barças unangefochtener Torwart geworden ist, Champions-League-Sieger 2006 und 2009; der heute souverän agiert wie van der Sar. Sein Sohn Dylan, mittlerweile ein Jahr alt, hat ihn mit solch einer Lebensfreude erfüllt, wie kann man sich nur abschotten, denkt sich Victor Valdés, es gibt doch so viel zu genießen, so viel zu erfahren. Noch vor Dylans Geburt hatte Valdés das Glück, das nur den wenigsten Profifußballern zuteil wird. Er traf bei Barça mit Pep Guardiola auf einen Trainer, der mehr will als irgendwie Erfolg haben. Seine Spieler sollen diesen Sport so glühend lieben wie er. Victor, sagte Pep Guardiola, wenn du so weitermachst, ist irgendwann deine Karriere zu Ende, und du hast diesen wunderbaren Beruf keinen Tag genossen, weil du immer nur angespannt bist, weil du immer nur unbedingt Erfolg willst. Schau dir Fußball im Fernsehen an, versuche das Spiel zu analysieren, warum zieht der Stürmer nach links, welchen Pass wird der Spielmacher gleich schlagen, und je mehr du vom Fußball verstehst, desto mehr wirst du ihn lieben. »Pep hat meine Sicht auf den Fußball komplett verändert.« Früher war Valdés das gesamte Spiel hindurch angespannt, er ballt die Fäuste im Baucontainer, die Adern treten an den Unterarmen hervor, »meine Art zu spielen war bumm-bumm-bumm, raus-raus-raus. Pep lehrte mich, die Intensität während des Spiels oft herunterzufahren, das Geschehen kalt zu analysieren statt immer nur grimmig entschlossen zu lauern.«

Seine neue Neugierde und Offenheit versteckt Victor Valdés mit 28 noch immer hinter der alten Verkleidung des eiskalten Torwarts. Er hat die langen Haare der Jugend abrasiert und trägt zum kahlen Schädel gerne schwarze Kleidung inklusive Lederjacke. War Roberts Eindruck richtig, dass ihn nichts beeindruckt, dass er auf dem Fußballfeld keine Zweifel, keine Ängste kennt?

»Vielleicht dachte Robert über Patzer mehr nach als ich. Ich scherte mich damals um nichts, ich war so weit, dass Fehler einfach an mir abglitten.«

Victor Valdés lächelt wie jemand, der so in sich ruht, dass er sich auch an die schweren Momente gerne erinnern kann.

»Weißt du, von acht bis achtzehn war mein Leben so voller Druck, dass ich keine Ruhe fand.« Alles drehte sich um Fußball, und »allein der Gedanke an das Spiel am nächsten Sonntag war der Horror. Im Tor zu spielen war – um es milde auszudrücken – ein spezielles Leiden.« Die Angst, Fehler zu machen, die Furcht, die anderen zu enttäuschen; das hat man doch schon einmal gehört.

Robert Enke hielt Abstand zu Victor Valdés, sie waren freundlich zueinander, aber ihr Gespräch blieb oberflächlich, eine Fassade, und aus der Distanz schaute Robert Enke bewundernd genervt auf den Rivalen, der offensichtlich so abgebrüht war, wie er es gerne sein wollte, wie man es wohl sein musste als Spitzentorwart. Wie gut hätte es Robert Enke getan zu erfahren, dass dieser vermeintlich unverletzliche Jüngling einst dieselben Ängste wie er durchlebt hatte?

»Weißt du, was mein Traum als Kind war?«, sagt Victor Valdés. »Ich wäre so gerne Feldspieler gewesen.«

Nach dem Training trafen Robert und ich uns öfter im Vorraum zu den Umkleidekabinen des Camp Nou, an den Wänden hingen Ölgemälde von dramatischen Seeschlachten, wir versanken in den Ledersofas. Er stieg noch immer ein, wenn wir mit der Leidenschaft von Philosophen über Torwarthandschuhe sprachen, warum die Naht am Daumen innen sein musste, er genoss wie eh und je den Klatsch der Torwartzunft, Olli Kahn ist langsam geworden, der Gute; sein hintersinniger Humor brach unvermindert durch: »Überrascht bin ich nicht, dass es für die Mannschaft nicht läuft«, sagte er, und das war erst einmal eine Überraschung angesichts Barças Qualität – bis er weiterredete. »Ich kenne das doch schon. Teams, in denen ich spiele, bleiben immer hinter den Erwartungen zurück.« Aber sein Gesicht machte die Selbstironie nicht mehr mit. Die Augen regten sich kaum noch. Er schien zu reden, ohne den Mund zu bewegen.

»Man muss sich immer wieder sagen, es gibt noch andere Sachen außer Fußball, aber …«, er ließ den Satz unvollendet. »Ich bin launisch geworden.«

Ich erzählte ihm, was ich von einem Agenten, dem Südafrikaner Rob Moore, gehört hatte. Barças Geschäftsführer Javier Pérez Farguell hatte einigen Spielervermittlern mit internationalen Kontakten wie Moore Anfang Dezember eine Liste von sieben Profis gegeben, die in der Winterpause zum Verkauf stünden. Roberts Name stand darauf.

Er entgegnete nichts, sein Gesicht blieb ein Standbild. Seine Augen waren die eines Mannes auf der Suche nach dem verlorenen Lachen.

Eike Immel, der Torwartcoach des deutschen Trainers Christoph Daum bei Austria Wien, rief an. Sie würden bei Austria mit einem Riesensponsor gerade eine richtig große Sache aufbauen. Sie seien sehr an ihm interessiert.

Österreich. Robert Enke stellte gerade fest, dass es bei den größten Klubs nicht immer traumhaft zuging, aber die beschauliche österreichische Liga war dann vielleicht doch zu sehr das andere Extrem.

Immel rief wieder an. Es wäre doch erst einmal nur ein Leihgeschaft, ein halbes Jahr, um wieder Spielpraxis zu sammeln und sich für weitere Aufgaben zu präsentieren.

Im Moment denke er nicht an einen Wechsel, sagte Robert Enke.

Barça ging als Tabellenzehnter in die Weihnachtsferien. Das Madrid der Galaktischen hatte praktisch doppelt so viele Punkte gesammelt; das Unvorstellbare war Realität. »Weißt du, was heute wieder los war«, sagte Robert am Telefon zu Marco. »Van Gaal stieg vor der gesamten Mannschaft auf eine Massagebank und brüllte uns von oben herab an.«

Das Nomadentum trieb Robert und Marco immer weiter auseinander, Lissabon, Barcelona, Ried, Athen, Nürnberg, sie wanderten, doch so weit sie sich auch voneinander entfernten, ihr Kontakt blieb eng. Sie konnten sich allenfalls ein-, zweimal im Jahr sehen, aber Robert hatte sich längst auf diese Fernfreundschaft eingestellt. Er glaubte daran, »dass du im Leben nur drei, vier richtige Freunde hast« und selten das Glück, am selben Ort mit ihnen zu wohnen. Zu Silvester kamen Marco und Christina nach Sant Cugat. Es war eine Art Hochzeitsreise. Sie hatten vor Weihnachten geheiratet, für Flitterwochen und Freundebesuchen ließ ihnen der Fußball keine Zeit, also kombinierten sie es.

Sie begrüßten das neue Jahr auf der Plaça de Catalunya. Um Mitternacht hieß es schnell sein. Mit jedem der zwölf Glockenschläge, die den Beginn des Jahres 2003 verkündeten, schluckten sie eine Traube, es ist die spanische Neujahrestradition, *las uvas de suerte*, die Trauben des Glücks.

»Robbi und ich gehen nach Hause, wir sind müde«, sagte Marco kurz darauf. Teresa sah Robert kritisch an. Fiel er schon wieder in die Melancholie?

Teresa und Christina gingen mit den Freunden aus der deutschen Kolonie tanzen. Robert und Marco gingen schlafen. Sagten sie.

Zu Hause in Sant Cugat öffneten sie eine Weinflasche. »Erzähl noch mal unsere Geschichten von der Bundeswehr«, bat Robert. Als Teresa und Christina um vier Uhr morgens nach Hause kamen, hörten sie lautes Gelächter aus dem Wohnzimmer.

Irgendwann in den nächsten Tagen ergab sich für Teresa die Gelegenheit, Marco unter vier Augen zu sprechen. »Du bist einer der wenigen Menschen, bei denen Robbi sich öffnet. Bitte, versuch ihm zu helfen.«

Marco Villa hatte immer den Clown als seine Rolle betrachtet. »Wenn du mir mit 19 gesagt hättest, ›die Psyche‹, hätte ich dir geantwortet: Was ist das denn?« Aber er ist Leistungssportler. Er hat den Drang, Ziele zu erreichen, und so machte er sich hartnäckig daran, seinen Freund aus diesem Leben zu ziehen, das sich fast nur noch im Inneren abspielte. Marco sprach alles an, was ihm auffiel, du klingst heute nicht gut, Robbi, er fragte, wie geht es mit dir und dem Torwarttrainer. Robert kam in seinen Antworten meistens schnell auf andere Leute, auf Ereignisse oder Dinge zu sprechen, um nicht über sich reden zu müssen. Marco fragte weiter. Es würde Jahre dauern, aber irgendwann würde Robert ihn von sich aus anrufen, wenn es ihm schlecht ging.

Sie waren 15, als Marco Villa beim Bundesländerpokal der B-Jugend in Wedau allein auf das Tor der Thüringer Auswahl zustürmte. Er sah den Torwart vor sich, er kannte Robert Enke bereits aus der Jugend-Nationalelf, der Gedanke schoss ihm durch den Kopf, gegen den triffst du nicht! Er schoss, Enke hielt, Marco hörte die Enttäuschungsschreie seiner Mannschaft und ließ den Kopf auf die Brust fallen. Der Torwart, am Boden, den Ball in seinen verfluchten Händen, lächelte ihn an und sagte verständnisvoll zu Marco: »Das nächste Mal triffst du.«

So etwas vergisst man nicht.

Mit 17 warb Borussia Mönchengladbach Villa aus Uerdingen ab, er war ein Jugendspieler, und die Borussia zahlte eine Profiablöse, 500 000 Deutsche Mark. Nach einem halben Jahr sagte ihm der Assistenztrainer der Mönchengladbacher Profis, »du solltest bei uns im Bundesligateam mittrainieren«.

»Aber ich gehe doch noch zur Schule.«

»Dann musst du halt die Schule abbrechen.«

Samstags stand Marco als Balljunge bei den Bundesligaspielen der Borussia am Spielfeldrand, er spürte etwas durch sich rauschen, wenn der Stadionsprecher rief: »Tor für Borussia. Mit der Nummer 9: Martin Dahlin!«, der Jubel der Masse summte wie Elektrizität in der Luft, »es war der einzige Traum, den ich hatte: einmal den Stadionsprecher am Bökelberg meinen Namen rufen hören«. Er meldete sich anderthalb Jahre vor dem Abitur von der Schule ab.

Im August 1996 rief der Stadionsprecher: »Tor für Borussia. Mit der Nummer 32: Marco Villa!« 1:0 gegen den Hamburger SV. Er war 18, der jüngste Bundesligatorschütze der Borussia. Nach sieben Erstligapartien hatte er drei Tore markiert, das gab es noch nie in Deutschland, »Villamania« konstatierte sein Mitspieler Kalle Pflipsen. »Das wird gefeiert: mit Malzbier«, sagte sein Vater den Fernsehsendern, die selbst ihn interviewten, weil auf einmal alles an Marco wichtig erschien. »Und ich hatte den Stadionsprecher meinen Namen rufen gehört«, sagt Marco. »Ich hatte keine Träume mehr.«

Er fährt mit seinem kleinen Toyota auf einem Feldweg, direkt neben der A14 zwischen Giulianova und Roseto degli Abruzzi. Er spielt seit sieben Jahren in Italien, nun für L'Aquila Calcio, er hat manche Sitten des Landes unbewusst übernommen, hier fährt man auf einem Feldweg, wenn man so die Autobahngebühr sparen kann. Er hat ein Lied im Radio gehört, von Andrea Bocelli, und Marco, der in letzter Zeit bei den Liedtexten genau hinhört, erkannte sich auch in diesem Refrain wieder: »Mich hat niemand das Leben zu leben gelehrt.«

Bei der Borussia sagte er während des Trainingslagers in Los Angeles abends auf ihrem Hotelzimmer zu Robert Enke: »Ich geh noch mal raus.« Robert verdrehte die Augen. Marco zwinkerte ihm zu und verschwand.

Er schlich sich durch die Tiefgarage aus dem Hotel. Der Große Effenberg ging durch die Hotellounge zur Tür. »Effe, wo willst du hin?«, rief der Trainer.

»Nur mal Luft schnappen.«

»Ach so.«

Robert mit Teresa und seinem besten Freund Marco Villa (ganz links).

Gemeinsam mit dem Großen Effenberg und zwei weiteren Spielern blieb Marco bis zum Morgen in einem Nachtklub. »In fünf Jahren wirst du ein ganz Großer sein«, sagte Effenberg, »oder niemand kennt dich mehr.« Marco nahm es als Kompliment.

Dann riss das erste Mal das Kreuzband. Nach vier Jahren mit Borussias Profielf hatte er 24 Spiele bestritten, nur zwei über die gesamten 90 Minuten. Zu den drei Toren aus den Anfangsspielen war bloß ein weiteres hinzugekommen. Auf Sankt Pauli hatte er den Torwart schon umkurvt, er schob den Ball Richtung leeres Tor, er schaute nur noch aus dem Augenwinkel hin, innerlich schon glücklich über den Treffer, als ein Verteidiger herbeirauschte und den Ball von der Torlinie schlug. Bald hatte Marco ein Dutzend solcher Szenen im Kopf, und sie wollten nicht verschwinden.

Ried, Athen, Nürnberg, überall sahen die Trainer das Talent in ihm, das er in Mönchenglachbach offenbart hatte, überall holten ihn Verletzungen ein. In Nürnberg fiel er vierzehn von zwanzig Monaten aus, das Knie, die Muskeln, immer wieder etwas Neues. Nach dem Rehabilitationstraining ging er gelegentlich mit Nürnbergs Torwarttrainer Michael Fuchs in die Universitätsmensa zum Essen, Fuchs hatte Essensmarken, »na, Villa, schön billig hier, was?«, sagte ein Student, der ihn erkannte, und Marco gefiel die Neckerei. Er war doch der Clown.

Zu Hause weinte seine Frau. »Was ist das eigentlich mit dir«, sie warf sich auf den Boden und trommelte mit den Fäusten auf den Teppich. »Du bist nur normal, wenn du verletzt bist.«

»Quatsch«, sagte Marco Villa. Er war gerade nicht verletzt und deshalb zu angespannt vom inneren Leistungsdruck, um darüber nachzudenken, was mit ihm nicht stimmte. Stattdessen dachte er minutenlang voller Angst darüber nach, ob das Mensaessen seiner Form geschadet haben könnte.

Das erste Mal, als er stutzte, muss im Frühling 2003 gewesen sein, sagt Marco. Er hatte sein Versprechen gehalten, mit Robert nicht nur darüber zu reden, was sie machten, sondern auch, wie es ihnen ging. Sechs Monate nach Novelda hatte sich Roberts Verfassung gebessert. Van Gaal war entlassen worden. Unter dem neuen Trainer, Radomir Antić, spielte weiterhin Bonano, »aber«, sagte Robert, »manchmal glaube ich: Ich bin fast glücklicher, wenn ich nur Ersatzspieler bin.«

»Was?«, sagte Marco und dachte erst nach, als er aufgelegt hatte. Eigentlich ging es ihm genauso.

Robert Enkes Stimmung wurde besser, ohne dass sich seine Situation bei Barça verbesserte. Heilte die Zeit die Wunden? Hatte er sich antrainiert, mit Rückschlägen besser umzugehen? Hatte er tatsächlich das Glück des Ersatzmannes entdeckt, stressfrei zuschauen zu können? »Ich glaube, es lag vor allem daran, dass das Saisonende näher rückte«, sagt Jörg Neblung. »Robbi wusste, dass er dann den Verein wechseln musste, und nahm alles, was bei Barça passierte, nicht mehr ganz so ernst.«

Die Sitzungen mit Doktor Geldschläger ließ er auslaufen. Er hätte nicht sagen können, ob ihm die Gespräche geholfen hatten, aber er war sich sicher: Nicht mehr hinzugehen half ihm. Es gab ihm das Gefühl, etwas hinter sich gelassen zu haben.

Robert im Kreis von Teresas Familie.

Seine Mutter und Teresas Eltern kamen gleichzeitig zu Besuch. Teresas Eltern gingen in die Museen, Miró, Picasso, das MACBA, seine Mutter fuhr jeden Tag mit der Bahn zum Hafen, sie saß in einem kleinen Café und betrachtete das Meer, der Kellner begrüßte sie schon strahlend. »Teresas Mutter kennt sich in der Kunst viel besser aus als ich, da wäre ich mir mit ihr in den Museen nur merkwürdig vorgekommen«, sagt Gisela Enke, mit Teresas Eltern kann sie über solche Unterschiede reden, ohne dass es peinlich ist oder verkrampft wird, sie verstehen sich. Bei ihrem Sohn brachte Gisela Enkes Anwesenheit wie immer seinen beiläufigen Humor hervor, als inspiriere ihn ihr Schwung.

Dann mach's mal gut, sagten die vereinten Eltern, als er sich vor dem Champions-League-Spiel gegen Bayer Leverkusen verabschiedete.

Teresa setzte ihn am Stadion ab. Er ging in die Umkleidekabine, direkt hinter der Tür blickte er aus Gewohnheit auf das Blatt Papier an der Wand, mit Tesafilm aufgehängt, die Liste der nominierten Spieler.

Sein Name stand nicht darauf.

Niemand hatte ihm etwas gesagt. Er wurde einfach still gestrichen, sogar von der Ersatzbank. Im Profifußball, wo viel übereinander, aber wenig miteinander geredet wird, ist das eine Art, einen Spieler in die Kündigung zu drängen.

Er trottete in Trance aus dem Stadion, er stand auf dem Parkplatz, es traf ihn so, dass er vergaß, dass es Taxis und S-Bahnen gibt. Er dachte, und wie soll ich jetzt überhaupt nach Hause kommen?

Er ahnte, es war kein Zufall, dass er zur Partie gegen Leverkusen eliminiert wurde, gegen einen Klub aus der Heimat, wenn die Medien in Deutschland berichteten, wenn alle Welt mitbekam, dass er nicht einmal als Ersatz einen Platz im Team fand. Seine Erniedrigung sollte größtmöglich sein. Radomir Antić war ein Trainer, der auf die Schwächsten losging, wenn er Stärke demonstrieren wollte.

Wieder zu Hause in Sant Cugat, schwirrten die Eltern nervös herum, wie sollten sie mit ihm umgehen, ohne noch eine zusätzliche Last zu sein, was konnten sie tun, damit er nicht wieder in die Verzweiflung abglitt. Er tat, was ansonsten in Stresssituationen nur Teresa machte. Er ging alleine in den Garten und rauchte eine Zigarette. Danach ging es ihm nicht gut, es schmerzte, aber er konnte damit umgehen. »Was soll ich mich noch aufregen.« Seine Stimme sackte ab, sie wurde tonlos. »Ich bin doch schon lange tot bei Barça.«

Eike Immel rief wieder an. Das in Wien war doch nicht so toll. Aber Christoph Daum und er zogen im Sommer zu Fenerbahçe weiter. Istanbul, das war der Wahnsinn, die Fans, die Begeisterung, ein Riesenpotenzial, absolut unterschätzt. Sie sollten sich mal zusammensetzen, sie hätten großes Interesse, ihn mitzunehmen.

Türkei. Das Wort klang fremd, fern, es klang wie das Ende der Fußballwelt.

Jetzt sei es zu früh, etwas zu entscheiden, redete er sich heraus, aber vielen Dank für das Angebot.

Es werde ein langer Sommer, sagte ihm Jörg. Bislang lagen nur Angebote von Fenerbahçe, FC Kärnten und FC Brügge vor. »Dafür kannst du dich nicht so leicht begeistern, wenn du von

Barça kommst«, sagt Jörg Neblung. Der Vertrag in Barcelona lief noch für zwei Spieljahre, Neblung hatte mehrmals mit Geschäftsführer Pérez Farguell telefoniert, um Klarheit zu bekommen, ob Robert gehen sollte oder bleiben durfte. Pérez Farguell sagte mit vielen Worten gar nichts. Barça übermittelte seine Botschaften lieber symbolisch.

Man ließ Robert Enke zum Trainingsbeginn der neuen Saison, 2003/04, antreten, obwohl Barça einen neuen Torwart verpflichtet und einen weiteren aus dem B-Team dazugeholt hatte. Auf dem Platz der Masía versammelten sich fünf Torhüter, zwei zu viel. Noch immer sagte niemand etwas. Man hielt dies für respektvoll; Enke hatte doch noch einen Vertrag, man wollte ihm nicht direkt sagen, geh. Also wurde wieder eine Liste in der Umkleidekabine aufgehängt, das Aufgebot für das Trainingslager in den Vereinigten Staaten, wieder stand Robert Enke nicht darauf, Roberto Bonano, Wochen zuvor noch ein solider Schlussmann im Champions-League-Viertelfinale, ging es genauso. Es war Juli, ein Jahr nach Robert Enkes Ankunft, und die schöne Zeit in Barcelona war zu Ende, ehe sie begonnen hatte.

Nach einer Stunde voller Erinnerungen an Robert Enke sind Victor Valdés' Augen wässrig. »Die Leute hatten ihn schon nach Novelda abgeschrieben. Es passiert oft bei Barça, ein Fehler, und die Presse hakt den Torwart ab, das Publikum ruft, ›weg mit ihm!‹, besonders damals. Wir hatten nach Zubizarretas Rücktritt ein Jahrzehnt hinter uns, in dem kein Torwart gut genug für Barça schien, und dieser Reflex setzte gleich nach Novelda wieder ein: Der ist es auch nicht.« Valdés verschränkt die Arme vor der Brust. »Aber ich habe Robert jeden Tag im Training gesehen, und ich möchte glauben, dass ich mich nicht irre, wenn ich einen Torwart sehe: Er war ein Großer.«

Robert Enke machte nur dreieinhalb Spiele für Barça, zwei in der Champions League, als bereits nichts mehr auf dem Spiel stand, 20 Minuten gegen Osasuna, als sich Bonano verletzte. Und in Novelda. Aber war er wirklich schlechter als Bonano und Valdés?

»Er hatte Schwierigkeiten, sich auf Barças besondere Spielweise umzustellen. Doch ich glaube, dass er als Torwart damals vom Niveau über mir stand«, sagt Victor Valdés, der in der folgenden Saison auf unabsehbare Zeit Barças Nummer eins wurde: »Wäre Novelda nicht passiert, wäre Robert ein sehr guter Torwart für Barça geworden.«

»Natürlich«, sagt Teresa, eine Lebensreise entfernt, auf dem norddeutschen Land, »habe ich mich manchmal gefragt, wie das Leben weitergegangen wäre, wenn dieses eine Spiel anders gelaufen wäre.«

Sie hat für sich eine Antwort gefunden. »Vermutlich wäre gar nichts anders gelaufen. Vermutlich hätte er im nächsten oder übernächsten Spiel gepatzt. Er war damals nicht so weit, um den Druck Barças auszuhalten.«

Wir saßen im Garten in Empede, Barcelona war vier Jahre alte Geschichte, es war Sommer, Ferien, Robert Enke, wie fast alle Torhüter mit zwei linken Händen ausgestattet, wenn es darum ging, handwerklich zuzupacken, sagte: »Hast du eigentlich schon gewürdigt, dass ich den Sonnenschirm ganz alleine festgeschraubt habe!« Da traute ich mich das erste Mal, nach Novelda zu fragen.

»Bei dem Wort zieht sich bei mir noch immer alles zusammen«, sagte er. »Wenn ich an das Gesicht von Patrick Andersson denke, als er am Morgen danach voller Wut rief: ›Das kannst du dir vom de Boer nicht gefallen lassen!‹ Oder die Hitze im klimatisierten Mannschaftsbus vor dem Spiel.« Als hätte er von innen her geschwitzt.

Teresa fuhr nach ihrem Abschied aus Spanien noch manches Mal nach Barcelona, um die Freunde von Sant Cugat zu besuchen. Er fand jedes Mal einen Grund, um nicht mitzukommen.

ELF

In Zeitlupe

Verlassen lag der Trainingsplatz La Masía im Halbschatten der mächtigen Stadionmauern. Die Morgensonne würde noch gut eine Stunde benötigen, um gegen halb zwölf den gesamten Rasenplatz in grelles Licht zu tauchen, doch die Hitze des Tages ließ sich schon vorausfühlen. Die Stille schrie Robert Enke an. Sie hatten ihn zurückgelassen.

Die Mannschaft des FC Barcelona war tags zuvor zur Sommertournee in die Vereinigten Staaten aufgebrochen. Robert Enke, Roberto Bonano und Stürmer Dani García mussten allein in der Masía trainieren. Die Leere erinnerte die drei an alles, was nicht mehr da war, das Lachen der Mannschaft, das rhythmische Plopp des Balls, wenn Barça ihn passte, die ewige Sommerhoffnung, dass in dieser Saison alles gut werde. Das Schweigen der Masía sagte ihnen, ihr werdet nicht mehr gebraucht, sucht euch schnellstens einen anderen Verein.

Es war Montag, die Woche fing gerade erst an, der Juli war fast schon zu Ende. In Deutschland oder England begann in wenigen Tagen die neue Saison. Es war unrealistisch, dass ihn nun noch ein passables Angebot erreichte.

»Wir haben keine Alternative zu Fenerbahçe«, sagte Jörg Neblung, »und wenn wir es einmal nüchtern betrachten, ist das nicht der schlechteste Klub, das Gehalt stimmt, du kannst dort Meister werden und dich wieder präsentieren.«

»Wir schaffen das«, sagte Teresa. »Es ist doch nur ein Jahr.«

Das sagten ihm die beiden schon seit Tagen.

Er sagte nichts. Die türkische Liga galt damals als Auffangbecken für Spieler mit Karriereknick. In Robert Enkes Augen war die Türkei das Synonym für Gescheitertsein.

Mitte Juli, sie waren auf dem Rückweg vom Urlaub in Deutschland nach Barcelona gewesen, 2000 Kilometer mit den Hunden im Auto auf dem Heimweg ins Ungewisse, hatte Robert Enke die deutschen Trainer von Fenerbahçe im Trainingslager in Bitburg besucht.

Triff sie wenigstens einmal, hatten ihm Jörg und Teresa gesagt.

Er aß mit Christoph Daum und Eike Immel im Hotelrestaurant, man konnte noch auf der Terrasse sitzen, Teresa war an seiner Seite. Daum riss die Augen weit auf und sprach, als interpretiere er eine Theaterrolle, Immel war von natürlicher Herzlichkeit und warf mit Vergnügen Anekdoten aus alten Fußballtagen ein. Robert, den Teresa nur einmal im Leben, mit 17, betrunken erlebt hatte, schenkte sich kräftig Rotwein nach.

Jemand schätzte ihn noch als Torwart. Für einen Abend füllte ihn der Gedanke aus. Er entspannte sich, er stellte viele Fragen, wie war es um die Qualität von Fenerbahçes Abwehr bestellt, kam man mit Englisch in Istanbul erst einmal durch. Wie angenehm natürlich Teresa und Robert waren, was für eine ruhige Bestimmtheit Enke ausstrahlte, schoss es Eike Immel durch den Kopf. »Als Daum und ich wegfuhren, waren wir richtig euphorisch. ›Der *muss* es sein‹, sagten wir uns.«

Zwei Wochen später fuhr Robert Enke nach dem Montagstraining auf der verlassenen Masía durch den Tunnel von Vallvidrera nach Hause, obwohl die Maut zwei Euro kostete, er redete mit Teresa, er telefonierte mit Jörg, er sagte, also gut, ich mach's.

»Ich hab's mir schöngeredet: deutsches Trainerteam, gutes Geld, probier's halt mal.«

Als Jörg Neblung in Istanbul ankam, glaubte er, er sei in eine biblische Szene geraten. Und er teilte das Wasser – an diese Stelle des Alten Testaments musste er denken, als er neben Christoph Daum aus dem Atatürk-Flughafen schritt. Hunderte Fans empfingen den Trainer und seinen Tross, Hände und Köpfe streckten sich ihnen entgegen, doch sie konnten im Trabtempo marschieren, der Trainer teilte die Menge mit seiner puren Erscheinung.

In Deutschland hatte sich Daum nach vielen Possen und dem berühmtesten Haartest des Landes, der seinen Kokainkonsum dokumentierte, den Ruf verdorben. In der Türkei war er wer, nachdem er Mitte der Neunziger aus dem Istanbuler Klub Besiktas den Meister und Pokalsieger gemacht hatte. Fenerbahçe war in der zurückliegenden Saison nur Sechster geworden, eine Düpierung für den populärsten Klub des Landes. Daum war das Versprechen, dass alles wieder gut würde. Für Robert Enke war es das übliche Szenario. Nach Mönchengladbach, Benfica, Barça war er abermals bei einem Klub gelandet, der den Vergleich mit der eigenen großen Vergangenheit nicht aushielt.

Er traf kurz nach Jörg Neblung aus Barcelona ein, alleine. Teresa würde mit den Hunden bei den Freunden in Sant Cugat wohnen bleiben und ihn regelmäßig besuchen, hatten sie vereinbart. Er sollte doch nur eine Saison in der Türkei verbringen, es war nur eine Überbrückung, vielleicht konnte er danach sogar zurück zu Barça, sein Vertrag dort war nur für ein Jahr ausgesetzt worden. Er selbst hatte darauf bestanden, dass sie auf keinen Fall richtig nach Istanbul umzogen. Er wollte das Gefühl vermeiden, dass die Entscheidung endgültig war; er brauchte die Sicherheit, jederzeit nach Sant Cugat zurückkehren zu können, und wenn es nur für ein paar freie Tage war. Aber nun war er zum ersten Mal in seinem Leben allein.

Die Menge der Fans am Flughafen war zu einzelnen Grüppchen geschrumpft, ein paar Leute erkannten ihn und riefen etwas, er verstand es nicht. Den Gesichtern nach zu schließen, waren es freundliche Worte, aber wie konnte er sich sicher sein? Er wusste, was in den Zeitungen stand.

Fenerbahçe hatte den türkischen Nationaltorwart Rüştü Reçber, ein Idol, an Barça abgegeben. Präsident Aziz Yildirim, der gewohnt war, Entscheidungen per Dekret durchzusetzen, träumte von Frankreichs Weltmeister Fabien Barthez als Ersatz. Und dann hatte Daum darauf bestanden, diesen Deutschen einzustellen, den Yildirim nicht einmal kannte, den Barça nicht mehr wollte! Die türkischen Zeitungen hatten ihr Urteil gefällt, ehe er in Istanbul landete. Was wolle ein Ersatztorwart bei Fener?

Er musste auf ein Podium, vor diese Zeitungsreporter. Zwei

Knöpfe seines weißen Hemdes waren geöffnet, das Hemd hing leger aus der Hose, Istanbul im August. Die Fotografen gaben ihm durch Gesten zu verstehen, er solle sich zu Fenerbahçes blaugelber Fahne stellen. Er legte die eine Hand an die Vereinsfahne, mit der anderen spreizte er den Daumen den Kameras entgegen zum Zeichen, Klasse, dass ich hier bin, stark, dass ich für Fenerbahçe spielen werde. Und sein Gesicht sagte alles andere.

Die Wangen rot, die Augen geweitet, unruhig.

Jörg entschied sich, so zu tun, als nehme er Roberts Anspannung nicht wahr. Er wollte es nicht noch schlimmer machen, indem er es ansprach.

Stattdessen ließ er beim Präsidenten anfragen, ob Aziz Yildirim kurz für ein Foto mit Robert bereitstünde. Solch ein Bild könne die Situation ein wenig entspannen, hoffte Jörg Neblung. Es würde den Eindruck erwecken, der Präsident schätze den neuen Torwart oder dulde ihn zumindest.

Yildirim ignorierte das Anliegen.

Egal, versuchte sich Jörg Neblung zu beruhigen, wichtig war nur, dass der Trainer hinter Robert stand.

Sie fuhren in das Hotel, das der Klub für Robert Enke reserviert hatte, es war von gehobener Klasse, aber von verblühendem Charme, im Häusermeer auf der asiatischen Seite. Pierre van Hooijdonk, Roberts Freund aus Lissabonner Tagen, zufällig zur selben Zeit als Fenerbahçes neuer Stürmerstar verpflichtet, war in einem Luxushotel an grünen Parkhängen auf der europäischen Seite untergebracht worden, der Blick reichte über den Bosporus.

Robert Enke wollte im Hotel zu Abend essen. Bloß nicht mehr rausgehen.

Jörg blieb drei Tage bei ihm. Er sorgte dafür, dass Robert in van Hooijdonks Hotel umziehen durfte, er reiste zufrieden ab, denn »die Voraussetzungen für eine schnelle Eingewöhnung waren günstig«, der alte Freund van Hooijdonk in der Nähe, zwei, drei Deutschtürken wie Ali Günes aus Freiburg in der Mannschaft, die deutschen Trainer und eine Stadt, die in den Vierteln Galata oder Beyoğlu die Lebendigkeit des geliebten Lissabon besaß.

Robert Enke mit der Fenerbahçe-Fahne nach der Vertragsunterzeichnung.

Er fuhr jeden Tag mit Pierre van Hooijdonk zum Training, die einfache Strecke vierzig Kilometer – und dabei mussten sie nicht einmal an das Ende der Stadt. Auf der Bosporus-Brücke floss der Verkehr chronisch zäh. Robert dachte sich, zum Glück ist Pierre da, so habe ich wenigstens ein wenig Spaß. Pierre dachte sich, was ist denn mit Robert los? Er regte sich die ganze Zeit auf, über den Verkehr, über die unkonzentrierten Mitspieler, über alles. Dann sprach er wieder minutenlang gar nichts.

Ein Immobilienmakler, vom Klub beauftragt, zeigte ihm Wohnungen. Okay, die nehme er, sagte er schnell, damit er die Entscheidung hinter sich hatte.

Einmal telefonierten wir. Ich erwähnte beiläufig, ich ginge gleich mit einem Freund Sushi essen. Dieses banale Wort Sushi löste etwas in ihm aus. »Und ich stehe hier in Istanbul im Stau auf dieser scheiß Brücke!« Er klang so zornig, oder war es doch eher verzweifelt, dass ich erschrak.

Effektiv war er nur drei Tage allein. Jörg ging, und dann wurde schon Teresa zu Besuch kommen. In den drei Tagen dazwischen spielte Fener zum Test gegen Kocaelispor, dreißig Minuten vor Anpfiff wurde ein Schaf auf dem Platz geopfert, er dachte, »zum Glück ist Teresa noch nicht da mit ihrer Tierliebe«. Als sie schließlich bei ihm in Istanbul war, dachte er schon daran, dass er nach ihrer Abreise wochenlang ohne sie sein würde.

Er präsentierte ihr die Wohnung, die er ausgesucht hatte, und sie erschrak. Es fiel kaum Licht in die Zimmer. Es war Nachmittag, Sommer, Teresa musste die Lampen in der Küche einschalten. Von der plötzlichen Helligkeit aufgeschreckt, flohen Kakerlaken.

»Robbi!«

»Als ich die Wohnung angesehen habe, schien sie mir in Ordnung.«

»Aber jetzt überleg doch mal, wie wir in Barcelona leben, was hat dir daran immer so gefallen?«

Er zuckte mit den Schultern.

»Da haben Teresa und ich vielleicht auch Fehler gemacht«, sagt Jörg Neblung. »Weil es ihm das halbe Jahr zuvor in Barcelona wieder besser ging, dachten wir, er wird das in Istanbul schon meistern, so wie er sich nach seiner Flucht aus Lissabon oder nach Novelda wieder gefangen hatte.«

Für Teresa und Jörg war er ein feinfühliger Mensch, der manchmal in Extremsituationen aus dem Gleichgewicht geworfen wurde und der danach, wenn er mit seiner ungeheuren Selbstbeherrschung die Schwermut vertrieben hatte, gestärkt aus der Dunkelheit hervorging.

Teresa half ihm, eine andere Wohnung in Istanbul zu finden, und flog nach vier Tagen, einen Tag vor dem Saisonstart, zurück nach Barcelona. Er schaffe das, sagte sie zum Abschied, und in 14 Tagen komme Jörg erneut zu Besuch, in drei Wochen schon wieder sie. Sie glaubten, wenn er erst einmal die Anfangsangst überwunden habe, würde es laufen, wie damals in Lissabon. Er musste sich nur in den ersten Spielen selbst überzeugen, wie gut er war. Hoffentlich passierte nur bis dahin nichts.

Jörg Neblung schickte ein Fax an Robert Enke, Swissotel, Zimmer 1296. »Morgen, Robbi, anbei die aktuelle Presse. Habe gestern kurz mit Eike telefoniert; er sagte mir, Du würdest einen sehr guten und selbstbewussten Eindruck machen ... schön zu hören! Es gibt halt keinen Zweifel an Deinem Status und Deinen Fähigkeiten – ich hoffe, Du hast momentan auch ein Ohr für solche Statements!!! Sonst alles Döner? Gülegüle, Jörg.«

In der Nacht vor dem Auftakt der türkischen Meisterschaft blieb die Mannschaft in Fenerbahçes Sportschule in Samandira, weit im Osten der Stadt, Istanbuls Zentrum ist hier nur noch eine entfernte Ahnung. Er hatte ein Einzelzimmer und wollte gerne die Bundesliga sehen, Bremen gegen Gladbach, Hannover gegen Bayern, so wie er es bei Benfica am Abend vor dem Spiel immer mit Moreira getan hatte. In Fenerbahçes Sportschule empfing er nur einen deutschen Sender, RTL, ohne die Übertragungsrechte für die Bundesliga.

Moreira erreichte Robert seit Wochen nicht mehr. Sie hatten nach ihrer Zeit bei Benfica weiter regelmäßig miteinander telefoniert, Robert hatte verlässlich zurückgerufen, wenn er die Nummer seines kleinen Torwartbruders unter verpassten Anrufen entdeckte. Nun schwieg Robert. »Das ist die letzte Nummer, die ich von ihm hatte«, sagt Moreira und zeigt sein Telefonverzeichnis vor, 0034-667630228, Spanien. Später sprach Moreira einmal mit van Hooijdonk. »Wie geht es Robert, du warst doch mit ihm bei Fenerbahçe?«, wollte er sofort wissen. »Robert ist nicht mehr derselbe«, sagte van Hooijdonk. »Er redet nicht mehr. Er ist seltsam geworden.«

Robert Enke saß in seinem Zimmer in Feners Sportschule, die Stunden bis zum Anpfiff zogen sich. Er suchte ein Blatt Papier, er fand Jörgs Fax und schrieb auf die Rückseite: *Tagebuch Istanbul.* Dann begann er zu schreiben.

10.08.2003. Sind im Trainingscamp in Samandira. Heute Abend ist das erste Ligaspiel. Es ist ziemlich öde hier.
Mir geht es, wie zu erwarten, ziemlich schlecht. Es ist eine Mischung aus Angst, Nervosität und Heimweh. Heimweh nach meinem Leben mit Terri und den Hundis. Terri ist gestern geflogen.
Ich frage mich oft, warum ich das mit Fenerbahçe gemacht habe, und sehne mich nach einem Datum zurück, an dem ich die Entscheidung noch vor mir hatte. Wahrscheinlich würde es mir in Barcelona ganz ohne Perspektive auch schlecht gehen, aber ich hätte Terri, meine Freunde und mein Umfeld, in dem ich mich geborgen fühlte.
Vom Trainerstab bin ich etwas enttäuscht. Daum müsste wesentlich mehr Wert auf Disziplin legen. Zur Mannschaft habe ich kaum Bezug.
In dieser Stimmung fuhr er ins Stadion.

Es ging 40 Kilometer zurück ins Zentrum, schon wieder ein Stau auf dieser Brücke, Fenerbahçes Stadion liegt unweit des Kanonentor-Palastes, Heim der Sultane, Herrscher des Osmanischen Reichs. Die Tribünen waren vier gelbblaue Wände aus 52000 Fanatikern, der Gegner, Istanbulspor, nicht der Rede wert.

Er trug ein glänzendes dunkelblaues Trikot mit angedeutetem V-Ausschnitt und eine Hose, fast so breit wie die eines Boxers. Er sah gut aus in der neuen Torwartkluft, kräftig und doch beweglich. Sein Gesicht sah man erst später auf Fotos.

In Barcelona flüchtete Teresa zu Dickens. Sie ritt in den Wald, sie ließ das Pferd galoppieren, die Geschwindigkeit zwang sie, sich zu konzentrieren, nicht daran zu denken, dass in Istanbul gerade ein Fußballspiel stattfand.

Der Gegner, Istanbulspor, stand kurz vor dem Bankrott, am Ende der Saison würde sich die Elf mit einem Punkt Vorsprung vor dem Abstieg retten. Fener strengte sich an, das Spiel zu dominieren, aber Istanbulspor igelte sich ein, es ist das Recht der kleinen Teams. Fener kam nicht durch, Fener wurde nervös. Irgendwann ein langer Pass aus Istanbulspors Spielhälfte, es waren erst 18 Minuten gespielt, er rannte raus und merkte in der nächsten Zehntelsekunde, den Ball würde er niemals erreichen. Istanbulspors einziger Stürmer, der Israeli Pini Balili, der jetzt auch Türke ist und Atakan Balili heißt, hatte den Ball schon, Feners Verteidiger waren bereits abgehängt, noch 25 Meter bis zum Tor, der Ball sprang einladend vor Balili auf, er überlupfte Enke mit Genuss, der Torwart, gestrandet an der Sechzehnmeterlinie, rannte verzweifelt zurück, dem Schuss noch hinterher, und ahnte schon, er würde ihn nur noch aus dem Tornetz holen.

Sein Torwarttrainer saß auf der Tribüne, Eike Immel war überzeugt, »an dem Tor konnte er nichts machen, es ging ein unfassbar dämlicher Fehlpass von Selçuk voraus, dann lief der Konter so schnell, dass Robert seine Position nicht mehr korrigieren konnte«. Er dagegen schimpfte laut auf sich selbst, als er den Ball zum Anstoßkreis schlug. Sein Fuß verfing sich im Klopapier, das Fans in sein Tornetz geworfen hatten.

Er glaubte, jemand habe ihn in den Zeitlupenmodus versetzt. In seiner Wahrnehmung schien er sich unendlich langsam zu bewegen. Später sagte er zu Jörg: »Alles war in Nebel gehüllt.«

In der zweiten Halbzeit lag der Ball nach einer Rückgabe vor seinen Füßen. Und Robert Enke machte keine Anstalten, irgendetwas zu unternehmen. Ein Raunen auf den Tribünen schwoll zum Grollen an. Eike Immel spürte, wie sein Herz schneller schlug, schieß den Ball doch weg, Mann!, dachte er. Die Gegner, die sich erst gar nicht bemüht hatten, den Torwart zu belästigen, stutzten; schon rannte der erste, Balili, auf ihn zu. Und er bewegte sich immer noch nicht. Als wisse er nicht, was er mit dem Ball machen sollte; als habe er vergessen, wie man einen simplen Pass ausführte. Immel wollte schreien, weg das Ding, schnell!

Zu spät.

Balili stibitzte Enke den Ball, es gab ein Durcheinander in Feners Strafraum, 52000 schrien spitz und wild, das Chaos der Spielszene hatte sie erfasst. Endlich bereinigte irgendein Abwehrspieler die Gefahr. Eike Immel brauchte seine Zeit, um sich von dem Schock zu erholen. »Robert hatte komplette Aussetzer«, sagt er.

Nach 57 Minuten stand es 0:3. Münzen, Feuerzeuge, Flaschen flogen ihm um die Ohren. Er wusste, hinter seinem Tor standen die eigenen Fans.

Teresa kam vom Reiten nach Hause. Im Videotext würde sie das Ergebnis finden. Sie fand vor sich selbst eine Ausrede, den Fernseher nicht einzuschalten. Sie musste doch erst duschen.

Eine Viertelstunde später klingelte ihr Telefon.

»Hallo, der Gunnar ist hier.«

Als Kinder hatten es Robert und seine Freunde aufregend gefunden, dass Robert einen sechs Jahre älteren Bruder hatte. Der große Bruder konnte ihnen etwas von Musik und Mädchen erzählen. Mit 21 war Gunnar Vater geworden. Seit Robert ein Wanderarbeiter des Profisports geworden war, sahen sie sich nur noch für ein paar Tage in den Ferien und telefonierten gelegentlich.

»Ja, Gunnar?«, sagte Teresa.

»Ich wollte mich nur mal so melden.«

»Gunnar, wenn du was weißt, dann sag es mir bitte gleich!«

»Ja. 3:0.«

»Gewonnen oder verloren?«

»Verloren.«

Teresa brach auf der Treppe zusammen.

Sie wählte wieder und wieder seine Handynummer. »Draußen war es dunkel geworden«, erinnert sich Jörg, der es seinerseits versuchte. Schließlich rief Robert Teresa zurück. Er stand schon wieder auf dieser Brücke, im Stau.

Er komme nach Hause, sagte er. Er gebe auf.

»Um Gottes willen, Robbi, nichts überstürzen! Bitte, schlaf wenigstens eine Nacht darüber, und lass uns morgen noch einmal darüber reden.«

Nein, er habe die Entscheidung schon während des Spiels gefällt. Es gebe daran nichts mehr zu rütteln.

»Ich verstehe, wie du dich fühlst, jeder hat doch mal die Sehnsucht, einfach hinzuwerfen, wenn es nicht läuft. Aber danach würde es nur schlimmer. Halte nur ein oder zwei Wochen noch durch, ein oder zwei Spiele, und du wirst es überstanden haben, das weiß ich. Wir kommen da wieder raus. Ich liebe dich.«

Sie fürchtete, wenn er aufgab, würde er vollends zusammenbrechen. Aufzugeben würde er sich selbst nie verzeihen.

Ihre Worte haben mir sehr gutgetan, schrieb er in sein Tagebuch. Ihr jedoch entgegnete er am Telefon, nein, es gehe nicht mehr. Seine Karriere sei zu Ende.

Er machte noch einen Anruf, ehe er das Handy ausschaltete, damit ihn niemand mehr erreichte.

Marco meldete sich wie immer enthusiastisch, als er die Stimme des Freundes hörte. Danach sagte er für einige Zeit nichts mehr.

»Ich gehe hier kaputt, ich muss hier weg, das geht nicht mehr.« In Marcos Erinnerungen wiederholten sich die Sätze des Freundes permanent, sie wurden immer schneller und ließen ihn schwindlig zurück.

»Robbi, jetzt sammle dich erst einmal – und wenn es dann nicht geht, gehst du.«

»Aber dann bin ich arbeitslos.«

»Ein halbes Jahr, was ist das schon? Im Wintertransfermarkt findest du wieder einen Verein.«

Marco fand die Absicht des Freundes, kurzfristig hinzuwerfen, erschütternd. Die Aussicht, ein halbes Jahr ohne Fußball zu sein, erschreckte ihn weniger. Er war gerade vom 1. FC Nürnberg zum AC Arezzo gewechselt; freiwillig in die Dritte Liga. Er glaubte, wenn er sich auf ein spürbar niedrigeres Niveau begab, in ein Land, wo ihn niemand kannte, niemand an den drei Toren aus den ersten sieben Bundesligaspielen maß, dann wäre er endlich diesen ständigen Druck auf den Schläfen los. Drei Tage vor seinem ersten Spiel in Italien hörte er, wie der Trainer im Fernsehen über ihn sagte: »Das ist ein Spieler, da schnalzt man mit der Zunge.« Marcos Schläfen verhärteten sich augenblicklich wieder. Durch das erste Spiel schleppte er sich steif, schlapp, ohnmächtig. »Wenn du nur den Fußball hast, und der bricht weg«, sagt Marco, »bleiben nur Zweifel.«

Am nächsten Morgen wachte Robert Enke mit dem Gedanken auf, mit dem er vor viel zu kurzer Zeit eingeschlafen war. Er musste hier weg.

Zunächst einmal suchte er sich allerdings nur ein Blatt Papier.

11.08.2003. Bin am Ende. Das Spiel haben wir 0:3 verloren. Sah beim ersten Tor nicht gut aus. Danach war ich sehr nervös, gerade in der zweiten Halbzeit. Wurde von den eigenen Fans verhöhnt.

Habe heute schon mit Vater, Jörg und Terri gesprochen. Möchte weg aus Istanbul, endlich eine richtige Therapie machen. Es geht auf keinen Fall weiter. Musste gestern einsehen, dass ich den Anforderungen einfach nicht gewachsen bin. Jörg versucht, mich zu überreden, jemanden einfliegen zu lassen oder Medikamente zu nehmen. Das will und das kann ich aber nicht hier tun. Terri hat gerade angerufen und musste wieder auflegen, weil sie weinen musste. Fühle mich hilflos und ängstlich, gehe nicht aus dem Hotelzimmer, habe Angst vor den Blicken der Leute. Möchte einfach nur ohne Angst und Nervosität leben. Ich weiß, dass eine Vertragsauflösung weitreichende Folgen hätte, aber kann an nichts anderes denken. Weiß nicht mehr weiter.

Will heute noch mit Daum sprechen, weiß nicht, wie ich es anstellen soll. Habe auch Angst vor seiner Reaktion. Weiß, dass ich es schon öfter verpasst habe, eine Therapie anzufangen.

Der Trainer hatte der Mannschaft zwei Tage freigegeben, wegen der Niederlage. Sich nicht zu sehen war die beste Therapie, glaubte Daum.

Wenn kein Training war, musste er Daum anrufen. Die heiße Angst des Spiels war zurück, sie staute sich in ihm. Wie sollte er es Daum nur sagen? Sein Handy klingelte.

»Hallo?«

»Robert, der Eike ist hier.«

»Eike!«

»Ich bin mir sicher, du hast nach diesem Spiel genauso wenig geschlafen wie ich. Ich wollte dir einfach sagen, wenn du einen

Kaffee trinken willst, ich komme vorbei. Wir können auch eine Bosporus-Bootstour machen, damit du mal siehst, wie schön die Stadt ist. Oder, wenn dir danach ist, machen wir es wie Olli Kahn nach solchen Spielen und gehen trainieren bis zum Kotzen, bis der Frust raus ist.«

»Eike, wie gut, dass du anrufst. Ich wollte mich bei dir in diesem Moment melden. Ich habe ein Riesenproblem, aber das können wir nicht am Telefon besprechen.«

»Ich komme sofort bei dir im Hotel vorbei.«

Es war seine Stimme, die Eike Immel Angst gemacht hatte. Hatte sich Teresa von ihm getrennt? War jemand aus seiner Familie gestorben? Das würde das hypernervöse Spiel erklären. »Ich sehe mich noch, wie ich eine halbe Stunden später im Hotel an seiner Zimmertür klopfte und dachte, ach du Scheiße, was kommt jetzt? Was dann kam, damit hätte ich nie gerechnet.«

Zum Glück gab es Eike Immel. Eike war ein guter Typ. Immer am Reden, stets ein positiver Blick, obwohl ihn eine Hüftarthrose plagte, das Gelenk verschlissen in zwanzig Profijahren als Torwart, jeder Schuss schmerzte ihn, für einen Torwarttrainer nicht gerade ideale Voraussetzungen, aber das war jetzt nicht das Thema.

Das Licht flutete durch die breiten Fensterscheiben in das Hotelzimmer. Der Bosporus glänzte in der Sonne. Am anderen Ufer lag Asien.

Er wartete, bis sich Eike gesetzt hatte. Die Sessel waren in Rautenform, ockerbraun gemustert.

»Ich muss meine Karriere beenden.«

»Robert, was ist los?«

»Ich kann nicht mehr. Ich habe nur noch Angst; Angst, das Hotelzimmer zu verlassen, Angst, die Zeitung aufzuschlagen, Angst, die Torwarthandschuhe anzuziehen.«

Eike Immel dachte ein, zwei Jahrzehnte zurück, er war Nationaltorwart gewesen, Europameisterschafts-Halbfinalist, und er hatte überstürzt seinen Rücktritt aus der Nationalelf erklärt, als er 1988 zu spüren glaubte, der Bundestrainer setze auf einmal mehr auf Bodo Illgner. »Ich hatte vor jeder Saison Angst«, sagt Immel, »Angst vor einem neuen Torwartrivalen, Angst vor einem neuen Trainer; an manchen Spieltagen reichte es, dass ich im Fünfmeterraum ein winziges Loch im Rasen entdeckte, dann hatte ich die ganze Zeit schreckliche Angst, oh Gott, wenn ein Schuss genau auf dieser Unebenheit aufsetzt, dann wird er unhaltbar.«

Er kannte die Angst von Robert Enke, glaubte Eike Immel, aber er wusste doch auch, wie schnell sie wieder verfliegen konnte. Ein, zwei gute Spiele, und er hatte früher immer gedacht: Hoffentlich ist meine Abwehr heute richtig schlecht, damit ich 15 schwere Schüsse draufbekomme – ich halte alles.

»Robert, du konntest an den Toren nichts machen, an keinem der drei.« Immel glaubte das wirklich. »Und dass du nervös warst – was meinst du, wie es mir ging, als ich damals zum ersten Mal bei Manchester City im Tor stand, plötzlich in einem fremden Land. Ich bin in der ersten Halbzeit gegen Tottenham unter zwei Flanken durchgesegelt wie ein absoluter Anfänger, da hätten sie mich gleich wieder rauswerfen müssen. Und danach habe ich bei City eine richtig gute Zeit gehabt. Das wird dir hier auch so ergehen, glaub mir.«

»Es ist zwecklos. Die Angst ist die ganze Zeit da. Ich kann nicht mehr, ich will nicht mehr.«

Sie redeten zwei Stunden, ehe Eike Immel einsah, dass er seinen Torwart verloren hatte. Er rief Daum an, Robert Enke saß daneben. Der Trainer kam wenig später auf Zimmer 1296. Er beende seine Karriere, sagte Robert Enke, er müsse sich behandeln lassen. Das Wort Depression fiel nie, immer nur: Angst. Daum hörte zu, er nickte und sagte, er verstehe Robert. Er werde ihm helfen, aus dem Vertrag herauszukommen.

Jörg Neblung hatte inzwischen über die Deutsche Sporthochschule in Köln eine angesehene Psychologin ausfindig gemacht.

Er hoffte, dass sie mit ihm nach Istanbul fliegen könnte, um Robert zu untersuchen, während er weiter für Fener spielte, als fehle ihm nichts.

Er war der Berater, der seinem Schützling den Rücken freihielt, der ihn stärken musste, wo er nur konnte, glaubte Jörg

Neblung. Er hatte seine Nachricht auf dem Anrufbeantworter der Psychologin hinterlassen, sein Telefon klingelte. Vielleicht war sie das schon. Es war Daum. Jörg Neblung müsse morgen nach Istanbul kommen. Sie würden den Vertrag auflösen.

Es wurde Dienstag, der zweite freie Tag nach dem Spiel gegen Istanbulspor. Robert Enke hatte nichts zu tun, außer auf Jörg zu warten. Von seinem Hotelzimmer aus sah er die Schiffe auf dem Bosporus, Dutzende Fähren, Öltanker, Ausflugsdampfer. Nirgendwo besitzt Wasser solch eine Kraft wie in Istanbul. Man kann eine Ewigkeit auf den Bosporus starren, und die gemächlichen, gleichmäßigen Bewegungen der Schiffe lassen einen in Gedanken hundertmal aufbrechen, ankommen, nostalgisch zurückbleiben. Er blickte allenfalls durch den Bosporus hindurch. Sein Istanbul bestand ausschließlich aus dem Hotelzimmer. Er nahm den Kugelschreiber des Hotels, mit der blauen Tinte und dünnen Mine.

12.08.2003. Ich muss endlich lernen, wirklich auf das zu hören, was mir mein Bauch bzw. Verstand sagt. Ich weiß noch nicht, warum ich das mit Fenerbahçe gemacht habe, wahrscheinlich weil ich dachte, ich müsste nur gebraucht werden, dann wäre alles wieder im Lot. Aber so einfach ist es leider nicht. Das Jahr in Barcelona hat mich sehr verändert. Das ganze Selbstvertrauen, was ich mir in drei Jahren Lissabon aufgebaut habe, habe ich mir wegnehmen lassen. Ich bin in meiner jetzigen Verfassung nicht gerüstet für das Fußballgeschäft. Ich wollte mir das lange Zeit nicht eingestehen, obwohl ich es hätte merken müssen: Ich war immer froh, wenn ich in irgendwelchen Spielen, und seien es Trainingsspiele, nicht spielen musste. Habe es zwar dann als große Ungerechtigkeit dargestellt (was ab und zu vielleicht auch zutraf), war aber immer dann entspannt und gut drauf, wenn ich außen vor war. Auch habe ich so eine Angst vor der Meinung der Öffentlichkeit, der Presse und den Blicken der Leute. Die Angst lähmt mich. Ich weiß nicht, wie lange es her ist, dass ich in ein Spiel zwar aufgeregt, aber doch relativ unbelastet reingegangen bin. Werde versuchen, mir in Zukunft einiges von der Seele zu schreiben. Hoffe, dass es hilft.

»Bist du schon in Istanbul?«, fragte Teresa Jörg am Handy.

»Im Prinzip schon.«

»Was heißt das?«

»Ich bin am Flughafen angekommen, weiß aber nicht, ob ich jemals das Hotel erreichen werde. Der Taxifahrer hält es für angebracht, mit 120 Stundenkilometern durch die Stadt zu brettern. Und falls du mich schlecht verstehst: Er hat auch noch alle Fenster offen.« Teresa musste lachen. Als ob sie sich abgesprochen hätten, machten Teresa und Jörg seit Sonntag öfter scherzhafte Bemerkungen. Irgendwie musste die Verzweiflung doch zu durchbrechen sein.

Am Hotel wartete bereits der nächste Fahrer auf Jörg Neblung, mit geschlossenen Fenstern, wie er nicht umhinkam zu bemerken. Jörg begrüßte Robert kurz, dann musste er schon los, sie würden sich später sehen. Fenerbahçe hatte den Fahrer gestellt, Jörg Neblung wusste nicht, wo es hinging, und hatte deshalb das Gefühl, in den hintersten Winkel der Stadt gebracht zu werden. In einer Wohnung mit türkischen Teppichen und vielen Sesseln saß er dann fünf Männern der Vereinsspitze gegenüber. Der Präsident war nicht gekommen. Aziz Yildirim hatte gleich gewusst, dass dieser Torwart unter seiner Würde war. Neben Daum und seinem persönlichen Assistenten Murat Kuş blickten drei Männer mit ernsten Gesichtern Jörg Neblung an. Er kannte sie nicht und hielt sie automatisch für Vizepräsidenten. Sie wurden ihm nicht vorgestellt. Sie schrien ihn bereits an. Kuş übersetzte mit jovialer Stimme.

Was bildete sich Jörg Neblung ein, was glaubte er überhaupt, Fenerbahçe so einen Torwart anzudrehen!

Jörg Neblung kannte die Geschichten von Trainerentlassungen und Spielerrauswürfen in der Türkei. Der Präsident von Bursaspor hatte 2000 eine Pistole aus dem Schreibtisch geholt, als sein deutscher Trainer Jörg Berger auf der vertraglich vereinbarten Abfindung bestand.

Jörg Neblung tat, als habe er gar nichts gehört. »Robert braucht eine Therapie, deswegen muss er leider zurück nach Deutschland, darauf hat er sich mit dem Trainer geeinigt. Der Verein muss ihn dazu bitte einige Wochen freistellen.«

»Wie? Wir sollen ihn weiter bezahlen, während er sich in Deutschland ausruht?«

»Eine Therapie kann er auch hier haben. In Istanbul gibt es wunderbare Häuser für solche Therapien.«

Ein Hausdiener ging mit einer silbernen Kanne durch den Raum und schenkte den Männern mit eleganten Bewegungen wortlos Tee ein.

»Wenn Enke gehen will, dann soll er gehen. Aber dann wird der Vertrag aufgelöst und fertig!«

Das sei nicht so einfach, sagte Jörg Neblung. Wenn der Vertrag aufgelöst werde, sei Robert Enke bis zur nächsten Transferphase in fünf Monaten arbeitslos. Dann müsste ihn der Verein finanziell schon ein wenig entschädigen.

»Auf keinen Fall bekommt er auch noch Geld!«

»Wofür wollen Sie denn Geld? Sie kommen mit dem Geld doch gar nicht bis zum Flughafen!«

Er sehe ja, die Leute seien sehr aufgebracht, sagte Christoph Daum. Am besten gingen Neblung und Enke jetzt einfach. Das Gespräch hatte sich eine Stunde im Kreis gedreht. Der Hausdiener schenkte noch immer Tee aus.

»Ich werde mit Robert sprechen und Ihnen morgen Bescheid geben, aber ich bin mir sicher, dass er den Vertrag nicht einfach auflöst und auf sein Gehalt verzichtet.«

Die Vizepräsidenten, oder wer immer sie auch waren, standen auf und verabschiedeten sich ohne Händedruck. Sie redeten laut auf Türkisch und deuteten mit ihrem Zeigefinger auf Jörg Neblung.

Sie ließen ihn auf den Fahrer warten. Es war bereits nach Mitternacht, Daum blieb auch noch in der Wohnung. Er hatte Jörg Neblung offenbar nichts mehr zu sagen. Ohne Erklärung nahm Daum sein Handy und rief den brasilianischen Spielervermittler Juan Figer an. Laut und ohne Hemmungen verhandelte Daum schon wegen der nächsten Neuzugänge. Jörg Neblung stand in dieser Wohnung, von der er weder wusste, wo sie lag, noch wem sie gehörte, und fragte sich, ob das Leben vielleicht doch einfach eine Seifenoper war.

Am nächsten Morgen musste Robert Enke so tun, als sei er weiterhin ein ganz normaler Fenerbahçe-Profi. Er musste zum Training. Daum nahm ihn beiseite.

Was mache sein Berater für einen Quatsch, jetzt auch noch Geld zu fordern, die Leute in der Türkei seien heißblütig, die könnten sehr böse werden.

Robert Enke hatte gerade erst ein freundlicheres Bild von dem Trainer gewonnen.

In seinem Tagebuch versuchte er, die Gedanken zu ordnen.

14.08.2003. Fenerbahçe hat Jörg und mir offen Gewalt angedroht, falls wir den Vertrag nicht ohne Weiteres auflösen. Daum hat schön mitgemacht und in keiner Form vermittelt. Ich musste feststellen, dass es ein Fehler war, mich diesem Mann zu öffnen.

»Wie geht es?«, fragte Teresa am Telefon.

»Gut – mal davon abgesehen, dass man mich im zwölften Stock des Hotels an den Füßen aus dem Fenster gehängt hat«, sagte Jörg.

Und für einen Moment lachte Robert mit ihnen.

Jörg zog zu ihm ins Hotelzimmer. Zu zweit waren sie sicherer, sagte er Robert. Nicht alleine zu sein war besser für Robert, dachte er sich. Wenn sie aus dem Zimmer gingen, klebte Jörg ein nasses Haar quer über den Rahmen und die geschlossene Tür; um bei der Rückkehr überprüfen zu können, ob jemand in ihrer Abwesenheit ins Zimmer eingedrungen war. Es war ein Spaß, um die Schwere zu vertreiben, und gleichzeitig war es ernst. »Wir mussten mit allem rechnen, auch damit, dass man uns die Pässe klaute, Drogen in den Koffer schmuggelte oder was weiß ich.«

Vom Training zurück, machte Robert Jörg deutlich, dass er sich bei den Verhandlungen nicht mehr anzustrengen brauche. Er habe nur noch einen Wunsch: weg aus Istanbul.

Der Vertrag wurde noch am selben Tag aufgelöst. Fenerbahçe verpflichtete sich, Enkes Hotelkosten zu übernehmen und den Rückflug zu bezahlen. Er verzichtete auf jeden weiteren Cent.

15 Tage, nachdem er im sommerlich leichten Hemd in Istanbul eingetroffen war, machte sich Robert Enke auf den Rückweg.

Fenerbahçe veröffentlichte eine Presseerklärung. Der Vertrag sei in beiderseitigem Einvernehmen aufgelöst worden. Robert Enke erzählte den Sportreportern von »einem Gefühl« und schaffte es nicht, seine Entscheidung in der Ich-Form zu begründen: »Wenn es im neuen Umfeld einfach nicht stimmt und man sich nicht wohlfühlt, kann man keine Leistung bringen. Und bevor man dann auf eine Situation zusteuert, die noch unglücklicher wird, ist es besser, man zieht einen Schlussstrich.« Daum sagte: »Er war gehandicapt, hat es mir aber erst nach dem Spiel gesagt.« Die Sportreporter folgerten, Enke sei verletzt ins Spiel gegangen und habe sich so mit »seinem übertriebenen Ehrgeiz« selbst geschadet.

Offen von den Ängsten zu erzählen schien keine Option.

In der Welt des Fußballs schüttelten die meisten auch so den Kopf. Ein Profi kündigte doch nicht. Das sagte ja wohl schon das Wort: Profi. Professionell sein heißt immer auch, Gefühle zu verdrängen, weiterzumachen. Und wenn es auf dem Fußballplatz nicht läuft, sich halt auf die Ersatzbank zu setzen, heimlich zu beginnen, nach einem neuen Verein zu suchen, und in der Zwischenzeit still das Gehalt abzukassieren. »Viele haben gesagt, der Enke hat sie nicht mehr alle, und klar, wenn man es nüchtern betrachtet, kann man es so sehen«, sagte Robert.

Nur Jupp Heynckes, sein Trainer in Lissabon, sah plötzlich etwas ganz anderes. »Zum ersten Mal nach vier Jahren erinnerte ich mich daran, dass er damals bei Benfica auch sofort wieder nach Hause wollte. Da schwante mir, dass er wohl ein ernsthafteres Problem hatte.«

Nach dem Reglement des Weltverbandes durfte ein Spieler nicht zweimal in einer Wechselperiode den Verein tauschen. Er würde mindestens fünf Monate lang arbeitslos sein.

War er verloren? Oder frei? Als er am Atatürk-Flughafen darüber nachdachte, glaubte er, dass man beides gleichzeitig sein konnte, frei und verloren, niedergeschlagen und erleichtert.

Er hatte Zeit nachzudenken. Um Istanbul hinter sich zu lassen, war er fünf Stunden vor dem Abflug nach Barcelona zum Flughafen gefahren.

ZWÖLF

Kein Licht, nicht einmal im Kühlschrank

Wenn die Gedanken übermächtig wurden, ging er zur Toilette. Er saß auf dem Klo und wartete vergeblich, dass die Müdigkeit zurückkam. Irgendwann schlich er zurück durch das dunkle Haus, hoffentlich fing keiner der Hunde an zu bellen. Gleichmäßig ging Teresas Atem im Schlafzimmer. Er legte sich wieder neben sie ins Bett und schloss die Augen, er wollte den Schlaf erzwingen. Aber die Gedanken hatten auf ihn gewartet.

Warum habe ich bei Fenerbahçe nur gegen meinen Verstand unterschrieben? Und wenn ich in Istanbul nur eine oder zwei Wochen länger durchgehalten hätte, wie alle sagten? Ich werde aus diesem Loch nie wieder rauskommen.

Als er ein oder zwei Stunden später erneut aufwachte, hatte er das Gefühl, gar nicht eingeschlafen zu sein.

Wie tief kann es eigentlich noch gehen? Ich habe den Schwanz eingezogen in Istanbul, und jetzt bekomme ich die Strafe. Aber was für eine, bitte? Wo soll das denn bitte enden?

Um zehn vor acht erwachte er aus dem Nichtschlaf. Er gab Teresa einen Gutenmorgenkuss, er sagte ihr, er gehe gleich mit den Hunden die große Runde. Aber selbst wenn er redete, blieb das schwere Schweigen zwischen ihnen. Er konnte es über seine Sätze hinweg hören. Er wollte ihr so viel sagen, er musste ihr erzählen, wie es ihm ging. Viermal war er nachts vor den Gedanken auf die Toilette geflüchtet, er notierte alles minutiös in seinem Tagebuch, unerbittlich gegen sich selbst, *die schlimmste Nacht, an die ich mich erinnern kann*, er füllte Seiten. Aber wann immer er zu reden begann, klangen die Worte falsch, die Sätze hohl.

Er zog sich schweigend an, er sagte noch einmal, um die Stille zu brechen, er gehe mit den Hunden raus. Er wollte noch etwas anderes sagen, so viele Gedanken wüteten in ihm, aber gleichzeitig fiel ihm kein einziger ein, er war wie blockiert. Wie sollte Teresa den Mann noch lieben, in den er sich seit seiner Rückkehr aus Istanbul verwandelt hatte?

Er konnte die Sätze noch in seinem Kopf formen, Terri, ich weiß, dass ich mich unmöglich benehme, bitte, ich will dich nicht verlieren, aber die Worte verhakten sich in seiner Kehle, sie fanden nicht den Weg hinaus. Er hatte noch exakte Vorstellungen, wie er sich verhalten wollte, und sah sich gelähmt dabei zu, wie er immer nur alles falsch machte.

Er flüchtete nach draußen. Gleich hinter ihrem Haus begann das Naturschutzgebiet Collserola, Wald bis Barcelona. Das milde Septemberwetter machte ihm ein schlechtes Gewissen. An solch herrlichen Tagen sollte man glücklich sein. An solchen Tagen, Montag einer normalen Arbeitswoche, mitten in der Fußballsaison, sollte man keine Zeit haben, durch den Collserola zu spazieren.

Er wusste, dass er krank war. Doktor Geldschläger hatte es ihm erklärt. Es hatte nichts damit zu tun, dass er sich gehen ließ, dass er sich mal zusammenreißen musste. Sein Gehirn war derzeit nicht mehr in der Lage, Stress ausreichend zu verarbeiten, in sein Nervensystem drangen nur noch negative Reize vor, Angst, Wut, Verzweiflung. Wenn Mediziner seinen Kopf aufschnitten, würden sie feststellen, dass unter anderem der präfrontale Cortex unteraktiv war, in dem, vereinfacht gesagt, der menschliche Antrieb entsteht, deshalb fühlte er sich so schlaff, und so gab es für jede Facette seines ihm selbst unerklärlichen Verhaltens eine medizinische Erklärung.

Er hatte Depressionen.

Depressive sind nicht mehr in Lage, die Dinge realistisch zu betrachten. Sie sehen alles schwarz, pessimistisch, negativ.

Aber was nutzten ihm die Erklärungen, was nutzte ihm die Tatsache, dass die Krankheit viele andere Leute in der Welt ohne Rücksicht auf ihre Klugheit oder Lebenserfahrung zu verzweifelten Wracks reduzierte? Was ihm fehlte, war eine Erklärung, wie er jemals wieder aus der Dunkelheit hinausfinden sollte.

Lange halte ich das nicht mehr aus. Dann bleibe ich morgens einfach liegen.

Neben ihm am Frühstückstisch, durch eine dicke Wand des Schweigens getrennt, dachte Teresa auf ganz andere Art dasselbe: Lange halte ich das nicht mehr aus.

Die Angstzustände und die Schwermut, die ihn im Laufe der Jahre immer mal wieder gequält hatten, waren sichere Hinweise gewesen, dass er anfällig für Depressionen war. Aber die Angst, andere und sich selbst zu enttäuschen, spürten viele, Immel, Valdés, Torhüter nutzten die Angst sogar, um konzentriert zu bleiben, um Reaktionen aus dem Körper zu kitzeln, zu denen nur ein Mensch in Gefahr fähig ist. Nach niederschmetternden Erfahrungen traurig und verzweifelt zu sein, wie er nach Novelda, war noch lange keine Depression, sondern menschlich.

Nichts hatte ihn und Teresa darauf vorbereitet, was Depressionen wirklich sind.

Jeden Morgen stand er vor acht auf. Er musste dem Tag eine Struktur geben, Dinge erledigen, den Gedanken keine Chance geben zu kreisen, hatte ihm Doktor Geldschläger noch einmal eingeschärft, und da begannen die Gedanken schon wieder zu kreisen. Wieso hatte er die Sitzungen mit Doktor Geldschläger in der Zeit nach Novelda nicht ernst genug genommen? Hätte er damals die Depressionen noch aufhalten können? Was, wenn er sich in Novelda nicht so verrückt gemacht hätte?

Er wollte gegen die Krankheit angehen, so wie andere gegen den Krebs kämpften, jeden Morgen schnappte er sich die Hunde, den Tag strukturiert beginnen, Dinge erledigen. Aber wer an Krebs litt, hatte wenigstens seinen Verstand und, im besten Fall, seinen Mut und Willen. Er hatte nichts mehr im Kopf als diese erdrückende Schwere.

In seinem Tagebuch begann beinahe jeder Eintrag mit demselben Gedanken: *Ich habe das Gefühl, es wird jeden Tag schlimmer.*

Es ging nicht darum, dass er etwas Außergewöhnliches tat, sondern dass er wenigstens noch irgendetwas tat. Teresa fragte ihn: »Kommst du mit in den Reitstall?« Er saß mit schiefem Kopf auf der Terrasse, dieser schiefe Kopf machte sie noch wahnsinnig, und er überlegte, überlegte hin und her, es gab so viele Gründe, in den Reitstall zu gehen, und so viele, die dagegen sprachen, wie sollte er das jemals entscheiden? »Ich weiß nicht«, antwortete er.

In den ersten Tagen sagte sie, komm mit. Aber die Wochen vergingen, der Kopf blieb schief, und Teresa verließ die Kraft. Es half offensichtlich nichts, dass sie ihn antrieb. Vielleicht war es besser, wenn sie ihn einige Stunden sich selbst überließ. Auf sich gestellt, schaffte er es vielleicht wieder, wenigstens kleine Entscheidungen selbst zu treffen.

Doktor Geldschläger bat Teresa auch zu einer Sitzung. Für Angehörige von Depressiven sei das Leben mindestens genauso schwer wie für die Kranken selbst. Sie prallten an einer Wand ab mit all ihren gut gemeinten optimistischen, rationalen Ansichten. Depressive wissen immer ganz genau, warum alles, was man ihnen vorschlägt, nur schiefgehen kann. Halten Sie durch, sagte Doktor Geldschläger.

Teresa sagte sich, dieser Mann an meiner Seite ist nicht mein Robbi, sondern ein Kranker: Es war die Krankheit, die für all dieses unmögliche Verhalten verantwortlich war. Du musst ihm helfen. Aber Geduld ist ein endliches Gut, wenn dein Mann ein Bündel voller Ängste, ohne Kraft geworden ist, den alles aufregt.

»Die Hunde machen mich wahnsinnig!«

»Als du aus Istanbul kamst, sagtest du, du hättest mich und die Hunde so vermisst.«

»Aber sie laufen ständig alle wild in der Wohnung herum!«

Er brauchte Antidepressiva. Allein mit Gesprächstherapie und Muskelentspannung kam er nicht mehr weiter. Ein befreundeter Arzt aus der Bundesliga, ein Internist, kein Facharzt auf dem Gebiet, verschrieb ihm die Tabletten. Er hatte noch immer das Gefühl, er müsse seine Krankheit geheimhalten, ohne darüber nachzudenken, wieso eigentlich. Er wusste nicht, ob er jemals wieder Profifußballer sein wollte. Sicher war nach seiner Ansicht nur, er hatte bereits zu viele Fehler für ein Leben begangen, um sie je wiedergutzumachen, um je wieder weiterzuleben, wie es das Wort Leben verdiente.

Nach einigem Hin und Her erlaubte ihm der FC Barcelona, wieder mit den anderen zwei Geächteten, Roberto Bonano und Dani García, zu trainieren. Er musste einen Vertrag unterschreiben, dass er aus dem Training auf dem Vereinsgelände keine Gehaltsansprüche ableiten würde. Er verpflichtete sich, die Trainingsplätze nur zu Zeiten zu benutzen, wenn die Profimannschaft nicht anwesend war, wenn ihn keiner sah; wenn ihm deutlich wurde, dass er nie mehr dazugehören würde. Nicht dass er noch auf die Idee kam, seinen gültigen Vertrag bei Barça in der nächsten Saison zu beanspruchen.

Einmal brachte er die Trainingszeiten durcheinander. Plötzlich stand in den Katakomben des Stadions Victor Valdés vor ihm, auf dem Weg zum Training mit Barças Profis.

Victor deutete ein Nicken an. Er konnte nicht erkennen, ob Robert den Gruß erwiderte. Denn sie blickten beide zu Boden. »Ich traute mich nicht, ihn anzusprechen«, sagt Victor, »ich dachte, die einfache Frage ›Wie geht's?‹ könnte ihm wehtun.«

Robert Enke bekam Panik. Er durfte doch nicht trainieren, wenn die erste Mannschaft anwesend war. Er flüchtete sich ins Zimmer der Physiotherapeuten und ließ sich behandeln. Ein Fuß schmerze ihn.

Danach fuhr er wieder nach Hause. Sollte er den Tunnel mit der Maut nehmen oder die Landstraße? Er überlegte immer noch, er fragte sich, wie soll ich das denn entscheiden, als er schon an der Mautstation stand und es keine andere Möglichkeit mehr gab als den Tunnel.

Zu Hause wollte er nicht aus dem Auto aussteigen.

Ich getraue mich gar nicht mehr nach Hause, weil ich dann Terri gegenübertreten muss und mich nicht zusammenreißen kann.

Er nahm die Antidepressiva, am Abend war sein Mund wie ausgetrocknet, so viel Wasser er auch trank. Immerhin die Nebenwirkungen der Medikamente funktionierten schon bestens, sagte er sich. Er wusste nicht, von woher diese Ironie plötzlich angeflogen kam, sein alter, stiller Humor.

Abends zwang ihn Teresa, am Kloster in Sant Cugat ein Eis essen zu gehen. Kinder tollten über den Platz vor dem fast tausend Jahre alten Konvent. Pensionäre saßen zufrieden auf den Bänken und kauten Sonnenblumenkerne, die untergehende Sonne gab der Plaza einen letzten goldenen Stich. Susanne und Axel waren mitgekommen, die Freunde aus der deutschen Kolonie, die für eine Dreiviertelstunde die Rettung waren.

Ihre Anwesenheit brach das Schweigen. Auch er konnte auf einmal wieder reden, über den Geschmack des Aprikoseneises, über Dickens, sogar über Barça. Doch er spürte die Entspanntheit nicht, die er ausstrahlte. In ihm war eine Scheibe aus Doppelglas, die ihn vom Leben um ihn herum abschirmte, die das Gespräch, die Abendsonne, die tollenden Kinder nur dumpf an ihn heranließ.

Abends gingen Teresa und er um neun ins Bett.

Eine Frage war: Warum? Warum hatte er Depressionen? Dass die eiskalte Abschiebung von Barça der Auslöser der Krankheit war, schien naheliegend; das Gefühl, nichts mehr wert zu sein, mischte sich mit der Verzweiflung, keine andere Wahl als Istanbul zu haben, wo die Fans ihn nicht wollten und er nicht sein wollte. Besaß er eine Erbanlage für Depressionen, wäre er auch als Lehrer, Sportreporter oder Kaufmann erkrankt? Oder hatten ihn allein die Grenzerfahrungen des Leistungssports in die Krankheit getrieben?

Der Vater stellt sich die Frage noch immer, der Motor seines Volkswagens grummelt, als er den Berg nach Cospeda hinauffährt, dichter Wald umgibt die Landstraße, ehe eine Lichtung den Blick freigibt, zu Füßen liegt Jena, nur noch ein Fleck im Tal. Die Datscha der Enkes steht links im Feld. Hierher kamen sie früher oft, wenn die Arbeitswoche vorüber war, wenn es etwas zu feiern gab. Dirk Enke will die Stätten abfahren, die ihn an Robert erinnern, Sportgymnasium, Breite Straße mit der Wohnung von Oma Käthe, der dritten Oma. An der Datscha macht er den Motor aus. Der Wagen schüttelt sich kurz, ehe er verstummt.

»Robert hatte das Denken, wenn ich nicht der Beste bin, bin ich der Schlechteste. Und das ist eine fundamentale Fehlentwicklung: Das ist der Gedanke eines Menschen, der gelernt hat, nur für Leistung werde ich geliebt, nicht, weil ich einfach da bin.«

Die Autoscheibe beschlägt von innen. Durch die sich milchig färbende Windschutzscheibe sind die weiten Wiesen noch als grünbrauner Hintergrund zu erkennen. Die Stille scheint absolut.

»Der Zusammenhang muss bei Robert bestanden haben: Bin ich nicht gut, werde ich nicht geliebt.«

Und wenn er dann tatsächlich einmal nicht gut war als jugendlicher Torwart, kam er damit nicht mehr zurecht, die dunkle Grübelei, die Selbstvorwürfe gerieten außer Kontrolle, die Hirnfunktionen veränderten sich, er wurde anfällig für Depressionen?

Der Vater nickt, aber er ist in Gedanken schon weiter, woanders, vielleicht spricht er auch zu jemand anderem. »Ich denke: Robert, das müsstest du doch eigentlich gemerkt haben, dass wir dich liebten, weil du da warst, und nicht, weil du ein guter Torwart warst.«

Bilder tauchen auf, der Vater, der die Familie verlassen hat, der versucht, zu jedem Spiel des Sohnes zu kommen, um die Bindung nicht zu verlieren. Der Sohn, der ängstlich sagt, Papa, du hast mich doch auch noch gerne, wenn ich mit dem Fußball aufhöre, oder?

»Ich bin gerne bereit, kritisch darüber nachzudenken: Was haben wir falsch gemacht? Wir haben ihn natürlich im Sport unterstützt, aber doch in keinster Weise wie so manche überehrgeizige Eltern da hineingetrieben. Ich bilde mir ein, auch immer vorsichtig gefragt zu haben, nach dem Spiel: Was meinste, Robert, konntest du bei dem Tor was machen?«

Am liebsten wollte der Vater auch noch bei allen Spielen dabei sein, als der Sohn bereits Profi war. »Das habe ich jetzt auch zu hören bekommen, dass dies ein Problem für Robert gewesen sei. Ich hätte so oft nach Eintrittskarten gefragt.«

Ohne eine Frage zu stellen, erwartet der Vater eine Antwort. War das wirklich ein Problem für ihn? Das heißt, natürlich bittet er stumm: Sagen Sie mir, dass es kein Problem war. Es ist Zeit, ihm etwas anderes zu sagen: Wenn sich ein Mensch unter Depressionen umbringt, trägt niemand anderes die Schuld daran.

Der Vater will den Motor anlassen, er beugt sich hinunter, als erfordere es seine gesamte Konzentration, den Zündschlüssel umzudrehen.

Eines Mittags in Barcelona kam Robert Enke vom Geächtetentraining nach Hause. Eine ihrer Katzen starrte ihn vom Balkon aus an. Er starrte zurück und sah nur sein eigenes Versagen. Er hatte morgens vergessen, ein Fenster zuzumachen. Nicht einmal das schaffst du, schimpfte er sich.

»Wenn die Katze abgehauen ist«, sagte Teresa und unterdrückte die Ungeduld, »dann lass sie einfach wieder rein.«

Er starrte weiter zum Balkon.

Er hatte das Gefühl, man stelle ihn auf die Probe. Der Kühlschrank funktionierte nur noch im unteren Drittel. Der Fernseher im Schlafzimmer streikte. Vier Tage später musste die Spülmaschine abgeholt werden. Wo er auch hinsah, warteten Prüfungen auf ihn, Dinge, die erledigt werden mussten, die zu groß, zu viel für ihn waren. Er dachte den ganzen Tag an Kühlschränke, Fernseher, Spülmaschinen, die repariert werden müssten, und schaffte es nicht, einen Techniker zu rufen.

Mit seinem Leben war es wie mit dem Kühlschrank. Er dachte den ganzen Tag daran, wie er es reparieren sollte, und konnte keine Antworten finden, weil er sofort negative Konsequenzen sah: Sollte er ein paar Monate nach Deutschland in eine Klinik gehen? Dann würde er Teresa verlieren, wenn er sie alleine ließ. Sollte er in Barcelona bleiben und weiterhin auf Doktor Geldschläger und die Tabletten hoffen? Dann würde er Teresa verlieren, weil er ihr auf die Nerven ging. Sollte er anstreben, in der Wintertransferperiode wieder bei einem Verein unterzukommen? Da würde er nur wieder versagen. Sollte er mit dem Fußball aufhören? Was sollte er denn dann machen?

Nach dem Mittagessen werde ich immer müde, ich will nur noch ins Bett, aber sich einfach so hinlegen verschlimmert alles nur.

Das war die Logik, die sein Gehirn, zu einem schwarzen Schacht reduziert, noch zuließ: Er hatte morgens keine Lust, irgendetwas an diesem Tag zu machen, und hasste sich am Abend dafür, nichts zustande gebracht zu haben.

Als er eines Morgens zum Training fuhr, dachte er, niemand wartet auf dich, niemanden interessiert, was du machst. Da drehte er einfach um. Gegen Mittag kam Teresa von ihrer Arbeit im Tierheim zurück. Die Rollläden an ihrem Haus waren heruntergelassen.

Er hatte sich im Bett vor der Welt verkrochen. »Raus«, sagte Teresa. »Robbi, aufstehen!« Sie hatte gelernt, dass Liegenbleiben die größte Sehnsucht und gleichzeitig das Schlimmste für Depressive ist, sie wusste, es war richtig, ihn aus dem Bett zu scheuchen. Und trotzdem war es unerträglich, ihn anzuschreien, ihn so zu behandeln.

Er setzte sich ins Wohnzimmer und sah alte Fotos an, von Lissabon, vom Glück. Er fand eines, auf dem Teresa, er, Jörg und dessen neue Freundin Tanja strahlend mit Sektgläsern anstießen. Sie feierten seinen Abschied von Benfica. Er war frei, hatten sie damals geglaubt, er konnte ablösefrei zu einem anderen Verein wechseln, weiter, höher hinaus. Er fixierte sein Gesicht auf dem Foto, wie war er damals nur auf die Idee gekommen, dass es toll wäre, Lissabon zu verlassen?

Wenn ich das Bild sehe, möchte ich mir auf die Fresse hauen.

Am 14. Oktober 2003, auf den Tag genau zwei Monate, nachdem er Istanbul verlassen hatte, schrieb er nur viereinhalb Zeilen in sein Tagebuch. Er begann mit *Werde bald verrückt* und endete mit: *Denke oft an …*

Das Wort Selbstmord hinzuschreiben schaffte er nicht.

Am nächsten Tag entschied er mit Teresa und Jörg, dass es reichte. Er würde, vermutlich für ein paar Monate, zu Jörg nach Köln ziehen, um sich dort in Behandlung zu begeben.

Selbstmordgedanken sind für depressive Menschen bis zu einem gewissen Grad eine Erleichterung. Der Gedanke, dass noch ein Ausweg bliebe, hilft ihnen kurzzeitig. Die Gefahr ist, dass der Gedanke, es wäre möglich, irgendwann nicht mehr ausreichend Trost bietet. Ihre auf Negatives verengte irrationale Sichtweise treibt sie dahin, den vermeintlichen Ausweg aus der Dunkelheit zu suchen.

Robert Enke packte seinen Koffer für Köln, was sollte er mitnehmen, es gab so viele Sachen, die er vermutlich in Köln brauchte, wo sollte er anfangen, wie packte man einen Koffer?

Da ist immer das Gefühl, dass es so wahnsinnig viel zu tun gibt, aber wenn ich konkret etwas machen will, weiß ich nicht, wie ich es anpacken soll.

Er zog zu Tanja und Jörg in die Krefelder Straße 29, sie richteten ihm das Gästezimmer, er dachte: oder war es das Kinderzimmer? War er nicht auf diese Rolle geschrumpft, ein Kind, hilflos? Er stellte den Wecker nicht mehr, sondern wartete, dass Jörg morgens klopfte. Jörg trat ins Zimmer. Er wartete. Robert rührte sich nicht. »Robbi?« Er berührte ihn vorsichtig an der Schulter, schließlich zog er die Rollläden hoch. Der Freund hatte die Augen geöffnet und blickte starr durch die Zimmerdecke hindurch.

Vom nächsten Tag an schickte ihn Jörg jeden Morgen hinaus, um die Zeitung und Brötchen zu kaufen. Beim Frühstück hörte er von fern, wie Jörg mit ihm redete, oh, schau mal hier, der FC wirft Funkel raus. Er wollte gerne antworten, aber was ging ihn das alles an, der FC, Funkel, Fußball, das Leben. Jörg redete weiter, als sei es ein normales Gespräch, mit jemandem angeregt zu diskutieren, der auf nichts einging.

Weitermachen, sagte sich Jörg, auch wenn nicht zu erkennen war, dass es jemals weitergehen würde. Merkte Robert überhaupt, dass ihm am Frühstückstisch der Kopf auf die Brust gefallen war?

Sie besuchten die Psychologin, die ihm die Deutsche Sporthochschule empfohlen hatte. Eine rührige Frau, gewiss hatte sie vielen Leuten geholfen. Das Problem war nicht sie, das Problem war er. Er sah nicht, wie er dieser Frau erklären sollte, was es hieß, Angst zu haben, wenn der Stürmer flankte, immer diese scheiß Flanken, damals in Novelda, alle drei Tore nach Flanken.

Weitermachen, sagte sich Jörg.

Doktor Sun-Hee Lee, Oberärztin am Universitätsklinikum Köln, wurde ihm empfohlen, eine Koryphäe auf dem Gebiet der Psychiatrie.

Robert saß ihr im Krankenhaus gegenüber und fühlte sich so fremd, dass er nicht wusste, was er sagen sollte.

»Wir finden jemanden für dich«, sagte ihm Jörg, als sie die Klinik wieder verließen, »ganz sicher.« Er sagte nichts. Ihm war es doch egal, ob sie einen Psychiater fanden, ihm war alles egal, wenn er nur endlich aufhören könnte, immer wieder zurückzudenken, an all seine Fehler im letzten Jahr, wie hatte er nur so viel falsch machen können, Barcelona, Istanbul, warum nur war er nicht in Lissabon geblieben? Er nahm weiter Antidepressiva, heimlich verschrieben, und spürte nicht einmal mehr die Nebenwirkungen, seinen trockenen Mund.

Er sollte trainieren, nicht weil er auf irgendetwas hinarbeitete, sondern um irgendetwas zu tun. Jörg sorgte dafür, dass er die Fitnessräume des Neptunbads umsonst besuchen durfte.

Kerzen auf siebenarmigen Ständern brannten am Eingang des Spa, die hohen Hallen der ehemaligen Badeanstalt, 100 Jahre alt, waren in frischem Weiß gestrichen. Er setzte sich auf die Hantelbank und glaubte, während er die Gewichte stemmte, schon Muskelmasse zu verlieren. Er müsste sich einen Plan machen, sich erinnern, nach welchem Konzept er vor einigen Wochen mit Paco im Kraftraum bei Barça vorgegangen war. Aber ihm fehlten die Nerven, wild durcheinander absolvierte er irgendwelche Übungen. Er konnte nur denken: Die anderen sind jetzt beim Training, und ich hocke hier. Außer ihm waren Hausfrauen und ein paar Fernsehsternchen da.

Er musste etwas essen. Jörg war im Büro, Tanja im Krankenhaus, sie arbeitete als Internistin. Vom Neptunbad kehrte er in die Krefelder Straße zurück. Häuser aus zwei Jahrhunderten reihten sich im Agnesviertel lückenlos aneinander, eine Glücksspielhalle stand einträchtig neben einem feinen französischen Restaurant, Eisenbahnüberführungen mitten durch das Viertel betonten den Charme des Rauen. An der Ecke Maybachstraße entdeckte er eine kleine Pizzeria. Mit italienischer Kochkunst hatte der Laden wenig gemein. Der Besitzer war wohl Araber, vielleicht Marokkaner. Er war der einzige Gast. Der Käse auf der Pizza war zäh, fettig. Er achtete nicht darauf, ob es ihm schmeckte.

»Da hast du gegessen?«, fragte Jörg. »Ich hätte mich da nicht reingetraut.« Morgens gab ihm Jörg Aufgaben für den Tag, einkaufen, selbst etwas zum Mittagessen finden, abends fragte er Robert ab, was er gemacht hatte, einen Depressiven musste man unterstützen, aber ihm nicht alles abnehmen, sonst redete er sich ein, dass er gar nichts mehr schaffe.

Er kehrte in den nächsten Tagen noch manches Mal zum Mittagessen in die Pizzeria zurück. Der Besitzer tat ihm leid. Wenn er nicht kommen würde, wäre gar kein Kunde da.

Abends ging es besser. Die lähmende Angst des Morgens, dass ein ganzer Tag vor ihm lag, ein Tag, an dem wieder so viele Dinge zu erledigen waren, an dem er wieder so viel nicht schaffen würde, löste sich abends in Erleichterung auf: Der Tag war praktisch vorüber. Niemand wollte mehr etwas von ihm.

Abends schaute er sich mit Jörg Kinofilme an, *Meine Braut, ihr Vater und ich*, sie fuhren zum Fußball nach Leverkusen und gingen auf das Fest von Verena und Walter, es waren Jörgs Freunde, er kannte niemanden und blieb trotzdem bis drei am Morgen, ohne sich besonders unwohl zu fühlen. Die Gedanken kamen erst am Morgen.

Ich habe das Gefühl, nie gelernt zu haben, richtig zu leben. Warum z.B. wollte ich nie feiern, warum bin ich am liebsten zu Hause, weshalb habe ich mich nie mit anderen Dingen beschäftigt?

Ein neuer Versuch, sagte Jörg, der Oktober war schon bald vorbei. Er hatte am Rheinischen Klinikum einen Doktor Markser empfohlen bekommen. Die Praxis lag gleich in ihrer Nähe, nur über den Ebertplatz hinüber. Jörg wartete vor dem Haus, während Robert die Praxis betrat. Eine halbe Stunde verging, 45 Minuten.

»Und?«, fragte Jörg, als die Tür schließlich aufging.

»Kann man machen.«

Für einen Mann wie Doktor Valentin Markser, Facharzt für Psychiatrie und Psychotherapie, ist es ein Geschenk, dass er nach 35 Jahren in Deutschland noch immer mit kroatischem Akzent spricht. Der Akzent weicht das harte Deutsch auf. Dieselben Wörter, die bei anderen Psychiatern steif und theoretisch klingen, hören sich aus seinem Mund melodisch an.

Die Freude am guten Essen ist an seiner Figur nicht spurlos vorbeigegangen, aber der Doktor gehört zur beneideten Gruppe von Männern, bei denen sich ein Bäuchlein wie natürlich in den bärigen Körperbau einfügt. Doktor Markser kann einen anschauen, und man ist sich sicher, er hört einem mit aller Aufmerksamkeit zu, über die ein Mensch verfügt.

Er war Handballprofi, bevor er Psychiater wurde, beim VfL Gummersbach in den Siebzigern, Deutscher Meister, Europapokalsieger. Er war Torwart.

Die Tage bekamen eine Struktur, Dinge wurden erledigt. Morgens ging er zum Krafttraining nicht mehr in das Neptunbad, sondern in ein Rehabilitationszentrum. Er trainierte mit spezialisierten Trainern unter verletzten Basketballprofis und Eishockeyspielern. Er gehörte wieder dazu. Er sagte den anderen Sportlern, er sei am Fuß verletzt, der Knöchel. Nach einer Weile tat ihm der Fuß wirklich weh.

Täglich besuchte er Doktor Markser. Was er nie gelernt habe, sagte sein Psychiater, was er lernen müsse, sei, Fehler zu machen.

Der beste Torwart, vielleicht auch der glücklichste Mensch war der, der mit seinen Fehlern zurechtkam. Er müsse sich beibringen, dass ein Fehler nie das ganze Spiel sei, ein Spiel war nie die ganze Saison, eine Saison war keine Karriere. Eine Karriere ist nicht das Leben.

Nachmittags durfte er gelegentlich als Gast beim Torwarttraining des 1. FC Köln mitmachen. Fußball, es hatte schon beim Geächtetentraining in Barcelona funktioniert, konnte er auch mit Depressionen spielen. Sein jahrelang geschulter Körper übernahm für den gelähmten Kopf die Entscheidungen. Er flog, er reagierte blitzschnell auf Schüsse, obwohl verlangsamte Reaktionen doch eines der häufigsten Symptome der Krankheit darstellen. Er hielt die Schüsse. Er fühlte nichts dabei, nur Leere.

War gut heute, sagte Peter Greiber, der Torwarttrainer des 1. FC Köln, zu ihm. Und er bekam Angst. Hieß dies, dass er schon bald wieder in den Profifußball einsteigen konnte; dass schon bald wieder etwas von ihm erwartet werden würde?

Die Telefonate mit Teresa taten ihm weh. Er musste ihr doch sagen, dass es ihm besser ging, das erwartete sie doch von ihm, dass es sich gelohnt hatte, nach Köln zu gehen. Aber wie konnte er ihr das sagen, ohne dass sie es als Affront aufnahm, es geht mir besser, weit weg von dir? Wie konnte er sagen, dass es ihm besser ging, wenn es ihm weiterhin schlecht ging?

Sie hatte ihn eine Woche lang besucht, Ende November würde sie wiederkommen. Doktor Markser sagte, er müsse mit Teresa streiten, wenn ihn etwas störte, etwa das Herumrennen der Hunde im Haus.

Habe ihm gesagt, dass ich Konflikten am liebsten aus dem Weg gehe. Er zweifelt, ob ich mich selber, sprich meine eigenen Gefühle und Gedanken, überhaupt ernst nehme.

Hast du es schon gehört, fragte ihn Jörg Neblung am 23. November 2003, Teresa war zum zweiten Besuch in Köln eingetroffen, es war Freitag, Mittag, Jörg rief aus dem Büro an und hielt sich erst gar nicht mit der Frage auf, wo Robert gerade war.

Sebastian Deisler hatte sich wegen Depressionen in eine Klinik einweisen lassen.

Das größte deutsche Talent seit Günter Netzer!, hatten die Sportreporter am Bökelberg geschrien, als Deisler fünf Jahre zuvor bei der Borussia wie eine Offenbarung in der Bundesliga gestartet war. Robert Enke hatte damals im Tor gestanden. Wie zu allen Mitspielern außer zu Marco Villa war Robert Enke in Mönchengladbach auch mit Sebastian Deisler nur in oberflächlichem Kontakt gewesen.

Morgens konnten sie in den Zeitungen, die Robert mit den Brötchen brachte, auf einmal ausführlichste Berichte über Depressionen lesen.

Depressionen waren keine Charakterschwäche, sondern eine Krankheit; eine demokratische Krankheit: Sie befalle Menschen ohne Rücksicht auf deren Status, Erfolg, Stärke; unabhängig davon, ob diese Menschen alles hatten, was es nach unserer Meinung zu einem glücklichen Leben braucht. Einer der standhaftesten Politiker der Moderne, Premierminister Winston Churchill, litt genauso unter Depressionen wie die unbekannte Sekretärin, und nun Sebastian Deisler, der in den vergangenen Wochen für Bayern München elektrisierend gespielt hatte. Depressionen konnten wie Krebs vielfältige Gründe und Formen haben, die von Deisler nannte der behandelnde Arzt Florian Holsboer »eine typische Depression«. Denn es gebe bei Deisler »eine Veranlagung«, die sich dann unter extremem Leistungsdruck bemerkbar gemacht habe. Die enormen Erwartungen des Publikums, er müsse Basti Fantasti, der neue Netzer sein, seien vereint mit dem noch größeren Anspruch an sich selbst erdrückend geworden. In fünf Profijahren hatte Deisler 15 Verletzungen und fünf Operationen durchgemacht.

Er war sich nicht sicher, was er von der Meldung halten sollte. Es tat gut zu lesen, dass er nicht der einzige Fußballer mit Depressionen war, kein Monster. Andererseits spürte er einen Anflug von Neid. Deisler war in aller Munde und erfuhr von so vielen Seiten Verständnis.

Der Kicker *hat bei Jörg auch eine Andeutung zu meiner Person gemacht, aber bis jetzt war mein Name noch nicht in der Presse. Ich weiß nicht, ob das gut oder schlecht ist.*

Er gab weiter Interviews. Viele Anfragen gingen nicht mehr ein, der Sportjournalismus hat nur ein Kurzzeitgedächtnis, und er hatte auch keine Lust zu reden. Was sollte er denn sagen, sein Fuß sei verletzt und in Istanbul habe er sich einfach nicht wohlgefühlt? Doch Jörg hielt ihn an, zwei, drei Interviews nicht auszuweichen, Dinge zu erledigen, an einer Rückkehr in den Fußball zu arbeiten, die vielleicht nie stattfinden würde.

Wenn er Doktor Markser gegenübersaß, war er sich sicher, er wollte wieder Fußballtorwart sein. Die Angst, die er im zurückliegenden Jahr gespürt hatte, war keine grundsätzliche, unabänderliche Angst, sondern nur der Ausdruck seiner Krankheit. Wenn er seine Versagensängste therapieren ließ, würde mit der Krankheit auch die Furcht verschwinden. Die Probleme, die Gedanken begannen, wenn er aus der Praxis hinausging.

Denke immer wieder an Sachen zurück, die über zwei Jahre zurückliegen. Wann wird es bei mir endlich klick machen, und ich kriege den Hintern hoch. Ich glaube nicht daran, dass es je passiert.

Die anderen wollten schon seit einigen Wochen, dass er nach Manchester reiste. Manchester City interessierte sich für ihn.

»Mach dir doch einfach mal eine Pro-und-Kontra-Liste. Was spricht für, was gegen einen Wechsel nach England«, sagte Teresa.

»Wir können doch nur einmal hinfahren und schauen uns alles an«, sagte Jörg.

Betrachte das Angebot von City einfach als Chance oder auch nur als Übung und eben nicht als alles oder nichts, wie du es in Istanbul und beim Spiel in Novelda getan hast, sagte ihm Doktor Markser.

»Also gut, fahren wir hin«, sagte er und fragte sich, was das bringen sollte.

Jörg Neblungs Geschäftspartner in England zeigte ihm die Stadt, das Stadion und das Trainingsgelände der Citizen.

Bis letzten Sonntag sollte ich mich entscheiden, ob ich Ja zu Verhandlungen sage oder nicht. Ich habe es getan. Dass ich größte Zweifel habe, muss ich wohl nicht ausführlich beschreiben.

Doch die Besserung, die er nicht mehr sehen konnte, sah Jörg schon seit einigen Tagen. Es würde niemals klick machen. Das war die Sehnsucht eines Fußballers, der gewohnt war, dass ein Moment alles verändern konnte. Aber seit Ende November, seit die Tage mit Training, Markser, Training einen festen Rhythmus gefunden hatten, gab es wieder Hoffnung. Er antwortete beim Frühstück gelegentlich. Er kam abends widerstandslos mit, ein Bier trinken. Die steinerne Maske, die einmal sein Gesicht gewesen war, zeigte erste Risse. Seit drei Monaten nahm er Antidepressiva.

Am Wochenende ging Jörg mit ihm Joggen, zum Rhein hinunter, Joggen war gut gegen Depressionen, die Muskeln entspannten sich, Stresshormone wurden abgebaut. Er hasste Joggen, es war der Beweis seines Verfalls, er war Torwart und joggte.

Sie liefen an der alten Eishalle vorüber, auf dem Parkplatz spielten ein paar türkische Kinder Fußball. Die Jungen warteten, bis er vorbei war.

»Ey, Enke, schlechter Torwart. Schlechter Torwart!«

Robert joggte einfach weiter. Jörg brauchte einige Laufschritte, um zu verarbeiten, was er gerade gehört hatte. Dann drehte er sich um.

»Was hast du gerade gesagt? Was? Soll ich dir mal sagen, was Fenerbahçe für ein Klub ist? Der letzte! Einen Torwart wie Robert sehen die nie mehr!«

»Jörg«, sagte Robert ruhig, aus der Ferne von fünf Joggingschritten. »Lass sie doch, das sind Kinder.«

Sie joggten weiter, schweigend, Jörg glühte vor Zorn. Erst viel später fiel Jörg auf, dass sie gerade wieder die Alten gewesen waren. Nicht mehr Pfleger und Pflegefall, sondern Berater und Klient in vertauschten Rollen. Dem Beschützer war von seinem Anvertrauten wie früher so oft Besonnenheit gelehrt worden.

Mitten in diese Phase vorsichtiger Hoffnung fiel die Weihnachtszeit. Adventslichter brannten in den Straßen, an Holzbuden mit Tannenzweigen standen die Leute dicht gedrängt, heiße Glühweinbecher in den Händen, dampfender Atem vor den Gesichtern. Er spürte die erdrückende Erwartung, auch so zu sein. Warum konnte er nicht mehr so sein?

Jörg hatte für Tanja einen Weihnachtskalender gebastelt, jeden Tag eine kleine Überraschung. Das Glück anderer Leute erinnerte Teresa an ihre Verlorenheit. Sie hätte so gerne auch einen Weihnachtskalender, sagte sie zu ihm. Er glaubte, Traurigkeit herauszuhören: Die anderen bekamen Adventskalender, und sie hatte nicht einmal ihren Mann an ihrer Seite in Barcelona.

Plötzlich hatte er eine Idee.

Er würde ihr einen SMS-Weihnachtskalender schenken. Jeden

Tag schickte er ihr einen selbst gedichteten Vierzeiler auf das Handy.

Sein Herz kann man nicht bestimmen,
leichter ist es, einen Berg zu erklimmen.
Nur ist er auch schwierig zu schaffen der Berg,
am Fuße man fühlt sich wie ein winziger Zwerg.

Das Bild gefiel ihm. Er war ein Zwerg. Er merkte nicht, wie er mit jedem Reim wieder größer wurde.

Der Zwerg sagt sich: das schaff ich nicht,
ich bin doch nur ein dummer Wicht.
Er denkt: dafür bin ich zu klein,
da muss man doch viel größer sein.

Ein Fehler, sagte Doktor Markser zu ihm, sei, zu warten, dass etwas passiere. Sich nicht der Passivität überlassen, notierte sich Robert, machte ein Ausrufezeichen dahinter und fuhr nach Gierath. Er wollte Hubert Roßkamp einen Überraschungsbesuch abstatten.

Der alte Freund kämpfte, um »dem Tod von der Schippe zu springen«. In Huberts rheinischem Singsang klingt selbst solch ein Satz noch fröhlich. Mühsam erholte er sich von einer Krebsoperation.

Hubert trug eine graue Jogginghose, die sein aschfahles Gesicht nicht lebendiger machte. »Ja, um Himmels willen, Robert«, rief er, »jetzt habe ich gar keinen Erdbeerkuchen zu Hause!«

Sie brachen zu einem Spaziergang auf, den alten Hundeweg hinunter, den sie zu Mönchengladbacher Zeiten immer gegangen waren. Der Matsch quakte unter ihren Füßen. Er hole aber noch Erdbeerkuchen, sagte Hubert. Alamo, der alte Jagdhund, den Teresa vor sieben Jahren angefahren auf der Straße aufgelesen und bei Hubert gelassen hatte, lief neben ihnen her. Robert erkundigte sich nach Huberts Operation, den Schmerzen, den Fortschritten. Dass er selbst auch krank war, verbarg er. Er war doch gekommen, um zu helfen.

»Schenkst du mir trotzdem weiterhin jeden Tag einen Adventsreim?«, fragte Teresa, bevor sie am 20. Dezember noch einmal nach Köln flog. Zu Weihnachten würden sie gemeinsam nach Barcelona zurückfliegen.

Er dachte nicht, ich bin geheilt. Er dachte einfach gar nicht mehr oft an seine Krankheit. Im Radio sang Michael Jackson *Billie Jean*, und er tanzte mit Teresa in Jörgs Wohnzimmer den Moonwalk dazu, vorwärts rückwärts gehen. Bei Jörgs Freunden waren sie zum Truthahnessen eingeladen, er kannte niemanden, aber das störte ihn nicht, umso besser, er würde neue Leute kennenlernen. Aus einer Bar nahm er einen Stapel Werbepostkarten mit. Eine Karte zeigte ein Schwarz-Weiß-Foto von einer Cocktailbar. Auf die Rückseite schrieb er. Der versprochene Weihnachtskalender-Vierzeiler am 20. Dezember wurde acht Zeilen lang.

Heute ist Samstag, oh wie schön,
wir werden auf 'ne Party gehen.
Truthahn essen, einen saufen,
und dann nach Hause laufen.
Tanja, Terri, Jörg und Rob,
der mit dem kaputten Kopp.
Das wird lustig, was ein Spaß,
wir geben heute richtig Gas.

Drei Tage später landeten sie in Barcelona. Vom Flughafen ging es die Ringstraße an den Wohntürmen der Außenbezirke vorbei, Scheußlichkeit hat hier ihren endgültigen Ausdruck gefunden. Aber er konnte schon bald das Grün des Collserola entdecken. Als sie in Sant Cugat in die Straße Der Drei Plätze einbogen, sah er ihr Haus und wusste: Er war wieder da.

Marco Villa rief zu Weihnachten an. Er hatte sich einer Sportpsychologin anvertraut. Er konnte zwar nicht sehen, wie sie ihm helfen würde, Atemübungen, die Wand fixieren, aber egal, er habe Nachrichten, er gebe ihm gleich auch noch Christina. Seine Frau war schwanger.

Ein Kind zu bekommen wäre schon schön, dachte Teresa kurz, aber auf keinen Fall in nächster Zeit. Jetzt brauchten sie erst einmal Erholung von dem, was hinter ihnen lag.

Vier Kinder warteten bereits ungeduldig auf das Christkind, als Teresa und Robert in Sant Cugat zu Axel und Susanne kamen. Der harte Kern der deutschen Kolonie war zur gemeinsamen Weihnachtsfeier geladen. Die Geschenke für die Erwachsenen sollten lustig statt teuer sein, hatten sie ausgemacht. Der Zufall entschied, wer welche Gabe erhielt. Teresa zog eine türkisblaue Boxershorts mit Snoopy-Figur in Männergröße. Sie zog sie gleich über ihre Jeans. Er saß auf einmal abseits auf der Couch. In seinen Händen hatte er einen Stapel Papier und ging die Blätter hochkonzentriert durch. Dann stand er auf.

»Ich habe Teresa zu Weihnachten ein Gedicht geschenkt und möchte es ihr und euch vorlesen, weil ich weiß, was ihr in den letzten Monaten mit mir durchgemacht habt. Dafür möchte ich euch danken.«

Er erzählte ihnen vom Zwerg.

Doch nun zu den positiven Dingen,
schon laut die Weihnachtsglocken klingen!
Auch der Zwerg freut sich auf das Fest,
das wird für ihn zum großen Test.

Schenkt er der Zwergin einen Hund?
Dann lacht ihr kleiner süßer Mund.
Schenkt er ihr eine dicke Katze,
macht sie auch 'ne liebe Fratze.

Was passiert, wenn es kein Tier ist,
sie dann irgendetwas vermisst?
Oder doch vor lauter Wut
ihrem kleinen Zwerg was tut?

Als er geendet hatte, herrschte Stille. Schließlich wurde einem der Freunde wieder die eigene Anwesenheit bewusst, er begann zu applaudieren, hastig stimmten die anderen ein. Sie klatschten immer heftiger, damit der Lärm den Schimmer aus ihren Augen vertrieb.

Es ist zwei Uhr nachts, Teresa liegt schon im Bett, vor dem Fenster ist der Golfplatz von Sant Cugat nur noch eine schwarze Wand. Er sitzt am Schreibtisch und lässt die Aufzeichnungen sinken. Die Blätter liegen vor ihm, die krakelige Schrift mit den windschief nach links oben gebogenen Buchstaben lässt keine Zweifel. Das hat er geschrieben.

Er mag nicht glauben, dass er dieser Mensch war, den er in seinem Tagebuch der letzten fünf Monate beschrieben hat.

Gerade hat er sich seine Aufzeichnungen zum ersten Mal durchgelesen, es ist Januar 2004, ein neues Jahr. Existiert der alte menschliche Traum tatsächlich, den alten Kalender abzuhängen, und schon ist ein Schlussstrich gezogen, es geht von vorne los?

Es scheint fast so.

Die meisten Betroffenen erleiden nur einmal im Leben eine Depression, in der Regel dauert sie zwischen drei und sechs Monaten. Er würde nicht so weit gehen zu sagen, ich gehöre zu dieser Gruppe, ich habe es hinter mir. Was er fühlt, ist: Diese Monate sind ihm bereits unheimlich fern. Er sieht sein fremdes Ich nur noch schwammig, in Umrissen, ein Mensch, der nichts mit ihm zu tun hatte, der aus unerklärlichen Gründen in seine Haut geschlüpft war.

Stiller Tatendrang erfüllt ihn. Er wird wieder Fußball spielen, er weiß noch nicht wo, das Angebot von Manchester City hat sich zerschlagen, er weiß nicht, ob er jemals wieder das Niveau von Lissabon erreichen wird, aber das spielt auch keine große Rolle. Er hat eine sehr konkrete Vorstellung vom Glück. Er wird in irgendeinem Tor stehen, er wird irgendeinen Schuss halten und spüren, wie er damit andere, die Zuschauer, die Mitspieler, glücklich macht. Er wird mit Teresa und den Hunden spazieren gehen, auf dem Waldweg wird sie die Hunde von der Leine lassen, die Hunde werden laufen, er wird den Arm um Teresa legen und ihr Lächeln spüren, ohne hinzusehen.

Teresa ist schwanger.

Sie wissen es seit neun Tagen. Es muss in der Euphorie der Kölner Adventstage passiert sein.

Die Nachricht hat Teresa schockiert, sie hatte sich nach der Depression eigentlich nur ein bisschen Ruhe gewünscht. Aber er hat sich gefreut; sie freut sich mittlerweile auch.

Wenn es ein Mädchen wird, haben sie schon einen Namen. Lara.

Unter der Schreibtischlampe sucht er einen Stift, ein Blatt Papier. Er muss noch etwas zu Ende bringen.

16.01.2004, 02.00 Uhr. Ich bin im Moment glücklich u. zufrieden. Wir hatten ein richtig schönes Silvester im Café Delgado. Ich habe gelacht und getanzt – unglaublich!

Er sucht einen Ordner für seine Depri-Unterlagen, das sind seine Worte, Depri-Unterlagen, Depri-Ordner. Er findet eine Mappe, knallrot, er legt die Aufzeichnungen hinein, auch das Zwergengedicht, und schließt die Mappe.

DREIZEHN

Die Ferieninsel

Nachmittags hatte er Zeit, sich das Leben anzusehen. Er spazierte zum Hafen von Santa Cruz auf Teneriffa. Nachdem er eine Weile müßig herumgestanden war, entdeckte er eine Mauer und schwang sich hinauf. Von hier reichte der Blick über den Quai der Kreuzfahrtschiffe bis hinauf zu den Kränen und Containern der Frachtverladung. Dahinter wuchsen die zackigen Berge der Insel direkt aus dem Atlantik.

Robert Enke saß auf der Mauer und bewegte sich nicht. Er sah den Menschen im Hafen zu. »Wie gut gelaunt sie sind«, dachte er sich und fühlte, er war wieder einer von ihnen.

Am letzten Tag der Wintertransferphase war er zum Club Deportivo Teneriffa gewechselt. Die Angebote, zwischen denen er hatte wählen können, sagten ihm einiges über seinen neuen Ruf im Profifußball. AC Ancona, Tabellenletzter in Italien, FC Kärnten, Tabellenletzter in Österreich, und ADO Den Haag, Tabellenvorletzter in den Niederlanden, warben um ihn. Da ging er lieber nach Teneriffa, in die Zweite Liga.

Damit hatte er für die deutsche Fußballszene aufgehört zu existieren. Nur die, die ihn persönlich kannten, suchten zwischen den klein gedruckten Auslandsresultaten im *Kicker* noch nach Lebenszeichen. Peter Greiber, der Torwarttrainer aus Köln, schickte ihm eine SMS, als er von einem 1:0-Sieg Teneriffas las. »Glückwunsch, zu null gespielt.« Robert Enke schrieb zurück: »Danke. Leider stand ich gar nicht im Tor.«

Er war selbst in der Zweiten Liga nur Ersatztorwart. Man traute ihm nicht mehr, einem, der in Istanbul nach nur einem Spiel gekündigt hatte, der ein halbes Jahr ohne Praxis war.

In Köln fragte sich Jörg Neblung: Ersatztorwart in der Zweiten Liga, was war das, das Ende? Er rief Robert an, »Mensch, du musst Druck machen!«

Robert entgegnete, nur ruhig, das werde schon.

Er saß fast jeden Tag am Hafen und sah die Dinge anders als Jörg, als die Fußballszene. »Fußball verleitet dazu, immer mehr zu wollen, nie zufrieden zu sein«, sagte er. »Ich habe in den letzten Monaten gelernt, dankbar für das zu sein, was man hat.«

Vom Hafen ging er oft in die Fußgängerzone, einen Milchshake trinken. Er kenne die beste Eisdiele der Stadt, sagte er. Der Stolz war unüberhörbar. Er allein hatte sich Santa Cruz erschlossen, und nun führte er dem Besuch seine Stadt vor.

Teresa war in Barcelona geblieben. Sie war schwanger, sie hatten die Hunde, sie dachten, ein Umzug lohne sich nicht, er würde doch nur eine halbe Saison, fünf Monate, auf Teneriffa bleiben, bis er wieder etwas Besseres fand; hoffentlich. Es war dieselbe Situation wie bei seinem Versuch in der Türkei. In Istanbul hatte er sich ohne Teresa verloren gefühlt. In Santa Cruz fühlte er sich beschwingt.

Er wohnte in einer Vierzimmerwohnung nahe am García-Sanabria-Park zur Miete. Das Apartment war komplett möbliert und wirkte doch leer. Außer einer unausgepackt auf dem Boden liegenden Satellitenschüssel hatte er keine persönlichen Gegenstände mitgebracht, er hatte nichts verändert, auch die Gemälde, Stillleben von Orangen und Bananen, an der Wand hängen gelassen. Es lohne doch nicht, sich einzurichten, für die paar Monate, sagte er. Auf dem Bett lag ein Kriminalroman von Henning Mankell. Im Geschirrständer standen, von Hand gespült, ein Teller und ein Glas.

»Es war wie eine Studentenzeit für ihn«, sagt Teresa.

Jeden Morgen kaufte er sich am Kiosk vor seiner Wohnung zwei Sportzeitungen. Er ließ einen flüchtigen Blick über die Blätter gleiten. Er sah das Foto sofort. Es war auf der Titelseite der einen Zeitung, rechts oben im Eck, er fragte sich, warum sie ausgerechnet dieses genommen hatten, das Bild war ein halbes Jahr alt. Er erkannte sich darauf kaum wieder.

Es war das Archivbild von seiner Präsentation bei Fenerbahçe, das Gesicht rot, der Mund offen, der Blick gehetzt. »Schau dir das Bild an«, sagte er. »Da bin ich doch nicht ich selbst.« Er riss die Seite heraus, um sie aufzuheben. Er wollte sich beizeiten daran erinnern, wie es ihm in der Depression gegangen war.

Er legte die Zeitungen auf den Beifahrersitz. Er musste zum Training. Den Sportwagen stellte ihm der Verein zur Verfügung, er hatte eine Klausel in den Vertrag einfügen lassen. Am ersten Tag war der Sportdirektor Francisco Carrasco zu ihm gekommen und hatte ihm einen Autoschlüssel in die Hand gedrückt. Die Mitspieler lachten. »Was ist los?«, fragte Robert Enke. Der Sportdirektor musste seinen Dienstwagen an ihn abtreten, denn es gab keinen weiteren. Die Ahnung streifte ihn, dass Profifußball in der Zweiten spanischen Liga nur oberflächlich betrachtet derselbe Beruf war, den er bislang ausgeübt hatte. Sein Gehalt in Teneriffa betrug zehn Prozent des Verdienstes bei Barça. Er gehörte zu den bestbezahlten Profis in Teneriffas Team.

Als das erste Monatsgehalt von Teneriffa einging, sah er lange auf den Kontoauszug. Nach sieben Monaten endlich wieder ein Eingang auf dem Konto. »Dieses Gefühl, dass immer nur Geld abging, war beängstigend.« Er zögerte. »Man traut sich ja als Fußballer nicht, es auszusprechen, weil es andere viel härter trifft. Aber das Gefühl, arbeitslos zu sein, ist für einen Profi nicht weniger schlimm als für einen Elektriker. Du fühlst dich wertlos.«

Eine Klausel seines Vertrags besagte, dass der Verein Teresa drei Flüge aus Barcelona erstattete. Als er bei ihrem ersten Besuch erkannte, wie billig der Flug war, schämte er sich. 160 Euro hin und zurück, und für diesen Vertragszusatz hatte er Jörg streiten lassen. Was mussten sie im Verein von ihm denken? CD Teneriffa kämpfte seit Jahren, um seine Profis halbwegs bezahlen zu können, und er, der sowieso schon ordentlich entlohnt wurde, machte Schwierigkeiten wegen dreimal 160 Euro. Nach dem Training, wenn einer der Mitspieler schnell etwas erledigen musste, sagte Robert Enke oft, »hier, nimm«, und warf ihm die Schlüssel für seinen Sportwagen zu.

Der Februar 2004 verging, er blieb Ersatztorwart, und schon war der März vorüber. Jörg Neblung rief an. »Das geht so nicht, du musst mit dem Sportdirektor reden, der hat dich als Nummer eins geholt!«

Nur Geduld, antwortete er. Irgendwann werde er schon spielen.

Er würde es nie laut sagen, denn das gehörte sich seiner Meinung nach nicht, aber er fand, dass er besser als die Nummer eins war, Álvaro Iglesias. Es gab einige objektive Argumente, die für ihn sprachen, Fangsicherheit, Sprungkraft, Antizipation, der feine Unterschied war täglich im Training zu erkennen. Doch er sah auch, dass Álvaro in den Spielen tadellos hielt; vielleicht agierte Álvaro gerade deshalb so überzeugend, weil ihm ein stärkerer Konkurrent im Nacken saß. Ein Torwart, der seinen Part fehlerfrei erledigte, verdiente es nach Robert Enkes Meinung weiterzuspielen. Das galt auch, wenn er selbst der Leidtragende war.

Um seine Pflicht zu erfüllen, um Jörg sagen zu können, siehst du, ich habe es getan, ging er zum Sportdirektor.

Francisco Carrasco war die Situation peinlicher als ihm. Carrasco hatte ihn nach Teneriffa geholt, »Robert war meine persönliche Wette«, und nun stellte der Trainer den Torwart nicht auf. Mit 45 sah der Sportdirektor weniger wie ein ehemaliger Fußballer als wie ein aktiver Langstreckenläufer aus, schlank, hoch aufgeschossen, asketisch. Sie wussten beide, was sie sagen mussten und dass sie beide nichts an der Situation ändern würden.

»Du hattest mir gesagt, ihr würdet mich als Nummer eins verpflichten.«

»Ich weiß, aber ich kann dem Trainer nicht vorschreiben, wen er aufstellt.«

Erleichtert, es hinter sich gebracht zu haben, wandten sie sich anderen Themen zu.

»Vor allem merkte ich, wie verliebt er in Teresa war«, sagt Francisco Carrasco sechs Jahre später im Madrider Vorort Aravaca, wo er heute lebt, mit 51 noch immer schlank und elegant, im Anzug beim Vormittagskaffee. Die Liebe scheint nicht das naheliegende Thema, wenn sich ein Sportdirektor und sein Torwart zu einem Krisengespräch treffen. »Nun ja«, sagt Carrasco. Er spielte einst elf Jahre für Barça, seine Haare waren schon grau, deshalb riefen sie ihn *Lobo*, den Wolf, er gewann drei Europapokale, mit Spanien erreichte er das Europameisterschaftsfinale 1984, und danach brachte er sich den Journalismus selber bei. Er hatte in *El Mundo Deportivo* nach Barças 1:0 in Brügge geschrieben: »Enkes Spiel war eine Nachricht an van Gaal.« »Also«, fängt Carrasco noch einmal an, »mit Robert warst du gerne zusammen, mit ihm kamst du automatisch auf Themen abseits des Fußballs. Damals wurde er gerade Vater, ich war damals Mitte vierzig, selbst schon Vater, ich kannte mich da aus – das merkst du doch, wie verliebt jemand noch ist.«

Was Carrasco vom Sportlichen in Erinnerung blieb, war »Roberts Eleganz, mit der er die schwierige Situation als Ersatzmann ertrug. Er blieb mir gegenüber sachlich, er klagte nie in der Presse.«

Álvaro Iglesias, dem Torwart, dem Robert Enke Druck machen sollte, den er endlich verdrängen musste, um wieder zu spielen, schenkte er acht Paar Torwarthandschuhe.

Er erhielt von seinem Sponsor maßgeschneiderte Modelle, an die Álvaro, der sein Torwartleben lang in unteren Ligen gedient hatte, nicht herankam. »Absolutgrip und Aquasoft, die besten Latexbeläge von Uhlsport«, sagt Álvaro Iglesias noch heute so schwärmerisch, wie andere die Namen ihrer Kinder nennen. Dem dritten Torwart, Adolfo Baines, überließ Robert Enke ebenfalls acht Paar. Baines trug sie aber nicht beim Training. Die Handschuhe seien so nobel, sagte er Robert, er hebe sie auf, für besondere Tage.

Robert Enke gab es nun doppelt beim Training im Heliodoro-Rodríguez-Stadion. Auf dem Klettverschluss der Handschuhe zweier Torhüter prangte in Großbuchstaben »Enke«. Doch das Original war noch immer leicht zu erkennen.

Der Trainer organisierte ein kleines Spiel, Angriff gegen Abwehr. Der Stürmer war durch, allein vor dem Torwart, und Robert Enke lauerte, ein Knie nach innen gebeugt, damit der Angreifer ihm nicht durch die Beine schießen konnte, den Oberkörper kerzengerade, die Arme von sich gestreckt, um breiter zu erscheinen, so stand nur er vor dem Stürmer. Der Angreifer trat den Ball mit Innenrist, um ihn in einer Kurve um den Torwart herum zu schicken, Robert Enke drückte sich vom Boden ab, seine Sprungkraft war beachtlich, aber großartig war seine Explosivität, blitzartig schnellte er nach links. Die Rentner auf der Tribüne klatschten, als er den Schuss, der bereits auf dem Weg ins Tor schien, um den Pfosten lenkte. »Das hat mir am meisten gefehlt«, sagte er, »dieses Gefühl: Für irgendjemanden ist es wichtig, was du machst.«

Natürlich holten ihn die Fragen noch immer ein, nachmittags beim besten Schokoladenshake der Insel. Was, wenn er nie von Benfica weggegangen wäre; was machte einer wie er auf der Ersatzbank der Zweiten Liga? »Und dann denke ich mir: Es wird schon seinen Sinn haben, dass der Enke mal einen auf den Deckel gekriegt hat.« Er hatte diesen Sinn schon entdeckt: Er genoss wieder die einfachen Dinge des Lebens. »Wieder zu einer Mannschaft zu gehören, wieder zu wissen: zehn Uhr Training. Wieder gebraucht zu werden.«

Zum Training am nächsten Morgen waren es nur noch neuneinhalb Stunden. Er saß im Wohnzimmer, die Lebensfreude ließ ihn noch nicht schlafen. In den Regalen, in die Bücher und Porzellan gehörten, lagen zwei Dutzend Torwarthandschuhe und Schienbeinschoner. Er trug Jeans und T-Shirt und an jeder Hand ein unterschiedliches Handschuhmodell, Absolutgrip und Aquasoft.

Er schloss die Klettverschlüsse. Er ballte die Fäuste, ließ die Finger wieder hochschnellen, rieb die Handschuhe gegeneinander, erhob sich und blieb hochkonzentriert im Raum stehen. Als würde er den Handschuhen an seinen Fingern lauschen.

Für einen Torwart gibt es kein schöneres Gefühl, als in die Handschuhe zu schlüpfen und den Klettverschluss zu schließen. Dann fühlt er sich geborgen und sicher, oftmals unverletzlich. Die meisten Torhüter bevorzugen deshalb stabile Handschuhe, Rüstungen ihrer Seele. Er dagegen trug ungewöhnlich leichte Handschuhe. Er wollte die Beweglichkeit der Finger so wenig wie möglich einschränken; er musste den Ball, wenn er ihn fing, nicht nur im Schaumstoff der Handschuhe, sondern bis in die Fingerkuppen spüren.

Sein Sponsor wollte, dass er jedes Jahr mit dem neuesten Modell spielte. »Bei Robert brauchten wir dann jedes Mal um die acht Versuche, bis wir den richtigen Handschuh für ihn hatten«, sagt Lothar Bisinger, der bei Uhlsport die Profitorhüter betreut. Acht Versuche bedeuteten, dass Robert Enke nach der ersten Anprobe sagte, am rechten Daumen sei der Handschuh zu eng, und dann der Handschuh mit einer einen Millimeter breiteren Daumentasche neu angefertigt wurde. Beim zweiten Versuch merkte er, dass mit der breiten Daumentasche sich aber nun die anderen Fingertaschen zu eng anfühlten. Die Schneiderin verbreiterte die Fingertaschen. »So haben wir uns Millimeter um Millimeter vorgetastet«, sagt Bisinger. In Teneriffa schien Robert Enke der Klettverschluss zu eng, wenn er das Handgelenk abwinkelte.

Die Naht an seinen Torwarthandschuhen war an den Daumen stets an der Außenfläche, an den anderen Fingern bestand er darauf, sie innen zu haben. Ohne Außennaht sank der Ball besser in den Schaumstoff, am Daumen dagegen spürte er die Naht auf der Haut, wenn sie innen war, das irritierte. »Er hatte auch innen im Handschuh Latex«, sagt Moreira, der Roberts Handschuhe während ihrer gemeinsamen Zeit natürlich probiert hatte, »das kannte ich vorher gar nicht, das gab es in Portugal vor ihm nicht. Ich habe es mir dann auch gleich bei meinem Hersteller bestellt.«

Der Schaumstoff auf Robert Enkes Fangflächen war sieben Millimeter dick, vier Millimeter Schaum, drei Millimeter Kaschierung. Solche Handschuhe gibt es nicht zu kaufen. Allenfalls sechs Millimeter dick ist der Schaumstoffbelag in der Serienproduktion. Wenn Robert Enke normale Torwarthandschuhe anzog, deren Fangflächen einen Millimeter weniger gepolstert waren als seine, ein einziger Millimeter Unterschied, merkte er sofort, die Dämpfung stimmte nicht.

Was genau der Unterschied zwischen dem Naturkautschukbelag beim Absolutgrip und Aquasoft war, konnte ihm auch Bisinger nicht sagen. Es gibt nur drei Kautschuklieferanten auf der gesamten Welt für Torwarthandschuhe. »Die Rezepte sind so geheim wie bei Coca-Cola«, sagt Bisinger, »ob die Temperatur beim Kautschukteigbacken um drei Grad verändert wurde oder eine neue Chemikalie hinzugefügt wurde, um einen neuen, noch besser haftenden Belag zu erzeugen, wissen nur die Hersteller.«

Den Unterschied zwischen Absolutgrip und Aquasoft musste sich Robert Enke erspielen.

Er hatte bislang in seiner Karriere immer Absolutgrip getragen, aber nun im Wohnzimmer testete er Aquasoft. Es war nach Mitternacht in Santa Cruz, ich warf den Ball, er fing, bis er vor Lachen über die eigene jugendliche Leichtigkeit nicht mehr konnte.

Noch, sagte er, schließlich wieder ernst, habe er sich nicht entschieden, welchen Handschuh er in seinem ersten Spiel für Teneriffa tragen würde. Und eine unerklärliche, aber absolute Sicherheit klang aus seinen zweifelnden Worten: Irgendwann, bald, würde es sein erstes Spiel geben.

Seine stille Freude machte Teresa glücklich und erinnerte sie zugleich an die eigene unterschwellige Traurigkeit. Sie war schwanger und alleine in Barcelona.

Eines Nachts wachte sie auf, Schüttelfrost jagte durch ihren Körper, ihr war übel, sie ging ins Bad, um aus dem Wasserhahn zu trinken, als ihr schwindlig wurde. Sie traute sich nicht mehr ins Schlafzimmer zurück, die Treppen hinunter. Mit einem Handtuch legte sie sich auf den Badezimmerboden und wartete, dass der Schwindel vorüberging. Dort hatte sie zu viel Zeit nachzudenken.

Normalerweise verlief eine Schwangerschaft anders. Da hält dir dein Mann den Kopf in solchen Situationen.

Es sei doch nur für ein paar Monate, sagte er ihr am Telefon. Sie dachte, der ist so tief entspannt, wie schön; wie traurig aber, dass sie den Moment nicht miteinander teilen konnten.

Sie mähte trotz der Erschöpfung ihrer Schwangerschaft den Rasen. Dem Gärtner hatten sie während Roberts Depression gekündigt, weniger aus Geldnot als aus dem diffusen Gefühl, nichts mehr zu verdienen.

Am Abend saß sie erschöpft vor dem Fernseher. Plötzlich schlug etwas gegen das Fenster. Sie hielt den Atem an. Zu Beginn ihrer Zeit in Sant Cugat hatte es eine Schießerei in ihrer Straße gegeben, erinnerte sie sich. Wieder schlug ein Steinchen gegen die Scheibe.

Sie ging vorsichtig ans Fenster. Unten vor der Haustür stand ihr Mann und winkte strahlend.

Er war unangekündigt aus Teneriffa gekommen, dreieinhalb Stunden eine Flugstrecke, am Mittag nach dem Training war er aufgebrochen, am nächsten Morgen musste er in aller Früh zurück, um wieder rechtzeitig beim Training zu sein. Sie war erschlagen von dem Rasenmähen, es war nicht einmal neun am Abend, aber vor ihren Augen flimmerte es, es tat ihr leid, aber sie musste schlafen. Mache doch nichts, sagte er und meinte es wirklich. Er sah ihr beim Schlafen zu.

Er tat Dinge, die er nicht mehr getan hatte, seit ihn mit 18 der Profisport vereinnahmte. Er ging alleine ins Kino. Er las stundenlang ein Buch. Er ging mit der Mannschaft Karneval feiern.

Er streifte sich ein geringeltes T-Shirt über, klebte sich ein DIN-A4-Papier auf die Brust, malte eine Nummer darauf und wollte sagen, er sei ein ausgebrochener Panzerknacker. Als er die Mitspieler sah, wollte er im Boden versinken. Álvaro Iglesias war eine Krankenschwester mit echter Uniform, inklusive rotem Lippenstift, Adolfo Baines war Rambo. Alle außer ihm hatten sich größte Mühe mit der Verkleidung gegeben. Er war 26 und lernte, wie andere feierten.

Als der harte Kern nach Mitternacht aus dem Restaurant in einen Nachtklub weiterzog, ging er müde, aber glücklich nach Hause. Klarer denn je wusste er, wie er sein wollte.

Sein Leben lang war er gegenüber anderen Menschen ruhig, sachlich, höflich gewesen, »nicht extrovertiert, aber offen«, sagt Álvaro Iglesias. Und nun fühlte er sich zum ersten Mal seit langer Zeit auch innerlich so, wie er äußerlich wirkte; jetzt war er auch sich selbst gegenüber nachsichtig und verständnisvoll. Der engstirnige Eifer der Jugend war einem gesunden Ehrgeiz gewichen, dieser Hunger junger Sportler, ihre absolute, euphorische Fokussierung darauf, der Beste zu werden, hatte Platz gemacht für eine größere Gelassenheit.

Er hatte sich oft gefragt, wie es wäre, wenn er mit Scheuklappen durchs Leben liefe, absolut überzeugt von sich und seiner Arbeit. Vielleicht wäre er dann ein besserer Torwart. Nun allerdings sagte er sich, dann werde er halt nicht der allerbeste Torwart.

Der Ball sprang im Strafraum auf, der Torwart musste raus, bevor ein Schaden entstand. Und da war auch schon Álvaro Iglesias. Er griff entschlossen nach dem Ball. Teneriffa lag 0:1 in Vallecano zurück. Ein Stürmer von Rayo Vallecano sprang in den Torwart hinein, obwohl es unwahrscheinlich war, dass er den Ball noch erobern würde. Stürmern geht es bei solchen Aktionen schon um die nächste Torchance: Sie wollen dem Torwart Angst machen, ihn einschüchtern, damit er in der nächsten kritischen Situation einen Moment zu lange zögert. Álvaros Stirn blutete. Nur eine Platzwunde, sagte der Arzt, nähte sie auf dem Fußballplatz mit drei Stichen, und weiter ging es. Álvaro spielte die restlichen 48 Minuten, Teneriffa rettete in der Nachspielzeit ein 1:1. Das Röntgenbild am nächsten Morgen zeigte, dass Álvaros Jochbein am rechten Auge doppelt gebrochen war. Mit vier Nägeln wurde der Knochen an der einen Bruchstelle zusammengeflickt, mit sechs Nägeln an der anderen. »Fühl mal«, sagte Álvaro zu Robert, als er nach der Operation zum ersten Mal in der Umkleidekabine vorbeischaute. Ein Finger kann die einzelnen Nägel unter der Haut ertasten. Robert schauderte es, während er die Nägel fühlte.

Der Platz im Tor war frei.

Er dachte auch an Álvaro, wie es war, den Platz so zu verlieren. Álvaro wurde in vier Monaten 32 und spielte seine erste echte Profisaison, bis dahin hatte er ein Jahrzehnt in der Dritten und Vierten Liga mit dem Aufwand eines Profis und dem Gehalt eines Nebenjobs verbracht. Sobald er Álvaro am Stadion sah, ging er auf ihn zu und erkundigte sich nach dem Stand seiner Genesung. In der Welt des Fußballs war das schon eine bemerkenswerte Herzlichkeit. »Robert stand mir sehr nah in den Tagen nach meiner Verletzung«, sagt Álvaro, der sich trotz des Rückschlags noch bis 36 in der Zweiten Liga halten würde.

Auch im neunten Jahr von Robert Enkes Karriere schien es, als sei es für ihn immer dasselbe Spiel: Seine Mannschaften hatten hohe Erwartungen und blieben deutlich hinter ihnen zurück. Mönchengladbach, Benfica, Barça, Fenerbahçe. Wo er auch war, die Elf stotterte. In Teneriffa war es nicht anders. Vor der Saison hatten sie zur Tabellenspitze geschielt, vor der Partie gegen Elche Mitte April standen sie auf einem Abstiegsplatz.

Er war wieder zurück, wo er angefangen hatte: ein halb leeres Stadion in der Zweiten Liga, Hannover gegen Jena im November 1995, und der Sportdirektor Lobo Carrasco fand den Vergleich nicht ehrenrührig, im Gegenteil: »Robert hatte die Begeisterung eines Debütanten.«

Er schloss die Handschuhe, er hatte sich für Absolutgrip entschieden, wie immer. Er hatte neun Monate nicht mehr gespielt.

Elche brach auf dem Flügel durch, das Spiel lief noch nicht einmal eine Minute, er hatte den Ball noch nicht berührt. Die Flanke kam, hoch, nicht zu scharf, Teneriffas Innenverteidiger Miroslav Djukić ging nicht zum Ball, sondern wartete, dass Enke rauskam, der Ball war eine sichere Beute für einen Torwart. Aber er blieb im Tor. Er hatte Glück. Der Ball flog vorbei an Freund und Feind und trudelte ins Seitenaus.

Robert Enke entschuldigte sich bei Djukić mit erhobener Hand und einem leichten Lächeln. Für die Zuschauer sah es aus, als nehme er den eigenen Fehler nicht weiter tragisch. Natürlich, dachten sie, einen erfahrenen Torwart wie ihn, erprobt im Stress von Barcelona und Lissabon, machte doch nichts verrückt.

Es war eines jener Fußballspiele, in denen der Torwart an seine Ohnmacht erinnert wird: Er konnte nichts tun außer warten. In der 53. Minute brach Elches Nino endlich durch. Er schoss,er gab dem Ball mit dem Innenrist eine raffinierte Drehung. Enke hielt majestätisch. Teneriffa gewann leidend 2:1, das Gegentor hatte Verteidiger César Belli auf dem Gewissen. Nach dem Zögern bei der ersten Flanke hatte Robert Enke den Kleinkram eines Torwarts ordentlich erledigt, ein paar halb gefährliche Schüsse abgefangen, die Abwürfe weit und schwungvoll, mehr war nicht zu tun.

Die Sportreporter in Santa Cruz strengten sich an, in ihm den großen Torwart zu sehen, den alle auf Teneriffa endlich sehen wollten. »Ein Kopfball von Zárate ging über das Tor, als ob Enke den Ball mit seinem Blick über die Latte gelenkt habe«, schrieb *El Día*.

Robert Enke kaufte sich am Tag nach dem Spiel zum ersten Mal in seinem Leben fünf Zeitungen auf einen Schlag; alle, die irgendwie über sein Comeback berichteten.

Er belohnte sich mit einem Tag Barcelona, morgens hin, abends zurück. Die zweite Ultraschalluntersuchung stand an, in der 20. Schwangerschaftswoche. Ihr werdet die Hände und den Kopf des Kindes schon sehen können, sagten die Freunde mit Kindern, wenn ihr Glück habt, erkennt man sogar schon, ob es ein Mädchen oder Junge wird.

Eine Krankenschwester führte die Sonde über Teresas Bauch, ein Bild entstand auf der Leinwand, weiße Umrisse auf nachtschwarzem Grund, tatsächlich, es war ein Mädchen. Es war Lara.

Sie nahmen im Wartezimmer Platz, Frau Doktor Onbargi werde die Ergebnisse der Untersuchung gleich mit ihnen besprechen.

Teresa kam es vor, als würden sie außerordentlich lange warten müssen.

»Señora«, spanische Arzthelferinnen nehmen Anlauf, bevor sie ausländische Namen aussprechen: »Enke?«

Doktor Leila Catherine Onbargi-Hunter, ausgebildet an der Northwestern University von Chicago, mit Diplom des Amerikanischen Ausschusses für Geburtshilfe und Gynäkologie, gehörte zu den Ärzten, die der Teknon in Barcelona den Ruf einer besseren Klinik gaben. Für das größte Problem aller Ärzte hatte Doktor Leila Catherine Onbargi-Hunter allerdings auch kein Rezept. Wie überbringt man schlechte Nachrichten?

Teresa weinte, als sie aus dem Zimmer lief. Robert versuchte sie zu stützen, obwohl er selbst nur schwer die Haltung bewahren konnte.

Lara hatte einen Herzfehler. »Die Wahrscheinlichkeit ist hoch, dass das Kind im Mutterleib sterben wird.« Aber warten wir noch eine Woche, dann untersuchen wir es noch einmal, hatte Doktor Onbargi schnell angefügt, als die Enkes ihr kaum noch zuhörten.

Teresas Telefon klingelte. Sie waren noch in der Klinik. Vor dem Eingang standen Palmen über geometrisch geschnittenen Hecken. Man habe einen Termin bei einem Herzspezialisten arrangiert, sofort, sagte Onbargis Assistentin. Roberts Rückflug ging in 80 Minuten. Es war die letzte Möglichkeit, am nächsten Morgen pünktlich beim Training zu sein.

»Robbi, flieg, ich mach das schon.«

»Ich lass dich doch jetzt nicht allein.«

»Bitte, wir haben genug Probleme. Wir wollen uns im Fußball nicht noch eins schaffen, weil du nicht zum Training kommst. Ich möchte, dass du fliegst.«

Er rief sie vom Flughafen an.

Der Herzspezialist sagte, man müsse das Kind so schnell wie möglich aus dem Mutterleib holen und am Herzen operieren.

Einen Tag später wollte sich Teresa die Diagnose von Doktor Onbargi noch einmal in Ruhe erklären lassen. Aber sie hatte Angst, dass sie vor Nervosität viele Details falsch verstehen würde. Sie ließ eine Freundin mit der Ärztin telefonieren. Das Kind habe nicht nur einen Herzfehler, sagte Doktor Onbargi, sondern auch einen Chromosomenschaden. Man spreche vom Turner-Syndrom. Menschen mit Turner-Syndrom seien kleinwüchsig, trügen ein hohes Risiko von Ohrmissbildungen und hätten eine geringe Lebenserwartung, fand eine Freundin heraus.

Teresa flog nach München, um am Deutschen Herzzentrum eine zweite Meinung zu hören und sich beim Frauenarzt zu erkundigen, wie eine Abtreibung vonstatten ging.

Der Kardiologe sagte, es handle sich um das Hypoplastische Linksherzsyndrom. Auf keinen Fall dürfe man eine Frühgeburt einleiten, wie der Kollege in Barcelona meinte, das sei der sichere Tod. Es seien nach der Geburt im ersten Lebensjahr drei Herzoperationen nötig, sagte der Kardiologe, dann könne ihr Kind leben. Teresa kam es vor, als sagte er es mit großer Selbstverständlichkeit.

Die Intelligenz von Kindern mit Turner-Syndrom entspreche

dem Durchschnitt, mithilfe einer Hormonbehandlung ab dem zwölften Lebensjahr ließe sich auch das Wachstum regulieren, fand eine andere Freundin heraus. Bei den möglichen Schäden, die man ihnen zunächst genannt hatte, handele es sich nur um die extremsten Merkmale des Turner-Syndroms, nur wenige Patienten seien davon zur Gänze betroffen.

Teresas Eltern und Brüder sagten ihr, sie wisse doch gar nicht, was es bedeute, solch ein schwer krankes Kind großzuziehen! Roberts Eltern sagten ihm, sie würden jede Entscheidung mittragen, egal, ob sie den Fötus abtrieben oder versuchten, das Kind trotz der mannigfaltigen Risiken auf die Welt zu bringen.

Er saß auf einer Ferieninsel vor Afrika und fühlte sich all diesen widersprüchlichen Meinungen aus der Ferne ausgeliefert. Wem sollte er glauben, wie sollte er abschätzen, wie schlimm es wirklich um ihr Kind stand? Als Teresa vor ihm zu einer Überzeugung gelangte, was zu tun sei, war er froh. Abtreiben oder leben lassen, er hatte keine Wahl mehr, registrierte er erleichtert. Nun, da sie sich einmal entschieden hatte, konnte er sich ihr doch nur noch anschließen, denn sie trug das Kind in ihrem Bauch. Es ging nur noch darum, dieselbe feste Überzeugung wie Teresa zu entwickeln. Dies war ihr Kind, sagte sie, es sollte leben, mit allen Konsequenzen.

Der Entschluss war gefasst, und auf einmal schien alles ganz einfach. Sie wussten sehr wohl, dass das Leben mit einem schwer kranken Kind schwierig werden würde, aber es waren abstrakte Schwierigkeiten, solange das Kind noch nicht da war. Wenn sie versuchten, sich ihr Leben zu dritt vorzustellen, spürten sie eine sehr theoretische Zuversicht, dass sie es schon schaffen würden, irgendwie.

Ein Satz wurde wieder lebendig, er hatte ihn anderthalb Jahre zuvor gesprochen, als ihn Kaiserslautern nicht wollte und Barça rief. »Bei mir kann offenbar nichts normal laufen.« Damals hatten wir gelacht.

Während er um das Leben seines Kindes bangte, wurde er auf Teneriffa »als Torwart wiedergeboren«, sagt Lobo Carrasco. Der Club Deportivo Numancia aus der Kleinstadt Soria, benannt nach den Numanciern, die 150 Jahre vor Christi Geburt den Römern erbitterten Widerstand geleistet hatten, kam als Tabellenführer nach Santa Cruz und fuhr geschlagen nach Hause. Er legte drei Paraden hin, die die Elftausend aufspringen ließen. »Die Leute waren auf den ersten Blick verliebt«, sagt Carrasco. »Sie erkannten den Torwart, den Barça gekauft hatte, nur noch stärker nach all dem, was er durchgemacht hatte. Es ergriff die Leute: dass einer wie er für Teneriffa spielte.«

Das Gefühl, glücklich im Tor zu sein, trug Robert Enke. Vielleicht würde er nie mehr bei einem großen Verein wie Benfica oder Barça spielen, vielleicht würde er in der Zweiten Liga hängen bleiben, aber er wusste auf einmal ganz genau, wie er als Torwart sein wollte, und wenn er seinem Idealbild eines Torwarts nahekam, dann würde er zufrieden sein, egal, in welcher Liga er spielte. Er hatte, in der Mitte einer Torwartkarriere, seinen Stil gefunden.

Immer hatte er sich an anderen orientiert, in Mönchengladbach an Uwe Kamps, der auf der Torlinie klebte, der spektakulär sein wollte, flog und faustete, in Barcelona hatte er sich von Hoek verrückt machen lassen mit seinem *Weiter vor! Dein Fuß! Van der Sar!*. »Das ärgert mich am meisten, dass ich mir von ihm einreden ließ, ich könne gar nichts.« Immer hatte er die Kollegen ganz genau beobachtet, Kamps, Bossio, Bonano, von jedem konnte er etwas lernen, auch von Álvaro Iglesias, der bislang nur in der Dritten Liga gespielt hatte, aber ein erstklassiges Stellungsspiel bei Eckbällen und Flanken besaß. Das Ausland bereicherte ihn, Robert Enke hatte bemerkt, dass er in Deutschland, dem selbst ernannten Land der Torhüter, in den Neunzigern mit einer Torwartlehre voller Schrullen aufgewachsen war, das Lauern auf der Torlinie, das übertriebene Fausten, das Festhalten am vorderen Pfosten bei Flanken, das Rausstürmen und spekulative Hinwerfen, wenn der Stürmer alleine kam, das auf Kraftausdauer ausgerichtete Training. Der neue Torwart wurde eher von der argentinischen Schule beeinflusst, das regungslose Stehen vor dem Stürmer, der seitliche Abschlag, Argentiniens Nationaltorwart Germán Burgos hatte sogar eine Übung erfunden, um den menschlichen Reflex zu unterdrücken, bei Schüssen aus nächster Distanz das Gesicht abzuwenden: Der Torwarttrainer fesselte Burgos die Hände auf den Rücken und schoss vehement aus nächster Nähe, Burgos musste den Ball mit dem Gesicht abwehren, wieder und wieder, die Nase brach mehrmals. Robert Enke lernte von einem Argentinier, Roberto Bonano, mehr als von allen anderen. Er optimierte sogar seinen feinsten Trick, die Körperhaltung im Duell mit dem Stürmer, nachdem er Bonano gesehen hatte. Er ging nicht mehr ins Spagat, sondern blieb wie Bonano aufrecht, eingefroren vor dem Stürmer stehen, nur sein nach innen geknicktes rechtes Knie, sein Markenzeichen, behielt er bei, sodass der Stürmer ihm nicht durch die Beine schießen konnte. Andere Torhüter konnten, mit dem Knie nach innen, nicht mehr kräftig abspringen. Robert Enke wurde auf Teneriffa ein König im Duell mit dem Stürmer, von der Leiste abwärts war seine Pose noch Enke, von den Hüften aufwärts Bonano.

Aber er wollte niemanden mehr imitieren. Zum ersten Mal sah er klar, was für ihn gut war, was unpassend. Und so schraubte er aus den über Jahren angesammelten Einzelteilen in Teneriffa den Torwart zusammen, der vielen anderen ein Vorbild sein würde.

Er machte sein Wesen, die Sachlichkeit, die Ruhe, zum Kern seines Spiels. Er positionierte sich sichtbar weiter vor dem Tor als Oliver Kahn, der spektakuläre Retter, aber nicht so weit vorne wie van der Sar, der elfte Feldspieler. Er würde nicht bei jeder Flanke hinauseilen, wie das Hoek forderte, wie das die nächste Generation der Torhüter auch in Deutschland schon lernte. Selbst Álvaro spielte bei Flanken von außen mutiger, Álvaro platzierte sich in der Tormitte, drei, vier Meter vor dem Tor, Robert Enke stand näher zum vorderen Pfosten und zur Torlinie. »Robert, von dort ist der Weg zu weit in den hinteren Teil des Strafraums; wenn die Flanke dorthin segelt, kommst du nicht ran.« Er wusste, Álvaro hatte recht, aber er hatte sein konservatives Stellungsspiel seit der Kindheit verinnerlicht, mit ihm fühlte er sich sicher, also würde er es beibehalten und manche Flanke in den hinteren Teil des Strafraums eben den Verteidigern überlassen. Nur wenn er bei einer Flanke hinauskam, fing er sie sicher.

Robert Enke war die Mitte zwischen Kahn und van der Sar, zwischen Reaktion und Antizipation, zwischen konservativem Spiel und Risiko. Der Mittelweg erscheint oft langweilig und ist meistens vernünftig.

Der CD Teneriffa, bei Robert Enkes Debüt auf einem Abstiegsplatz, verlor nicht mehr. »Es gibt viele Fußballer, die eine individuelle Bedeutung haben, und es gibt einige wenige Fußballer, die eine Bedeutung für das Kollektiv haben«, sagt Lobo Carrasco. »Robert gehörte in die zweite Kategorie. Vorher waren wir eine Mannschaft *light*, mit ihm bekam die Elf eine andere Mentalität, eine andere innere Überzeugung.«

Es hat nur zwei Grad in Madrid, Carrasco trägt zwischen dem feinen hellblauen Hemd und dem Jackett eine Art Trainingsjacke aus Polyester, bei ihm sieht selbst das modisch aus. »Einen Moment mal, bitte«, sagt er und holt kommentarlos seinen Laptop aus der Tasche. Er müsse mir etwas zeigen.

Er schreibe gerade auch ein Buch. Ein Junge zieht in den Profifußball und erzählt, was er erlebt, das soll das Thema sein, sagt Carrasco, er habe großen Respekt vor dem Schreiben, er lese viel, um besser zu werden – jedenfalls: »Ich habe Robert in das Buch eingebaut. Denn er zeigte uns, wie ein Fußballer sein soll.« Er fährt mit dem Zeigefinger über den Laptopbildschirm, es ist nicht mehr ganz klar, spricht er noch frei oder liest er sein Manuskript vor: »Robert, höflich, sensibel in seiner Ernsthaftigkeit, demonstrierte uns in Teneriffa, dass die Dinge wieder zurechtgerückt werden, wenn ein Mensch gegen ein Versagen, gegen eine Ungerechtigkeit rebelliert. Und wie er gegen das rebellierte, was man ihm bei Barça angetan hatte.«

Die eigenen Worte bewegen Carrasco. »Wenn er bei Barça, damals nach Novelda, einen Trainer gehabt hätte, der ihm gesagt hätte: ›Moment mal, du wirst weiterhin meine Nummer eins bleiben, ich vertraue dir‹, wäre er in Barcelona dieser Spieler geworden, den wir auf Teneriffa sahen.« Carrasco, der sich seit drei Jahrzehnten im Fußball auf höchstem Niveau bewegt, verschränkt die Hände hinter dem Kopf, um klar in die Vergangenheit zu blicken. »Ich habe in meinem Leben keine zehn Torhüter mit Roberts Potenzial gesehen, er war wie ein Stier.

Aber unser Leben wird davon bestimmt, welche Menschen wir zu welchem Zeitpunkt treffen. Wenn ein Torwart auf einen Trainer trifft, der ihn nach nur einem Fehler eliminiert, dann ist der Schaden schon passiert, das ist psychologisch grauenhaft.«

Carrasco hat keinen Kaffee bestellt, den er umrühren könnte, kein Glas Wasser, an dem er sich festhalten könnte, er verbringt den Vormittagskaffee ohne Getränk. »Ich muss daran denken, dass er den anderen Torhütern Handschuhe schenkte – welch eine großartige Geste. Als sage er zu seinen Gegnern: Ich gebe euch die gleichen Waffen.«

Der Bildschirm von Carrascos Laptop leuchtet noch. »Es ist der Donnerstag nach Roberts Tod«, steht dort mitten in seinem Buchmanuskript. »Seitdem konnte ich nicht mehr schreiben.«

Auf Teneriffa bekam Robert Enke ein neues Gespür für Distanz. Er war nicht nur räumlich weit entfernt von seinem bisherigen Leben, 2236 Kilometer südlich von Barcelona, es fühlte sich auch sehr weit an. Die Nachrichten in den Sportzeitungen las er aus demselben Blickwinkel wie der Hafenarbeiter neben ihm im Café. Er war ein Außenstehender geworden. Einmal entdeckte er zufällig, dass Timo Hildebrand in einem Interview seinen Namen erwähnte. Hildebrand war im Jahr 2004 der aufgehende Stern im deutschen Tor, er hatte gerade einen Bundesligarekord aufgestellt, 884 Minuten ohne Gegentor. Man müsse sich einen Wechsel zu einem großen ausländischen Klub ganz genau überlegen, sagte Hildebrand, sonst könne es einem so ergehen wie Robert Enke, der viel zu jung in die Ferne gegangen sei.

Er hätte sich über die vereinfachte Sichtweise ärgern sollen. Er freute sich, dass sich Hildebrand noch an ihn erinnerte.

Wenn Barça spielte, ging er in eine Hotelbar, um die Partie im Bezahlfernsehen anzuschauen. Der Fernseher in der Mietwohnung empfing nur die Handvoll öffentliche spanische Programme. Bei ihren Besuchen registrierte Teresa erfreut, dass er zu Hause abends praktisch keinen Fußball mehr schaute. Er war stolz, dass er die Hotelbar zum Fußballschauen entdeckt hatte, eine Gewohnheit, ein Ritual mehr, das er sich ganz alleine erschlossen hatte. Das Wort Routinen hatte einen schlechten Klang, doch für ihn waren sie lebenswichtig. Etwas, woran man sich festhalten konnte.

Er sah Barça in einem UEFA-Pokal-Spiel, sie führten schnell 2:0, es wurde langweilig. Er fixierte sich auf den Mann vor ihm, der unaufhörlich in der Nase bohrte. »Ist das ekelhaft, guck doch mal!« Was fühlte er, wenn er Barça im Fernsehen sah? »Gar nichts. Ich hatte doch nie das Gefühl, dazuzugehören.«

Die Entfernung zwischen ihm und dem, was er für den *wahren* Fußball hielt, bekam im Juni 2004 eine neue Dimension. Überall schauten die Leute Fußball, überall redeten die Leute über Fußball; und er spielte weiter Fußball, ohne dass es irgendjemand außerhalb Teneriffas registrierte. Die Europameisterschaft in Portugal begann. Dort dabei zu sein war sein alles überstrahlendes Ziel gewesen, vor nur zwei Jahren bei Benfica, in einem anderen Leben. Nun musste er parallel zur Europameisterschaft die Zweitligasaison zu Ende bringen.

Niemand kam auf die Idee zu vergleichen, Kahn, Buffon, Casillas bei der Europameisterschaft, Enke gegen Eibar, Cádiz, Gijón, die Gegenüberstellung klingt lächerlich. Aber die Wahrheit ist, dass bei dieser Europameisterschaft ohne außergewöhnliche Torwartleistungen wenige Paraden zu sehen waren wie seine gegen Eibars Saizar und Cuevas oder Gijóns Bilic.

Er selbst kam am wenigsten auf den Vergleich. Was ihn betraf, so war er während der Europameisterschaft ein zufriedener Feriengast vor dem Fernseher auf Teneriffa.

Der Sportdirektor rief ihn in sein Büro. Lobo Carrasco wollte ihn gerne eine weitere Saison an Teneriffa binden. »Mit Robert hatte das gesamte Projekt eine andere Ausrichtung bekommen: nach oben.« Und wenn er tatsächlich blieb, fragte sich Robert Enke. Ferien für immer?

Hannover 96 und Albacete Balompié, zwei Erstligisten, buhlten ebenfalls um ihn.

Er sprach mit Carrasco weniger als zehn Minuten über Fußball. Dann landeten sie bei Lara. Teresa war im siebten Monat schwanger.

Sie schaffte es nicht mehr, mit Marcos Frau Christina zu reden. Christina versuchte oft anzurufen, Teresa hörte dem Klingeln des Telefons zu und konnte nicht abheben. Es war unerträglich für sie, eine Freundin zu hören, die eine glückliche Schwangerschaft erlebte.

Robert dachte auf Teneriffa, irgendwie würde die Wahl seines neuen Vereins mit Lara zusammenhängen, sie sollten an einem Ort mit einem renommierten Kinderherzspezialisten wohnen. Aber obwohl die Geburt nur noch sechs oder sieben Wochen in der Zukunft lag, schienen ihm diese großen Entscheidungen weit weg. Er hatte das unbestimmte Gefühl, alles werde sich regeln.

Bei der Europameisterschaft in Portugal stand der erste wuchtige Zusammenprall bevor, Tschechien gegen die Niederlande, zwei Teams voller beiläufiger Eleganz würden zwei herausragende Torhüter in Szene setzen, Peter Cech und Edwin van der Sar. Und er konnte das Spiel nicht sehen. Robert Enke musste selber in der Bedeutungslosigkeit spielen. Zum Abschluss der Saison ging es im Heliodoro-Rodríguez-Stadion gegen Getafe. Teneriffa war sorgenfrei. Bei Robert Enkes Debüt Mitte April als Tabellenzwanzigster noch auf einem Abstiegsrang, stand die Elf nun auf Rang acht. In den acht Partien mit ihm hatten sie nie verloren.

Am Montag, fünf Tage vor der Partie, erreichte ihn ein Anruf.

Ob er sich an ihn erinnere, fragte der Anrufer, er sei der Vizepräsident von Alavés, sie hätten damals verhandelt, als sich Robert dann doch für Barça entschied, gut, das konnte man verstehen, Barça statt Alavés.

Robert Enke ging davon aus, dass der Vizepräsident ihm einen Vertrag für die nächste Saison anbieten wollte. Alavés spielte mittlerweile auch in der Zweiten Liga, aber mit etwas Glück konnte es am letzten Spieltag noch aufsteigen. Er versuchte sich zu erinnern. Das Städtchen, Vitoria, hatte ihm damals gefallen.

Er wolle ihm ein Angebot machen, sagte der Vizepräsident: Er zahle der Mannschaft von Teneriffa 100 000 Euro, wenn sie Getafe besiegte.

Alavés stieg nur auf, falls Getafe am letzten Spieltag verlor.

Die Stunde der Geldkoffer heißt der letzte Spieltag in den unteren spanischen Profiligen. Manche Vereine kämpfen verzweifelt um den Aufstieg oder gegen den Abstieg, andere befinden sich bereits in der Komfortzone der Tabelle; denen sollen die Geldkoffer bei der Motivation nachhelfen.

100 000 Euro. Das waren gut 5000 pro Spieler, *limpio*, sauber, wie netto in Spanien heißt.

Am Dienstag, noch vier Tage bis zum Spiel gegen Getafe, bat Robert Enke vor dem Training in der Umkleidekabine um einen Moment Ruhe. Er habe einen interessanten Anruf erhalten.

Positive Geldkoffer, Prämien für Siege, wie sie Alavés' Vizepräsident offerierte, wurden in Spanien geduldet.

Am selben Tag, nach dem Training, rief der Sportdirektor die Kapitäne der Elf um Antonio Hidalgo zu sich. »Ich weiß nicht, was läuft«, sagte Carrasco, »falls ihr von Alavés eine Prämie angeboten bekommt, um zu gewinnen, in Ordnung. Aber es gibt Gerüchte, wir würden das Spiel an Getafe verkaufen. Ihr seid verantwortlich, dass die Mannschaft das Spiel nicht verschaukelt.« Wenn er etwas höre, werde er einschreiten, versprach Hidalgo.

Zu viele Profis in den unteren spanischen Ligen werden von ihren chronisch klammen Klubs monatelang nicht bezahlt. Wer kann von solchen Spielern erwarten, dass sie angesichts der *maletas de dinero*, der Geldkoffer, an den letzten Spieltagen nicht anfangen nachzudenken?

Robert Enke wartete in Teneriffa noch auf die Hälfte seines Gehalts, und er nahm an, dass er nicht der Einzige war.

Er ging einen Schokoladenshake in der Fußgängerzone trinken, wahrscheinlich waren es seine letzten Tage auf der Insel. Er hatte Ewald Lienen getroffen, den Trainer von Hannover 96, und den Eindruck gewonnen, dass ein einfühlsamer Trainer alleine ein Grund für einen Vereinswechsel sein konnte. Den Schokoladenshake trank er im Gefühl, sich eine Belohnung verdient zu haben.

Am Mittwoch vor dem Training ergriff einer von Roberts näheren Bekannten im Team das Wort. »Wenn du meinen Namen nicht nennst«, sagt dieser Spieler sechs Jahre später zu mir, »erzähle ich dir, wie es war.«

Er hatte am Dienstag einen Anruf erhalten. Wenn er am Samstag ein paar unauffällige Fehler mache, die Getafes Sieg garantierten, zahle ihm jemand, er werde nicht sagen wer, 25 Millionen Peseten.

Nachdem der Spieler das Angebot abgelehnt hatte, meldete sich der Anrufer einen Tag später wieder und bot 40 Millionen.

Robert Enke musste sich das erst einmal in Euro umrechnen lassen, die Spanier immer mit ihren Peseten, drei Jahre nach der Währungsumstellung. Ungefähr 250 000 Euro waren das.

Was, dachte Robert Enke, hatten sie sich da nicht bei der Umrechnung vertan?

Es waren genau 240 400 Euro.

»Ich habe dem Anrufer gesagt, ohne mich, so etwas mache ich nicht«, sagte der Spieler vor dem Training am Donnerstag in Teneriffas Umkleidekabine. »Falls noch jemand solch einen Anruf erhalten hat, dann ist jetzt der Zeitpunkt, es hier laut zu sagen.«

Niemand meldete sich.

Vor dem letzten Training der Saison stieg Lobo Carrasco in die Umkleidekabine hinunter. Die Wände in den Stadionkatakomben waren blau und weiß gestrichen, man sah die Umrisse der nackten Ziegelsteine unter der Farbe.

»Wenn ihr von Alavés eine Prämie für einen Sieg erhaltet, ist das okay«, Carrasco begann mit ruhiger Stimme. »Eine Prämie für eine Niederlage allerdings würde immer ein dunkler Fleck auf eurem Lebenslauf und auf eurem Gewissen bleiben. Davon erholt ihr euch nie mehr. Wenn ich etwas mitkriege, wenn ich jemanden erwische, der fliegt raus. Und ich werde dafür sorgen, dass er nirgendwo mehr einen Vertrag bekommt, ich zeige ihn an. Habt ihr mich verstanden?« Manche Spieler nickten, manche schauten zu Boden. Niemand sagte etwas.

Wenn die Spieler im Heliodoro-Rodríguez-Stadion aufblickten, sahen sie die Berge Teneriffas, grün, lieblich, natürliche Verlängerungen der Tribünen. Von dort oben hörte Robert Enke unmittelbar nach Spielbeginn ein Raunen, das er nicht zuordnen konnte. Von den Transistorradios hatte sich die Nachricht unter den Zuschauern ausgebreitet. Die Niederlande führten bei der Europameisterschaft nach nur 19 Minuten 2:0 gegen Tschechien, es musste ein hinreißendes Match sein. Mal sehen, was sie stattdessen hier für eine Kegelpartie zu sehen bekamen. »Es herrschte Urlaubsstimmung im Stadion«, sagt Carrasco.

Robert Enke wollte unbedingt gewinnen. Er wollte aus Teneriffa weggehen und sagen können, ich habe hier nie ein Spiel verloren. Nach einer halben Stunde verlor er sein Spanisch. Er brüllte seine Innenverteidiger Corona und César Belli an. »Aber ich war so außer mir, dass ich nur noch auf Deutsch schreien konnte.« Robert Enkes Flüche in der fremden Sprache habe sogar er auf der Ersatzbank gehört und verstanden, sagt Álvaro Iglesias, er kann die Wörter heute noch immer in tadellosem Deutsch wiederholen: »Scheiße!«, »Arschloch!« Es stand 0:3.

Getafe hatte immer wieder direkt Pachón angespielt, ihren agilen Stürmer, und »mir kam es vor, als öffneten unsere Verteidiger ihm den Weg, irgendwann standen sogar zwei Gegner frei vor mir«, sagte Robert Enke. »›Ihr seid doch total wahnsinnig!‹, brüllte ich.«

Ein aufwühlendes Spiel entstand. Die 11 000 Zuschauer glaubten, es wäre der beste Sommerfußball. Befreit vom Druck, gewinnen zu müssen, spiele Teneriffa enthusiastisch, aber auch unkonzentriert. Wenn sie verlieren würden, wäre es nicht so schlimm, die Zuschauer gönnten Getafe den Aufstieg, ein Madrider Vorortverein, noch vor zwei Jahren in der Dritten Liga scheinbar gut aufgehoben, ein Sinnbild des charmanten Außenseiters. Robert Enke glaubte, sie spielten in einem Team gegeneinander, neun Mann versuchten mit Vehemenz, das Spiel und Alavés' legalen Geldkoffer zu gewinnen, und ein, vielleicht zwei Spieler versuchten offenbar zu verlieren, um ihre eigene Kasse zu füllen. Carrasco saß auf der Tribüne und sah beide Versionen, die unschuldige der Zuschauer und die vergiftete der redlichen Spieler. »Mir fiel nichts Merkwürdiges auf, aber was heißt merkwürdig. Pachón flog, an ihm war alles Energie, und unsere waren in Gedanken schon am Strand.«

In Aveiro, Nordportugal, verwandelte Tschechien in einem Spiel, das niemand vergessen würde, den 0:2-Rückstand noch in einen 3:2-Sieg über die Niederlande. In Santa Cruz erzielte Pachón fünf Tore. Getafe gewann 5:3 und stieg in die Primera División auf, und ein Spiel, das man nicht vergessen sollte, fand selbst in den spanischen Sportzeitungen auf 15 Zeilen auf Seite 39 statt. Nur einer kanarischen Lokalzeitung, *La Opinión*, kam zwischen den Zeilen Zweifel: »Die enorme Zerbrechlichkeit war etwas sehr Merkwürdiges in einer Abwehr, die bis gestern äußerst solide gebaut war.«

Die Rasensprenger gingen schon an, als Getafes Elf noch auf dem Fußballplatz den Aufstieg feiern wollte. Der CD Teneriffa hatte es eilig, die Saison abzuschließen.

In der Umkleidekabine fand die Freude über eine insgesamt versöhnliche Saison nicht aus den Körpern hinaus. »Natürlich waren wir sauer«, sagt Álvaro Iglesias. »Wir werden es nie beweisen können. Aber das Gefühl war, dass jemand aus unserer eigenen Gruppe uns die Prämie von Alavés versaut hatte. Irgendeiner hatte sich auf unsere Kosten bereichert.«

Im Dezember 2008 fanden sich eindeutige Indizien, dass jüngst mehrere Spiele im spanischen Profifußball verkauft worden waren. Die meisten Zeitungen berichteten einen einzigen Tag darüber. Der spanische Fußball-Verband sagte, er sei nicht zuständig, die spanische Justiz erklärte, sie auch nicht. Und weiter wurde gespielt.

Auf Teneriffa öffnete Robert Enke das Dach des Sportwagens. Er fuhr einen Besucher zum Flughafen, bald würde er selbst abreisen. Der Himmel über Teneriffa war milchig, dunstig, Südwind brachte Sand von Afrika herüber. Für die deutschen Sportreporter war es der Tiefpunkt gewesen, Enke in der Zweiten Liga, auf einer Ferieninsel. Für ihn war es ein Hochgefühl, daran änderte auch der Ärger über das letzte Spiel nichts. »Ich glaube, heute gehe ich einen Hamburger essen«, sagte er und drehte das Autoradio lauter. Er summte ein Lied mit, das er nicht kannte.

VIERZEHN

Da ist Robert, da ist kein Tor

Für einen Mann, der sein Haus dringend verkaufen wollte, stellte Jacques Gassmann eine erstaunliche Bedingung. Er würde in den ersten Monaten nach dem Verkauf noch in dem Haus wohnen bleiben. Er benötige Zeit, eine neue Bleibe zu finden, er hatte noch gar nicht danach zu suchen begonnen.

Er war Künstler.

Künstler waren wohl so, dachte sich Robert Enke, sie betrachteten die Welt mit anderem Blick, daraus entstanden dann großartige Kunstwerke und kuriose Forderungen beim Hausverkauf.

Was Teresa und ihn beschäftigte, als sie sich Jacques Gassmanns umgebauten Bauernhof auf dem flachen niedersächsischen Land angesehen hatten, war weniger dessen Künstlerseele als vielmehr die Frage, welche Künstler sie waren.

»Mensch, so kauft man doch kein Haus, oder?«, fragte sich Teresa. Ein einziges Objekt anschauen und zusagen.

»Warum eigentlich nicht?«, fragte Robert und wartete auf ihr helles Lachen in der Gewissheit, dass es schon auf dem Weg war.

Sie hatten immer zur Miete gewohnt. Nun waren sie seit einer Woche zurück in Deutschland. Einen Tag nach der Vertragsunterzeichnung bei Hannover 96 bestritt Robert bereits das erste Testspiel, der Rhythmus des Profisports absorbierte ihn sofort wieder, Training vormittags, Testspiele, Training nachmittags. Teresa war hochschwanger. Je früher sie ein Zuhause fanden, desto besser.

Mit sicherem Geschmack und Liebe zum Detail hatte Jacques Gassmann den Bauernhof umgestaltet, aus dem Pferdestall war eine Küche mit französischem Fliesenboden geworden, in der Diele hing ein Kronleuchter über einem langen Bauerntisch. Auf die Kosten hatte Gassmann beim Umbau wenig geschaut, er fand, ein Künstler sollte versuchen, immateriell zu leben. Nun musste er das Haus verkaufen. Aber er wusste doch noch gar nicht wohin, mit all seinen Bildern!

In all seiner Eigentümlichkeit schien er ein sympathischer Mann. Teresa und Robert kauften den Hof mit dem Künstler. Gassmann sollte noch drei Monate bei ihnen wohnen dürfen und sich in dieser Zeit in Ruhe ein neues Zuhause suchen.

Durch das große Fenster des kleinen Wohnzimmers konnte Robert Enke den Künstler beim Malen im Garten beobachten. Einmal trat er hinaus. Er schlich sich heran, Künstler störte man nicht bei ihrer Arbeit. Still stand er in Jacques' Rücken. Die grauen Haare fielen dem Künstler auf die Schultern. Jacques fuhr zusammen, als er Robert plötzlich hinter sich bemerkte.

Der Torwart hatte einige Fragen. Woher kam die Düsterheit in Jacques' Bildern, warum war immer alles schwarz, verwischt, übertüncht? Aber wie konnte er als Fußballer dem Künstler diese Fragen stellen? Er glaubte, er müsse sich mit normalen Fragen herantasten, Fragen, die ihm gestattet waren. Er fragte Jacques, wie das eigentlich mit der Heizöllieferung für das Haus funktionierte, ob Jacques ihnen vielleicht einen Tierarzt empfehlen konnte, er hatte doch auch eine Katze, und wie hatte Jacques das überhaupt hinbekommen, jeden Monat 6000 Euro an Darlehen und Nebenkosten aufzubringen, als Künstler? Wenn er Glück hatte, wenn es so kam, wie er sich erhofft hatte, erzählte ihm der Künstler danach von seiner Kunst.

Gassmanns Zyklus *Apokalypse* hatte in den Neunzigern für einige Aufregung gesorgt, das Werk wurde quer durch Europa von Ausstellung zu Ausstellung gereicht, einige Kritiker sahen eine Linie, Max Beckmann, Lukas Kramer, Jacques Gassmann. Danach malte er als Antwort auf den zweiten Golfkrieg innerlich schreiende, seelisch explodierende amerikanische Bomberpiloten, *Supersonic* hieß die Serie, er konnte gar nicht aufhören. Als er aus dem Rausch aufwachte, hatte er 160 Bilder kreiert. »Wenn ich die Kunst nicht hätte, würde ich explodieren, Robert, ich muss mich mit dem Pinsel auskotzen«, sagte Jacques. Sätze, verwegen und schwer, wie man sie nach Jacques' Ansicht von einem Künstler erwartete. Die wirklichen Antworten aber konnte er Robert nicht geben. Er hatte sie für sich selbst noch nicht gefunden. Roberts Tod brachte ihn darauf. »Was habe ich denn gemalt? Abgründe habe ich gemalt, Leute, die sich zerreißen«, sagt Jacques Gassmann drei Monate nach Roberts Tod. »Endzeit war ein großes Thema in den Neunzigern, und ich malte noch Abgründe, als die Neunziger vorbei waren. Ich habe es nie geschnallt, dass ich meinen seelischen Zustand darstellte.«

Im Garten in Empede, 400 Einwohner, das Steinhuder Meer beginnt gleich hinter dem Pferdeweg, legte Jacques seine Gemälde zum Trocknen auf die Wiese.

»Warte, Jacques, ich sperre Balu ein, nicht, dass er noch etwas kaputt macht«, sagte Teresa.

»Ach nein«, schmetterte Jacques. »Der kann bei mir hier draußen bleiben, das ist ein Künstlerhund!«

Balu litt an Staupe, einer Viruskrankheit, die das Gehirn zersetzt, er konnte sich nicht mehr kontrollieren.

»Ich würde mich wohler fühlen, wenn er nicht bei dir wäre.«

»Ach was. Wir verstehen uns, was, Balu, mein Künstlerhund.«

Zehn Minuten später hörte Teresa einen Schrei aus dem Garten.

»Das muss eure Versicherung bezahlen! Euer Hund ist über mein Bild gelaufen!«

Zum Training in Hannover ging Robert Enke jeden Tag in dem Gefühl, nach Hause zu kommen. Er war in einer Stadt, in der er nie hatte wohnen wollen, in einem Verein, von dem er nie geträumt hatte, doch allein die Tatsache, nach fünf Jahren wieder in Deutschland zu sein, überzeugte ihn, endlich angekommen zu sein. Zwei Jahre war er auf dem Meer gewesen. Mit Hannover würde er vermutlich im hinteren Drittel der Bundesliga landen, aber das störte ihn nicht, damit würde er zurechtkommen. Ohne einen handfesteren Grund als die eigene Lebensfreude war er sich sicher, »ich werde mich hier sehr wohlfühlen«.

Weil das Niedersachsenstadion für die Weltmeisterschaft 2006 umgebaut wurde, zog sich die Mannschaft zum Training in der Stadionsporthalle um, es gab nur eine kleine Umkleide-

Robert Enke mit den Hunden in seinem Haus in Empede.

kabine, der Trainer erhielt das Hausmeisterkabuff. Die neuen Kollegen waren verblüfft, als Robert Enke am ersten Tag durch die Kabine ging und sich vorstellte. Er kannte nahezu alle mit Namen. »Du musst der Frankie sein, hallo«, »ach, du bist der Per«. Er hatte sich die neue Mannschaft oft im Internet angeschaut.

An ihn erinnerte sich nicht jeder in Deutschland.

»Welche Rückennummer soll ich ihm geben, die 25 oder 30?«, fragte einer der zwei Mannschaftsbetreuer den Trainer. »Die 1«, sagte Ewald Lienen.

Lienen, der als junger Mann in der Friedensbewegung für die Verbannung von Pershing-Raketen und Abschaltung von Kernkraftwerken marschiert war, besaß auch mit 50 seinen eigenen Kopf. Wenn die Fußballszene Enkes Flucht aus Istanbul als unprofessionell, als Kneifen und Schwäche einschätzte, so empfand Lienen den Schritt als Zeichen von Stärke eines couragierten, empfindsamen Mannes. Die Wahrheit kannte ja niemand.

Robert Enke redete in der Öffentlichkeit über seine Depressionen, ohne dass irgendjemand merkte, worüber er sprach.

»Das war eine negative Erfahrung, die nichts mit Fußball zu tun hatte, sondern einfach mit dem Wohlbefinden«, antwortete er der *Neuen Presse* aus Hannover in seinem ersten Interview nach der Heimkehr auf die Frage, was denn in Istanbul los gewesen sei.

Wenn er an die Depression dachte, war er in der Lage, aus der eigenen Haut zu schlüpfen und mit Abstand und Selbstironie auf den »Robbi mit dem kaputten Kopp« zurückzublicken, wie er den Menschen, der nicht er war, nannte. »Teneriffa war mein Kururlaub«, sagte er. »Aber ich weiß, es hätte auch ganz anders laufen können. Ich war weg vom Fenster. Außer Lienen wäre wohl niemand mehr auf die Idee gekommen, mich noch einmal in die Bundesliga zu holen. Dafür bin ich ihm sehr dankbar.«

Was die neuen Kollegen spürten, ohne es in Worte fassen zu können, war eine ungewöhnliche Natürlichkeit, die ihn wie eine Aura umgab, diese Selbstverständlichkeit, den Beruf ohne Selbstinszenierung und Ellenbogen auszuüben. Das obligatorische Mannschaftsfoto zu Saisonbeginn wurde geschossen, in der Mitte der ersten Reihe sitzt immer der Torwart, umgeben von seinen zwei Ersatzmännern, es ist ein Machtritual, der König auf dem Thron, die Untertanen zu den Seiten. Robert Enke und der Ersatztorwart Frank Juric entschieden, dem 21-jährigen Daniel Haas, dem dritten Torwart, dem Lehrling, den Platz auf dem Thron in der Mitte zu überlassen. Die Geste behielt Robert Enke in all seinen Jahren in Hannover bei.

All die Entspanntheit und Freude konnte allerdings einen Gedanken nicht verhindern, als der Schiedsrichter die neue Bundesligasaison anpfiff. War er noch gut genug für dieses Niveau? Es war fast zweieinhalb Jahre her, seit er das letzte Mal regelmäßig in einer Ersten Liga gespielt hatte.

Hannover 96 musste bei Bayer Leverkusen antreten. Die Leverkusener Fans wussten noch, wer er war: der Torwart, dem ihre Elf vor sechs Jahren in Mönchengladbach acht Tore reingeschossen hatte. Zur Melodie des französischen Kinderlieds *Bruder Jakob* sangen sie: »Robert Enke, Robert Enke/weißt du noch?/weißt du noch?/kannst du dich erinnern?/kannst du dich erinnern?/2:8, 2:8.«

Da musste er lachen. Er applaudierte den Fans.

Er fing Flanken wie selbstverständlich ab, er ließ die Zuschauer vor Erstaunen aufschreien, als er zwei herzhafte Schüsse von Dimitar Berbatov parierte. Beim zweiten Versuch tauchte Berbatov frei vor ihm auf, doch der Torwart, die Arme von sich gestreckt, den Oberkörper gerade, das Knie nach innen gebeugt, erschien Berbatov plötzlich riesig. Hannover verlor in der letzten Spielminute 1:2, und der *Kicker* wählte Robert Enke zum Mann des Tages. Die Sportreporter, die ihn nach Istanbul in absoluten Worten für gescheitert erklärt hatten, fragten wie selbstverständlich, ob er wieder an die Nationalmannschaft denke.

Nach Heimspielen bat der Trainer die Elf noch im Stadion zum gemeinsamen Essen. Einer der Köche, die während des Spiels die Logengäste bewirteten, tischte auf. Mit Messer und Gabel gelegentlich als Zeigestock analysierte der Trainer in einer Viertelstunde das Spiel, zehn Minuten auf Deutsch, drei auf Spanisch, zwei auf Englisch, und wünschte guten Appetit. Lienen organisierte auch einen Zoobesuch mit Frauen und Kindern, er glaubte daran, dass eine Mannschaft, die sich als Familie fühlte, die bessere Elf war. Mit wem sich Robert Enke sofort verstand, war einer der Betreuer. Tommy Westphal musste sich darum kümmern, dass der Spielberichtsbogen richtig ausgefüllt beim Schiedsrichter landete, dass beim Mittagessen im Hotel auch eine Suppe ohne Sellerie bereitstand, dass die neuen Spieler einen Kindergarten und ein Handy fanden, sprich um alles. Tommy Westphal schaffte es, hundert Kleinigkeiten an einem Tag zu erledigen, ohne eine zu vergessen, und trank fünf Kaffees in anderthalb Stunden, vielleicht hing das eine mit dem anderen zusammen. »Wir fanden sofort eine Ebene, weil wir beide Ossis sind«, sagt Tommy mit jenem Humor, hinter dem man ernste Themen versteckt. »Bei uns ist es ja wie bei den Jugos oder Afrikanern im Profifußball: Wir bilden sofort einen Clan, um uns zu verteidigen.« Tommy registrierte, wie Robert vom ersten Spiel an sehr präsent innerhalb der Mannschaft war, seine kollegiale Art prägte das Arbeitsklima. Nur Robert Enke selbst hatte das Gefühl, er bringe sich nicht genug ein, er erfülle Lienens Hoffnungen, eine Familienstimmung zu kreieren, nicht vollständig. Er hatte ein falsches Selbstbild von seiner Rolle im Team, weil er immer verschwand, wenn die anderen nach dem Training zum Mittagessen gingen, und er generell den Profifußball nicht so intensiv wie früher lebte. Lara war am 31. August 2004 auf die Welt gekommen.

Er hatte eine Idee von seiner Tochter im Kopf gehabt. Sie würde in der ersten Zeit viel medizinische Betreuung benötigen, Teresa und er würden sie deshalb oft in den Arm nehmen und über Augenkontakt tausend Lächeln austauschen. Nun lernte er die Wirklichkeit kennen.

Lara wurde unmittelbar nach ihrer Geburt am offenen Herzen operiert. Damit ihr winziger Körper eine Chance hatte, die Anstrengung der Operation zu überleben, wurde sie in ein künstliches Koma versetzt. Ihr Brustkorb war noch geöffnet, das Herz brauchte Platz, um abzuschwellen. Die Arme nach hinten geschlagen, lag sie auf der Intensivstation. Das Einzige, was Teresa und er tun konnten, war, ihr Händchen zu halten und dem Herzen im offenen Brustkorb beim Schlagen zuzusehen. Laras Puls lag bei 210.

Der unbedingte Wille, ihrer Tochter helfen zu wollen, und die pochende Angst, sie zu verlieren, hielten Teresa und ihn im permanenten Alarmzustand. »Als wir die Entscheidung trafen, Lara auf die Welt zu bringen, dachten wir, wir seien vorbereitet. Um nicht falsch verstanden zu werden, ich würde auch heute immer wieder die Entscheidung für Lara treffen, da bin ich absolut überzeugt. Aber ich weiß auch: Niemand ist auf das Leben mit einem kranken Kind vorbereitet«, sagt Teresa. »Die Angst frisst dich auf.«

Nach vier Tagen wurde Laras Brustkorb zugenäht. Es ging voran, etwas wurde besser, sagten sie sich glücklich. Am nächsten Morgen teilte ihnen die Krankenschwester mit, der Brustkorb müsse leider wieder geöffnet werden.

Wenn er morgens gegen neun zum Training aufbrach, fuhr Teresa in die Klinik der Medizinischen Hochschule. Während des Trainings gab er sein Handy Tommy Westphal, falls ein Anruf aus der Klinik kam. Danach fuhr er direkt zu Lara und

Teresa. In der Kantine der Klinik aßen die Eltern zu Mittag und blieben bis zum Ende der Besucherzeit um 20 Uhr, jeden Tag.

Nicht selten war die Tür zur Intensivstation verschlossen. Sie mussten mit den anderen Eltern im Wartezimmer bleiben, es vergingen zwei Stunden oder drei, sie wussten nicht, welches der vier Kinder gerade in der Station um sein Leben rang; ob es ihres war.

Er dachte: »Wer es wirklich schlecht hat, ist Teresa. Sie hat kein Fußballspiel, in dem sie 90 Minuten abtauchen kann.« Er erkannte, wie selbst das Lästigste am Fußball, die stundenlangen Busfahrten zu Auswärtsspielen, zur Ablenkung für ihn wurden. Er besaß noch immer keinen tragbaren Musikspieler oder einen Laptop, um Filme anzuschauen. Er war der Einzige im Bus, der über den Bordkanal Radio hörte. 1Live wurde sein Sender, wo die Programme *Raum und Zeit* oder *Kultkomplex* hießen und die Musik, ohne dass er sie genau definieren konnte, anders war. Der Busfahrer verfluchte ihn liebevoll, wenn er nur wegen ihm alle sechzig, siebzig Kilometer schon wieder die Frequenz suchen musste.

Unterdessen entdeckte Teresa die Sättigung. Ein Sensor maß die Sauerstoffsättigung in Laras Blut. Sie durfte nie unter 60 Prozent fallen, dann wurde es kritisch, dann tutete der Sensor. Teresa bekam das Tuten nicht mehr aus den Ohren. Sie hörte es auch, wenn sie schon nicht mehr in der Klinik saß, abends im Bett in Empede. Die Sättigung wurde ihre Fixierung, die Meßlatte ihrer Angst um Lara. Mitten in der Nacht, wenn sie in der Küche Muttermilch für Lara abpumpte, konnte sie nicht anders als im Krankenhaus anrufen, um zu erfahren, bei wie viel Prozent die Sauerstoffsättigung lag.

Sie hatte ihrem Mann in einer fünfmonatigen Depression beigestanden und saß nun den ganzen Tag auf der Intensivstation an der Seite ihrer Tochter, die sie noch kein einziges Mal im Arm halten konnte.

»Bitte, geh doch mal nach Hause, ruh dich aus, ich bleibe bei Lara«, sagte Robert zu ihr.

Aber sie konnte nicht gehen, sie musste bei ihrer Tochter bleiben und auf die Sättigungsanzeige starren.

Robert und Teresa mit ihren Familien bei Laras Taufe.

Am nächsten Morgen, an jedem Morgen, nahmen sie sich vor, sich von der Situation nicht das Glück rauben zu lassen. Sie hatten eine Tochter. Und es gab nicht wenige Tage, da schafften sie es zu lachen, sogar im Wartezimmer der Intensivstation. Sie entdeckten Heiterkeit, wo keine war, etwa wenn Robert die nüchterne Standardantwort der Ärzte auf die Frage, wie es Lara gehe, imitierte: »Wir können nicht ganz unzufrieden sein.« Und natürlich fragten sie sich irgendwann an denselben Tagen doch wieder, warum die Ärzte nicht einmal, wenigstens einmal etwas Optimistisches über Laras Gesundheitszustand sagen konnten.

Ganz in seine eigene Welt versunken, hatte ihr Mitbewohner Schwierigkeiten, die Belastung zu erkennen, unter der sie lebten. Seinen Praktikanten bestellte Jacques täglich für 8.30 Uhr zum Arbeitsbeginn. Der junge Mann kam pünktlich, und Jacques schlief mit vergleichbarer Verlässlichkeit noch. Ihre halbe Stunde mit Robert beim Frühstück war für Teresa ein Schatz geworden, fast der einzige Moment des Tages, den sie für sich hatten. »Aber ich bin keine, die dann einfach so tun kann, als wäre der Praktikant nicht da. Also habe ich ihn gefragt, magst du auch einen Kaffee«, und dahin war der geliebte Augenblick allein mit Robert.

Gegen neun erschien Jacques. »Dieser Lärm! Diese Kaffeemaschine macht mich krank! Was machst du für einen Stress, Teresa?«

Sie hatten eine Abmachung getroffen. Er würde im Obergeschoss wohnen, sie unten. Aber die Gemeinschaftsräume lagen im Erdgeschoss, die Küche, die Diele, das Wohnzimmer, der Zugang zum Garten. Faktisch lebten sie zu dritt im Erdgeschoss; mindestens. Im September kam ein Dichterfreund von Jacques für Wochen zu Besuch, er schlug sein Quartier im Wohnzimmer auf. Einmal kamen Teresa und Robert von der Klinik nach Hause. In der Diele standen vier Geigerinnen. Sie waren dabei, ein Gedicht des Lyrikerfreundes musikalisch umzusetzen.

Jacques war eben so, versuchte Robert Enke nicht zu vergessen. Wenn ihm dies gelang, fand er seinen Künstler durchaus unterhaltsam. Meistens flüchtete er allerdings abends vor den Fernseher, ein Fußballspiel schauen; ein Alibi haben, um nicht angesprochen zu werden, um einfach seine Ruhe zu haben.

Teresa saß dann mit Jacques in der Küche. Sie las Biografien von Künstlern, Monet, Picasso, Michelangelo, und so begannen ihre Gespräche an den Küchenabenden manchmal bei den großen Meistern. Nicht selten endeten sie bei Jacques' Weltansichten. Er war zweimal geschieden, mit 25 Vater geworden, die erste Frau Dressurreiterin, die habe ihm erst einmal gezeigt, wie es gehe, ran an die Kunstsammler, Galeristen, er dachte, er habe alles, Frau, Tochter, Dressurpferde, Haus, Erfolg, aber irgendwann traute er sich in kein Restaurant mehr, in kein Flugzeug, alles, was er hatte, sperrte ihn ein, drückte ihn nieder. Jetzt habe er nichts mehr und sei glücklich, schloss Jacques. Dann rauchte er noch eine Zigarette mit Teresa.

Jacques betrachtete seine Hausherren unter dem Eindruck seiner eigenen Geschichte. »Die beiden waren ein enges, gutes Paar. Aber in ihrem Leben fehlte die Zärtlichkeit des Alltags.« Ist das denn nicht allzu verständlich, wenn dein Kind auf der Intensivstation liegt? Na ja, sagt Jacques verlegen, so habe er das noch gar nicht gesehen – aber auf jeden Fall: »Ich hätte gesagt, dass ich genau der Richtige für die beiden war. Ich riss sie aus diesem ›Fünf Kilo Kartoffeln, zwei Kilo Reis und was brauchen wir noch‹-Alltag raus.«

Jacques Gassmann interessierte sich nicht für Fußball, als er Robert Enke kennenlernte. Später ging er regelmäßig mit Teresa ins Stadion.

»Robert interessierte mich. Er hatte diese Nüchternheit, die nie plump war, sondern eigensinnig, wach, neugierig.« Der Künstler wollte ihn im Spiel sehen und wissen, ob ein Spiel einen anderen aus einem Menschen machen konnte. »Im Tor hatte er etwas Umfassendes. Fast Schwarzeneggerhaftes. Er machte keine Faxen, sondern schreckte die Stürmer durch Coolness ab. Aber wenn er mich zur Begrüßung mal umarmte, dann spürtest du durch seinen massiven, im täglichen Training gestählten Körper eine erstaunliche Wärme und Sanftheit.«

Zu seinem Geburtstag schenkte Jacques Robert ein Porträt. Ein mit schnellen schwarzen Strichen gezeichneter Kopf, darunter kräftige Hände, die etwas rosafarbenes Rundes halten, auf den ersten Blick sieht es wie ein herausgerissenes Herz aus, es ist aber ein Fußball. *Da ist Robert, da ist kein Tor*, nannte Jacques das Bild. Es geht nicht um Fußball in unserer Freundschaft, hieß das. Mit den Wochen jedoch wurde der Titel zweideutig: Da war Robert, und da waren erstaunlich wenige Tore gegen Hannover.

Mitten in einer mittelklassigen Mannschaft wirkte Robert Enke geradezu merkwürdig gut. Er war in der Diaspora des internationalen Fußballs gelandet und wieder der Torwart, den man sich auch in einer Spitzenelf vorstellen konnte. Nach ihrer Krankheit setzen Depressive oft wie selbstverständlich ihren Weg fort.

Jörg Neblung kam zu Besuch, und sie nutzten die Gelegenheit, um zum ersten Mal nach Laras Geburt abends auszugehen, ins *Heimweh*. Ein paar Fußballspieler von 96 redeten öfter von der Lounge. Es war der 20. September 2004, Lara war fast drei Wochen alt. Sie hatten Jörg etwas zu sagen. Sie wünschten sich, dass er Laras Patenonkel werde. Nur wann die Taufe stattfinden konnte, vermochten sie ihm nicht zu sagen.

Gegen elf waren sie schon zurück in Empede. Sie waren es nicht mehr gewohnt, lange aufzubleiben. Als sie gerade eingeschlafen waren, klingelte Teresas Handy. Es war die Klinik. Lara hatte einen Herzstillstand erlitten.

Sie rannten los, im Wohnzimmer lag Jacques' Dichterfreund. »Was ist denn los, ja, was ist denn los?«, rief der Dichter.

Als sie in der Klinik eintrafen, versuchten die Ärzte bereits seit einer Stunde, Lara zu reanimieren. »Wenn sie stirbt, gehen wir aus Hannover weg«, sagte Teresa. Er nickte. So standen sie bis fünf Uhr morgens auf der Intensivstation. Fünf Stunden hatten die Ärzte es immer wieder versucht. Dann war Lara wieder im Leben.

Robert Enke lag mehr, als dass er saß, auf einem Stuhl auf der Station und sagte tonlos: »Was machen wir eigentlich hier?« In einem Tag sollte er mit Hannover 96 zum DFB-Pokalspiel nach Cottbus reisen.

»Robbi, fahr, was willst du hierbleiben, Lara hat es überstanden. Die Angst darf nicht unser Leben bestimmen.«

In Cottbus endete das Spiel 2:2. Ein Elfmeterschießen musste entscheiden. Elfmeterschießen ist das Urduell des Fußballs, der lange Weg des Schützen von der Mittellinie zum Elfmeterpunkt, der Torwart, der wartet. Für einen Moment existieren in einem voll besetzten Stadion nur diese zwei, Schütze und Torwart.

Robert Enke hatte sein untrügliches Gespür für Elfmeter verloren. Noch in Lissabon war er für den *Record* Super-Enke gewesen, weil er in den ersten Monaten vier von sieben Elfmetern parierte, aber seitdem hatte er nur noch gelegentlich einen Strafstoß abgewehrt. Auch in Cottbus trafen die ersten vier Schützen gegen ihn. Er sah den fünften, Laurentiu Reghecampf, von der Mittellinie herannahen und wusste plötzlich, diesen Schuss würde er halten. Jeder Torwart weiß, einen Elfmeter zu halten ist selten eine Kunst, sondern ein Versagen des Schützen. Aber einen Elfmeter zu halten ist die einzige Möglichkeit für einen Torwart, einmal ein Held zu werden wie die Stürmer jeden Samstag. Eine einzige gelungene Aktion machte alles, was vorher gewesen war, unerheblich. Er hielt den Elfmeter von Reghecampf tatsächlich. Als Thomas Christiansen den folgenden Schuss für Hannover ins Tor setzte und sie gewonnen hatten, lief Robert Enke so schnell er konnte zu Christiansen und hob den Torschützen in die Luft. So konnte niemand ihn auf Händen tragen. Ihm war nicht nach Fotos von ihm als gefeiertem Mann zumute.

Jacques Gassmann, der entschieden hatte, dass er Leben ins Leben der Enkes bringen musste, hörte nicht auf, sie zu überraschen. Sie sollten mit ihm auf das Schützenfest von Empede gehen. Er wolle nicht, dass es ihnen so erging wie ihm, erklärte Jacques. Er war daran gescheitert, sich im Dorf zu integrieren.

In Empede gibt es keinen Laden, nur eine Gaststätte, die *Ole Deele*. Bei Bundestagswahlen dient sie auch als Wahllokal. Die paar Häuser des Dorfs sind allesamt aus Klinkersteinen, die Landstraßen sind Alleen. Im Frühling blüht der Raps in den Feldern. Als im ersten Zeitungsartikel über Robert Enke beiläufig seine Hunde erwähnt wurden, schickte das Ordnungsamt unaufgefordert die entsprechenden Hundemarken; samt Rechnung.

Der Künstler hatte in seiner Anfangszeit in Empede Zettel an den Laternenmasten aufgehängt, *offenes Atelier*, *ein Glas Wein*, »aber es kam kein Schwein«. Jacques war beleidigt.

Auf dem Schützenfest stellte der Künstler nicht ohne Befriedigung fest: »Und jetzt glotzen sie alle: Wie, da kommt der schräge Gassmann mit dem Fußballstar?« Für eine tiefer gehende Dorfintegration kamen sie allerdings zu spät. Es war kurz vor neun am Abend. Dem Anschein nach war bereits seit einer Ewigkeit gefeiert und vor allem getrunken worden; die Gäste, die noch in der Lage waren, sich sachlich zu unterhalten, gerieten langsam in die Minderheit. Der Nüchterne unter Betrunkenen lernt, was Einsamkeit ist. Vor die Wahl gestellt, sich ähnlich zu betrinken oder den Rückzug anzutreten, saßen sie eine Anstandsstunde ab und verabschiedeten sich dann. Nächstes Jahr würden sie früher hingehen, sagte Teresa.

Jacques, der glaubte, dass seine Hausherren euphorischer, lauter leben mussten, wunderte sich nun, dass sie das ruppige Schützenfest gar nicht so schlecht fanden. »Immer haben sie

Empede hochgehalten. ›Ist doch nett hier‹, sagten sie.« Jacques grollt, vielleicht spielt er es auch nur. »Aber die Post ging in Empede nun mal nicht ab. Als ich fortging, hätte ich am liebsten ein Schild im Dorf aufgehängt: Leben bringt nur Unruhe.«

Es wurde Herbst, und sie lernten, dass auch Ausnahmesituationen Alltag werden, wenn sie länger andauern. In der Theorie hatte Lara nur drei Wochen auf der Intensivstation liegen sollen. Tatsächlich vergingen allein anderthalb Monate, bis sie aus dem künstlichen Koma geholt wurde, bis ihre Eltern zum ersten Mal erlebten, wie sich ihre Augen und Mund regten. Die Angst verließ die Eltern nicht, selbst wenn Laras Monitor eine hohe Sauerstoffsättigung anzeigte, wenn der Arzt sagte, wir können nicht ganz unzufrieden sein. Es gab immer ein anderes Kind auf der Station, das sie an die Zerbrechlichkeit des Lebens erinnerte. Eines Morgens war die Wiege neben Lara leer, »wo ist denn die Sandra?«, fragte Teresa und erhielt keine Antwort mehr. Sie weiß nicht mehr, wie oft sie den Tod eines anderen Kindes erlebten, dreimal, viermal? Aber sie schafften es, auch diesem Alltag seine schönen Momente abzuringen. Nach gut drei Monaten machten sie den ersten Ausflug mit ihrer Tochter. Sie schoben Lara im Kinderwagen auf den Balkon.

Der Wagen war beladen mit Sauerstoffflasche und Pulsmessgerät, der Ernährungsschlauch steckte in Laras Nase, die Sättigungsanzeige tutete, nur noch 64 Prozent. »Geht's noch?«, fragte Teresa die Schwester. Einmal vor und zurück durften sie noch auf dem Balkon. Das war Glück, sagt Teresa, reines Glück.

Einige Wochen später durfte Lara immerhin auf die Herzstation, Station 68b, an der Tür klebte eine von Kinderhand gemalte Tigerente.

Er merkte, wie ihn Lara als Torwart veränderte. Er beobachtete sich selbst. »Ich ärgere mich immer noch über schlechte Spiele. Aber ich habe keine Zeit mehr, die Gedanken wochenlang mit mir herumzuschleppen.« Er fuhr nach einem 3:0 über Bochum direkt in die Klinik, er eilte nach einem 0:1 gegen Hertha BSC sofort auf Station 68b, »und die Fragen sind auf einmal dieselben, ob Sieg oder Niederlage: Wie sind die Sauerstoffwerte, wie ist der Puls?« Er hatte etwas gelernt, durch die Depression, durch Markser, durch Teneriffa, durch Lara. »Ich weiß jetzt, dass Fehler zu einem Torwart dazugehören. Das konnte ich lange nicht akzeptieren.« Nun, da er Fehler tolerierte, machte er kaum noch welche.

Hannover beendete die Vorrunde auf einem verblüffenden siebten Platz, einen Spieltag zuvor waren sie sogar Vierter gewesen. Der Trainer hatte eine Mannschaft geschaffen, die ihre gute Laune im Spiel ausdrückte. Ihr Torwart wurde zum Symbol der schönen Überraschung. Die Bundesligaprofis wählten Robert Enke vor Oliver Kahn zum besten Torhüter der Vorrunde. Es war eine Auszeichnung für seine Verlässlichkeit, wenngleich es wie immer bei solchen Wahlen natürlich auch ein kleines bisschen unsachlich zuging. Enke, der keine Schau aus seinen Tugenden machte, gönnten die Kollegen den Erfolg eher als dem zähnefletschenden Kahn.

Der Bundestrainer meldete sich. Acht Monate, nachdem Robert Enke in der Zweiten Liga auf der Ersatzbank gesessen hatte, lud ihn Jürgen Klinsmann zu einer Asienreise der Nationalelf ein. Robert Enke sagte ab. Er hielt mit niemandem Rücksprache, nicht einmal mit Teresa, er sagte Klinsmann sofort am Telefon, das gehe leider nicht, er könne nicht zehn Tage weg. Er müsse bei seiner Tochter bleiben. »Ich war gerührt, dass er mich nicht fragte«, sagt Teresa. »Dass er mit solcher Überzeugung für Lara da war.«

Robert Enke fühlte sich geliebt und anerkannt. So war es leichter, Liebe zurückzugeben und sich sogar eigene Fehler zu verzeihen.

Doch mit dem grenzenlosen Verständnis war das so eine Sache. Bei Jacques fiel es ihnen immer schwerer, Großzügigkeit zu wahren. Das Gefühl, im eigenen Haus nicht zu Hause zu sein, verstärkte sich. Sie hatten noch immer nicht die eigenen Möbel einräumen können. Im Vertrag stand, dass Jacques spätestens zum 1. Oktober ausziehen würde. Nun war es Mitte Dezember. Er hatte nicht einmal damit begonnen, sich nach einer neuen Unterkunft umzuschauen.

»Ach, was kommt ihr mir denn mit Verträgen, ich dachte, wir seien Freunde!«, rief der Künstler, als sie ihm schließlich eines Abends sagten, dass es wirklich an der Zeit sei auszuziehen. Jacques' Dichterfreund war abgereist, dafür war seine Tochter aus erster Ehe zu Besuch.

»Aber Jacques, verstehst du nicht, dass wir nicht dauerhaft zusammenwohnen können. Und du hast noch nicht einmal angefangen, an einen Auszug zu denken.«

»Okay, dann fange ich an!« Er sprang auf und begann, sein Geschirr aus den Küchenschränken zu reißen. »Seht ihr, wie ich zusammenpacke!«

»Jacques, bitte.«

»Da gebe ich alles, um mit euch und eurem Hühnerstall zu wohnen, all diese Viecher hier, und dann serviert ihr mich so ab – wenn ich das gewusst hätte!«

Teresa war außer sich. Robert Enke, der normalerweise ruhig wurde, wenn andere sich aufregten, kämpfte vergeblich gegen die aufsteigende Wut. Er konnte die Situation auch nicht mehr entschärfen. Das erledigte dann Jacques' Tochter.

Ein sechzehnjähriges Mädchen, das ganz ruhig, sehr besonnen, in der Erregung der Erwachsenen vermittelte. »Der ist so, nicht verzweifeln«, sagte sie zu Teresa und Robert. »Papa, komm, wir beide gehen jetzt nach oben und fangen an, deine Sachen zu packen.«

Jacques Gassmann zog tatsächlich aus, zunächst zu einem Freund, wo sollte er denn so plötzlich hin. Eine Überraschung aber schenkte er ihnen noch zum Abschied. Teresas Mutter rief aus Bad Windsheim an. »Das ist ja toll, dass bei euch eine Vernissage stattfindet. Machst du die Häppchen?«, fragte sie ihre Tochter.

Jacques hatte zu einer Weihnachtsvernissage geladen, wenn er viele Bilder verkaufte, musste er weniger aus Empede abtransportieren. Auch Teresas Mutter war eingeladen, weil sie Jacques von ihren Besuchen in Empede kannte. Sie war angetan von seiner Kunst und stand auf seiner Verteilerliste. Teresa und Robert hatte Jacques nichts von der Veranstaltung gesagt. Sie würde doch in seinem Atelier, neben ihrem Haus, stattfinden.

Am nächsten Abend saßen Teresa und Robert in ihrer Küche und sahen sprachlos dabei zu, wie jede Menge fremder Leute selbstverständlich durch ihr Haus liefen und wissen wollten, wo denn die Toilette sei. »Was ist das jetzt?«, fragte Robert Teresa. »Ein schlechter Film? Oder der ganz normale Wahnsinn unseres Lebens?« Sie beschlossen zu lachen. Es brachte ihre Anfangszeit in Hannover auf den Punkt, sagt Teresa. »Es war eine schöne, aber wirklich schlimme Zeit.«

FÜNFZEHN

Lara

In einem Raum für 200 Leute waren sie die einzigen Gäste. Rote Plastikstühle standen an schlichten Holztischen, ein paar Topfpflanzen zwischen den Tischreihen zeugten vom vergeblichen Versuch, den Saal einladender zu gestalten. Teresa und Robert Enke verbrachten Weihnachten in der Krankenhauskantine. Manche Details vergisst man nie: Es gab Lachs mit grünen Bandnudeln.

Ohne es zu beabsichtigen, hatten ihnen ihre Bekannten in den vergangenen Tagen mit einfachen Fragen wehgetan. »Und, wo fahrt ihr in den Weihnachtsferien hin?« Ins Krankenhaus.

Draußen regnete es. Doch die Einsamkeit im Speisesaal, die sie eben noch an ihre traurige Situation erinnert hatte, gab ihnen Minuten später das Gefühl, besondere Weihnachten zu feiern. Sie hatten Lara, die nun auf Station 68b friedlich schlief. Sie hatten sich. Teresa fotografierte das Kantinenessen; ihr einzigartiges Weihnachtsmahl.

Robert Enke machte Urlaub am Telefon. Die Gespräche mit Marco boten ein wenig Ablenkung. Seit Laras Geburt telefonierte auch Teresa wieder regelmäßig mit den Villas, die selbst eine Tochter bekommen hatten, Chiara. Und während Marco sich mit Robert über ganz unterschiedliche Kindersorgen austauschte, glaubte er zu begreifen, warum sein Freund in Hannover so großartig Fußball spielte. »Er fühlte sich wertvoller, weil er sich um Lara kümmerte. Aus diesem Selbstwertgefühl schöpfte er wahnsinnig viel Kraft und Stolz.«

Zu erleben, wie souverän Robert seine schwierige Situation meisterte, war für Marco nicht nur eine große Freude. Es traf ihn auch ein bisschen. Denn er fragte sich automatisch, warum er nicht auf ähnliche Weise mit dem Druck des Profisports fertig wurde. Er kam in Arezzo nur noch unregelmäßig zum Einsatz, in der Winterpause würde er zu Ferrara wechseln, wieder Dritte Liga. Marco Villa hatte sich vom ersten Tag an immer ein wenig wie Robert Enkes Beschützer gefühlt. Wechselten ihre Rollen?

Als Marco nach Empede zu Besuch kam, sagte Robert: »Komm mal mit.« Er führte den Freund in sein Büro, die Regale gingen bis zur Decke, Kisten voller Fotos standen neben Spanischlehrbüchern und Ordnern mit der Aufschrift »Gewerbesteuer«. Robert griff zu einem dieser Hefter. »Hier, schau mal. Mein Depri-Ordner.« Er zeigte Marco seine Tagebücher, das Zwergengedicht. Er glaubte, lächelnd darauf zurückblicken zu können.

Am Valentinstag 2005 kam Lara nach Hause. Die Eltern hatten seit ihrer Geburt vor fünfeinhalb Monaten ihr Zimmer für sie eingerichtet. Nun hielten sie ein Kind mit blauen Lippen in den Händen und sollten mal machen. Alle drei Stunden erhielt sie Flüssignahrung über einen Schlauch in der Nase. Wenn das Sättigungsgerät tutete, mussten die Eltern auf den Monitor schauen, ob der Sauerstoffgehalt nicht unter sechzig Prozent sank. Dann hätte Lara sofort in die Klinik gemusst. In den ersten vier Tagen schlief Robert wenig und Teresa gar nicht. »Er war froh, dass Lara zu Hause war, aber ich habe die Nerven verloren«, sagt Teresa. »Die Verantwortung, die Angst, etwas falsch zu machen, machte mich verrückt.« Die letzte der drei Herzoperationen stand Lara noch bevor.

»Jetzt hat sie sich schon wieder übergeben!«, rief Teresa verzweifelt, nachdem sie Lara gerade die Nahrungslösung zugeführt hatte und von vorne anfangen musste, jede Zuführung dauerte anderthalb Stunden. Später saß sie endlich in Ruhe in der Küche, da hörte sie das Tuten des Sättigungssensors, aber wie sollte sie noch wissen, ob er wirklich oder nur in ihrem Kopf tutete? Permanent lief sie in Laras Zimmer, um nachzusehen. Sie war eine leidenschaftliche Schläferin gewesen, »sich abends ins Bett zu kuscheln und zu lesen war immer das Schönste«. Seit Laras Geburt hat Teresa bis heute kaum eine Nacht durchgeschlafen. »Es ist so tief in mir drinnen, dass ich immer aufwache.«

Nach Robert Enkes Tod entstand der einseitige Eindruck eines Mannes, der auf Teresas Liebe und Hilfe angewiesen war. Öfter aber half er anderen, auch ihr.

»Du brauchst ihr nicht noch einmal die volle Portion zu geben, sie hat doch nicht alles rausgebrochen«, sagte er und führte Teresa sanft von Laras Bett weg. »Ich gehe schon«, rief er, wenn sie wieder zwanghaft nach der Sauerstoffsättigung schauen musste. »Ist bei 70 Prozent«, sagte er ihr, wenn die Sättigung bei 67 Prozent lag.

Am vierten Tag im Leben mit Lara zu Hause sagte er, vielleicht sollte es einen Sinn haben, dass ein Kind mit Laras Problemen bei ihnen gelandet war, einem Paar ohne finanzielle Sorgen. Lass uns doch eine Krankenschwester für die Nächte engagieren, selbst wenn die Krankenkasse die Kosten nicht übernehmen sollte.

Am 18. Februar 2005 kam die Nachtschwester zum ersten Mal. Es war Teresas Geburtstag.

»Und, was machst du heute?«, fragte Jörg am Telefon, nachdem er gratuliert hatte.

»Ich werde schlafen, endlich wieder schlafen. Das ist meine Geburtstagsparty.«

Mit Lara zu Hause begannen sie ein Dreivierteljahr nach ihrer Ankunft langsam das Land wahrzunehmen, in das sie zurückgekehrt waren. An der Supermarktkasse in Neustadt kam Robert Enke mit dem Einpacken kaum hinterher, die Kundin hinter ihm blickte ihn schon unwirsch an, das musste doch schneller gehen, sie verstand nicht, warum er lächelte. Das Lächeln galt gar nicht ihr, sondern seinen Gedanken. Er erinnerte sich an den Supermarkt in Lissabon, wo alle in der Schlange stoisch gewartet hatten, bis die Kundin ganz vorne ihr Schwatzchen mit der Kassiererin über das Himbeertortenrezept beendet hatte.

Sie waren keine Weltenbummler aus Überzeugung gewesen, der Zufall hatte sie fünf Jahre durch Südeuropa geführt. Die Zerrissenheit des Heimkehrers spürten sie trotzdem. Sie vermissten das Licht Lissabons, das Geräusch der Wellen und das

Gefühl, zu Hause zu sein, wie sie es unter den Freunden in Sant Cugat erfahren hatten. Robert las im Internet oft in den portugiesischen Sportzeitungen das Neueste von Benfica und, was er ungern zugab, in *El Mundo Deportivo* über Barça. Aber die Erinnerung an den Süden verdarb ihnen nicht das Wohlgefühl in Empede. Es war schön hier, die Weite der Felder, die Ruhe des Waldes; es musste hier schön sein, wenn man mit seinem Baby ausgiebige Spaziergänge machen konnte, wenn man bei vertrauten Nachbarn mal kurz klingeln konnte; wenn man tat und tun konnte, was normale Eltern wohl taten.

In ihrem Leben zwischen Intensivstation und Trainingsplatz hatten sie nahezu niemanden kennengelernt. Hannovers Stürmer Thomas Christiansen und seine Frau Nuria waren einmal in die Klinik gekommen. Es zog Christiansen nach wenigen Minuten wieder hinaus. Er hielt den Anblick nicht aus.

Mit Christiansen, einem Dänen mit spanischer Mutter, sprach Robert Enke beim Training aus Freude an der Sprache noch oft Spanisch. Mittwochs, wenn die Mannschaft zweimal trainierte, blieb eine Gruppe Spieler nach Trainingsschluss noch zusammen. Sie hatten wieder das Stadion bezogen, die Umbauten für die Weltmeisterschaft waren abgeschlossen, doch im Raum hinter ihrer Umkleidekabine sah es alles andere als weltmeisterlich aus. Leere Getränkekisten stapelten sich in den Ecken, es roch nach Schuhcreme. Es war Milles Reich. Zeugwart heißt in der Fußballsprache der Job von Michael Gorgas, dem Mille, er wartet das Zeug, pflegt die Fußballschuhe, kümmert sich um die Sportkleidung. Mittwochs nach dem Training kochte er für die Profis in seiner Kammer Bockwürste aus zugeschweißten Packungen. In seinem Kühlschrank hortete Mille Bier mit Zitronengeschmack. Kabine zwei nannten die Fußballer seine Kammer. Hier entstand Erfolg.

Auf Platz zehn der Bundesliga schloss Hannover 96 Robert Enkes erste Saison ab, für den erfolgsentwöhnten Verein war dies beachtlich. Der Trainer mit seinem scharfen Auge hatte Spieler gefunden, die eine Elf besser machten, Robert Enke, Per Mertesacker, Michael Tarnat. Er hatte die Defensive geordnet und die Angriffe choreografiert, es war kein außergewöhnlicher Fußball, bloß einer mit klaren Ideen. Das Fachwissen des Trainers wäre jedoch theoretisch geblieben, wenn Lienen nicht mit seinen Gemeinschaftsaktionen am Esstisch und im Zoo etwas angestoßen hätte. In der Kabine zwei saß der harte Kern der Mannschaft, nach der Sauna nur mit Handtüchern bekleidet, Bockwurst und Bier in den Händen. Michael Tarnat, Frank Juric, Vinícius, Robert Enke und einige mehr, acht bis zehn Mann, später auch Hanno Balitsch, Szabolcs Huszti oder Arnold Bruggink vergnügten sich beim Fachsimpeln und Unsinn machen; und unbemerkt entstand in Kabine zwei ein Mannschaftsgeist.

»Wetten, Mille, dass du es nicht schaffst, 15 Bockwürste mit Brötchen in einer halben Stunde zu essen«, sagte einer der Spieler. Und Mille begann zu essen.

Die anderen holten sich noch ein Bier. Nach 13 Bockwürsten konnte Mille nicht mehr.

»Komm, wir machen ein Siebentagerennen.« Sie stellten Mülleimer, Wasserkästen und Fußbälle als Hindernisse auf, und Mille kurvte mit seinem Fahrrad durch den Raum, durch den Parcours, »schneller, Mille«, aus der Kurve um den Mülleimer warf es ihn, er stürzte schlimm. Aber Mille stimmte in das Gelächter der Fußballspieler ein. Er fühlte, den Narr zu geben sei die wichtigste Aufgabe eines Zeugwarts.

»Es ist schön, Erfolg zu haben. Aber noch schöner ist es, Erfolg mit Freunden zu haben«, sagte Robert Enke. »Mannschaften mit einem Zusammenhalt wie unserem findet man selten im Profifußball.«

In der Umkleidekabine saß er neben Michael Tarnat. Tarnat war bereits 36, er hatte bei Bayern München und bei der Weltmeisterschaft 1998 für Deutschland gespielt. Tarnats Vorstellungen, wie es in einer Profielf zugehen musste, stammten noch aus der vergangenen Zeit Stefan Effenbergs. Wenn der 20-jährige Jan Rosenthal im Trainingsspiel den Ball mit einem Hackentrick verlor, foulte ihn Tarnat in der nächsten Szene. Die Spielweise würde sich der Junge ganz schnell abgewöhnen. Robert Enke nahm Rosenthal in den Arm und sprach ihm Mut zu, als er den Jungen nach einem schlechten Spiel verzweifelt, hyperventilierend in der Toilette fand, über das Waschbecken gebeugt.

Innerlich war ihm die harte Art der Effenberg-Generation noch immer suspekt. Aber anders als damals in Mönchengladbach stand er nun nicht mehr auf der Seite derer, die einsteckten, sondern bei denen, die den Takt vorgaben. Michael Tarnat war einer seiner besten Kollegen in der Mannschaft. Tarnats kompromisslose, oft auch witzige Art, Missstände anzusprechen, half dem Team, so viel war ihm jetzt klar. Aber er fand auch eine Antwort auf eine Frage, die er sich acht Jahre zuvor in seinen ersten Wochen in Mönchengladbach gestellt hatte: Musste er auch so sein? Er musste nicht, und er würde es auch nie sein wollen.

In der Kabine zwei entdeckte er den Fußball. Bislang hatte ihn das Spiel nicht weiter interessiert, sondern nur die sehr spezielle Aufgabe des Torwarts. Nun lauschte er Tarnat oder Balitsch, wie sie diskutierten. Er begann, über das Spiel wie ein Trainer nachzudenken: Musste sich einer der defensiven Mittelfeldspieler häufiger in den Angriff einschalten? Warum schlugen sie nicht mehr Querpässe vom rechten Außenverteidiger auf den entfernten Innenverteidiger, um das Pressing des Gegners zu umgehen? Wie fast alle, die irgendwann Fußball strategisch wahrnehmen, fühlte sich Robert Enke plötzlich bereichert. Gleichzeitig fragte er sich, was es für eine Verschwendung gewesen war, Fußball jahrelang nur oberflächlich zu schauen.

Fußball, der die Welt jedes Wochenende wieder scheinbar eindeutig in Sieger und Verlierer einteilt, verführt oft die klügsten Beobachter zu einer vereinfachten Sichtweise. Das musste er einsehen, kaum hatte im August 2005 seine zweite Saison in Hannover begonnen. Hannover 96 hielt mühsam Anschluss an das Mittelfeld der Liga. Das war, gemessen an den Möglichkeiten des Vereins, passabel. Aber niemand außerhalb der Kabine zwei schien die Elf noch an ihren Möglichkeiten zu messen, sondern an dem tollen zehnten Platz des Vorjahres. Mit Hanno Balitsch und Thomas Brdarić waren zwei sporadische Nationalspieler hinzugekommen, musste die Elf da nicht noch besser sein? Stattdessen verlor sie Ende Oktober 1:4 in Bielefeld. Eine Woche später spielte Hannover noch schlechter und lag nach 65 Minuten 0:2 gegen Mainz zurück. Die Zuschauer schrien: »Wir haben die Schnauze voll!«, »Lienen raus!«

Die Männer aus Kabine zwei wussten, ihre Elf machte eine dieser Phasen durch, in denen wenig klappt, die es immer wieder gibt bei einem Mittelklasseteam. Doch sie ahnten, dass der Vereinsmanager Ilja Kaenzig das nicht mehr sah, unter Einfluss der Hysterie des Publikums, gefangen in der eigenen Idee, dass es diese Saison noch höher, immer weiter hinaufgehen müsse. Bei einem 0:2 würde der Manager den Trainer, ihren Trainer entlassen.

Ewald Lienen, innerhalb der Mannschaft väterlich verständnisvoll, in der Öffentlichkeit dünnhäutig, hatte seine Position mit patzigen Medienauftritten nicht gerade gestärkt.

Vier Minuten vor Spielende erzielte Brdarić mit einem Elfmeter das 1:2. In der letzten Spielminute, die schon 180 Sekunden andauerte, schob Tarnat aus einem Gewühl den Ball zum 2:2 ins Tor. Tarnat war der Erste, der zur Seitenlinie lief, zu ihrem Trainer. Im Nu wurde es eine Demonstration. Alle Spieler stürzten sich jubelnd auf Lienen. Robert Enke hatte aus seinem Tor den weitesten Weg. So konnte er sich ganz oben auf den Menschenberg werfen.

Kaenzig schwankte.

Es braucht einen nervenstarken und vor allem einen fachlich kompetenten Manager, der »Trainer raus!«-Rufe ignoriert. Es gibt nicht viele Manager, die in der Nähe der Abstiegsränge reflektieren. Die Spielautomatismen funktionieren noch, es herrscht unverändert ein konstruktives Arbeitsklima in der Mannschaft, wir werden da wieder rauskommen, der Trainer bleibt.

Kaenzig tagte zwei Tage nach dem 2:2 drei Stunden lang in einem Messehotel mit Lienen. Danach sagte er ihm, also gut, machen wir erst einmal weiter.

Am nächsten Morgen zog sich Lienen zum Training um, er trug bereits die Fußballschuhe und die marineblaue Windjacke, als Kaenzig eintrat. Es tue ihm leid, aber er habe entschieden, ihn zu beurlauben.

13. Mai 2006: Robert mit Lara nach dem Sieg über Bayer Leverkusen in Hannover.

Die Mannschaft wurde in einen Sitzungssaal bestellt. Die Wut, aus der Meutereien entspringen, pochte in etlichen Spielern. »Wir haben keine Krisensituation, aber wir haben eine Stagnation festgestellt«, sagte der Manager. Die Spieler saßen mit verschränkten Armen vor ihm und schwiegen. Ein Profi hat die Entscheidungen seiner Vorgesetzten klaglos zu akzeptieren, er muss zur Not auch gegen die eigene Meinung dem Verein dienen. Das ist das ungeschriebene Grundgesetz des Fußballs. Auf einmal stand ein Spieler auf. Robert Enke sprach mit ruhiger, deutlicher Stimme. »Die Entscheidung des Vereins haben wir als Angestellte zu respektieren. Aber die Art, wie Sie den Trainer rausgeworfen haben, ist unwürdig. Das ist ganz schlechter Stil.«

Konflikte waren ihm noch immer unangenehm. Gestärkt nach der Depression, hatte er bloß gemerkt, dass er sie auch sachlich, gefasst austragen konnte.

Im Januar 2006, 16 Monate alt, überstand Lara auch die dritte Herzoperation. »Die lebensgefährliche Phase ist vorüber«, sagte

Robert. Stolz beobachteten die Eltern ihr Kind. Es hatte die blonden Haare des Vaters, während sich in der Augenpartie die Mutter erkennen ließ. Mit einigen Monaten Verspätung lernte Lara zu sitzen. Irgendwann griff sie nach einem Stuhl und versuchte, sich auf ihre wackligen Beine zu ziehen. Wenn die Eltern mit ihr redeten, bewegte sie den Mund, als wolle sie sprechen. Es kam kein Wort heraus. »Richtig gesund wird Lara nie werden«, sagte Robert und klang einerseits nüchtern, andererseits wie ein glücklicher Vater, der seinem Kind alles zutraut.

Was auffiel, war, wie oft Lara lachte. Wenn sie einen der Hunde sah, wenn ihr Vater für sie mit den Augen rollte, wenn ihre Mutter eine Baseballmütze trug. Für Ela, die Haushälterin, war Lara ein Kind, das man eben nicht mit dem Gläschen fütterte, sondern künstlich ernährte, das halt noch nicht laufen konnte. Ela behandelte Lara ohne Berührungsängste, ohne Furcht, dass ihr etwas passieren könnte. Sie nahm die Kleine mit zum Einkaufen oder zu anderen Kindern. Ela zeigte den Eltern etwas, ohne es zu bemerken: Es ging doch. Es gab, auch für Lara, eine Normalität. Oder zumindest die Imitation der Normalität.

Im März wurde sie von 37 000 bejubelt. Teresa hatte sie ins Stadion mitgenommen. Als Hannover den 1. FC Köln 1:0 besiegt hatte und auf den siebten Bundesligarang vorgerückt war, nahm Robert Enke Lara mit auf die Ehrenrunde. Er trug sie auf seinen Torwarthandschuhen.

»Dieser Anblick war für mich eine Erfüllung«, sagt Teresa. »Wir hatten es geschafft: die Depression genauso wie Laras Herzoperationen überstanden, sportlich war er wieder obenauf, als Paar waren wir glücklich geblieben. Ich hätte ihn gerne eingefroren, den Moment.«

Es wurde Sommer. 2006, das Sommermärchen, sagten die Deutschen. Die Fußball-Weltmeisterschaft und die Sonne waren im Land. Robert Enke war als vierter Torwart auf Abruf für die Weltmeisterschaft nominiert, wie es im Jargon heißt: Er stand im Bereitschaftsdienst. Falls zwei der drei Nationaltorhüter etwas passierte, würde er nachrücken. Es war der unwahrscheinlichste Fall. Nicht dabei sein zu dürfen und sich doch bereithalten zu müssen hielten andere für eine Erniedrigung. Der

Schalker Angreifer Kevin Kurányi teilte mit, ihn brauche keiner abzurufen, er fahre in den Urlaub. Robert Enke stand im Garten, stolz auf die Scheinnominierung, und bekam wieder einmal den Sonnenschirm nicht auf.

Auf meinem Schoß im Garten saß Lara. Während Teresa einen Moment ins Haus ging, sagte Robert zu mir, »falls du Laras Hände kalt findest, sag Teresa bitte nichts davon, sie macht sich solche Sorgen wegen der kalten Hände«.

Lara hatte eine PEG-Sonde erhalten. Sie konnte nun direkt durch die Bauchwand ernährt werden statt mit einem Schlauch durch die Nase. Die Eltern mussten nicht mehr nach der Mahlzeit mit einem Stethoskop überprüfen, ob die Milch wirklich in den Magen gelangt war und nicht versehentlich in die Lunge.

Ohne den Schlauch im Gesicht schien sie schlagartig gesünder. Die Eltern packten einen Koffer wie für eine Expedition, Milch, Spritzen, Tabletten, Pulsoximeter, alles für den Notfall, und gingen mit ihr in den Zoo. Sie setzten Lara in eine Bauchtrage und nahmen sie mit den Hunden in die Felder mit. Für Momente vergaßen sie die ewige Uhr im Kopf, sondieren in einer Stunde, Zeit zu schlafen in anderthalb Stunden. Eines Abends ließen sie Lara länger als gewohnt, als programmiert aufbleiben. Es waren nur 30 Minuten, aber es schien ihnen wie ein Sommermärchen.

Sein Handy klingelte, Jörg Neblung war dran, es ging um die Vertragsverlängerung in Hannover. In einem Jahr würde sein Kontrakt auslaufen, Hannover wollte schnellstmöglich seine Weiterbeschäftigung sicherstellen. Es gab größere Verlockungen. Der Hamburger SV war latent interessiert. Bayer Leverkusen hatte seinen Chefscout Norbert Ziegler sogar zum Training geschickt, um ihn zu beobachten. Leverkusens Torwart Hans Jörg Butt war bereits 32, Bayers Direktoren diskutierten, ob sie langsam einen Nachfolger anwerben mussten, auch wenn sie einen aufregenden Junioren-Nationaltorwart als Ersatzmann großzogen. René Adler hieß er. Aber man wusste doch nie, ob aus Talenten wirklich Erfüllungen wurden. »Natürlich könnte ich zu einem größeren Verein wechseln, wenn ich es darauf anlege«, sagte Robert Enke im Garten. »Aber wenn Hannover das Gehalt zusammenbringt, kann ich mir gut vorstellen zu bleiben.« Er wollte nicht wieder vergessen, dass immer weiter, immer höher nicht immer die richtige Richtung war. »Ich weiß, was ich hier habe: Bundesliga spielen, mir montags die guten Kritiken reinziehen.«

Lara saß im Gras und sah einem der Hunde zu.

Vor der Tür stand, wie fast jeden Tag, ein behinderter Mann aus dem Dorf und wartete, ein Wort, eine Geste von seinem Idol zu erhaschen. Robert Enke sagte, also, bei aller Liebe, jetzt müsse er mit dem guten Mann schon einmal ein ernstes Wort reden, der könne sich nicht täglich stundenlang vor die Tür stellen. Dann ging er hinaus, fragte, »wie geht's?«, und fing gutmütig mit dem Mann zu plaudern an.

Später gingen wir ins Haus, weil ein Weltmeisterschaftsspiel anstand. Italien gegen die USA. Er wollte den Großen Buffon studieren. »Aber man sieht nie etwas, weil er nichts zu tun bekommt in seinem Tor.«

»Er schaut natürlich alle Weltmeisterschaftsspiele«, rief mir Teresa hinterher.

»Was denn, Südkorea gegen Togo habe ich nicht geschaut.«

Im Haus hatten sie neben vielen fröhlichen Farbfotos etliche schwarze Malereien aufgehängt. Bilder von Jacques Gassmann.

Seit Jacques nicht mehr ihr Hausbesetzer war, spürte Robert Enke eine wachsende Zuneigung zu dem Künstler, der, irgendwie, doch sein Künstler war. »Ich musste mein Bild von ihm revidieren«, sagt Jacques Gassmann. Als er bei den Enkes wohnte, hatte er abends oft alleine mit Teresa am Küchentisch gesessen, weil Robert offensichtlich genug von ihm hatte. Nun sammelte Robert Enke Jacques' Post. Die Polizei schrieb ihm mehr als einmal, mal war der Künstler mit einem Mann in einer Autowaschstraße handgreiflich aneinandergeraten, mal auf der A7 bei Fulda in eine Radarfalle geraten. Das Finanzamt musste ihn von Zeit zu Zeit daran erinnern, dass es so etwas wie eine Steuererklärung gab. Jacques lebte zwischen Hannover und Polen. Die Post ging weiterhin nach Empede.

»Wenn du ihm jetzt auch noch die Briefe hinterherträgst, lernt er es nie, dass man sich im Leben auch um manche Dinge kümmern muss«, sagte Teresa zu Robert.

Robert und Teresa mit Lara im Märchensommer 2006.

Er jedoch war fest entschlossen, seinem Künstler dabei zu helfen, das Leben zu ordnen. Gelegentlich rief er Jacques an, sie müssten sich treffen, damit er ihm die Post geben könne. Einmal schickte er dem Künstler eine ellenlange SMS aus Saudi-Arabien, wo er gerade zum Fußballspielen weilte. Er wollte ihn nur noch mal daran erinnern, am Montag laufe die Zahlungsfrist für einen Strafzettel ab, 60 Euro, die Referenznummer sei … Seine SMS-Nachrichten an Jacques begann er jeweils mit »Großer Meister!«.

»Teilweise fand ich sein Engagement schräg«, sagt Jacques, »wäre es nicht einfacher gewesen, wenn er die 60 Euro für mein Falschparken bezahlt hätte, statt SMS-Nachrichten aus Arabien zu senden?«

Jacques' Einwände, es sei zwar lieb gemeint, aber er brauche sich wirklich nicht so gewissenhaft um seine Post zu kümmern, wischte der Torwart zur Seite. »Jacques, du bist ein Chaot, wenn du das selbst machst, klappt es sowieso nicht.« Da glaubte Jacques Gassmann begriffen zu haben, um was es Robert Enke wirklich ging. »Die Strafzettel waren seine Nabelschnur zu mir.

Er brauchte immer einen Anlass, einen Vorwand, um in Kontakt zu kommen. Und dann ging das Gezwitscher ja los.«

Sie hatten nichts, was sie verband, außer fünf gemeinsame, oft quälende Monate unter einem Dach. Wenn sie sich nun zur Postübergabe trafen, redete Jacques Gassmann mit ihm über Fußballtorhüter, wovon er keine Ahnung hatte, und Robert Enke fragte nach der Kunst, von der er nichts verstand. Jacques kaufte sich extra einen Fernseher, um ihn spielen zu sehen, Robert ging zur Ausstellung *Apokalypse* in der St. Johannis Kirche von Bemerode. Gerade weil Jacques so anders war, traf er ihn gerne; solange es nicht zu oft wurde. Dem Künstler ging es ähnlich. Deshalb ärgert sich Jacques Gassmann, dass er Robert Enke das vielleicht Wichtigste nie erzählt hat. Seine eigene Geschichte.

Er bekam ein Stipendium des Sprengel-Museums, die Medien berichteten, ein neuer Stern am Kunsthimmel sei aufgegangen. »Die Leute sagten, jetzt hat er alles. Ich fand, ich hatte nur Druck.« Irgendwann schmerzte ihn die Brust, er glaubte, er habe Lungenkrebs. Tatsächlich hatte er Brustmuskelkater vom Windsurfen. »Das Glück besteht eben nicht darin, ganz oben zu stehen«, sagt Jacques Gassmann.

Sondern?

»Glück ist, zu erkennen, wie viel Druck kann ich ertragen. Glück heißt, dich von den Menschen zu lösen, die dich für etwas verehren, was du nicht bist. Nicht zu versuchen, diesen Menschen zu gefallen. Nicht dauernd damit beschäftigt zu sein, souverän zu wirken.«

Jacques Gassmann lebt nun in Würzburg. Die katholische Kirche ist sein großer Auftraggeber geworden. Später am Abend treffe er sich noch mit dem Dompfarrer. »Der rockt«, sagt Jacques. Seine blaue Hose ist mit kleinen, weißen Farbtupfern gesprenkelt, wer seinen Beruf nicht kennt, mag denken, das sei teures Design. »Das fand ich ja auch an Robert interessant: Äußerlich wurde er immer mehr zum klassischen Fußballer.« Er begann in Hannover die Hemden weit offen zu tragen, er kaufte sich Gürtel mit Stanzmuster und fuhr zum ersten Mal ein Auto zum Vorzeigen, einen großen Mercedes. »Aber im Wesen hatte er mit diesem Klischee immer weniger zu tun.« Einmal bekam Jacques einen »ganz rührenden Brief«. Schade, dass sie sich in letzter Zeit so oft verpasst hätten, unterschrieben von Teresa und Robert. »Danke für den schönen Brief«, sagte Jacques das nächste Mal zu Teresa am Telefon.

»Was? Welcher Brief?«

Robert hatte ihn allein geschrieben.

Im deutschen Sommer 2006 wich die Sonne nicht. Teresa und Robert reisten dem Licht entgegen. Das Goethe-Institut lud ihn anlässlich der Weltmeisterschaft zu einer Veranstaltung nach Lissabon ein. Nach vier Jahren kehrte er zum ersten Mal zurück. Als sie die Stadt vom Flugzeug aus sahen, fing Teresa an zu weinen.

»Was machst du denn?«

»Ich bin so glücklich«, sagte sie und dachte an einen Satz, von dem sie glaubte, ihn längst vergessen zu haben, seine ersten portugiesischen Worte. *É bom estar aqui.* Es ist gut, hier zu sein.

Er wollte sofort nach Cascais zum Meer, nach Estoril ins *La Villa*, zum Pálacio Fronteira, ins *Blues Café*. »Es war schön, an seiner Seite zu gehen und zu merken: Hier ist er zu Hause«, sagt Paulo Azevedo, der die Veranstaltung des Goethe-Instituts organisierte. Oft mussten sie stehen bleiben, weil Passanten Robert ansprachen. Sie wollten ihm sagen, er müsse zurückkommen. »Und das Erstaunliche war, es spielte keine Rolle, ob es Fans von Benfica oder den großen Rivalen Sporting und Porto waren. Die Leute sagten allesamt: ›Mensch, komm zurück‹«, erzählt Paulo Azevedo. »Wenn es Sporting-Fans waren, fügten sie hinzu: ›Aber dann zu uns.‹ Das zeigt, welch einen Eindruck er hier hinterlassen hatte.« Veranstaltungen des Goethe-Instituts mit mehr als 50 Gästen sind selten, zur Diskussionsrunde mit Robert Enke kamen 800. Ein portugiesischer Fernsehsender übertrug live.

Lissabon war die große Zeit gewesen, der Gedanke kam ihm ohne Schmerzen. Das Leben in Hannover hatte ihn mit seinem Weg versöhnt.

Robert Enke und sein neuer Freund Paulo Azevedo bei der WM-Ausstrahlung in Lissabon.

Obwohl Lara bereits anderthalb Jahre bei ihnen in Empede war, fühlten sie sich in der Klinik der Medizinischen Hochschule noch immer auf beklemmende Art zu Hause. Zu regelmäßig mussten sie zu Untersuchungen. Auch diesmal hatten die Ärzte wieder eine neue Nachricht für sie. Lara sei taub. Es deute allerdings alles darauf hin, dass ihr Hörnerv noch funktioniere, von daher sei daran zu denken, Cochleaimplantate in die Ohren einzusetzen. Auch mit dem Hörgerät würde es zwei bis drei Jahre dauern, bis Lara das Hören erlerne, aber es sei möglich. Teresa und Robert verschoben die Operation auf September, damit Lara ihren Geburtstag am 31. August zu Hause feiern konnte.

Die Bundesligasaison 2006/07 lief bereits, seine dritte in Hannover. Im zweiten Jahr waren sie nach Lienens Entlassung noch Zwölfter geworden, sehr solide, Robert Enke jedoch wollte sich nicht bekehren lassen, dass der Rauswurf seines Mentors etwas bewirkt habe: »Wir hätten auch mit Lienen die Kurve gekriegt.« Was dessen Nachfolger betraf, Peter Neururer, so blieb er skeptisch. »Wäre schön, wenn wir auch mal etwas anderes als Eckbälle trainierten.« Mit Toren nach gut einstudierten Eckbällen und einer halbwegs sortierten Abwehr hatte Neururer seit Jahren in der Bundesliga kurzfristig Erfolg, genauso sicher verließ ihn angesichts seines Nischenprogramms allerdings auch mittelfristig das Glück. Nach nur drei Spielen der neuen Saison wurde er entlassen, mit drei Niederlagen stand die Mannschaft auf dem letzten Tabellenplatz. Dieter Hecking war der Nächste in Hannover.

Das erste Spiel mit dem neuen Trainer fiel auf den Tag von Laras Ohrenoperation. Robert Enke musste noch einmal mit seiner ganzen Konzentration an zwei Orten gleichzeitig sein, Fußballplatz und Operationssaal. Doch diesmal stand die Klinik für die Hoffnung, denn die Operation würde im Vergleich zu den drei Eingriffen am offenen Herzen weniger kompliziert, weniger beängstigend sein. Im Stadion wartete ein schwieriger Test. Wenn sie unter dem neuen Trainer nicht gleich gewannen, konnten sie leicht im Abstiegskampf stecken bleiben.

Er war mit seiner Mannschaft im Hotel zur Einstimmung auf die Bundesligapartie beim VfL Wolfsburg. Teresa saß im Wartesaal der Klinik. Lara lag auf dem Operationstisch. Die Ärzte überprüften die Werte, Herzschlag, Puls, Sauerstoffsättigung, Laras Zustand in der Vollnarkose war stabil. Sie konnten operieren. Nachdem sie das erste Cochleaimplantat eingesetzt hatten, wollten sie entscheiden, ob sie es Lara zumuten konnten, auch noch am zweiten Ohr zu operieren. In Wolfsburg gab der neue Trainer die Mannschaftsaufstellung bekannt. Thomas Brdarić, der achtmalige Nationalspieler, und Altin Lala, der Kapitän, kehrten in die Elf zurück. In einem dieser für den Profifußball typischen Konflikte, von denen keiner mehr wusste, wieso sie eigentlich entstanden waren, hatte Neururer die zwei in den Wochen zuvor außen vor gelassen.

Alles in Ordnung, sagte die Ärztin am frühen Abend zu Teresa, beide Operationen seien geglückt, der Kreislauf der Kleinen sei stabil. Sie brachten Lara aus dem Operationssaal. Um den Kopf trug sie einen Verband. Um acht endete die Besucherzeit auf der Intensivstation, Teresa fuhr nach Hause. Für Robert begann in Wolfsburg das Spiel.

Schnell zeigte sich, dass ein Trainer mit klarer Ansprache eine Elf in einer Woche verändern kann. Nichts ist im Fußball schwerer zu erreichen als Einfachheit, aber wenn Dieter Hecking defensive Mechanismen erklärte, erschien auf einmal alles, was wochenlang misslungen war, einleuchtend; einfach. Hannover 96 kontrollierte das Spiel in Wolfsburg mit seiner defensiven Ordnung, der Ball fand nicht aus dem Mittelfeld heraus. Brdarić brachte sie 0:1 in Führung. Im Gegenzug fiel allerdings schon der Ausgleich. Teresa hatte zu Hause den Fernseher eingeschaltet, bei Gegentoren stockte ihr automatisch der Atem. Robert hatte nichts ausrichten können, überzeugte sie sich in der Zeitlupe. Brdarić schoss das 1:2. Hannover hatte zum ersten Mal in der jungen Saison gewonnen. Teresa schlief problemlos ein.

Am nächsten Morgen um acht ging Robert in die Klinik. Lara habe nachts ein wenig erbrochen, aber alles im Rahmen, alles in Ordnung, sagte die Krankenschwester. Sie wollten im Turnus bei Lara wachen, nachmittags Teresa, nachts Robert. Lara schlief, noch immer erschöpft von der Narkose. Robert las die Zeitungen. »Neururer interessiert in Hannover keinen mehr«, sagte der zweifache Torschütze Brdarić in der *Hannoverschen Allgemeinen*. Von Robert Enke war wie immer nach den besten Spielen für einen Torwart nicht die Rede: Er hatte keine schwere Arbeit gehabt. Teresa ging in den Feldern joggen. Nachmittags löste sie Robert wieder ab. Er fuhr nach Empede und schaute die Bundesliga, Bayern war dabei, tatsächlich in Bielefeld zu verlieren, für Hamburg setzte es in Dortmund auch schon wieder eine Niederlage, denen fehlte wirklich ein überragender Torwart. Spätestens in der Winterpause würde er entscheiden, ob er ging oder in Hannover blieb.

»Alles in Ordnung«, sagte ihm Teresa, als er zur Nachtwache zurückkehrte, »versuch aber, noch ein bisschen Nahrung zu sondieren, ich habe nicht viel Flüssigkeit in sie hineinbekommen.« Kleinigkeiten wie einen Löffel Brei aß Lara bereits mit dem Mund. Feste Nahrung wie ein Stückchen Brot nahm sie meistens nur in den Mund und spuckte es dann aus; dass man so etwas schlucken konnte, wusste sie noch nicht. Manchmal gaben ihr die Eltern einen roten Lolli, an dem lutschte sie ewig.

Diesmal schleckte Lara nur zweimal an dem Lutscher und gab ihn dann Teresa zurück. War das ein Signal, dass es ihr nach der Operation noch nicht so gut ging? Oder war es die normale Laune eines Kindes?

Abends in Empede machte sich Teresa eine Pizza. Sie dachte, schön, jetzt haben wir das mit den Implantaten auch geschafft. Wie es wohl werden würde, wenn Lara endlich mit ihnen reden konnte? In der Klinik versuchte Robert weiter, ihr künstlich Nahrung über die Sonde zuzuführen, aber Lara nahm nicht viel auf. Er sah es nicht dramatisch. Etwas hatte sie ja gegessen. Gegen 22 Uhr rief Teresa bei ihm an. Alles in Ordnung, sagte Robert. Lara schlief.

Er durfte bei seiner Tochter im Zimmer übernachten. Nach ein, zwei Stunden hörte er, wie Lara begann, sich hin und her zu wälzen. Er legte seine Hand auf sie, um sie zu beruhigen. Ihr Körper war kalt. Um sich zu beschäftigen, um irgendetwas zu tun, bemühte er sich noch einmal, ihr Flüssignahrung über die Sonde zuzuführen. Um Mitternacht rief er den Nachtdienst.

Er denke, sie habe Schmerzen nach der Operation, sagte der Arzt im Dienst und verabreichte ihr ein Schmerzmittel. Da schliefen sie und Robert ein. Gegen fünf wachte er auf. Eine Krankenschwester stand neben Laras Bett und schraubte am Pulsoximeter herum. Das Messgerät stand auf der Nulllinie. Vermutlich sei der Sensor kaputt, sagte die Schwester. Ihre Bewegungen waren ernst und ruhig.

Sie tauschte den Sensor aus. Der neue fand auch keinen Pulsschlag mehr. Hektisch versuchte die Schwester, Lara zu reanimieren, sie rief den Arzt im Dienst, der Arzt rief die für die Kinderintensivstation zuständige Oberärztin an. »Um wen geht es?«, fragte die Oberärztin. Lara Enke. Sie war verblüfft. Lara war nachmittags stabil gewesen. Die Krankenschwester schickte Robert auf den Balkon. Er versuchte, Teresa anzurufen. Sie hatte das Telefon in der Küche liegen gelassen und hörte das Läuten im Schlaf nicht. Er wählte die Nummer der Haushälterin, sie müsse bitte schnell zu Teresa fahren und sie wecken. Es war Viertel nach fünf am Morgen. Der 17. September 2006. »Lara ist weg«, sagte Robert Enke immer wieder am Telefon, »Lara ist weg.« Dann wurde es schwarz.

Als Teresa um sechs am Morgen den Hintereingang zur Klinik nahm, weil sie von dort schneller auf Laras Zimmer gelangte, fand sie Robert vor der Tür. Er lag auf dem Bürgersteig.

»Wir haben uns gleich auf der Rückfahrt von der Klinik gesagt: Das Leben geht weiter. Das war unser Spruch«, sagt Teresa. Das war ihr Versuch. Im Autoradio lief schon die Nachricht: Robert Enkes Tochter gestorben. Die Todesursache offenbar plötzliches Herzversagen. Sie riefen die Familie und Freunde an. Alle sagen, wie gefasst Robert und Teresa klangen. Sie sagten allen, sie sollten bitte nicht nach Empede kommen.

Sie wollten zu zweit alleine sein.

Sie bahrten Lara zu Hause auf. Die Kinder des Dorfs kamen sie ein letztes Mal besuchen. In die Stille hinein fragte ein Grundschulmädchen: »Was passiert denn nun mit all den schönen Spielsachen?« Die grausame Unschuld der Kindheit stieß Teresa vor den Kopf, und gleichzeitig musste sie innerlich lächeln. Für Kinder ging es so einfach, immer spielerisch weiter. Er stand wie betäubt daneben, als sei er gar nicht mehr da. Beim Trauergottesdienst am Tag nach Laras Tod merkte Teresa, dass etwas in ihm arbeitete.

»Und, Training morgen, eher nicht, oder?«, fragte er, die Stimme noch zu brüchig, um ganze Sätze zu bilden.

»Natürlich, Robbi!«

»Meinst du?«

»Natürlich, wenn es dir hilft. Fußball ist Teil unseres Lebens. Schau, dass du wieder in den Alltag kommst.«

»Und Wochenende?«

»Spiel.«

»Ja?«

»Robbi, ob du diesen Samstag wieder spielst oder nächsten, es ändert nichts, außer dass es immer schwerer wird zurückzukehren, je länger du wartest.«

Am Dienstag, zwei Tage danach, erschien Robert Enke zum

Training. Er zog ein Schweigen hinter sich her, wohin er auch ging, verstummten die Gespräche, es bildete sich ein Korridor der Lautlosigkeit um ihn. In der Umkleidekabine setzte er sich nicht hin. Er habe ihnen etwas zu sagen, sagte er im Stehen. Die meisten Spieler schauten auf den Boden. »Wie ihr wisst, ist Lara gestorben. Ich bitte euch, habt keine Berührungsängste, sprecht mich offen an, wenn ihr Fragen habt. Geht natürlich mit ihrem Tod um.« Er wirkte souverän, gefestigt.

»Es war ein bewegender Auftritt«, sagt Tommy Westphal, sein Freund, der Teambetreuer. »Aber danach hat ihn niemand nach Lara gefragt. Keiner aus der Mannschaft hat irgendetwas zu ihm sagen können, was über das normale Beileid hinausging. Ich hatte das Gefühl, es war für die Mitspieler schwieriger als für ihn, mit der Situation umzugehen.« Wie sollten sie noch miteinander reden, wenn Robert unter ihnen war, durften sie überhaupt noch lachen auf dem Trainingsplatz?

Für die Eltern und Freunde war es nicht leichter. Wie sollten sie ihr Mitgefühl, ihre Unterstützung ausdrücken, wenn Teresa und Robert niemanden sehen wollten?

Roberts Mutter flüchtete in die Berge um Jena. Es war ein wunderschöner Tag, der Tag nach Laras Tod, offiziell noch immer Sommer, der drittletzte Tag des Märchensommers 2006. Gisela Enke ermahnte sich, besonders viel Wasser zu trinken, bevor sie losging, sie marschierte mehr, als dass sie spazierte, als könnte sie einer Nachricht davonlaufen. Irgendwann kippte sie auf dem Bergpfad um. Sie versuchte gar nicht aufzustehen, sie fühlte, sie würde es sowieso nicht schaffen. Bleib ruhig liegen, sagte sich die Mutter, es kommt sowieso niemand vorbei.

Zu Hause schrieb sie einen Brief an Robert und Teresa. Sie tat, als sei es Lara, die schrieb. »Weißt du noch, Papa, als ich dich von oben bis unten mit dem Essen vollspuckte. Damals konntest du nicht lachen.« Als Robert und Teresa den Brief lasen, mussten sie weinen, und es tat gut.

Der Vater stand am nächsten Samstag plötzlich vor ihm. Robert Enke nahm im Kabinengang Aufstellung, um mit Hannover 96 zum Spiel gegen Bayer Leverkusen ins Stadion zu laufen. Der Vater warf sich ihm um den Hals. Robert Enke gefror, gerührt und gleichzeitig verschämt. Die Vorstellung, wie sich der Vater an all den Ordnern vorbei ins Heiligtum des Stadions gekämpft hatte, »ich bin Robert Enkes Vater, bitte lassen sich mich durch, ich muss zu meinem Sohn«, war ihm unangenehm. Auch Regungen wie Scham funktionierten also noch, es war erstaunlich, was noch alles funktionierte, wo er doch das Gefühl hatte, sich selbst in eine einzige Leere verwandelt zu haben.

Der Schiedsrichter pfiff das Spiel an. Sechs Tage nach Laras Tod spielte Robert Enke in der Fußballbundesliga. Die Zuschauer sahen beim 1:1 gegen Leverkusen einen starken Torwart. Nur er registrierte durch eine Wand, wie er einige kleine Fehler machte.

Niemandem unter den Eingeweihten kam der Gedanke, Laras Tod könne ihn wieder in eine Depression stürzen. In der Trauer war keine Zeit für den Gedanken, außerdem machte er solch einen gefassten Eindruck. Zur Beerdigung baten Teresa und er die Gäste, in Weiß zu erscheinen.

Marco Villa konnte nicht kommen. Er war Profi, er musste Fußball spielen, mittlerweile in einem Vorortverein von Neapel, Fünfte Liga, wo ein Lokalfürst erstaunliche Gehälter versprach. Am Tag der Beerdigung spielte Marco gefühllos, er dachte an Lara und schoss ein Tor, ohne zu merken, was er tat. Dreitausend im Stadion applaudierten ihm, die Mitspieler kamen jubelnd auf ihn zu, sie verstanden nicht, warum er nicht die Arme in die Höhe riss, warum er nicht strahlte. Noch vor der Pause schoss Marco ein zweites Tor. Er täuschte eine Zerrung vor und ließ sich auswechseln. Er saß allein in der dunklen Umkleidekabine, während draußen die zweite Halbzeit lief. Er war Stürmer. Er hatte zum ersten Mal seit sieben Jahren wieder ein Tor geschossen.

SECHZEHN

Danach

Auf Teresas Kamera waren einige Bilder gespeichert, die sie noch nicht ausgedruckt hatte. Die Fotos waren wenige Wochen alt. Sie zeigten Robert mit Lara am Maschsee. Der letzte Ausflug. Was sollten sie mit diesen Fotos machen, wie konnten sie noch irgendetwas mit diesen Fotos machen, ausdrucken, löschen?

»Wir hängen sie auf«, sagte Teresa.

Er nickte, um nicht sprechen zu müssen.

Sie wollten dem Tod ihrer Tochter nicht ausweichen, sie wollten sich an die schönen Momente erinnern. Und natürlich gelang es nicht jeden Tag.

Teresa aß nicht mehr. Sie sah machtlos zu, wie sie immer dünner wurde, ohne Appetit, ohne den Antrieb, etwas zu sich zu nehmen. Er wurde von der Frage verfolgt, hätte Laras Tod verhindert werden können? Was, wenn die Ärzte sie an jenem Tag nur an einem Ohr operiert hätten? Hätte ihr kleines Herz diese Belastung ausgehalten? »Wir alle haben ihre Kraft überschätzt«, sagte er, ohne zu merken, wie laut er plötzlich redete.

Am Küchentisch stand nach wie vor ihr Kinderstuhl. Sie konnten ihn doch nicht einfach wegräumen. Aber wie konnten sie beim Anblick des Stuhls nicht an die Leere denken?

Doch die unzähligen innerlichen Zusammenbrüche, die meist nicht länger als Minuten dauerten, mündeten in einer unwirklich schönen Erkenntnis: Der Schmerz vereinte sie. »Es gibt Momente im Leben, wenn du mit voller Kraft spürst: Mit diesem Menschen möchte ich alt werden. So war das bei Robbi und Terri nach Laras Tod«, sagt Marco Villa.

Sie gingen gemeinsam in Laras Kinderzimmer, ihr Name stand noch mit bunten Magnetbuchstaben an der Tür, ihre Spielsachen lagen noch auf dem Teppich. Sie setzten sich auf den Boden. Weißt du noch, sagten sie sich. Als Lara unbedingt wollte, dass die Krankenschwester so eine Baseballmütze wie Teresa aufzog. Als Lara am letzten Tag zum ersten Mal ein ganzes Gläschen aß.

Sie wollten dem Tod ihrer Tochter nicht ausweichen, sie wollten sich an die schönen Momente erinnern. Und an manchen Tagen gelang es tatsächlich.

Laras Tod lag noch keine zwei Wochen zurück, als ihn eine Nachricht erreichte. Er war nach sieben Jahren erstmals wieder für ein Spiel der Nationalelf nominiert worden. Konnte es Trauer und Freude für ihn immer nur im Extremen geben? Er redete sich zu, er dürfe auf die Nominierung stolz sein, er brauche sich nicht zu schämen, wenn er noch so etwas wie Freude spürte. Er kam sich vor wie ein Roboter, der sich selbst Befehle erteilte: Freu dich.

Die Nationalelf traf sich Anfang Oktober 2006 in Berlin zum Trainingslager. Am Ende der Woche würde sie ein Testspiel gegen Georgien bestreiten, er war als Ersatztorwart vorgesehen. Vorsichtig fragte ihn der Mediendirektor des Deutschen Fußball-Bundes, wie es denn mit einer Pressekonferenz aussehe. Seine Nominierung nach so langer Zeit sei natürlich eine Nachricht.

Selbstverständlich stehe er zur Verfügung, sagte Robert Enke.

Aber es sei auch mit Fragen nach Laras Schicksal zu rechnen.

Dann würde er schon wissen, welche er beantworte und welche nicht.

Er hatte seit ihrem Tod nicht mit den Reportern gesprochen. Es war nicht schwer gewesen. Die Reporter, selbst die der Boulevardzeitungen, hatten pietätvoll Abstand gehalten.

Nun saß er in Berlin vor einer Hundertschaft auf dem Podium und bat, vor der ersten Frage etwas sagen zu dürfen. »Ich möchte als Erstes die Gelegenheit nutzen, mich auch im Namen meiner Frau für die Anteilnahme zu bedanken, die uns in den letzten Wochen unglaublich viele Leute ausgesprochen haben. Jede einzelne Zuschrift hat uns sehr gefreut und auch ein Stück weit geholfen. Bitte veröffentlichen Sie das auch wirklich! Es ist meiner Frau und mir ungemein wichtig.«

Die Fragen, die danach kamen, wurden mit leisen Stimmen vorgetragen. Seine Antworten unterbrach er selbst immer wieder mit einem kurzen Husten.

»Durch Laras Krankheit war ich immer mit Leben und Sterben konfrontiert«, sagte er, deshalb habe er sich auch schon vor ihrem Tod mit der Frage beschäftigt, was passiert, falls sie stirbt. »Dann muss es weitergehen. Die Trauer darf dich nicht besiegen.«

Robert Enkes Auftritt sei einer der beeindruckendsten gewesen, die man je auf einer Fußball-Pressekonferenz erlebt habe, schrieben die Sportreporter danach. Er habe ein Zeugnis seiner enormen Stärke abgelegt.

Robert Enke selbst fühlte sich nicht enorm stark. Er riss sich zusammen. »Ich hatte einfach Angst, dass die Leute mich meiden, weil sie nicht wussten, wie sie mit mir umgehen sollten. Deshalb habe ich von Anfang an versucht, mich so natürlich wie möglich zu geben.«

Nach zwei, drei Monaten kam er manchmal am Telefon von sich aus auf Lara zu sprechen. Er habe erst gestern wieder Fotos von ihr angeschaut, »auf jedem zweiten hat sie gelacht«. Aber als wir einmal für eine Reportage, sozusagen öffentlich, über sie redeten, was er ausdrücklich wollte, sagte er: »Komm, lassen wir den Fernseher nebenbei laufen«, da gebe es gerade ein Fußballspiel. So hörte er seine eigenen Worte nicht so sehr. »Vor ihrem Tod kann ich nicht davonlaufen«, sagte er. »Ich weiß, dass ich mich damit abfinden muss.« Abfinden, sagte er dann, das klinge jetzt falsch, aber er finde kein besseres Wort, ich wüsste, was er meinte, oder? Ich nickte, und wir starrten auf den Fernseher.

Kurz vor Weihnachten 2006 stellte ihre tote Tochter die Eltern noch einmal auf eine Probe. Sollten sie in Empede wohnen bleiben, um nah an ihrem Grab zu sein? Oder sollten sie fortziehen, weil sie nur in der Distanz den Schrecken wirklich hinter sich lassen konnten? Sein Kontrakt bei Hannover 96 lief in einem halben Jahr aus. Der Moment zu entscheiden war gekommen: bleiben oder gehen? Die Optionen Hamburg und Leverkusen hatten sich zerschlagen. Der Hamburger SV hatte durch die Gunst des Zufalls plötzlich in Frank Rost einen Klassetorwart verpflichten können. Bayer Leverkusen wollte es mit Butt und dem talentierten Adler in der Hinterhand noch eine Zeit lang versuchen. »Wenn mein Torwarttrainer mich nicht gehabt hätte, hätte er vermutlich Robert geholt«, sagt René Adler. »Er war immer angetan von Robert.« So aber blieb der VfB Stuttgart, der gerade auf dem Weg zur deutschen Meisterschaft war und um ihn warb.

»Lass uns gehen«, sagte Teresa. »Fangen wir in Stuttgart neu an.«

»Ich weiß nicht. Ich habe Hannover so viel zu verdanken. Wenn sie mich damals nicht aus Teneriffa gerettet hätten, würde ich vielleicht heute noch in der Zweiten Liga spielen.«

»Aber an einem neuen Ort wären wir diese bleierne Erinnerung los, die hier an jedem Gegenstand, an jedem Ort hängt.«

»Wegzugehen hieße doch nur wegzulaufen vor der Erinnerung.«

»Gut, dann mach das mit Hannover. Dann müssen wir wenigstens nicht mehr darüber nachdenken«, sagte Teresa abrupt.

Aber so einfach war es nicht. Natürlich überlegte er weiter. Stuttgart wäre schon eine tolle Adresse, er würde Champions League spielen und vielleicht endlich einmal einen Titel gewinnen. Vielleicht sollte er sich in der Winterpause einmal mit Stuttgarts Trainer Armin Veh treffen. Doch Veh wich dem Wunsch aus, sich unverbindlich zusammenzusetzen.

Mit hoher Wahrscheinlichkeit würde Stuttgart zum Saisonende in einem halben Jahr seinen Torwart verlieren, Timo Hildebrand zog es in die Ferne. In diesem Fall wollte Veh Enke. Noch aber kämpfte der Trainer um Hildebrand, und bevor dieser Kampf nicht verloren war, wollte er mit keinem anderen Torwart gesehen werden. So verhandelte Jörg Neblung zunächst mit Hannover.

Er traf den Präsidenten Martin Kind am Tag vor Weihnachten in dessen Firmenzentrale in Großburgwedel. Kind beschäftigt fast 2000 Angestellte, um Hörgeräte zu produzieren und weltweit zu vertreiben. Fußball war nicht sein Fach, deshalb rätseln viele bis heute, was ihn dazu brachte, Hannover 96 mit seinen Millionen wieder einen Platz in der Bundesliga zu verschaffen. Doch zum einen schadet es auch dem Verkauf von Hörgeräten gewiss nicht, wenn der Firmenname durch das Fußballengagement des Chefs bekannter wird. Zum anderen kann Kind gar nicht genug Arbeit haben. Einmal wollte er Urlaub machen. Er besuchte Hannovers ehemaligen Sportdirektor Ricardo Moar in La Coruña. Kind schaute ständig nervös auf seine zwei Handys, wann würde endlich wieder eines klingeln. Moar entschied, ihn zum Sightseeing in die Firmenzentrale von Zara zu schicken. Dort war Kind glücklich.

Robert Enke war einer der wenigen Fußballer seines Klubs, zu denen Kind so etwas Ähnliches wie ein persönliches Verhältnis hatte. Die analytische, über den Dingen stehende Art, mit der Enke den Fußball betrachtete, gefiel Kind.

Er wusste, Enke zu verlieren würde dem Verein den Optimismus nehmen. Fußballprofis werden schon nach drei guten Spielen überhöht, und Robert Enke, Spitzenklasse in einem Mittelklasseklub, erfuhr in Hannover die entsprechende Überanerkennung. Er gab der Sehnsucht Leben, dass Hannover 96 doch einmal etwas Größeres als ein regionaler Liebling sein könnte.

Um den Torwart zu halten, hatte Kind teilweise von externen Geldgebern eine für Hannover 96 außergewöhnliche Summe zusammengebracht, über sechs Millionen Euro. Doch schnell wurde bei den Verhandlungen klar, dass es ein Problem gab. Kind dachte, die sechs, sieben Millionen reichten für einen Vierjahresvertrag. Jörg Neblung argumentierte, Robert Enke sollte dasselbe Geld für drei Jahre erhalten. Dann würde er immer noch weniger verdienen als in Stuttgart.

Für den schärferen Ton hatte Kind das Aufsichtsratsmitglied Gregor Baum mitgebracht, der mit Immobilien und Rennpferden handelt. Baum sorgte zwar dafür, dass die Tagung schneller vorüber war, aber sie endete auch ohne Einigung.

Robert und Teresa warteten im Hotel Kokenhof auf Jörg, unmittelbar neben der Hörgerätefirma. Weihnachtsschmuck hing in der Rezeption. Nachdem er ihnen die Verhandlungen geschildert hatte, sagte Jörg, er sei dafür, Hannover zunächst einmal abzusagen. Das müsse ja nicht heißen, dass man in ein paar Wochen nicht doch noch ins Geschäft komme. »Und dann«, sagt Jörg Neblung, »fiel im Kokenhof die Entscheidung gegen 96.«

Hannover wisse, was ein Torwart seiner Kategorie anderswo verdiene, überlegte Robert laut, er sei bereit gewesen zu bleiben, obwohl er bei 96 schlechtere sportliche Aussichten und ein geringeres Gehalt als etwa in Stuttgart hätte. Aber wenn der Klub ihm finanziell nur halbherzig entgegenkomme, sollte das vielleicht das Zeichen sein zu gehen.

Jörgs Telefon klingelte.

»Herr Neblung, wir haben noch mal geredet. Wir sind bereit, das Angebot zu erhöhen. Es ist uns wichtig, dass Robert bei 96 bleibt.« Martin Kind bat den Agenten, am besten doch sofort noch einmal in sein Büro zu kommen.

Noch am selben Abend wurde ein Pressefotograf in den Kokenhof gerufen, um Robert Enke und Martin Kind beim Handschlag abzulichten. Enke hatte einen Dreijahresvertrag bis Juli 2010 unterschrieben.

Zwei Monate später wurde bekannt, dass Timo Hildebrand vom VfB Stuttgart zum FC Valencia wechselte. Nun hätte Stuttgarts Trainer Armin Veh liebend gerne Robert Enke getroffen.

In Hannover jubilierten die Fans und lokalen Medien, als habe ihnen Robert Enke mit seinem Entschluss zu bleiben ein Geschenk gemacht. Er bekam ein wenig Angst. Die überschwänglichen Kommentare lasen sich, als sei er ein Romantiker, der seinen persönlichen Fortschritt nur aus Dankbarkeit gegenüber 96 zurückstellte. Doch was, wenn er in zwei Jahren Hannover vielleicht doch noch verlassen wollte? Würde er dann als Heuchler beschimpft werden? »Ich bin auch geblieben, weil sich 96 finanziell unheimlich für mich gestreckt hat«, betonte er, »und weil ich erwarte, dass es hier sportlich vorwärtsgeht.«

Letztendlich war er Profi, kein Idealist. Gleichzeitig jedoch schöpfte er aus der Hingabe der Hannoveraner unbewusst neue

Lebensfreude. Umhüllt von den Danke- und Bravorufen, zweifelte er nicht mehr an seiner Entscheidung zu bleiben. Er saß mit Teresa bei Lara am Grab, und auf einmal war er sich sicher, er hätte nicht weggehen können.

So langsam glaubte er daran, was sich Teresa und er seit dem 17. September 2006 gebetsmühlenartig vorsagten. »Du kannst nicht jede Minute trauern. Es ist nicht verwerflich, mal wieder essen zu gehen, wieder zu lachen.«

Wenn im Wintertrainingslager in Jerez de la Frontera im Januar 2007 ein Training vorbei war, gingen die Männer aus Kabine zwei nicht vom Fußballplatz.

Mittelfeldspieler Hanno Balitsch zog sich Roberts Handschuhe an und stellte sich ins Tor. Michael Tarnat schoss Freistöße, Robert Enke lauerte im Strafraum, Tarnat schoss statt auf das Tor gelegentlich auch mal absichtlich auf Roberts Hintern. »So kann ich nicht arbeiten!«, rief Robert und lachte mit den anderen.

In seinem Körper schien es einen Bereich zu geben, der von dem Spaß unberührt blieb, eine Ebene, zu der kein Lachen mehr vordrang. Aber es gelang ihm immer öfter, sich von diesem Teil seines Körpers abzukapseln. Er konnte in einem Moment voller Verzweiflung an Lara denken und im nächsten über Tarnat lachen.

Sogar während der Bundesligaspiele »schweiften meine Gedanken immer mal wieder zu ihr ab«. Er lächelte schon wieder. »Aber das ist bei einem Torwart ja auch nicht ganz so dramatisch.«

Teresa hatte keine Mannschaft. Sie begann in den Feldern Empedes zu laufen. Irgendwann lief sie jeden Tag, mindestens zehn Kilometer, so lange, bis ihr der Schmerz in den Fuß fuhr. Ein Ermüdungsbruch, diagnostizierte der Arzt.

»Vielleicht sollte diesmal ich zu einem Psychologen gehen«, sagte sie abends zu Robert.

»Du?«

»Ich glaube, es würde mir helfen.«

»*Du* brauchst doch keinen Psychologen.« Er sagte es, um ihr

Mut zu machen. Gemeinsam würden sie ihr Leben ohne Lara schon finden. Sagte er es auch, weil es sein Weltbild zerstört hätte? Seine in seinen Augen doch starke Frau beim Psychologen.

Teresa kam der Gedanke in den folgenden Wochen noch einige Male: Vielleicht brauchte sie doch professionelle Hilfe. Seine Ablehnung wurde nur heftiger, je öfter sie die Idee aussprach. Irgendwann glaubte sie selbst, dass sie auch ohne Psychologen zurechtkam. Nur, warum er so vehement gegen die Idee protestiert hatte, fragte sie sich noch oft.

Sie hatten nun auf einmal Zeit. Die Nachmittage, die dem strikten Rhythmus von Laras Bedürfnissen unterworfen waren, lagen nun wie eine Prüfung vor ihnen. Würden sie es schaffen, etwas zu unternehmen und es auch ohne schlechtes Gewissen zu genießen?

Sie fuhren nach Hamburg, sie gingen zum Steinhuder Meer. Eines Nachmittags klingelte er bei einem Nachbarn. Sein Internetzugang funktionierte gerade nicht, dürfte er kurz den Computer des Nachbarn benutzen? Uli Wilke war der beste Fußballer im Dorf gewesen, bevor Robert Enke nach Empede zog. Er hatte in der Dritten Liga beim TSV Havelse gespielt. Mit Anfang vierzig arbeitete er als Autohändler. Nachdem Robert das Internet benutzt hatte, kamen sie ins Gespräch.

Uli kam zu ihm zum Europapokalschauen, Teresa und er halfen den Wilkes beim Steinmauerbauen im Garten. Die Wilkes hatten zwei kleine Mädchen, das war der Test, den die anderen gar nicht wahrnahmen: es zu ertragen, dass andere Ehepaare wunderbare Kinder hatten.

Würden sie jemals wieder Kinder haben? Er sagte sich, die Frage käme zu früh. Aber die Frage kam ihm immer wieder.

Eine Ärztin, die sie in der Klinik der Medizinischen Hochschule kennengelernt hatten, fragte, ob sie nicht einmal auf ihre kleine Tochter Laura aufpassen könnten. Teresa und Robert trauten sich nicht, Nein zu sagen. Laura kam immer häufiger zu ihnen. Schließlich ging ihnen auf, warum die Ärztin ihnen die Tochter anvertraute. Es ging weniger um das Mädchen. Sie sollten sich wieder an den Umgang mit Kindern gewöhnen. Sie sollten nicht mehr in jedem Kind das Fehlen von Lara erkennen.

Teresa kann nicht sagen, wann, ob nach vier oder fünf Monaten, es gab nicht *den* Moment, aber irgendwann freuten sie sich, wenn wieder jemand vor ihrer Tür mit heller Stimme »Hallo?« rief. Die Kinder aus dem Dorf schauten unangekündigt bei ihnen vorbei. Für Kinder war ihr Haus die Villa Kunterbunt, das Tor zum Garten stand immer offen.

In dieser Zeit ging auf der Geschäftsstelle von Hannover 96 ein achtseitiges Fax für ihn ein. Der Bundestrainer lud ihn für das Länderspiel am 27. März 2007 in Duisburg gegen Dänemark ein (und erinnerte ihn des Weiteren daran, dass zur Vorlage beim Schiedsrichter ein gültiger Reisepass oder Personalausweis benötigt wurde).

Es war nicht mehr zu übersehen, dass es Bundestrainer Joachim Löw ernst mit ihm meinte. In einem Alter, in dem Nationalmannschaftskarrieren allenfalls enden, sollte er sein erstes Länderspiel bestreiten. »Ich hätte nicht gedacht, dass ich noch einmal Nationalspieler werde, immerhin bin ich schon fast dreißig.« – »Mach dich nicht älter, als du bist, noch bist du neunundzwanzig«, sagte der Bundestorwarttrainer Andreas Köpke.

Nach der Weltmeisterschaft 2006 war Oliver Kahn aus der Nationalelf zurückgetreten, Jens Lehmann hatte mit siebenunddreißig nur noch eine überschaubare Zukunft als Nummer eins. Das Tor war offen und Robert Enke nach Timo Hildebrand der aussichtsreichste Bewerber.

Als Dänemarks Trainer Morten Olsen vor dem Spiel die Aufstellung von Bundestrainer Löw erfuhr, murrte er. Dieser Gegner war ihm zu schwach. Es war ein Testspiel, Olsen wollte eine harte Prüfung für seine Elf. Löw wollte potenzielle Nationalspieler testen. Sieben Spieler in der deutschen Elf, von Robert Enke bis Jan Schlaudraff, kamen gemeinsam nicht einmal auf die Erfahrung von zehn Länderspielen. Ihnen sollte die Zukunft gehören. Die steilste Karriere aller Neulinge in Duisburg machte dann allerdings der Schiedsrichter. Howard Webb, international

»Enke fliegt«: Roberts phänomenale Paraden im Tor.

auch ein Anfänger, würde 2010 das Weltmeisterschaftsfinale leiten.

Im Tunnel vor den Umkleidekabinen, bevor es hinausging, stand Robert Enke der Haarschopf zu Berge. Er hatte mit den Handschuhen darin gewühlt. Die Lippen waren schmal. In den Augen lag Nervosität, keine Angst.

Das Spiel ließ ihm keine Zeit zum Grübeln. Eine Minute war gerade vorüber, da flog ein Freistoß vom linken Flügel herein, der Däne Daniel Agger stieg sieben Meter vor dem Tor hoch, unbedrängt, ein Kopfball der besten Schule, fest, auf das rechte Toreck gezielt. Robert Enke hatte den Ball noch nicht berührt in diesem Spiel. Er lag parallel zur Torlatte in der Luft, der Rücken gebogen von der Körperspannung. Einhändig lenkte er den Ball um den Pfosten. Solche Paraden halten alle, die selbst nie Torwart waren, für die größten Taten eines Torhüters.

Kurz vor der Halbzeit lief der Däne Thomas Kahlenberg allein mit dem Ball auf ihn zu. Robert Enke blieb einfach stehen. Für das ungeübte Auge machte er gar nichts. Er berührte den Ball auch nicht, als Kahlenberg an ihm vorbeilief, »Kahlenberg umdribbelte Enke«, schrieben die Sportreporter. Tatsächlich hatte Enke die größte Tat des Abends vollbracht. Er hatte dem danischen Stürmer die Schussbahn auf das Tor so geschickt und so lange versperrt, dass Kahlenberg nur noch links an ihm vorziehen konnte und dort zwangsläufig mit dem Ball ins Toraus lief. »Viel Ausstrahlung und hervorragende Reaktionen«, attestierte ihm der Bundestrainer nach dem Spiel. Robert Enke nannte das Debüt »ganz vernünftig«.

Deutschland hatte 0:1 verloren. Die Sportreporter im Kabinengang wollten einen Gewinner aus ihm machen. Nun könne er doch Anspruch auf die Position des deutschen Ersatztorwarts erheben, oder?

»Sie wissen ganz genau, dass Sie darauf von mir keine Antwort bekommen.«

Sehe er sich nach diesem Spiel nicht vor Timo Hildebrand im Kampf um die Nummer zwei?

»Sie dürfen nicht vergessen, dass ich erst zum dritten Mal nominiert wurde und Timo schon viel öfter.«

Deutschland definierte sich als gelobtes Land des Torwarts, die Heimat von Sepp Maier, Toni Schumacher, Oliver Kahn. Da reichte selbst die langweiligste Frage für eine überdrehte Debatte: Wer würde der Ersatztorwart des Landes?

»Ich werde nie öffentlich sagen, der oder dieser Kollege ist schlechter als ich, ich stehe vor ihm. Ich weiß, was Respekt ist.«

Die Sportreporter waren enttäuscht. Was war nur aus den deutschen Torhütern geworden? Zettelten sie gar keinen Krawall mehr an? Wenigstens blieb ihnen Lehmann noch eine Weile, der *verrückte Jens*.

Wieder in Deutschland zu wohnen hatte einen großen Vorteil. Sie konnten nun endlich richtig Sommerurlaub machen. In ihren Auslandsjahren hatten Teresa und Robert sich stets verpflichtet gefühlt, die Sommerpause für den Besuch zu Hause zu nutzen. So waren sie in den ersten zehn Jahren ihrer Beziehung, bis zum 28. Lebensjahr, nur zweimal im Urlaub richtig weg gewesen, auf Kos und in Südholland.

Nachdem im Sommer 2007 Robert Enkes dritte Saison in Hannover auf gewohntem Terrain endete, auf Platz elf der Bundesliga, reisten sie wie im Vorjahr nach Lissabon in die Ferien.

Der Vergleich ließ sich nicht verhindern: Vor einem Jahr hatten sie die Tage in Portugal voller Euphorie erlebt, auch weil Lara solche Fortschritte gemacht hatte. Und nun? Waren sie wieder enthusiastisch, selbst wenn die Begeisterung sie nicht mehr gänzlich ergreifen konnte. »Ein Kind zu verlieren bleibt immer fürchterlich«, sagt Teresa. »Aber wir hatten mit Lara zwei Jahre im Ausnahmezustand gelebt, mit der ständigen Angst, sie könnte sterben. Im Urlaub in Lissabon merkte ich zum ersten Mal: So unerträglich ihr Tod war, so war er zum Teil auch eine Befreiung. Wir konnten wieder ohne die Angst leben.«

Sie saßen im *La Villa* am Strand von Estoril, es war halb zehn am Abend und noch taghell. Selbst das Meer bewegte sich mit der Trägheit eines ausklingenden Sommertages.

»Hier würde ich gerne immer leben.«

»Wir könnten nach der Fußballkarriere wieder hierher ziehen.«

»Und wenn wir uns ein Haus kaufen? Dann könnten wir von Hannover aus immer mal wieder ein paar Tage nach Lissabon kommen, nicht nur in den Sommerferien.«

Am nächsten Morgen blühte die Phantasie kräftiger.

Er traf sich mit Paulo Azevedo. Sie waren in Kontakt geblieben, seit Paulo vor einem Jahr die Veranstaltung beim Goethe-Institut organisiert und Robert herausgefunden hatte, dass sie so etwas wie eine gemeinsame Vergangenheit besaßen: Fast zehn Jahren zuvor hatte Paulo einmal zwei Tore gegen ihn geschossen. In Freiburg aufgewachsen, spielte Paulo 1999 als Profi für Carl Zeiss Jena. In einem Training hatte er zweimal gegen Enke getroffen, der während eines Sommerbesuchs spontan bei seinem alten Klub mittrainiert hatte.

Nun redeten sie schon wieder vom Fußball.

»Was meinst du, wenn ich zum Abschluss der Karriere, so mit 34, noch mal bei Benfica spiele«, sagte Robert. »Das wäre es doch.«

»Lass mich rechnen: 34 wirst du im August 2012. Passt doch ideal: Dann hast du bis dahin die Weltmeisterschaft 2010 und die Europameisterschaft 2012 für Deutschland gespielt und kannst hier die Karriere im großen Stil ausklingen lassen.«

»Und was gibt es noch für kleinere Erstligisten rund um Lissabon?«

»Belenenses.«

»Klar, Belenenses! Da könnte ich dann von 36 bis 38 spielen, das würde ich auch noch schaffen.«

Es klang wie Spaß, doch während er die Sätze aussprach,

wurden sie in seinem Kopf zu ernsten Ideen. Er hatte wieder Träume.

Er begleitete Paulo zur Deutschen Botschaft, wo Paulo inzwischen arbeitete. Im schattigen Garten war ein Empfang für die Gehörlosen-Nationalelf geplant, die an ihrer Europameisterschaft in Lissabon teilnahm. Robert Enke war der Überraschungsgast.

Die gehörlosen Fußballer stießen Laute der Freude aus, als sie ihn erkannten. Er versuchte, sich seine Verunsicherung nicht anmerken zu lassen. Konnte er mit ihnen reden, konnten sie ihm die Worte von den Lippen lesen? Er hielt sich an den Trainer, Frank Zürn, der nicht taub war und die Gebärdensprache von seinen gehörlosen Eltern gelernt hatte.

Zürn war angenehm überrascht, wie viele Fragen der Torwart hatte. Wie kamen die Gehörlosen im Berufsleben zurecht, wie verständigten sie sich auf dem Platz, konnten sie auch in einer normalen Fußballmannschaft spielen? Als Robert Enke irgendwann im Gespräch sagte, »Sie wissen ja vielleicht, dass ich eine gehörlose Tochter hatte«, war es Zürn, der sich nichts anmerken lassen wollte. Er war überwältigt von der Selbstverständlichkeit, mit der Enke über seine Tochter redete. Ermutigt vom Trainer, dass die Gehörlosenfußballer ihn verstünden, wenn er langsam rede, mischte er sich unter sie. Sie tauschten den üblichen Fußballerflachs aus. Er sei aber nicht so muskulös wie Kahn, er solle doch einmal bei ihnen mittrainieren, warum wechsle er nicht zu Werder Bremen. Zwei Tage später staunten die Gehörlosen. Er stand bei ihnen am Trainingsplatz in Cascais und zog sich um. Ja was, sagte er, er trainiere mit, das wollten sie doch, oder?

Einige Monate nach dem Sommerurlaub rief Robert Enke den Trainer der Gehörlosenauswahl an. Er habe noch einmal über das nachgedacht, was ihm Zürn am Botschaftsabend in Lissabon erzählt hatte. Dass die Gehörlosen Schwierigkeiten hätten, den Betrieb der Mannschaft zu finanzieren. Er habe deshalb mit seinem Handschuhsponsor gesprochen. Frank Zürn könne dort zum Einkaufspreis die Ausrüstung für das Team bestellen.

Robert im Pool seines Ferienhauses in Lissabon.

Laras Tod hatte Robert Enke etwas geschenkt: eine tiefere Sensibilität für die Bedürfnisse anderer und ein sicheres Gefühl, wie er ihnen eine Freude bereiten konnte.

Er saß bei seinem Nachbarn in Empede im Garten und hörte, wie Uli Wilkes Schwager, ein Dachdecker, über hartnäckige Rückenschmerzen klagte. Er nahm den Dachdecker mit zum Training von Hannover 96. Sie gingen durch die Umkleidekabine der Profis. »Sieh zu, dass du den wieder fit bekommst, das ist mein Handwerker«, sagte Robert Enke zum Physiotherapeuten.

Er bat die Klinik der Medizinischen Hochschule, auf der Kinderintensivstation ein Sterbezimmer einzurichten, damit die Eltern wenigstens im schlimmsten Moment mit ihrem Kind allein sein konnten. Er ging Spenden sammeln, um den Umbau zu finanzieren. Er fuhr nach Göttingen, um mit herzkranken Kindern Fußball zu spielen, Kinder, die nach der Anstrengung des Torschusses an das Sauerstoffgerät angeschlossen werden mussten. »Schießt flach nach unten, da komme ich in meinem Alter nicht mehr hin«, sagte er zu den Kindern.

Aber er wollte nicht jedem helfen. Er wollte nicht Gutes tun, um sagen zu können, ich tue was. In den Nachrufen stand oft, er habe keinen Autogrammwunsch abgelehnt. Als ob dies das höchste Maß an Nettigkeit eines Fußballers sei, als ob das menschliche Größe zeige. In Wirklichkeit fragte er sich, warum sollte er unhöflichen Leuten Autogramme geben? »Das kann ja keiner lesen«, meckerte eine Frau einmal, als Robert Enke ihr ein Autogramm geschrieben hatte. »Ach so?«, fragte Robert, nahm die Karte noch einmal und schrieb in kinderhaften Druckbuchstaben seinen Namen. »Ist es so jetzt besser?«

»Hey, Enke, hast du 'n Autogramm?«, kläffte ein anderes Mal ein Junge. »Für jemanden, der *Robert* oder *Herr Enke* und dann *bitte* sagt, hätte ich schon eins«, antwortete er und ging weiter.

Dabei strengte es ihn noch immer an, anderen etwas Unangenehmes zu sagen. Im Januar 2008 musste er mit einem Angestellten von Hannover 96 reden. Die Putzfrau der Umkleidekabinen war zu Robert gekommen. Der Angestellte, der den Profifußballern gegenüber immer sehr höflich war, behandle sie von oben herab. Robert erklärte ihm die Grundzüge des guten Benehmens, er konnte ruhig und trotzdem donnernd sprechen, das kam vom Abwehr- und Hundekommandieren. Aber als er es hinter sich hatte, spürte er große Erleichterung und keine Zufriedenheit.

Alle Streits in der Mannschaft landeten nun bei ihm. Er war seit August 2007 der Kapitän. Sein Status ließ keinen Zweifel daran, dass ihm das Amt zustand. Er war Hannovers Figur. »Ich fand auch, dass er in Hannover gewachsen ist: Aus einem in sich gekehrten Spieler, der dankbar war, wieder in der Bundesliga zu sein, war ein Profi geworden, der sich für den Verein als Ganzes interessierte«, sagt Tommy Westphal. »Aber Roba zum Kapitän zu machen – ich weiß nicht. Nach meinem Empfinden war das nicht seine natürliche Rolle. Er war niemand, der von Natur aus zu allem Stellung bezog, der sich jedem Konflikt stellte.«

Er war schon einmal Kapitän gewesen, in seinem letzten Lissabonner Jahr. Damals hatte der Brasilianer Roger Flores einmal spontan einen Freistoß geschossen, weil ihm danach war, obwohl dies Pierre van Hooijdonk als bestem Spezialisten zustand. Hoch flog Rogers Freistoß über das Tor. Nach dem Spiel ging Robert Enke mit ausgestrecktem Zeigefinger auf ihn zu. »Das machst du nie mehr, hörst du, nie mehr!«

Wenn ihn der Zorn packte, stürzte er sich unversehens in Konflikte. Wenn aber bei Hannover Trainer Hecking und Michael Tarnat einen stillen Kleinkrieg ausfochten, wo er doch beide Seiten verstand, hielt er sich am liebsten heraus. »Es gab Situationen, als die ganze Umkleidekabine laut diskutierte, etwa ob wir im Mittelfeld mit der Rautenformation spielen sollten. Dann hat der Robs hinten aus der Ecke einen Satz gesagt, und es war Ruhe«, erinnert sich Hanno Balitsch. »Doch ich glaube, wohler fühlte er sich, als noch Altin Lala Kapitän war.«

Der Kapitän in Hannover hatte unzählige Aufgaben, entdeckte Robert Enke in den Adventstagen 2007. Er musste auch die Weihnachtskarten der Mannschaft für die Betreuer schreiben.

In diesen Tagen rief ihn Marco an, Robert dachte, um ein frohes Fest zu wünschen. Stattdessen eröffnete ihm Marco, dass er zu Doktor Markser in Behandlung gehen wollte.

Robert war erstaunt, Marco schien es: fast zornig. Marco war doch mit Leichtigkeit gesegnet, immer zu einem kessen Scherz bereit, immer im Zentrum einer Gruppe; an Marcos guter Laune hatte er sich oft aufgerichtet. Wieso also glaubte Marco, er könnte ähnliche Probleme wie er haben? »Na ja, du hattest ja auch oft Sorgen mit Verletzungen«, sagte Robert schließlich abwartend, als würde er noch nachdenken, was er von dieser Wendung halten sollte.

Marco hatte keine Depressionen; er hatte keine Ahnung, was er hatte, er wusste nur, dass er etwas tun musste. Er spielte mittlerweile in der Fünften Liga, auf dem Niveau war er ohne jeden Zweifel ein herausragender Fußballer, aber auch diese Gewissheit befreite ihn nicht von dem selbst gemachten, quälerischen Druck, im Gegenteil, er spürte nur einen neuen Druck: Erwartete man jetzt nicht von ihm, dass er jeden Sonntag der Beste war?

Oft dachte er an die Momente seiner Karriere zurück, in denen alles hätte anders laufen können: Er mit 20, noch immer das Talent mit den drei Bundesligatoren in den ersten sieben Spielen, Hertha BSC wollte ihn unbedingt verpflichten. In einem Essener Hotel wurde er sich mit Herthas Manager Dieter Hoeneß per Handschlag über einen Wechsel einig, und zehn Tage später erklärte ihm sein Berater Norbert Pflippen plötzlich, weißte was, Junge, ist doch besser, wenn du in Gladbach bleibst. Marco verstand Pflippen nicht, er würde bei Hertha ein höheres Gehalt beziehen, der Trainer dort sah in ihm einen Stammspieler. Aber er war 20, er traute sich nicht, seinem Berater zu widersprechen, der Flippi wusste schon, was er tat. »Ja, weißt du nicht, warum der Flippi dich nicht zu Hertha gehen lassen wollte«, sagten ihm die älteren Mitspieler später. »Weil ihm Gladbach drohte: Wenn der Villa geht, verdienst du hier bei keinem anderen Transfer mehr mit.« Erinnerungen in der Endlosschleife: Wie ihm Liberopoulos, sein Sturmpartner bei Panathinaikos Athen, den Pass zu hart und ungenau zuspielte, damit er neben das Tor schoss; weil Liberopoulos ihn in Wahrheit als Sturmkonkurrenten betrachtete. Wie ihn die Zeitungen in Nürnberg einen »Rohrkrepierer« nannten, der »ausgemistet« werden musste. Erinnerungen, aus denen ewige Fragen wurden: Musste ein Profi solche Grausamkeiten ertragen? Hätte sich ein Profi dem Flippi widersetzen und auf den Wechsel zu Hertha bestehen müssen? Hätte ein Profi Liberopoulos am Tag danach im Training das Fußgelenk durchtreten sollen? Ein unglücklicher Zweikampf, nicht einmal ein Foul, so etwas ließ sich mit etwas Geschick vortäuschen. Hätte ein Profi mit den Schultern zucken müssen, wenn er in Nürnberg wie ein Stück behandelt wurde? »Ein Stück Vieh, ein Stück Pizza, ein Stück Käse, das einfach nur wegmuss.« Seine Eltern und Lehrer hatten ihn immer gelehrt, dass Feingefühl und gute Manieren zum Wichtigsten im Leben gehörten. Aber ging es vielleicht doch nur darum, einfach stark zu sein? Und wenn, konnte ihn Doktor Markser dann stark machen?

»Ich ging zu Valentin Markser mit dem Ziel, den Kopf frei zu bekommen«, sagt er.

Was Marco die Gespräche mit dem Doktor zunächst brachten, waren nur weitere und schwierigere Fragen. Was war denn für ihn ein erfolgreiches Leben, nur die gelungene Aktion vor dem Tor? Wusste er eigentlich, was er erreichen wollte? Was nahm er überhaupt wahr im Leben, schmeckte er zum Beispiel, um mit etwas Banalem anzufangen, überhaupt den Kaffee, den er gerade trank? Marco Villa brauchte Zeit, um Antworten zu finden. Aber langsam sah er nicht nur sich, sondern auch seinen Freund deutlicher. Robert Enke schien mittlerweile genau zu wissen, was er sein wollte. Ein Torwart mit gesundem Abstand zu den Aufgeregtheiten des Profigeschäfts. Aber Marco sah auch, wie viel schwieriger es für Robert zunehmend wurde, die Ruhe zu bewahren.

Obwohl zu den Spielen von Hannover 96 unverändert dreißig- bis vierzigtausend Zuschauer kamen, spürte er auf einmal viel mehr Blicke auf sich lasten. Das Land wollte sehen, ob er wirklich für die Nationalelf taugte. Die Europameisterschaft 2008 rückte näher, und die Frage nach den richtigen Torhütern wurde zum Volksvergnügen. Konnte Jens Lehmann Deutschlands Nummer eins bleiben, obwohl er in London beim FC Arsenal seit Wochen auf der Ersatzbank saß? Musste statt Timo Hildebrand und Robert Enke nicht zumindest einer der talentierten Jungen René Adler oder Manuel Neuer berufen werden? Endlos waren die Internetumfragen, Experteninterviews, Zeitungskampagnen, der Lobbyismus. »Enke und wie sie alle heißen kann man vergessen«, sagte Bayern Münchens Manager Uli Hoeneß, eher werde Bayerns Michael Rensing der nächste Nationaltorhüter. Darauf kam außer Hoeneß niemand. Also sagte sich Robert Enke, das sei viel Lärm um nichts, wichtig sei allein die sachliche Einschätzung der Bundestrainer. »Dass Hoeneß seinen Spieler puscht, das kann er machen, aber er sollte dabei auch den Anstand bewahren. Den hat er verloren«, antwortete er. Es klang souverän. Er dachte selbst, er sei darüber hinweg, sich von solchen Scharmützeln verrückt machen zu lassen. Er musste sich eingestehen, dass er sich geirrt hatte. Kritik wühlte ihn auf.

Hannovers Trainer Dieter Hecking kritisierte ihn ein einziges Mal öffentlich. In einem Testspiel gegen den Grasshopper Club Zürich war Robert Enke an einem Eckball vorbeigeflogen und bei einem Abstoß ausgerutscht. »Er war nicht so konzentriert, wie es vonnöten war«, sagte Hecking den Sportreportern. Es war nur ein Testspiel, es war nur ein dahingesagter Satz des Trainers, es war zwei Tage später vergessen. Nur Robert Enke redete noch drei Wochen später davon, seine Hand verkrampfte sich vor Zorn am Lenkrad. Wie kam Hecking darauf, dass er unkonzentriert gewesen war, wie kam er dazu, ihn öffentlich anzuprangern?

Im April 2008, noch zwei Monate bis zur Europameisterschaft, gewann Hannover 2:1 gegen Eintracht Frankfurt. Robert Enke sah sich zu Hause im Wohnzimmer die Zusammenfassung in der Sportschau an, er blieb sitzen, als sie Leverkusen gegen Stuttgart zeigten. Die Kamera lief genüsslich langsam, als Stuttgarts Torwart Sven Ulreich eine Flanke aus dem Strafraum faustete und Leverkusens Simon Rolfes den Ball aus dem Hinterhalt ins Tor schoss. Minuten später konnte Ulreich einen Fernschuss nicht festhalten, Leverkusens Stefan Kießling nutzte den Abpraller zum 2:0. Am Ende des Beitrags kam Stuttgarts Trainer Armin Veh ins Bild. »Fußball ist manchmal ganz einfach. Wir haben durch zwei Torwartfehler verloren. Das haben alle gesehen. Da bringt es nichts, den Torwart zu schützen«, sagte der Trainer. Robert Enke wurde vor dem Fernseher wütend. Wie konnte das ein Trainer über seinen Torwart sagen! Zumal das erste Tor kein Fehler, sondern eine ordentliche Faustabwehr von Ulreich gewesen war, die unglücklich beim Gegner landete. Dass die Fernsehreporter so etwas nicht erkannten, war er schon gewohnt, aber ein Trainer! Robert Enke schrie den Fernseher an: »Das gibt es doch gar nicht!«

Sven Ulreich fuhr am Tag darauf zu seiner Mutter. Er war 19 und wohnte noch zu Hause. Er hatte erst zehnmal in der Bundesliga gespielt und fragte sich niedergeschlagen, ob es das schon war, ob er seine Chance verspielt hatte. Als sein Handy klingelte, sah er auf die Nummer des Anrufers. Er kannte sie nicht. Einen Moment überlegte er und nahm dann doch ab.

»Als ich die Stimme hörte, bin ich erschrocken«, sagt Sven Ulreich. Robert Enke war dran.

Er kannte Ulreich nicht wirklich. Sie hatten zwei Wochen zuvor, nach dem Spiel Hannover gegen Stuttgart, drei Minuten miteinander gesprochen, die Handynummer hatte er sich von seinem Handschuhhersteller geben lassen. Robert Enke glaubte, er kenne die Situation, in der sich Ulreich befand.

Sie redeten über eine halbe Stunde. Enke analysierte Ulreichs Gegentore. Was wichtig sei, sagte ihm Robert, waren die Entscheidungen: den ersten Ball zu fausten, sehr gut, und beim zweiten Tor ging Ulreich eigentlich auch richtig runter, der Rest war Pech. Er dürfe nicht verzweifeln, selbst wenn ihn der Trainer nun aus dem Team nehmen sollte, diese öffentliche Kritik von Veh war wirklich das Letzte, aber ihm sei es in Barcelona einmal ganz genauso gegangen, ein blödes Spiel, und er war weg vom Fenster gewesen. Er sei durch ein ganz tiefes Tal gegangen und – das vor allem wolle er ihm sagen – wieder herausgekommen. Er werde das auch schaffen. Er habe wirklich enormes Talent. »Als ich auflegte«, sagt Sven Ulreich, »hatte ich Gänsehaut.«

Er wandte sich seiner Mutter zu. »Das war Robert Enke.« Die Mutter wartete auf eine Erklärung, und Sven Ulreich hatte eigentlich keine: »So etwas hat es im Fußball vermutlich noch nie gegeben: dass ein Nationaltorhüter spontan einen unbekannten 19-Jährigen anruft, um ihm zu helfen.«

Nachmittags in Empede führte sein Weg unverändert zum Friedhof, mit Teresa und den Hunden den Langen Berg hinauf, durch die Felder zu Lara. Wenn sie mit dem Rudel vom Grab an der Landstraße zurück ins Dorf gingen, sah er in letzter Zeit etwas Neues. Er konnte sich vorstellen, mit einem Kind am Grab zu stehen und selbstverständlich zu ihm zu sagen: Das war deine Schwester.

Ein zweites Kind wäre kein Versuch, Lara zu ersetzen. Es wäre einfach ihr zweites Kind. Er sah keinen Grund mehr, warum sie ein zweites Kind nicht genauso lieben konnten wie alle anderen Eltern ihre Kinder.

Was sich Teresa nicht mehr vorstellen konnte, war eine Schwangerschaft. Das Risiko, die Angst, noch einmal ein krankes Kind zu bekommen, würde sie nicht aushalten.

Sie kannten in Hannover ein Ehepaar, das adoptiert hatte. Sie hatten sich über das Prozedere informiert, die Überprüfung durch das Jugendamt, Wartefristen. Und wenn sie es nach dem Sommer angingen?

Der Sommer lag wie ein großer Steinblock vor ihrer Zukunft. Die Frage, ob er für die Europameisterschaft im Juni nominiert wurde, blockierte erst einmal alles. Jörg oder Teresa redeten sich in Rage, wenn die Sportreporter in unverhohlener Zuneigung die Nominierung des jungen René Adler forderten, weil der ein netter Überflieger mit sensationellen Paraden war. Robert Enke tat es gut, wenn sich Jörg oder Teresa aufregten. Wenn sie aufbrausten, sah er sich gezwungen, ruhig zu bleiben. Er musste sie dann besänftigen: Keine Panik, der Bundestorwarttrainer schätze ihn, außerdem fuhren drei Torhüter zur Europameisterschaft, und nach der Leistung der letzten Jahre, nicht nur des Moments, fühle er sich ehrlich gesagt als zweitbester. Wenn er so ruhig vor ihnen argumentierte, hatte er am Ende meist auch sich selbst überzeugt.

Anderthalb Jahre nach Laras Tod waren es wieder die normalen Ängste, die gewöhnlichen Zweifel eines Torwarts, die ihn umtrieben. »Es kommt alles wieder«, sagt Teresa. »Die Wut über ein Gegentor, der Ärger, weil es die Jeans in Größe 36 nicht gibt, all die alltäglichen Oberflächlichkeiten. Es geht nur nicht mehr so tief.«

Sie waren wieder einmal zwei Tage nach Hamburg gefahren, um ein normales, glückliches Paar mit all den üblichen oberflächlichen Sorgen zu sein. In einer Boutique wollte Teresa eine Jeans kaufen. Während sie in der Garderobe in eine Hose schlüpfte, begann er im *Kicker* zu blättern.

»Wie gefällt dir die?«

»Ja, gut.« Er sah kaum vom *Kicker* auf.

Teresa probierte fünf verschiedene Modelle an. Jedes Mal kam sie aus der Umkleidekabine, damit er sein Urteil abgab. Jedes Mal sagte er, den halben Blick noch auf der Fußballzeitschrift, »ja, gut«. Da reichte es ihr. Noch einmal ging sie in die Garderobe und zog eine Jeans an.

»Oder soll ich die nehmen?«

»Ja, die ist auch gut.«

»Robbi, schaust du vielleicht auch mal hin!«

Sie hatte ihre eigene Jeans angezogen.

SIEBZEHN

Im Land der Torhüter

Joachim Löw kam zur Königsallee, um nichts zu sehen und nicht gesehen zu werden. Dort, wo andere die neueste Mode bewundern und sich selbst inszenieren, suchte der Bundestrainer die Abgeschiedenheit. Für drei Tage bezog er am 5. Mai 2008 eine Hotelsuite an dem Düsseldorfer Boulevard. Er wollte mit seinen engsten Mitarbeitern ungestört über das Aufgebot für die Europameisterschaft beraten. Die Torhüterbesetzung war nicht das dringendste, aber das sensibelste Thema. Es gab drei Plätze. Und vier Kandidaten.

Jens Lehmann musste die Nummer eins sein. Das hatte Löw bereits vor Monaten entschieden, als er Lehmann im Tor ließ, obwohl er in seinem Klub, dem FC Arsenal, als Ersatztorwart keine Spielpraxis mehr sammelte. Die Erinnerung, was Lehmann bei der Weltmeisterschaft 2006 geleistet hatte, wog schwerer als die Vermutung, was die anderen drei vielleicht leisten könnten.

Es blieben Timo Hildebrand, Robert Enke und René Adler. Hildebrand und Enke hatten seit einem Jahr als Ersatztorhüter kontinuierlich zur Nationalelf gehört. Adler war über das gesamte Jahr hinweg der überragende Torwart der Bundesliga gewesen.

Es war leichter zu entscheiden, wenn sie zunächst den dritten Torwart bestimmten. Der dritte Torwart, der Ersatz des Ersatzes, war für Deutschland noch nie bei einer Welt- oder Europameisterschaft zum Einsatz gekommen. So war es Tradition geworden, als dritten Torwart einen Jungen mitzunehmen, der sich während des wochenlangen Turniers in der Nationalelf akklimatisieren sollte. Irgendwann würde ihm dann das Tor gehören. Der 23-jährige René Adler, der wie eine Offenbarung in der Bundesliga erschienen war, war die Idealbesetzung für den Posten.

»Die Frage war dann, ob es Timo oder Robert treffen würde«, sagt der Bundestorwarttrainer Andreas Köpke.

Hildebrand war seit fünf Jahren als logischer Nachfolger von Kahn und Lehmann aufgebaut worden, er war bei der Europa- und Weltmeisterschaft zuvor die Nummer drei gewesen, der Junge, dem die Zukunft gehört. Robert Enke war mit 29 in die Nationalelf reingerutscht und hatte ein einziges Länderspiel bestritten. Timo Hildebrand allerdings hatte ein hartes Jahr hinter sich. In seiner ersten Saison beim FC Valencia war er auf den Torwartkollegen Santiago Cañizares getroffen. Cañizares räumte den Posten im Tor nicht kampflos. Er behandelte Hildebrand mit kalter Verachtung, er sprach kein Wort mit ihm, es war nichts Persönliches, es war nur ein Kampfmittel, sagte Cañizares. Zwei Trainerwechsel in einer Saison beruhigten das Arbeitsklima in Valencia auch nicht. »Hier ist immer was los«, sagte Hildebrand. Man erkannte die Anspannung in seinem Spiel. Wenn man die Saison in Spanien unsentimental analysiere, sagte einer von Löws Mitarbeitern im Hotel an der Königsallee, »hat Timo in fast jedem Spiel Fehler gemacht«. Manchmal musste Hildebrand bei einem Schuss nachgreifen, bis er ihn fest in den Händen hielt, mal stieß er mit seinem Verteidiger zusammen, wenn er eine Flanke fangen wollte. Nur selten hatten die Fehler Folgen, aber Sicherheit sah anders aus. Auch in der Nationalelf hatte Hildebrand bei seinem einen Spiel unter Echtdruck, in der Qualifikation gegen Zypern, gewackelt. Robert Enke dagegen agierte in Hannover seit vier Jahren mit ungeheurer Bestimmtheit. »Bei so einem wissen die Jungs genau: Er ist da. Und das gibt der Abwehr die richtige Sicherheit«, sagte Andreas Köpke.

Aber Hildebrand hatte in Valencia auch großartige Momente gehabt, einmal sahen die Zuschauer *una mano de milagro*, eine Wunderhand, als er einen Kopfball von Levantes Álvaro de Aquino gegen die Laufrichtung des Torwarts abwehrte. Seit fünf Jahren luden sie Hildebrand in die Nationalelf ein, weil sie in ihm eine mögliche Nummer eins gesehen hatten, sollten sie ihm nicht eine holprige Saison unter schwierigsten Bedingungen nachsehen?

Oder ging es nicht genau darum: Wie ein Torwart unter extremsten Bedingungen zurechtkam? War das nicht der entscheidende Punkt bei der Suche nach dem Ersatztorwart: »Was, wenn Jens Lehmann wirklich einmal im Europameisterschafts-halbfinale ausfällt?«, fragte Köpke und antwortete sich selbst: »Dann kannst du Robert ohne Probleme ins Tor stellen. Er ist so nervenstark, dass er auch in so ein Spiel ruhig reingeht. Nach dem Tod seiner Tochter weiß er, dass es wichtigere Sachen auf der Welt gibt.« Die anderen im Raum, der Bundestrainer, sein Assistenztrainer Hansi Flick und Chefscout Urs Siegenthaler, sahen es genauso: Robert Enkes Abgeklärtheit sei beeindruckend. Die endgültige Entscheidung musste der Bundestrainer allein treffen.

Am 16. Mai 2008, drei Wochen vor der Europameisterschaft, würde er das Aufgebot bekannt geben. Sieben Fernsehsender wollten live übertragen. Andreas Köpke rief die vier Torhüter kurz davor an, damit der eine von ihnen die traurige Nachricht nicht aus den Medien erfuhr.

Timo Hildebrand war am 16. Mai gegen neun Uhr schon auf dem Weg in den Vorort Paterna, zum letzten Training des FC Valenica in jener Saison. Seine Hüfte war gestaucht. Valencias abschließendes Ligaspiel zwei Tage später gegen Atlético Madrid wollte er aussetzen, um das Gelenk für die Europameisterschaft zu schonen. Fünf Jahre hatte er geduldig hinter Kahn und Lehmann gewartet, dies sollte sein letztes Turnier als Ersatztorwart werden, danach würde Jens Lehmann abtreten. Der Weg für ihn wäre endlich frei. Der erwartete Anruf von Andreas Köpke erreichte Timo Hildebrand im Auto.

Er hörte dem Torwarttrainer gut eine Minute zu, er versuchte, etwas zu entgegnen, aber die Wörter fügten sich nicht mehr zu Sätzen. Hildebrand legte einfach auf.

Eine Viertelstunde brauchte Timo Hildebrand, um sich halbwegs zu sammeln. Er parkte auf dem Trainingsgelände und rief Köpke noch einmal zurück. »Aber warum, Andy?«, fragte er: »Warum nur?«

Den drei Torhütern, die nominiert wurden, hatte Andreas Köpke bereits am Vorabend Bescheid gegeben. Während das Fußballpublikum das Aufgebot von Bundestrainer Löw auf den sieben Fernsehkanälen erfuhr und nichts heißer diskutiert wurde als die Torhüterbesetzung, rief Robert Enke einen Freund an.

»Jacques«, sagte er, »wo bist du denn?«

»Mensch, Robert, Wahnsinn! Wahnsinn! Ich habe es gerade im Radio gehört, ich freue mich unheimlich für dich, unglaublich, du fährst zur EM!«

»Ja, danke.«

»Das muss gefeiert werden. Da musst du doch ausflippen vor Glück, Robert!«

»Ich weiß es doch schon seit gestern Abend. Hör mal, Jacques, ich wollte eigentlich nur wissen, wo du bist. Dann bringe ich dir jetzt die Post vorbei.«

Er fuhr einen Umweg auf dem Heimweg vom Vereinstraining, um Jacques am anderen Ende von Hannover die Briefe zu übergeben und ein bisschen zu plaudern. Danach rief er Timo Hildebrand an.

Ihr Verhältnis war zurückhaltend professionell gewesen. Er hatte Hildebrand in der Nationalelf mehr beobachtet als mit ihm geredet, doch dabei war ihm etwas aufgefallen: Der Wechsel nach Valencia, der ihn sportlich etwas aus dem Tritt gebracht hatte, hatte Hildebrand auf andere Art gutgetan. »Mir kommt vor, er ist verständnisvoller, umgänglicher geworden«, sagte Robert Enke. Dass Hildebrand allein in einer fremden Mannschaft in einem fremden Land Ohnmacht am eigenen Leib erfuhr, habe ihn sensibler gegenüber anderen werden lassen. Umso wichtiger schien es ihm, Hildebrand nun Verständnis zu zeigen. So schwer ihm auch der Anruf fiel.

Er wusste eigentlich nicht, was er dem Konkurrenten sagen sollte, dem er den Platz genommen hatte. »Ich weiß auch nicht, ob es in solch einer Situation überhaupt so etwas wie die richtigen Wörter gibt«, sagte er, als wir später darüber sprachen.

Er redete einfach drauflos. Es tue ihm leid. Er könne gut nachvollziehen, wie sich Timo fühle. In drei Monaten beginne schon eine neue Saison, es gebe noch viel zu gewinnen im Fußball, auch für Timo. Das Gespräch war kurz. »Aber ich hatte das Gefühl, Timo hat sich über meinen Anruf gefreut.«

Die Europameisterschaft begann als nette Bootsfahrt. Eine Jacht brachte die Nationalmannschaft auf das offene Mittelmeer vor Mallorca, sie konnten tauchen und schwimmen und für einen Nachmittag noch glauben, sie seien tatsächlich im Regenerationstrainingslager, wie die Trainer den ersten Teil der Vorbereitung in Palma de Mallorca betitelt hatten.

Robert Enke hatte in seinem Jahr bei der Nationalelf mit den Innenverteidigern Per Mertesacker und Christoph Metzelder schon seine Clique gefunden. Seinen natürlichen Freunden, den Torhütern, kam er nicht so leicht näher, glaubte er.

»Er redet ja nicht«, bemerkte er achselzuckend über Jens Lehmann.

Lehmann kultivierte die Rolle vom Torwart als einsamem Cowboy, der grimmig und rücksichtslos seinen Weg gehen muss. Wenn er sich doch einmal öffnete, wurde er gerne belehrend. Eines seiner Lieblingsthemen zu der Zeit war, was alles bei seinem Klub Arsenal und überhaupt in England besser als anderswo war. Erstaunlich war nur, dass Lehmann in fünf Jahren in London von den wichtigsten englischen Werten, der Höflichkeit und der Selbstironie, nichts mitbekommen hatte.

Was den anderen Torwart betraf, so hatte Robert Enke Vorbehalte. Der Gedanke, dass es eine Zeit nach der Europameisterschaft, nach Jens Lehmann gab, ließ sich nicht verdrängen: Dann würden René Adler und er um die Nummer eins kämpfen, das war das Signal der Nominierung, sie waren die Rivalen von morgen. Doch den Jungen schien das wenig zu kümmern. Überrascht bemerkte Robert Enke, wie René Adler den Kontakt suchte. Während Lehmann in sein Schweigen gehüllt das Trainingsprogramm durchzog, rief René Adler nach einer Parade »Super, Robert!«, oder wollte wissen, ob er bei dieser Flanke nicht ein wenig weiter hinten hätte stehen sollen. Nach ein paar Tagen bot René Adler Robert Enke das ultimative Verbrüderungsritual unter Torhütern an. Er fragte, ob er mal Roberts Handschuhe anprobieren dürfe. »Er hatte eine richtig breite

Robert Enke mit seinem Torwartrivalen Jens Lehmann.

Pranke«, sagt René Adler, »ich bin in seinen Handschuhen herumgerutscht.«

Robert Enke wusste nicht, was er davon halten sollte. Adler war doch der, der in den Zeitungen immer viel besser als er wegkam. Unbewusst hatte Robert Enke seinen Groll darüber vor der Europameisterschaft auch auf Adler selbst bezogen. Und nun entpuppte der sich als sympathischer Junge.

René Adler war sieben Jahre jünger als Robert Enke, sieben Jahre bedeuteten im Fußball einen Generationensprung. Als Robert Enke 1999 in der Bundesliga sein Debüt gegeben hatte, war Adler ein vierzehnjähriger Junge in Leipzig vor dem Fernseher, der in Enke den Weg erkannte, den er selbst vor sich hatte: Wie Robert ging René aus dem Osten in den Westen, um im Fußball zu triumphieren. Mit fünfzehn Jahren kam er allein in Leverkusen an. Bayers Torwarttrainer Rüdiger Vollborn und seine Frau nahmen ihn als Ziehsohn bei sich zu Hause auf. René bekam das Dachzimmer. Es war eine einmalige Verbindung: der Trainer, der seinen Torwart nicht nur trainierte, sondern großzog. Fern den Eltern und der Kindheit, unter dem Dach eines ehemaligen Profitorwarts, zu dem er aufsah, den er auf keinen Fall enttäuschen wollte, verstärkten sich Renés natürliche Wesenszüge. Nahezu alle, die ihn trafen, waren angetan von seinem Taktgefühl und seiner Aufgeschlossenheit. Er fiel in den Jugend-Nationalteams aller Altersklassen als einzigartige Begabung auf, »er *musste* mit zur Europameisterschaft nach seiner überragenden Saison«, sagte der Bundestorwarttrainer Köpke; René Adler selbst jedoch konnte das nicht glauben. »Ich war ja erst anderthalb Jahre im Profibetrieb dabei, ich dachte: Du musst mehr geleistet haben, um zu einer Europameisterschaft zu fahren«, sagt er. »Und dann fällt diese kuriose Entscheidung, mich mitzunehmen.«

Er hätte gar nicht gewusst, wie er zu Robert Enke anders als freundlich und respektvoll hätte sein sollen. »Ich sah mich nicht auf einer Ebene mit Robbi«, sagt er. Lerne was von Lehmann und Enke, den Großen, habe er sich vor der Europameisterschaft gesagt und: »Gib Gas, hab Spaß.«

Mit dem Spaß wurde das allerdings nicht so einfach. Hinter dem Regenerationstrainingslager, fand die Mannschaft schnell heraus, verbarg sich ein anspruchsvolles Fitnesstraining, getarnt durch ein nettes Rahmenprogramm. René Adler musste Übungen absolvieren, die er noch nie im Leben gemacht hatte, Widerstandsläufe, bei denen sie kleine Metallschlitten hinter sich herzogen, am ersten Abend hatte er schwere Beine, am zweiten war sein Rücken steif. Er musste mit dem Training aussetzen und sich ausgiebig von den Physiotherapeuten behandeln lassen. Robert Enke konnte nicht heraus aus seinen Vorbehalten gegenüber dem Liebling der Medien und registrierte die Schwäche mit Interesse: War sein zukünftiger Rivale körperlich noch nicht reif für den Wettkampf?

Die Frauen der Spieler fuhren auch zur Europameisterschaft. Der Deutsche Fußball-Bund hatte ihnen ein Hotel in Ascona vermittelt, im selben Ort am Lago Maggiore, wo die Nationalelf während des Turniers Quartier bezog. An freien Abenden traf Robert Teresa. Sie habe eine sehr nette Bekannte unter den anderen Frauen gefunden, erzählte sie ihm, sie könnten doch auch einmal zu viert weggehen, mit jener jungen Frau und ihrem Freund. »Wie?«, fragte Robert Enke: »Gehe ich jetzt auch noch mit René Adler aus?«

Sie hätten dann an dem Abend mit den Frauen viel gelacht, sagt René, »auf Kosten der Männer vor allem. Wir waren ja beide handwerkliche Tollpatsche, da gab es einige Geschichten zu erzählen.«

Bald saß René Adler beim Mannschaftsessen öfter bei der Clique Mertesacker, Metzelder und Enke. Wenn Teresa und Robert in den freien Stunden im Tessin etwas mit anderen unternahmen, dann mit René und seiner Freundin. Sie lernten auch eine nette Frau kennen, mit der Teresa immer im Kontakt bleiben würde: Renés Mutter.

Es war auch für Robert Enke das Höchste, in der Nationalelf zu spielen. Aber war der schönste Posten nicht doch der des Ersatztorwarts? Er war ein geschätzter Teil der Mannschaft, er erlebte all die Aufregung in der Schweiz, die Siege und Späße, genauso wie jeder andere Spieler und musste sich nicht dem Druck der Partien aussetzen. »Er war während der Europameisterschaft blendend gelaunt«, sagt Teresa.

Nach dem 2:0 gegen Polen sprach ihn ein Mann im Kabinengang an. Frans Hoek, der Torwarttrainer aus Barcelona, der ihn nach seinem Empfinden fertiggemacht hatte, begrüßte ihn mit einem Lächeln. Hoek war inzwischen Torwarttrainer der polnischen Nationalelf. »Siehst du, so ist dir doch noch Gerechtigkeit widerfahren. Jetzt bist du der Torwart geworden, den ich in dir gesehen habe, als ich dich zu Barça holte. Ich freue mich für dich.« Robert Enke war perplex. Hoek redete weiter, als ob sie in Barcelona eine innige Beziehung gepflegt hätten. Nach Hoeks innerer Uhr unterhielten sie sich sogar eine Dreiviertelstunde. Zum Abschied fragte er, ob Robert Enke ihm sein Nationaltrikot schenken könnte. Robert gab es ihm, zu erstaunt, um irgendetwas anderes zu tun als Folge zu leisten.

Vier Tage später geriet die schöne Welt im Tessin aus den Fugen. Deutschland hatte 1:2 gegen Kroatien verloren. Ein Ausscheiden in der Vorrunde war eine Möglichkeit geworden. In der Mannschaft flammte Streit auf. Rasch erreichte die Diskussion im Spielerkreis Boulevardzeitungsniveau. Es ging auch darum, dass ein paar ältere Spieler fanden, die jungen hätten am Tag nach der Niederlage nicht Cocktails am Pool zu schlürfen. Wie so oft in jenen Jahren in deutschen Mannschaften brach offen die große Führungsdebatte aus. Führte es zum Erfolg, wenn eine Mannschaft noch mit der autoritären, oft rüden Art der Effenberg-Generation von einigen wenigen dominiert wurde, wie Deutschlands Kapitän Michael Ballack glaubte? Oder brauchte eine Erfolgsmannschaft eine flache Hierarchie mit elf Fußballern, die sich allesamt als Diener einer übergeordneten Spielidee verstanden, wie das vor allem die jüngeren Profis sahen? Robert Enke war froh, dass er als Ersatztorwart außen vor war bei dem Streit um Hierarchien, Abwehrarbeit und Cocktails. Er hätte nicht gewusst, auf welcher Seite er stand. Prinzipiell teilte er eher die Idee einer Elf, in der sich alle gegenseitig halfen, statt einem Führungsspieler zu folgen. Andererseits erwischte er sich mit dreißig Jahren auch öfter bei dem Gedanken, dass die Älteren auch mal mit harter Hand für Ordnung sorgen müssten.

Mit dem Besten aus beiden Modellen – einem hervorragenden Ballack als Leitwolf sowie einer Mannschaft, die geschlossen einer akribisch ausgearbeiteten Spielidee diente – besiegte Deutschland in seiner beeindruckendsten Vorstellung seit Jahren im Viertelfinale Portugal 3:2. Die deutsche Elf erreichte das Endspiel von Wien, wo sie gegen eine systematisch überlegene spanische Auswahl 0:1 verlor.

Robert Enke lag nach der Endspielniederlage breitbeinig auf dem Rasen des Wiener Ernst-Happel-Stadions, das giftgrüne Ersatztrikot noch an, die Silbermedaille um den Hals. Im Flutlicht ließ sich nicht mehr übersehen, wie sehr er sich in den letzten Jahren körperlich verändert hatte. Er war kantig geworden. Laras Tod hatte seinem Gesicht das Jungenhafte genommen. Dass er sich neuerdings den Kopf rasierte, weil die Geheimratsecken unaufhörlich wuchsen, verstärkte die neue Härte des Gesichtsausdrucks. Sein Körper war extrem muskulös geworden. Zwei Jahre zuvor hatte er noch gesagt, »die ganz große Besessenheit wie Olli Kahn hatte ich nie, ich musste auch nie so arbeiten wie er, denn ich hatte das Talent«, aber seit die Nationalelf in seine Sichtweite kam, trainierte er mit Hartnäckigkeit im Kraftraum, weil ihm das nicht unbedingt innovative Torwarttraining bei Hannover 96 nicht reichte. Als er nach dem Endspiel von Wien ganz allein zwischen all den geschlagenen Mitspielern im Gras lag, richtete sich sein Blick nach vorne. Jens Lehmanns Nationalmannschaftskarriere war seit wenigen Minuten zu Ende. Es lag nur noch an ihm selbst, ob er Deutschlands Nummer eins würde.

Er flog mit Teresa in den Urlaub nach Lissabon. Sie hatten dort mittlerweile ein Haus gekauft.

»Es bleibt dabei, mit 34 kommst du zu Benfica zurück?«, fragte Paulo Azevedo.

»Selbstverständlich«, sagte Robert.

In einem Jahrzehnt mit Oliver Kahn und Jens Lehmann hatte sich Deutschland an den Nationaltorwart als gnadenlosen Einzelkämpfer gewöhnt. Als im August 2008 das Zeitalter nach Kahn-Lehmann begann, war im Land der Glauben fest verankert, ein Torwart müsse so sein wie die beiden, zum Äußersten entschlossen in seiner totalen Isolation.

Irritiert bemerkte Robert Enke als Nationaltorwart, wie auf einmal alles gegen ihn verwandt wurde, was man in Hannover schätzte: seine Sachlichkeit im Spiel, sein zurückhaltendes, respektvolles Auftreten in der Öffentlichkeit. Nun verglichen ihn die Leute mit Kahn, der einen Gegner auf dem Platz in den Hals gebissen hatte, mit Lehmann, der versucht hatte, Kahn in jedem Interview zu besiegen, und natürlich mit René Adler, der schwierige Flanken tollkühn abfing, bei denen Robert Enke im Tor blieb. »Enke hat keine Ausstrahlung«, zog Ottmar Hitzfeld seinen Schluss aus den Vergleichen. Hitzfeld war der erfolgreichste deutsche Vereinstrainer.

Robert Enke glaubte, er sei auf diese populistische Kritik vorbereitet. Es war doch nicht wichtig, was die Kolumnisten daherredeten. Was zählte, war die Wertschätzung des Bundestorwarttrainers. Andreas Köpke hielt die Schlichtheit in Robert Enkes Spiel für Eleganz: »Seine ruhige Art auf dem Spielfeld hat mir imponiert. Er hatte eine unheimliche Präsenz und Autorität, gerade weil er nicht wie andere den Zappelphilipp gab, sondern sachlich, aber bestimmt in seinen Aktionen war. Wenn er einmal eine Situation alleine gegen den Stürmer super geklärt hatte, ist er danach ins Tor zurückgegangen, als wäre so eine Parade das Normalste der Welt, keine Theatralik, nichts.«

Als Robert Enke im August 2008 in Nürnberg gegen Belgien das erste Länderspiel nach der Europameisterschaft bestreiten durfte, war das ein Zeichen. Die Bundestrainer hielten ihn für den ersten unter drei, vier gleichen Kandidaten für die Lehmann-Nachfolge. Deutschland gewann 2:0, er hatte die wenige Arbeit souverän bewältigt. Als ich ihn anrief, um zu gratulieren, sagte er als Erstes: »Es war natürlich blöd, dass ich keine Gelegenheit hatte, mich wirklich auszuzeichnen.« Er hatte es eilig, seine Klasse zu demonstrieren. Er konnte sich zehnmal sagen, die öffentliche Skepsis interessiere ihn nicht, aber er spürte trotzdem den Druck, er müsse das Land möglichst schnell von seinem Können überzeugen.

Bloß wie sollte er ein Publikum überzeugen, das Selbstdarstellung mit Ausstrahlung verwechselte?

»Na ja«, sagt Jörg Neblung, »man darf es nicht als Geschwätz abtun, wenn ein Mann wie Hitzfeld von fehlender Ausstrahlung spricht. Da muss man sich schon fragen: Wie kommt Hitzfeld darauf?«

Jörg Neblung kam zu dem Schluss, es sei auch eine Frage des Image. Mit seinem nüchternen Torwartstil kam Robert auf weniger spektakuläre Szenen als andere Torhüter, die entweder bei Flanken riskanter zu Werke gingen oder auf der Torlinie dramatischer retteten. Und wenn er mit seinem harten Gesicht nach dem Spiel trockene Interviews gebe, rannten die Massenmedien zwangsläufig lieber René Adler nach, der mit seinen blonden Surferhaaren und jugendlichem Lächeln ein natürlicher Sympathieträger war.

Robert Enke hörte Jörg am Telefon zu und wurde grantig. Der Bundestrainer könne ganz gut auch ohne lächelnde Interviews erkennen, ob ein Torwart auf seine Abwehr Sicherheit ausstrahle. Das geschah nämlich mit klaren, sachlichen Anweisungen, die niemand außerhalb des Spielfelds hörte.

»Schon klar, Robbi«, sagte Jörg. »Aber du würdest dir mit einem besseren Image den Druck vom Leib halten, dass die Medien ständig an dir herumnörgeln.«

Sie kamen auf die anderen Torhüter mit dem aufregenderen Image zu sprechen, und Jörg versuchte, ihm fachlich zu erklären, dass große Torwartparaden oft nur entstanden, weil sich der Torhüter im letzten Moment spekulativ dem Schuss entgegenwarf. Daran sei nichts Verwerfliches. Dann rutschte Jörg Neblung in der Hitze der Diskussion der eine Satz raus, der ihm heute noch leid tut. »Versuch doch einfach einmal, dich in höchster Not so spekulativ in einen Schuss zu werfen wie Tim Wiese.«

Robert Enke war nicht mehr zornig. Er war beleidigt.

Tim Wiese von Werder Bremen war nach der Europameisterschaft als dritter Torwart in die Nationalelf gerückt, er war ein guter Torhüter, mit einer Sprungkraft, die sich selbst Jens Lehmann nur wünschen konnte. Für die anderen Spitzentorhüter jedoch war Tim Wiese ausnahmslos ein Reizthema. Er war ein Boulevardtorhüter. Er warf sich auch bei Schüssen, die einen halben Meter neben ihm landeten; die er auch im Stehen hätte parieren können. Aber dann hätte das Publikum nicht gestaunt. Wenn ein Stürmer allein auf Wiese zulief, schlitterte er wie ein Kung-Fu-Kämpfer mit ausgestrecktem Bein dem Angreifer entgegen, die Sportreporter schrien begeistert: »Wiese riskiert alles!«, und vor dem Fernseher kochten die anderen Torhüter vor Wut: Kapierten die Sportreporter nicht, dass es einfach nur ein Fehler war, sich dem Stürmer so hektisch entgegenzuwerfen? Wer genau hinsah, merkte, dass Wiese auch noch den Kopf wegdrehte, während er sich vor den Stürmer warf. Es war für jeden Angreifer ein Leichtes, ihn einfach zu umkurven.

Nach seinem unbedachten Vorschlag, doch mal Tim Wiese zu imitieren, sprach Jörg Neblung das Thema Image mit Robert nicht mehr an. Doch bemerkte er, wie sich Robert Enke seit jenem Tag Mühe gab, in jedem Fernsehinterview zu lächeln.

Im Grunde allerdings blieb er, was Briten einen *Torhüter für Torhüter* nennen: ein Torwart, der von seinen Kollegen umso mehr verehrt wird, weil die Massen seinen Wert nicht erkennen. Gegen den Trend, gegen das moderne Modell vom *radikalen Torwart*, der versucht, jeden Steilpass, jede Flanke abzufangen, hielt Robert Enke hartnäckig an seiner Idee vom *vernünftigen Torwart* fest. Was nützte es, wenn ein Torwart mit seinem verwegenen Rauslaufen 18 von 20 Steilpässen hervorragend abfing, aber dann wegen seines riskanten Spiels zweimal zu spät kam? »Ich finde es übertrieben, wenn man sagt, ein moderner Torwart müsse jeden Steilpass ablaufen, jede Flanke abfangen. Was ein guter Torwart braucht, ist das untrügliche Gespür, bei welchem Steilpass gehe ich raus und bei welcher Flanke nicht.«

Damit stand er ziemlich allein da in einer Zeit, in der die nächste Generation, *die Radikalen* René Adler und Manuel Neuer mit phantastischem Antizipieren die Manöver des Gegners schon weit vor dem Tor durchkreuzten und die letzten *Traditionalisten* wie Tim Wiese atemberaubende Paraden in Serie auf der Torlinie hinlegten.

Doch allein der Fakt, dass mit Adler, Enke und Wiese im Herbst 2008 drei Torhüter mit ganz unterschiedlichen Stilen die Nationalelf vertraten, zeigt, wie theoretisch die Vorstellung ist, der eine Stil sei grundsätzlich besser als der andere. Bei den Stürmern erscheint es dem Publikum auch das Normalste der Welt, dass es verschiedene Typen gibt, schnelle Dribbler oder wuchtige Brecher, die alle auf ihre Art Weltklasse erreichen können. Bei den Torhütern ist es nicht anders. Das Wichtige ist nur, dass ein Torwart innerhalb seiner Lehre sicher und konsequent agiert. Robert Enke war im Herbst 2008 unter den deutschen Nationaltorhütern der, der seinen Stil am weitesten perfektioniert hatte.

»Er hat nie wirklich folgenschwere Fehler gemacht, das hat ihn ausgezeichnet«, sagt Bundestorwarttrainer Köpke. Robert Enke stand deshalb auch im September 2008 bei den Weltmeisterschafts-Qualifikationsspielen gegen Liechtenstein und Finnland im Tor. »Wenn du alle seine Spiele in der Nationalelf durchgehst, wirst du kein einziges Tor finden, bei dem du sagen könntest: Den Ball hätte er jetzt schon mal halten müssen«, sagt Köpke, »selbst beim 3:3 in Finnland nicht.«

Die wichtigste Prüfung des Jahres stand nach dem Spiel in Helsinki bevor. Die Adoptionsbeauftrage vom Jugendamt kam nach Empede. Sie gab den Enkes nie das Gefühl, sie stünden auf der Probe. Die Hausbesichtigung war die letzte Hürde beim Eignungstest für die Adoption.

Sie zeigten der Beamtin das Kinderzimmer. Laras Name aus Magnetbuchstaben hing noch immer an der Holztür. Teresa und Robert wollten den Namen ihres Adoptivkindes danebenheften, sie wollten, dass ihr zweites Kind auf möglichst natürliche Art mitbekäme, dass es eine tote Schwester hatte.

Im Oktober erhielten sie die Bestätigung vom Jugendamt, ihrem Antrag auf Adoption werde stattgegeben. Nun mussten sie warten und wussten nicht, ob es vier Wochen oder vierzehn Monate dauern würde, bis sie ihr Kind erhielten.

Die Zeit flog, so kam es Robert Enke vor. Die Berufung in die Nationalmannschaft hatte seinem Leben ein neues Tempo gegeben, alles schien schneller, plötzlicher, vor allem die Aufregung. Er reiste zum Lehrgang der Nationalelf in Düsseldorf, der Höhepunkt der Weltmeisterschafts-Qualifikation stand bevor, die Partie gegen den Europameisterschaftshalbfinalisten Russland. Er hatte in allen Länderspielen seit Lehmanns Abgang im Tor gestanden, er hatte sich nichts zuschulden kommen lassen. Aber in der *Bild*-Zeitung stand vier Tage vor der Partie gegen Russland eine Überschrift, die wie eine Drohung klang: »Enke: Jogis Nummer eins – bis zum ersten Fehler.«

Er versuchte, es nicht persönlich zu nehmen. Er wusste, was wie eine Kampagne gegen ihn aussah, war im Prinzip nur eine persönliche Verirrung: Der *Bild*-Korrespondent bei der Nationalelf berichtete im Bundesligaalltag über René Adler und Bayer Leverkusen, der Mann mochte René so sehr, dass er mit jeder Überschrift für den Jungen kämpfte.

Aber abstellen ließ sich die Empörung auch nicht: Warum musste der *Bild*-Mann so weit gehen, auf ihn einzuschlagen, nur weil er Renés Konkurrent war? Einmal hatte er mit Hannover 0:2 in Leverkusen verloren, ein alltägliches Bundesligaergebnis. In der *Bild* machte der Mann zur Überschrift: »Enke in der Schießbude.«

Ist alles nicht wichtig, versuchte sich Robert Enke zu beruhigen.

Auch in den anderen Medien wurden er und René Adler in den Tagen vor dem Russland-Spiel zu den großen Kontrahenten stilisiert. Lehmann gegen Kahn war gestern, nun ging der Torhüterkampf, das große deutsche Duell, in die nächste Runde mit Enke gegen Adler. In Wirklichkeit kamen sie sich immer näher. Das hemmende Bewusstsein, um denselben Platz zu kämpfen, erlaubte es ihnen nicht, darüber zu reden, aber still hatten sie schon bei der Europameisterschaft ein Einverständnis gefunden, diesen Wettkampf mit freundschaftlicher Härte zu betreiben. Im Trainingslager in Düsseldorf waren sie bereits herzliche Kollegen. »Robert und René waren eher harmoniebedürftig«, sagt Andreas Köpke. »Das waren andere Typen als Olli Kahn oder Jens Lehmann. Sie brauchten nicht diesen Kick, sich gegenseitig hochzunehmen, Feindbilder aufzubauen. Aber diese Zeiten sind auch vorbei. Heute ist der Umgang in einer Fußballelf viel mehr ein Miteinander geworden.«

»Ich hatte immer das Gefühl, dass zwischen uns kein Konkurrenzkampf war«, sagt René Adler. »Und ich glaube, das tat uns beiden gut. Es hilft, wenn du nicht auch noch im Training diesen Druck hast: Wenn der jetzt den Ball hält, muss ich gleich einen besseren halten.«

In Düsseldorf hatte der Trainer drei Tage vor dem großen Spiel ein Übungsmatch vier gegen vier auf kleinem Feld angesetzt. Philipp Lahm schoss aus kurzer Distanz, Robert Enke riss die Fäuste hoch und wehrte den Ball ab. Im anderen Tor konzentrierte sich René Adler auf das Spiel, weil der nächste Schuss schon gleich auf ihn zukommen konnte, es ging hin und her auf dem kleinen Spielfeld, die Spieler sollten lernen, auf engstem Raum in kürzester Zeit Entscheidungen zu treffen.

Robert Enke spielte bis zur nächsten Trinkpause weiter. Dann ging er auf Andy Köpke zu. »Mir hat es das Handgelenk beim Fausten zurückgerissen, irgendetwas habe ich abgekriegt, vielleicht habe ich mir die Hand verrenkt.«

»Mach dir sofort Eis drauf und lass mal schnell den Doc draufschauen.«

René Adler stand ein paar Schritte abseits, in Gedanken noch ganz im Spiel, das gleich weiterging. Aus dem Augenwinkel sah er, wie Robert Enke nicht mehr auf das Spielfeld ging und Tim Wiese an seine Stelle trat. René Adler hatte keine Zeit, darüber nachzudenken, das Trainingsspielchen lief sofort wieder auf hohem Tempo an.

Der Doktor bewegte vorsichtig Robert Enkes linke Hand. Dann sagte er, »wir müssen ins Krankenhaus«.

ACHTZEHN

Leila

Das Kahnbein war gebrochen. Während die Nationalmannschaft in Düsseldorf im Abschlusstraining ein letztes Mal Eckbälle einstudierte, saß er bereits in der Abteilung für Handchirurgie im Unfallkrankenhaus Hamburg.

Doktor Klaus-Dieter Rudolf hatte Robert Enke eine Schraube eingesetzt, die sogenannte Herbert-Schraube, um den Handwurzelknochen an der gebrochenen Stelle zu stabilisieren. Die Operation sei erfolgreich verlaufen, erklärte ihm Rudolf, es spreche viel dafür, dass der Bruch glatt verheile, die Methode wurde seit über 20 Jahren erfolgreich angewandt. Aber der Arzt wollte ehrlich zu ihm sein. Robert Enke sei Torwart. Er müsse das Handgelenk extrem bewegen und belasten. Es bleibe ein Risiko, dass er die Hand nie mehr voll strecken könne, es sei eine komplizierte Heilung.

Teresa holte ihn in Hamburg ab. Er trug einen roten Gips mit Klettverschlüssen, er sollte den Gips so bald wie möglich täglich für ein paar Stunden abschnallen können, um die Gelenkigkeit zu trainieren. In drei Monaten, hatte der Arzt gesagt, konnte er im Normalfall wieder im Tor stehen. Doch es war nicht so einfach, nach vorne zu schauen. Warum musste immer ihm so etwas passieren? »Es war ein ganz normaler Schuss, ein Schuss, wie ich ihn schon tausendmal gehalten habe.«

Zu Hause rief er seinen Nachbarn Uli an. Wollte er die zwei Eintrittskarten für das Spiel gegen Russland am nächsten Tag in Dortmund haben? Normalerweise hätten Teresa und Jörg sie genutzt.

Uli erzählte ihm, dass sich sein Schwager Jürgen auch einmal das Kahnbein gebrochen hatte, an beiden Händen. Er war bei seiner Arbeit als Dachdecker vom Dach gefallen. Ruhig ist ein Adjektiv, das Jürgen nur unzureichend beschreibt. Er redete, wenn es unbedingt nötig war, und ließ ansonsten sein angedeutetes Lächeln alles andere sagen.

»Kannst du denn deine Hände heute wieder voll strecken?«, fragte ihn Robert später.

»Ich kann sie praktisch gar nicht mehr strecken«, sagte Jürgen und machte es ihm vor.

Robert Enke starrte ihn an.

Er sah sich die Partie, die sein Spiel hätte sein sollen, im Fernsehen an. Teresa setzte sich zu ihm. Die deutsche Elf spielte energisch, gedankenschnell, nach einer halben Stunde führte sie durch Tore von Lukas Podolski und Michael Ballack 2:0. Kurz vor der Pause verlor Philipp Lahm auf dem linken Flügel, nur zehn Meter vor dem eigenen Tor, den Ball gegen Aleksandr Anyukov. Der Russe zog sofort nach innen, in den deutschen Strafraum hinein. René Adler kam ihm weit entgegen, er folgte der Lehre der *Radikalen*, bis aus dem Fünfmeterraum hinaus eilte Adler, um Anyukovs Schusswinkel so klein wie möglich zu halten. Adler fühlte, dass der Russe, so nah an der Außenlinie, in den Rückraum passen würde. Als Anyukov schließlich flach flankte, machte der Torwart deshalb einen Ausfallschritt nach rechts. Doch Adler hatte Pech. Anyukov passte geradeaus, durch Adlers Beine hindurch. Im Hinterland des Fünfmeterraums nahm Andrei Arshavin die Vorlage auf und schoss das 2:1. Es war kein Torwartfehler gewesen, sondern eine Situation, in der ein Torhüter kaum etwas ausrichten konnte. Bloß Robert Enke dachte, »das hätte man auch anders lösen können«. Er war sich sicher, mit seiner Technik, das rechte Knie nach innen zu beugen, hätte er den Pass durch die Beine verhindert.

Es blieben noch 40 Minuten, und das Tor änderte die Dynamik des Spiels. Die Russen stürmten plötzlich. René Adler lenkte sehenswert einen Kopfball über die Latte, er warf sich Sergei Semak in letzter Sekunde erfolgreich entgegen und fing, umringt von sieben Spielern, eine Flanke fabelhaft ab, bei der Robert Enke nicht hingegangen wäre. Er saß im Wohnzimmer und hörte den Fernsehkommentator schreien: »Klasse von Adler!«, »ich wiederhole mein Kompliment: Das ist ganz große Klasse von Adler«, »und wieder Adler!« Es war zwanzig nach zehn am Abend, noch zehn Minuten zu spielen in Dortmund, die Spannung war körperlich spürbar, konnten die Deutschen ihren 2:1-Sieg retten? Er stand auf und sagte zu Teresa: »Ich gehe ins Bett.«

Er wollte die Zeitungen in den folgenden Tagen nicht lesen. Aber die Kollegen sprachen ihn beim Rehabilitationstraining im Stadion von Hannover an, »das gibt es doch nicht, hast du gesehen, was die Zeitungen schreiben, selbst die angeblich seriösen: ›Die Ära Adler hat begonnen, der Torwartkampf ist entschieden.‹ Haben die sie noch alle?« Jörg schickte ihm eine SMS. »Das nächste Highlight: Der *Kicker* gibt René die Note 1,5 …«

Die Kollegen und Jörg Neblung meinten es gut mit ihm. Sie wollten ihm sagen, das waren absurde Jubelarien, er solle sich von diesem Mediengeschrei nicht irritieren lassen. Indem sie ihn auf die Schlagzeilen hinwiesen, brachten sie ihn erst richtig aus der Fassung.

Zwei Tage nach dem Spiel gegen Russland rief er bei mir an. Er ließ mir nicht lange Zeit, mich nach seinem Kahnbein zu erkundigen. Er wollte zum Punkt kommen: »Du bist doch auch Journalist!«

»Ja. Wieso?«

»Und was hältst du denn davon, was deine Kollegen aus Renés Spiel gemacht haben?«

»Du darfst nicht vergessen, dass es Renés erstes Länderspiel war. Dafür hat er seine Sache wirklich sehr gut gemacht. Und Sportreporter neigen leider dazu, bei jungen Fußballern nach einem tollen Spiel immer gleich die größte Karriere vorhersagen zu müssen, das sind die Reflexe des Berufs. Damals als 19-Jähriger in Gladbach bist du genauso gehypt worden. Versuch, das alles zu ignorieren.«

»Natürlich – mir macht das auch gar nichts aus! Ich wollte nur einmal wissen, wie du die Sache siehst.«

Mit dem Abstand von einem Monat zum Länderspiel gab er der Zeitschrift *11 Freunde* im November 2008 ein Interview. Es wurde Robert Enkes offenstes Interview, ohne dass es die Leser merken konnten. Er sagte über seine Zeit nach Istanbul: »Das war keine Krise, wie sie jeder Torwart mal erlebt, wenn er in der Bundesliga fünf- oder sechsmal danebengreift. Es hatte etwas Existenzielles.« Aber eine Passage des Interviews erschien nie. Er ließ sie herausstreichen, weil sie ihm im Nachhinein zu ehrlich und bitter erschien. Was er davon halte, dass die Medien René Adler nach einem einzigen Länderspiel zur Nummer eins erklärten, lautete die Frage, und er antwortete: »Dieser Hype um René ist nicht erst in den letzten Wochen entstanden. Dieses Thema wurde schon lange geschürt. Ich frage mich manchmal, was da los ist. Das war doch ein ganz normales Spiel von ihm gegen Russland, nichts Sensationelles! Es ist nicht einfach für mich, damit umzugehen ... Ich habe in der öffentlichen Wahrnehmung das Nachsehen gegenüber der Generation Adler und Neuer, das muss ich wohl so akzeptieren.«

Seit seinem Comeback auf Teneriffa hatte er Druck souverän verarbeitet, Stress und Traurigkeit relativiert. Nach dem doppelten Schlag, dem Kahnbeinbruch und der öffentlichen Krönung von René Adler, verengte sich seine Wahrnehmung wieder. Wohin er auch schaute, er sah nur noch schwarz für sich.

Die Herbsttage auf dem niedersächsischen Land begannen grau und endeten grau, »diese Dunkelheit macht mich fertig«, sagte er zu Teresa. Er fuhr täglich zum Rehabilitationstraining, er durfte das Handgelenk noch immer nicht bewegen und fragte sich ständig ängstlich, ob seine Hand jemals wieder für ein Torwartspiel auf höchstem Niveau taugen würde. Was, wenn es ihm so erging wie seinem Freund, dem Dachdecker? Wenn er die Fragen erst einmal zuließ, kamen immer mehr. Hatte er überhaupt noch eine Chance auf die Nummer eins im Nationaltrikot, stand er nicht ganz alleine da gegen René Adler und die Medien, gegen das ganze Land? Von diesen Fragen ernährten sich die Ängste und wuchsen bis ins Irrationale. Ende November saß er wie jeden Tag zur Behandlung im Zimmer von Hannovers Physiotherapeuten Markus Witkop. Er müsse ihm etwas anvertrauen, sagte Robert Enke. Dann begann er zu weinen. Er habe schon einmal unter Depressionen gelitten, und er fürchte, sie kämen gerade wieder. Fünf Jahre lang hatte er keine nennenswerten psychischen Probleme gehabt, selbst nach Laras Tod nicht.

Für Witkop war der Anblick des weinenden Mannschaftskapitäns nur schwer zu verarbeiten. Vor ihm saß Robert Enke, der in diesem Verein seit vier Jahren voranging, und wirkte auf einmal verletzlich wie ein Kind. Genauso schwer wog die Last auf dem Physiotherapeuten, dass er nun eingeweiht war. Es ist die schwierigste Arbeit für die Betreuer einer Profimannschaft: all die Geheimnisse, die ihnen die Profis anvertrauen, bei sich behalten zu müssen. »So viele Sachen arbeiten in dir und fressen dich auf, weil du sie auf keinen Fall rauslassen darfst«, sagt Tommy Westphal.

Ein Mann in Deutschland teilte Robert Enkes Meinung, er komme im Vergleich mit René Adler schlecht weg: René selbst.

»Ich konnte Robbi verstehen, dass ihn die Berichterstattung nach dem Russland-Spiel störte. Es war ein gutes Spiel von mir, aber kein Kracher. Was die Medien daraus machten, war schon extrem. Mir war das unangenehm.«

In den Wochen danach überlegte René Adler oft, ob er Robert anrufen oder eine SMS schreiben sollte. Er hatte Teresas Telefonnummer seit der Europameisterschaft gespeichert. In seinem Kopf formulierte René die Worte schon, die er schreiben wollte. »Aber ich habe mich – ich will nicht sagen: schlecht gefühlt«, sagt er. »Ich hatte einfach Angst, heuchlerisch rüberzukommen. Denn ich hatte, ehrlich gesagt, schon das Gefühl, ihm etwas weggenommen zu haben, sein Leid ausgenutzt zu haben. Der Gedanke war da: Es wäre sein Spiel gewesen.«

Robert Enke betrachtete die Depressionen wie einen gegnerischen Stürmer, der ihn angriff. Den er noch aufhalten konnte, wenn er richtig handelte. Noch war die allumfassende Dunkelheit nicht da, er stand morgens problemlos auf, es mangelte ihm nicht an Antrieb, nur die Niedergeschlagenheit, der erste Bote der Krankheit, hatte ihn ergriffen. Er glaubte, die Abwehrmechanismen zu beherrschen, dem Tag eine Struktur zu geben, Dinge zu erledigen. Er entschied sich, für einige Wochen nach

Niederbayern in eine Rehabilitationsklinik für Profisportler zu gehen. Dort unter Gleichgesinnten, gleichsam Leidenden würde vielleicht die Angst, zurückzubleiben, weichen. Wenn er Mitte Dezember zurückkäme, würde er sich in Hannover einen Psychiater suchen.

Der Plan stand fest. Aber er stimmte ihn nicht optimistisch.

»Ich hätte es so wie du machen müssen«, sagte er verzweifelt zu Marco am Telefon, »warum nur habe ich nach der Depression in Barcelona nicht weiter prophylaktisch mit einem Psychiater zusammengearbeitet?«

»Robbi, es ist noch nicht zu spät. Mach es doch auch so wie ich und telefoniere regelmäßig mit Valentin.«

»Ach, das bringt doch nichts am Telefon.«

»Mir hat es sehr viel geholfen.«

Seit gut einem Jahr telefonierte Marco Villa jeden Montagabend mit Valentin Markser. Es kam ihm vor, als rede er einfach mit einem guten Freund; und am Ende des Monats kam dann die Rechnung von Markser.

Marco hatte begonnen, bewusste Entscheidungen zu treffen. Er lebte mit seiner Frau und mittlerweile zwei Kindern in Roseto degli Abruzzi, einem kleinen Ort an der Adria, und hier würde er erst einmal bleiben. Er würde nicht mehr wegen des Fußballs alle fünf Monate durch die Gegend ziehen. Er genoss das Leben mit der Familie am Meer, und sie konnten gut davon leben, dass er im Amateurfußball von Saison zu Saison beim höchstbietenden Klub der Gegend anheuerte. An den Vormittagen lernte er Betriebswirtschaft im Fernstudium, das Fach begeisterte ihn nicht, aber er tat es auch, um sich zu beweisen, dass ihm etwas anderes außer Fußballspielen gelang. In der Tat hatte er zum ersten Mal Berufsträume, die über den Fußball hinausgingen: Er wollte nach der Betriebswirtschaft Homöopathie studieren und im Bereich der Akupressur arbeiten. Es faszinierte ihn, wie es Menschen allein mit ihren Händen schafften, Schmerz zu lindern.

Es wurde nicht alles auf Anhieb besser, nur weil er anfing, sich nicht mehr vom Profileben herumschubsen zu lassen. Er fuhr nun zum Training von L'Aquila Calcio, einem Fünftligisten, zu einem Sportplatz, der mehr Erde als Rasen aufwies. In der Umkleidekabine hatten die Kreisligaspieler, die nach ihnen trainierten, seine Fußballschuhe geklaut. Und abends lief dann die Erste italienische Liga im Fernsehen, Genua gegen Udinese, im Inneren fühlte er sich dieser Welt des Profifußballs noch immer zugehörig, die Frage kam ihm immer noch, die Frage schmerzte unverändert: Wie konnte es so weit kommen, dass du in der Fünften Liga gelandet bist? Aber er hatte gelernt, mit der Frage zu leben.

Gelegentlich trieb er auch mit 32 in der Fünften Liga noch mit derselben Freude seine Scherze wie damals in Mönchengladbach. Zu seinem Geburtstag servierte er den Kollegen von L'Aquila süße Hefebällchen. Die Vanillefüllung hatte er durch Shampoo ersetzt.

Er hatte eine Grundzufriedenheit mit seinem Leben erlangt.

»Robbi«, sagte er am Telefon, »ich weiß, es ist schwer, mir gelingt es auch oft nicht, aber versuche, dich nicht zu sehr auf den Fußball zu fixieren.«

»Ich kann aber nichts außer Fußball. Ich habe mich immer nur als Fußballer wahrgenommen.«

»Dann lass dir von mir sagen, dass du viel mehr bist als ein Fußballer: Du bist ein besonderer Freund für mich.«

»Aber ich habe doch immer nur alle meine Freunde und meine Familie vernachlässigt. Sogar die Geburtstage von meinen Eltern vergesse ich ständig.«

»Na und, was bedeutet es schon, einen Geburtstag zu vergessen? Nichts! Das ist doch nur eine Formalität. Was zählt, ist, dass du auch ein Leben außerhalb des Fußballs hast, mit Freunden, die dich schätzen – dass es eben nicht alles ist, wenn du einmal drei Monate nicht spielen kannst.«

»Jawohl, Herr Markser«, sagte Robert.

Marco musste lachen. Ein bisschen schien es dem Freund offenbar schon besser zu gehen.

In der Rehabilitationsklinik in Donaustauf lernte Robert Enke einen neuen Mannschaftsgeist kennen. In den Fitnessräumen arbeitete gut ein Dutzend Fußballer. Vinícius, sein netter Kollege von Hannover 96, versuchte, den Rücken nach einem Bandscheibenvorfall zu stärken, Roland Benschneider, ein Zweitligaspieler aus Augsburg, befand sich nach einem Kreuzbandriss im Aufbautraining. Auf den ersten Blick verband sie nichts, jeder für sich absolvierten sie ihre Übungen, aber das Gefühl, für dasselbe Ziel zu kämpfen, machte sie zu einer Gemeinschaft. Und er durfte sich wie der Kapitän dieses FC Verletzt fühlen. Er war der Nationalspieler unter Bundesligaprofis, Zweitligasternchen und Drittliga-Ersatzspielern, er spürte eine Ehrfurcht im Ton ihrer Fragen, in der Art, wie sie seine Nähe suchten. Unter der Anerkennung – endlich wieder irgendeine Form von Anerkennung – entspannte er sich. Die Schwarzseherei und unerklärliche Traurigkeit, die ersten Anzeichen einer Depression, zogen ihn nur noch in kurzen Momenten runter.

»Du fühlst dich wie Rocky in solch einer Rehaklinik«, sagt Marco Villa: »Wochenlang in der Knochenmühle, um dich auf einen einzigen Tag vorzubereiten: dein Comeback.«

Robert Enke blieb Rocky, als er Mitte Dezember nach Hannover zurückkehrte. Er konnte seinen Ehrgeiz kaum zügeln. Im Wintertrainingslager nach Silvester würde er wieder im Tor stehen, zum Auftakt der Bundesligarückrunde am 31. Januar 2009 würde er wieder spielen, nahm er sich mit einer Bestimmtheit vor, als könne er die Rückkehr erzwingen.

Die Angst dominierte ihn nicht mehr. Aber sie verschwand auch nicht.

Er saß am Küchentisch und streckte ständig die linke Hand nach hinten, um zu sehen, wie weit er sie schon wieder bewegen konnte. Er streckte die Hand zwanzigmal während eines Abendessens nach hinten. Er schien die Bewegung gar nicht mehr wahrzunehmen.

Im *Pius* in Neustadt wollte er mit den Wilkes aus Empede einen netten Abend bei einem Glas Wein verbringen, als ihn die Freunde ertappten. Was machte er denn immer mit der Hand? Ein paar Minuten später waren alle anderen am Tisch damit beschäftigt zu sehen, wie weit sie ihre linke Hand nach hinten strecken konnten. Er kam schon weiter als Jürgens Frau Ines mit ihrem gesunden Kahnbein.

Die Physiotherapeuten hatten ihm eine Maschine gebaut. Er legte seine Hand hinein, und die Maschine spannte die Hand nach hinten. Zehn Minuten sollte er die Hand in der Maschine liegen lassen. Danach probierte er sofort aus, ob sich die Hand schon wieder ein wenig mehr strecken ließ.

Er wollte unbedingt alles richtig machen. So ging er im Januar 2009 zu Doktor Johannes Stroscher. Ein befreundeter Arzt hatte ihm den Psychiater und Psychotherapeuten empfohlen. Auch wenn er diesmal allenfalls an einer depressiven Verstimmung litt und das Schlimmste schon verhindert schien, würde er alle Maßnahmen ausschöpfen. Er wollte es nie wieder so weit wie nach Istanbul kommen lassen.

Die Praxis von Doktor Stroscher lag in einer Wohnstraße unweit vom Zoo. Robert Enke zog eine Baseballmütze tief ins Gesicht, damit ihn niemand erkannte, als er in das Haus ging. Er musste die Mütze in den nächsten Wochen unbedingt immer im Auto bereitliegen haben, ermahnte er sich.

Was ihm in dieser Situation gutgetan hätte, war der alte Zusammenhalt bei Hannover 96. Aber Kabine zwei war nun ein Ruheraum mit Liegen und Massagestühlen. Robert Enke ging nach der Behandlung beim Physiotherapeuten an der renovierten Kabine vorbei. Ihre alte Höhle machte ihrem neuen Namen auf traurige Art alle Ehre: Es herrschte nur Ruhe im Ruheraum. Er konnte den Gedanken nicht unterdrücken, wie sehr sich alles in einem halben Jahr verändert hatte.

Auf Platz acht hatte Hannover 96 die vorherige Bundesligasaison abgeschlossen, so gut wie seit dreiundvierzig Jahren nicht mehr. Es war der Tag nach seiner Nominierung für die Europameisterschaft gewesen, der 17. Mai 2008, sie hatten Cottbus im abschließenden Ligaspiel 4:0 besiegt, der Trainer hatte sich das Mikrofon gegriffen und im Übermut gerufen: »Liebe Fans! Ich verspreche euch, nächste Saison holen wir die fünf Punkte, die dieses Jahr noch zur Qualifikation für die internationalen Wettbewerbe gefehlt haben!« Siebenundvierzigtausend hatten gejubelt. Robert Enke und sein Mitspieler Hanno Balitsch hatten sich entgeistert angeschaut.

Der Achte der Bundesliga ist der Beste der Mittelklasse. Vor ihm liegt nur noch die Spitzengruppe. Aber kein Sprung ist schwieriger als von Platz acht auf Rang fünf oder sechs. Achter, Bester vom Rest, kann eine passable Mannschaft werden, wenn sie all die einfachen Sachen richtig macht, systematisch defensiv spielt und zielstrebig kontert. Um jedoch Sechster zu werden, um Letzter der Spitze zu sein, muss eine Mannschaft etwas Besonderes können, ein Spiel aktiv gestalten, den Ball laufen lassen, die Angriffe variieren.

Hannover 96 überforderte sich selbst im Herbst 2008 mit der Ambition, besonders zu werden.

Trainer Dieter Hecking wollte jetzt »immer offensiv und dominant spielen«, mit zwei statt wie bisher einem Stürmer. Und eine Elf, die angreifen sollte, kassierte Gegentore wie nie zuvor.

Der Ruheraum wurde zum Symbol der guten Absichten, mit denen alles schlechter wurde. Jens Rasiejewski, der Assistent des Sportdirektors, war zu den namhaftesten Klubs der Welt gereist, zu Manchester United, FC Chelsea und dem Footballteam Baltimore Ravens, um sich etwas von den feinsten Trainingsanlagen abzuschauen. So bekam Hannover 96 einen Ruheraum wie Manchester, Chelsea, Baltimore, und niemand in der Vereinsführung merkte, dass das Beste draufging, die schäbige Kabine zwei – der besondere Zusammenhalt des Teams. Wer ging in einen Ruheraum, um gemeinsam zu lachen?

Robert Enke litt unter dem Gefühl, dass die Fußballer um ihn herum immer weniger *seine* Mannschaft waren. Die Spieler, mit denen er sich in der Kabine zwei getroffen hatte, um Bockwurst zu essen oder aus purem Übermut Mille den Kopf kahl zu rasieren, wurden immer weniger. Frank Juric, Silvio Schröter, Dariusz Zuraw, mehr als ein Dutzend seiner Teamfreunde hatte Hannover in den zurückliegenden drei Jahren verlassen. Ein Verein, der nach oben strebte, glaubte, ständig bessere Spieler kaufen zu müssen. Hannover 96 verpflichtete Profis wie Valerién Ismaël oder Jan Schlaudraff, die von den besseren Vereinen weggeschickt worden und deshalb sehr mit sich selbst beschäftigt waren. Dazu kamen Bulgaren und Dänen, die in ihrer Karriere nie gelernt hatten, Wurzeln zu schlagen, weil sie von ihren Vereinen alle ein oder zwei Jahre wie eine Ware weitergeschickt worden waren. Robert Enke und die geschrumpfte Clique aus Kabine zwei fanden, dass diese Neuen sich nicht integrierten. »Es hieß immer, wir holen neue Spieler mit individueller Qualität. Tatsächlich hat man nur Individualismus geholt«, sagt Hanno Balitsch, der zu Robert Enkes engstem Vertrauten im Team geworden war. Viele Neue dagegen fanden, die Alten bildeten einen geschlossenen Machtzirkel. Und es gab keine Kabine zwei mehr, in der beide Seiten hätten merken können, so schlimm waren die anderen gar nicht.

Der Trainer versuchte, ein professionelles Gemeinschaftsgefühl aufzubauen. Das Training war mittwochs um 16.30 Uhr aus. Dieter Hecking ordnete an: Bis mindestens 17 Uhr bleibt jeder in der Kabine. Vor ein, zwei Jahren waren mittwochs nach dem Training zehn, zwölf Mann stundenlang zusammengesessen. Nun duschten viele der Spieler in fünf Minuten, setzten sich stumm in den Vorraum, starrten auf den Fernseher und blickten immer wieder auf die Uhr, wann es endlich fünf war. Robert Enke blieb auf dem Trainingsplatz und übte bis Punkt 17 Uhr. Vereint waren sie nur in der Meinung, was für eine sinnlose Aktion vom Trainer das wieder war.

Die Spannung, unter die sich der Klub mit den hohen Ambitionen gesetzt hatte, war im Herbst 2008 allgegenwärtig. Viele Spieler wie Robert Enke, Hanno Balitsch oder Steve Cherundolo standen den offensiven Träumen des Trainers skeptisch gegenüber. In seinen ersten anderthalb Jahren hatte Dieter Hecking aus ihnen eine Mannschaft gemacht, die genau wusste, was sie konnte, exzellent verteidigen und simpel angreifen; warum änderte er nun, was funktioniert hatte? Hecking wiederum war gereizt, weil er fand, die Spieler setzten einfach nicht um, was er von ihnen verlangte. Er hatte den Traum vom großen Sprung doch ausgegeben, um eine Aufbruchsstimmung zu kreieren.

»So, ich male jetzt hier mal einen Rucksack an die Tafel«, sagte Hecking an einem Nachmittag in der Umkleidekabine,

»und da werfen wir alles rein, was uns in letzter Zeit gestört hat.«

Es war ein Angebot zur Versöhnung. Doch am Ende der Aussprache ging es nur wieder hoch her. Michael Tarnat, einer der alten Wächter über den Mannschaftsgeist, blickte einen der Neuen an. Jan Schlaudraff hatte wiederholt bei leichtsinnigen Dribblings den Ball verloren und das Team in Bedrängnis gebracht. »Ich werde dich jagen und treten!«, sagte Michael Tarnat.

Robert Enke war zu beschäftigt mit seiner Hand, um sich wegen der gereizten Stimmung im Verein verrückt zu machen. Aber unterbewusst belastete es ihn, ein weiterer dunkler Fleck, ein weiterer Beweis, dass sich alles gegen ihn verschworen hatte. Er selbst hatte sich in der aufgeladenen Atmosphäre hinreißen lassen, Schlaudraff wegen seiner törichten Ballverluste öffentlich zu kritisieren. Danach erschrak er über sich selbst. Wie konnte es so weit kommen, dass er seine eiserne höchste Regel vergaß, niemals einen Kollegen öffentlich zu rügen? Er dachte daran, was für eine tolle Mannschaft sie in Hannover gewesen waren, und erwischte sich dabei, wie er in der Vergangenheitsform an diese Mannschaft dachte.

Er war nervös, als er zum ersten Mal nach dreieinhalb Monaten wieder seine zweite Haut auf den Fingern spürte. Er schloss den Klettverschluss der Torwarthandschuhe und wartete auf den ersten Schuss des Torwarttrainers. Als er ihn gefangen hatte, drückte er mit den Fingern auf den Ball, um sich zu versichern, dass es seine alten Hände waren, dass nichts, nicht einmal ein komisches Gefühl, im Handgelenk zurückgeblieben war. Der Ball fühlte sich noch genauso an in seinen Händen. Er rollte ihn schwungvoll zurück zum Torwarttrainer, und der nächste Schuss kam schon auf ihn zu.

Was sich verändert zu haben schien, als Robert Enke im Januar 2009 ins Mannschaftstraining zurückkehrte, war nicht seine Hand, sondern sein Revier. Die 20 Meter vor dem Tor. Er wusste doch ganz genau, wo er in welcher Spielsituation zu stehen hatte, aber es kam ihm vor, als bewegte er sich auf unbekanntem Terrain, die Distanz zu den Verteidigern und gegnerischen Stürmern kam ihm mal zu groß, mal zu klein vor, selbst das Tor hinter ihm schien nach Lust zu wachsen und zu schrumpfen. »Mir fehlt das Gefühl für den Raum.«

Er war noch vollauf mit der Rückeroberung seines Reviers beschäftigt, als am 31. Januar die Bundesliga nach der Winterpause wieder begann. Er hatte, nach dreieinhalb Monaten Pause, nur zwei Wochen Fußballtraining hinter sich.

Vor seinem Comeback zog er sich noch einmal die Baseballmütze tief ins Gesicht und ging zu seinem neuen Psychiater. Doktor Stroscher war ihm sympathisch, nach den Gesprächen fühlte er sich jedes Mal besser.

Er ging vor dem Spiel gegen Schalke 04 seine Rituale durch, um das Gefühl zurückzuzwingen, dies sei eine Partie wie Hunderte zuvor. Er aß den Milchreis mit Apfelmus und Zimt am Abend vor dem Spiel. Er schaute das Freitagabendspiel der Bundesliga unten in der Hotelbar mit ein paar anderen Spielern. Er ließ sich den Spielberichtsbogen, den er als Kapitän unterschreiben musste, vor dem Anpfiff von Tommy Westphal unter der Tür hindurchschieben, während er auf der Toilette saß.

Am Tag nach dem Spiel würde Teresa für eine Woche mit den Freunden Skifahren gehen, erinnerte er sich. Dann wäre er allein. Er schickte Teresa eine SMS. »Entschuldigung für mein Benehmen in den letzten Tagen. Ich bin zurzeit so angespannt.«

Schalke begann, als hätte etwas die Mannschaft in Rage gebracht. Sie überrannten Hannover. Nach zwei Minuten stand Jefferson Farfán frei vor Robert Enke. Er fühlte sich noch roh, er merkte nicht, wie sein Körper schon wieder die alten Automatismen abspulte, sich groß machen, lange stehen. Farfán umspielte ihn. Er hatte ihn durch sein Stellungsspiel allerdings so weit nach außen abgedrängt, dass Farfán statt ins Tor nur an den Außenpfosten traf. Robert Enke lag noch am Boden, da flog schon der Nachschuss heran und – über das Tor. Ein weiterer Schuss pfiff knapp über das Tor, einen scharfen Kopfball von Heiko Westermann hielt er. Es waren noch nicht einmal sechs Minuten vorüber. Nur zwei Minuten später fiel dann das erste Tor.

Hannover bekam endlich einmal den Ball im Mittelfeld zu fassen, Pinto sah, dass Schalkes Torwart Manuel Neuer nach der Lehre *der Radikalen* weit vor dem Tor stand, und sandte den Ball aus 25 Metern über ihn ins Tor.

Bis zum Schlusspfiff hatte Robert Enke kaum noch Ruhe. Tausende Fäuste waren in der Luft, als er einen Schuss von Halil Altintop mit einem unglaublichen Reflex über die Torlatte lenkte, eine Minute später hatte er Glück, als der nächste Schuss an den Pfosten klatschte. Hannover siegte 1:0. Er hatte eines seiner besten Spiele in seinen fünf Jahren in Hannover absolviert.

Als er Teresa in einer Stadionlounge abholte, sah sie sofort die roten Flecken in seinem Gesicht.

»Robbi, ist alles in Ordnung?«

»Mir ist so heiß.«

Er hatte Fieber. Der Körper reagierte auf die Anspannung.

»Ist dir lieber, wenn ich nicht in den Skiurlaub fahre?« Sie sagte es einfach, um ihn zu beruhigen.

»Echt, würdest du das machen?«

Am Abend, es war schon nach elf, rief er bei Sabine Wilke an. »Bei unangenehmen Sachen rief immer Robbi an, nicht Teresa«, sagt Sabine, »auch wenn bei ihnen mal das Warmwasser nicht funktionierte und Teresa fragen wollte, ob sie bei uns duschen dürfe.«

Teresa könne leider nicht mit in den Skiurlaub fahren, sagte er. Er sei krank, eine Grippe, wer sollte sich um die Hunde kümmern, falls Teresa wegfuhr.

Zwei Tage später rief er wieder bei Sabine an. Sie saß nach dem Skifahren in der Nähe von Kufstein vor einer Almhütte.

»Mir geht es schon viel besser. Ich habe zu Terri gesagt, sie soll doch nachkommen in den Skiurlaub, aber jetzt will sie nicht mehr. Kannst du mal versuchen, mit ihr zu reden?«

Er reichte den Hörer an seine Frau weiter.

»Teresa, willst du nicht doch kommen, du hattest dich doch auch seit Monaten auf den Urlaub gefreut?«

»Ich weiß nicht. Robbi geht es nicht so gut.«

»Ich habe dir doch gesagt: Fahr!«, rief er aus dem Hintergrund.

»Willst du wirklich den Urlaub sausen lassen, weil dein Mann eine Erkältung hat?«, fragte Sabine.

»Das muss ich dir mal in Ruhe erzählen«, sagte Teresa.

Im Hintergrund sagte Robert, er buche jetzt einfach den Flug für sie.

Am nächsten Nachmittag saß Teresa beim Après-Ski in Österreich und erzählte Sabine, dass Robert Enke Depressionen hatte.

»Was hat er?«, rief Sabine. Sie hatte fast zwanzig Jahre als Arzthelferin in der Neurologie und Psychiatrie gearbeitet. Aus dieser Zeit war ihr ein anderes Bild von Menschen geblieben, die an Depressionen litten, als der ausgeglichene Torhüter, den sie in den letzten Jahren kennengelernt hatte.

Er hatte seit Jahren keine Attacke mehr gehabt, erklärte ihr Teresa, aber durch den Kahnbeinbruch sei er wieder ins Schlittern gekommen, auch wenn die Krankheit diesmal nicht wirklich ausgebrochen war.

Robert Enke hatte mit Teresa ausgemacht, dass sie die Empeder Freunde einweihte. Es laugte ihn aus, überall den Menschen spielen zu müssen, für den ihn alle hielten.

Langsam vergaß er die Schraube in seinem Handgelenk. Im ununterbrochenen Rhythmus zwischen Training und Bundesligaspielen fanden die Gedanken wieder ihre alte Spule, nicht zu früh runtergehen, den Verteidigern sagen, zwei Schritte vor, welche Note habe ich im *Kicker*, wie hat René Adler gespielt.

Oft machte er sich nun Notizen auf Zetteln, zu Hause im Büro genauso wie im Hotel vor Bundesligaspielen. Er war dabei, Teresa ein Gedicht zu ihrem 33. Geburtstag zu schreiben. Sie hatte es so dahingesagt, er solle ihr doch ein Gedicht schenken. Sie würde staunen, wenn er es wirklich schrieb.

Im Frühling, sieben Monate nach dem Kahnbeinbruch, sagte ihm Doktor Stroscher, er halte die Therapie für abgeschlossen. Robert Enke betrachtete das Leben wieder mit stillem Optimismus.

Er dachte daran, was Marco und Jörg ihm geraten hatten. Sollte er nicht in Gesprächstherapie bleiben, so wie er täglich Rückengymnastik zur Vorbeugung betrieb? Stroscher habe ihm geantwortet, sich einfach nur zum Reden zu treffen bringe nichts, erzählte Robert Teresa. Nur falls Robert das Gefühl habe, er müsste noch alte, tiefer liegende seelische Wunden heilen, dann sollten sie selbstverständlich weiterarbeiten, habe ihm der Arzt gesagt. Aber da gebe es ja nichts, sagte Robert Teresa. Seine Hand sei geheilt und damit auch der Kopf.

Es ging ihm besser als Hannover 96. Für die Mannschaft war der Sieg über Schalke nur eine Täuschung gewesen. Sie schleppte sich im hintersten Mittelfeld der Tabelle durch die Bundesligasaison, nahe an den Abstiegsrängen. Gegentore fielen in beängstigender Häufigkeit, drei gegen Cottbus, Stuttgart, Mönchengladbach, fünf gegen Bayern München, vier gegen Dortmund. Beim Auswärtsspiel in Wolfsburg hatte der Trainer in der Halbzeit wieder einmal getobt, sie lagen schon wieder 0:1 zurück. Er erwarte von ihm eine positive Ausstrahlung auf das Team, hatte Hecking Hanno Balitsch angebrüllt. »Sind Sie dann auch mal positiv?«, hatte Balitsch geantwortet. Die meisten in der Mannschaft fühlten, Balitsch habe für sie geredet. Hecking wechselte den Mittelfeldspieler aus und suspendierte ihn für eine Woche vom Training.

»Hecking war ein richtig guter Trainer, mit klaren Vorstellungen und einem kompetenten Training«, sagt Balitsch. »Aber im dritten Jahr hatte sich das Verhältnis zwischen ihm und der Mannschaft total zerschlissen. Wir konnten das Training nicht mehr sehen, die Sprüche nicht mehr hören – und ihm ging es mit uns vermutlich genauso.«

Die Katze nannten die Spieler ihren Trainer nun, weil er sieben Leben zu haben schien und selbst nach der heftigsten Niederlage nicht entlassen wurde. »Miau, miau«, machten einige Fußballer in der Kabine, und Heckings Assistenztrainer Dirk Bremser stimmte ahnungslos begeistert in das Miaue ein.

Die Sportreporter zählten die Gegentore. Es waren schon über fünfzig. Könne ein Nationaltorwart in Hannover spielen, fragten sie jede Woche aufs Neue angesichts der Flut an Toren. Brauchte ein Nationaltorwart nicht die Sicherheit, hinter einer souveränen Abwehr zu stehen? Benötigte ein Nationaltorwart nicht sowieso die Wettkampfhärte der Champions League? »Er wurde immer wieder mit denselben Argumenten konfrontiert, er wurde täglich als Nationaltorwart infrage gestellt, weil seine Mannschaft nicht funktionierte«, sagt Jörg Neblung. »Da ließ sich der Gedanke gar nicht vermeiden: Vielleicht sollte ich wirklich weggehen?«

Einer allerdings schaute sich die Gegentore genau an, statt sie nur zu zählen. Bundestorwarttrainer Andreas Köpke kam Robert Enkes Leiden in Hannover nicht ungewöhnlich vor, sondern allzu bekannt. Als Nationaltorwart in den Neunzigern war Köpke mit dem 1. FC Nürnberg und Eintracht Frankfurt zweimal abgestiegen. »Ich habe mich ein wenig in ihm wiedererkannt und mich gut in ihn hineinversetzen können.« Köpke ging die Tore durch, er sah, wie Cottbus' Stürmer Rangelov frei zum Kopfball kam, wie zwei Dortmunder unbewacht vor Robert Enke auftauchten. Er sah einen Torwart, der hielt, was er konnte. Zu den Weltmeisterschafts-Qualifikationsspielen gegen Liechtenstein und Wales Ende März wurde Robert Enke wieder eingeladen.

Der Torwart sollte vor einem Spiel gegen Liechtenstein nicht unbedingt ein interessanter Mann sein. Doch unverdrossen witterten die Sportreporter wieder ihr Thema. Wer war denn nun die Nummer eins, René Adler, der gegen Russland so mitreißend und später gegen Norwegen grundsolide gehalten hatte? Oder Robert Enke, der nur durch eine Verletzung um den Posten gebracht worden war? Es gab schon wieder keine Antwort.

René Adler konnte wegen einer Ellenbogenverletzung nicht einmal trainieren.

René und Robert saßen an der Hotelbar in Leipzig, wo die Nationalelf Quartier bezogen hatte. Robert konnte ahnen, wie sehr es den Jungen treffen musste, dass er das Länderspiel in Leipzig, seiner Heimatstadt, wegen einer Verletzung verpasste. Und trotzdem unterhielt sich René ausgelassen und freundlich mit ihm, ohne sich Traurigkeit oder Neid anmerken zu lassen. Für einen kurzen Moment schämte sich Robert Enke. Wie unfair war sein anfänglicher Argwohn gegen den Jungen gewesen.

Manchmal fragte er sich, was das Spiel aus ihm machte. Wieso weckte der Profifußball bisweilen einen Zug in ihm, den er vorher nicht an sich gekannt hatte: die Missgunst. Noch jetzt, sieben Jahren später, gelang es ihm nicht, Victor Valdés den Platz bei Barça zu gönnen, um den sie gekämpft hatten. Er wollte nicht hören, dass Valdés ein exzellenter Torwart geworden war. »Ich schaffe es nicht, bei Victor objektiv zu sein«, gab er zu. Er wusste es zu schätzen, dass René Adler auf ihn zugekommen war. Vielleicht würde ihm ihre gute Beziehung helfen, sich besser gegen die Bitterkeit zu schützen, die in seinem schönen Beruf lauerte.

Gegen Liechtenstein gewann Deutschland 4:0. Er bekam in neunzig Minuten einen Schuss auf das Tor.

In Cardiff riss er vier Tage später nach dem Abpfiff der Partie gegen Wales als Einziger die Hände in die Luft. Die Feldspieler wie Michael Ballack oder Mario Gómez registrierten den 2:0-Sieg mit cooler Beiläufigkeit, wie es ihnen nach dem zerfahrenen Spiel angebracht erschien. Er dagegen glaubte für einen Moment, etwas bewiesen zu haben. Mit feinen Reflexparaden hatte er zweimal den Torschrei des walisischen Publikums abrupt verstummen lassen. Jetzt musste doch jeder gesehen haben, dass er Deutschlands Nummer eins sein konnte?

Tatsächlich wurden die nörgelnden Fragen, ob ein Torwart von Hannover 96 in der Nationalelf spielen konnte, schon seit einigen Wochen leiser, vielleicht weil die Sportreporter erschöpft von der ewigen Wiederholung waren, vielleicht auch weil Robert Enke immer mehr von ihnen mit Spielen wie in Cardiff überzeugt hatte. Doch in seinem Kopf hallte die Frage nach. Er nahm den Sportreportern die Frage übel und stellte sie sich längst selbst: War er noch am richtigen Ort? Nur drei Tage nach seiner Demonstration von Cardiff holte sich Hannover 96 seine jährliche peinliche Niederlage bei Werder Bremen ab. 40 Tore musste Robert Enke in seinen neun Bundesligaspielen mit Hannover gegen Werder hinnehmen, »zum nächsten Mal gegen Bremen komme ich nicht mehr«, hatte er einmal nach einem 2:4 gesagt. Diesmal endete es 1:4. »Same procedure as every year, James!«, schrieb er in sein Tagebuch. Doch er merkte schnell, dass sich diese Niederlage nicht einfach als jährliches Bremer Scheibenschießen abhaken ließ.

Der schwelende Konflikt zwischen Trainer und Mannschaft eskalierte. Dieter Hecking hatte beim Stand von 1:1, als nur noch sechzehn Minuten zu spielen waren, den defensiven Mittelfeldspieler Altin Lala für Stürmer Mikael Forssell eingewechselt, ein taktischer Wechsel, wie ihn Dutzende Trainer an seiner Stelle ebenfalls vorgenommen hätten. Hannover kassierte nach dem Tausch drei Tore. Die Spieler grollten. Wie hatte der Trainer Altin in so einer kritischen Spielphase einwechseln können? Altin fand nach einer langen Verletzungspause gerade erst zurück in den Wettkampf!

Es ging nicht mehr darum, ob der Trainer alles richtig oder einen kleinen Fehler gemacht hatte, es spielte keine Rolle mehr, ob Hecking prinzipiell ein guter Trainer war. Es war so weit, dass die Mannschaft für jedes Missgeschick die Schuld beim Trainer suchte.

Präsident Martin Kind konnte nicht mehr übersehen, dass etwas nicht stimmte. Aber Kind hatte gerade erst den Sportdirektor Christian Hochstätter wegen erfolgloser Spielerverpflichtungen entlassen, es widerstrebte ihm, nun auch noch dem Trainer zu kündigen. Hecking hatte sich doch in der vorangegangenen Saison bewährt, und die Idee, nach Höherem zu streben, hatte der Präsident dem Trainer sogar vorgegeben. Kind rief Robert Enke an.

»Der Präsident hat mich zu sich gebeten«, sagte Robert Enke zu seinen engsten Mitspielern. »Er wird wissen wollen, was hier los ist. Was sage ich ihm?«

Die sieben, acht Spieler, die auf irgendeine Weise Gewicht im Team hatten, versammelten sich in einem italienischen Restaurant, in das sie sonst nie zum Mittagessen gingen. Schon bei der Vorspeise wurde deutlich, dass es im Grunde nur einen einzigen Satz zu besprechen gab. Sollte Robert dem Präsidenten im Namen des Teams übermitteln, dass es mit dem Trainer nicht mehr weiterging?

Robert Enke hörte aufmerksam zu und redete wenig. Als die Hauptspeise serviert wurde, gab es schon keine Zweifel mehr.

Alle Jahre wieder: Gegen Werder Bremen setzte es für Robert Enke und Hannover 96 in unschöner Regelmäßigkeit hohe Niederlagen. Die Bremer Miroslav Klose (links) und Hugo Almeida freuen sich über den jüngsten Streich.

Robert sollte Kind sagen, dass die Mannschaft einen Trainerwechsel gutheißen würde.

Er wurde immer stiller. Seine Gesichtszüge bewegten sich kaum.

»Es fiel ihm schwer, mit so einer Botschaft zum Präsidenten zu müssen«, sagt Hanno Balitsch. »Robs war nicht der Typ, der einen Trainer absägte. Zwar merkte er auch, dass es so nicht mehr weiterging. Aber er sah auch die Seite des Trainers.«

Dann fahre er mal los, sagte Robert zum Abschied.

»Und?«, fragte Hanno, als ihn Robert am frühen Abend anrief.

»Ich war nicht bei Kind.«

»Wie, hattest du eine Autopanne?«

Panne war ein passendes Wort, um den Vorfall zu beschreiben.

Auf der Fahrt von Hannover nach Burgwedel hatte ihn Jörg Neblung angerufen.

»Wo bist du?«

»Auf dem Weg zu Kind.«

»Dann kehr um.«

»Bitte?«

»Kehr um. Mich hat gerade ein Informant angerufen. Die Presse hat von dem Treffen Wind bekommen. Ein Fotograf lauert schon vor Kinds Firma auf dich. Wenn du hinfährst, stehst du morgen als der in der Zeitung, der den Trainer stürzen will.«

Robert Enke nahm die nächste Ausfahrt. Er rief den Präsidenten an und sagte ihm den kleineren Teil der Wahrheit. Er könne leider nicht kommen. Die Boulevardpresse habe von ihrer Verabredung erfahren, und er habe Angst, dass angesichts der angespannten Lage irgendwelche Spekulationen aufkämen, was er wohl beim Präsidenten mache.

Die große Wahrheit, dass die Mannschaft den Trainer loswerden wollte, übermittelte er dem Präsidenten danach nie mehr. Irgendeiner der verschworenen Acht musste ihn an die Zeitung verraten haben. Der Verdacht saß tief. Robert Enke zog sich beim Training in sich zurück.

Dieter Hecking blieb Trainer.

Die Zeitungen meldeten, Robert Enke stünde offenbar vor einem Wechsel zu Bayern München zum Saisonende. Es war nur ein Gerücht, das die Sportreporter so oft voneinander abschrieben, bis sie es selbst glaubten. Robert Enke wusste, dass die Münchener Bosse Uli Hoeneß und Karl-Heinz Rummenigge in Wirklichkeit kein Interesse an ihm hatten. Doch wider besseres Wissen beschäftigte er sich mit dem Gedanken, der deutsche Meister könnte ihn verpflichten.

Er wollte nicht um alles in der Welt weg aus Hannover. Einen Wechsel zu einem ausländischen Klub schloss er aus, er brauchte keine Abenteuer mehr. Falls ihn jedoch einer der führenden Bundesligaklubs locken sollte, würde er zum Saisonende gehen, hatte er entschieden.

Tommy Westphal dachte daran, wie ihn Robert drei Jahre zuvor gefragt hatte: »Was meinst denn du, Tommy, soll ich gehen oder bleiben?«

»Du *musst* bleiben!«, hatte Tommy damals voller Hingabe und Überzeugung gesagt. Nun, im April 2009, dachte der Teambetreuer an all die Gründe, die er Robert drei Jahre zuvor aufgezählt hatte, der einmalige Zusammenhalt bei Hannover 96, das Gefühl, zu Hause zu sein, der Glaube, dass es voranging in diesem Klub. Tommy Westphal dachte daran, was aus alldem geworden war, und fühlte, diesmal würde ihn Robert gar nicht erst nach seinem Rat fragen.

Am 28. April, es war ein Dienstag, kam die Frau vom Jugendamt zu Besuch, um den Enkes etwas mitzuteilen. Sie seien wieder Eltern geworden.

Die Adoptionsbeauftragte erzählte ihnen, was über ihre neue Tochter und deren leibliche Mutter bekannt war.

»Und wann können wir sie sehen?«

»Morgen.«

»Morgen!«

Er fühlte lauter Ausrufezeichen in seinen Schläfen pochen.

Sie besuchten ihre Tochter bei der Pflegefamilie und blieben zwei Tage, um sich und der Tochter ein klein wenig Zeit zu geben, sich aneinander zu gewöhnen. Er wusste kaum wohin mit all den pochenden Ausrufezeichen in seinem Kopf und schrieb ein paar Zeilen in seinen Terminkalender.

29. April 2009: Leila trat gegen halb fünf in unser Leben! Sie ist ein Sonnenschein, und es war sofort Vertrautheit da!
30. April 2009: Leila ist zu Hause! Lara hat eine Schwester! Wir sind wieder eine Familie!

Die Bundesliga nahm keine Rücksicht auf seine Vaterfreuden. Am selben Tag noch musste er schon wieder los, nach Bochum ins Hotel, um am nächsten Tag Fußball zu spielen. Er rief Teresa aus dem Hotel mindestens zehn Mal an einem Nachmittag an. Was machte Leila gerade? Hatte sie ihre Augen auf, mit diesem durchdringenden Blauton? Hatte sie schon getrunken?

Dieses Glück kannten sie doch gar nicht. Einfach zuzusehen, wie ihre Tochter ganz normal ein Fläschchen trank.

Robert und Teresa mit ihrer Adoptivtochter Leila.

Er ließ die Zuschauer in Bochum staunen. Er lag in der Luft, hielt einen Kopfball von Wahid Haschemian, Schüsse von Mimoun Azaouagh und einiges mehr. Hannover siegte 2:0. Beim fünfzehnten Versuch in jener Saison hatten sie zum ersten Mal auswärts gewonnen. Der *Kicker* schwärmte von einem »glänzend aufgelegten Enke« und wusste gar nicht, wie genau die Beschreibung in jeder Hinsicht auf ihn passte.

Gegen halb drei in der Nacht kam er nach Hause. Sein Herz schlug noch schnell von der Anstrengung des Bundesligaspiels. Er setzte sich neben Teresa und Leila auf das Bett und schaute sie eine Ewigkeit an. *Geschlafen habe ich dann auch noch!*, notierte er in seinem Terminkalender.

Hannover spielte in den folgenden Wochen 1:1 gegen Frankfurt und siegte 3:2 in Karlsruhe. *Leila bleibt unbesiegt*, schloss er daraus.

Er rief die Freunde an, um ihnen zu sagen, dass er wieder Vater geworden war. Zwangsläufig kam das Gespräch auch auf seine Zukunft.

»Der Torwartmarkt in der Bundesliga ist zu, da bewegt sich

nichts«, sagte er. »Vielleicht wird beim VfL Wolfsburg noch die Stelle frei. Das wäre ideal, dann könnte ich in Empede wohnen bleiben und pendeln. Und wenn nicht, bleibe ich eben in Hannover und werde auch glücklich sein.«

Leila veränderte seinen Blick. So schlimm war das Theater bei Hannover 96 eigentlich gar nicht, kam es ihm auf einmal vor. Sie hatten mit Jörg Schmadtke einen neuen Sportdirektor, »ich hoffe, er kann ein ausgleichendes Element zwischen der Mannschaft und dem Trainer werden«.

Die Leute schätzten ihn in Hannover, er fühlte sich hier zu Hause, ob sie nun Achter oder Elfter wurden, war doch nicht die Welt. Es war doch nur Fußball.

Er hatte nach dem Comeback eine der besten Halbserien seiner Karriere gespielt und rundete sie im Mai mit einem sehenswerten Länderspiel gegen China ab.

Die Saison endete, und keiner der oberen Bundesligaklubs suchte einen neuen Torwart. Die Tagträumerei über Bayern München hatte sich auf die skurrilste Art erledigt. Bayern hatte als neuen Trainer Louis van Gaal vorgestellt, seinen Peiniger aus Barcelona. Der würde ihn garantiert nicht holen. Der Einzige, der Robert Enke ein Angebot machte, war Tim Wiese.

»Vielleicht wechselst du ja zu Werder«, sagte Werder Bremens Torwart auf einem Nationalmannschaftslehrgang zu ihm. Robert Enke sah ihn an und wartete auf die Pointe.

»Wenn mich Manchester United holt.«

Robert Enke lächelte und stutzte dann, als er Tim Wieses Gesicht sah: Tim glaubte offenbar ernsthaft, dass das große United an ihm interessiert sein könnte.

Es waren Ferien. Ein Druck, der während der Saison selbst an trainingsfreien Tagen auf ihm lastete, fiel ab. In den Ferien fing er einen Schwatz mit einer Fremden neben ihm im Flugzeug an oder stellte sich wie ein Fan für ein Foto zu einer Benfica-Pappfigur im Einkaufszentrum.

Es ging wieder nach Lissabon. Vorher wollten sie sich noch mit Marco im Rheinland treffen und auf die Hochzeit von

Simon Rolfes gehen, einem Kollegen aus der Nationalelf. Auf der Hochzeitsfeier in Eschweiler bei Aachen entdeckte er René Adler. Sie fingen gleich zu reden an, und er merkte gar nicht, wie sie sich im Schlossgarten ein paar Meter von allen anderen entfernten. Sie sprachen über Verletzungen, den Druck und Tim Wiese, und irgendwann, Robert Enke wusste nicht, wie viel Zeit vergangen war, waren sie völlig befreit von dem Gefühl, voreinander eine Rolle spielen zu müssen.

Alle möglichen Leute legten ihm vehement nahe, er müsse jetzt unbedingt zu einem großen Verein ins Ausland wechseln, erzählte René. Aber er sei unsicher, ob er wirklich weggehen solle; ob er reif dafür sei. Und Robert erzählte ihm von Frank de Boer, Frans Hoek und Novelda, von seiner großen Erniedrigung. Er bestärkte René, sich nicht von Agenten, Mitspielern oder Zeitungen in den Glauben hineindrängen zu lassen, er müsse schnellstens höher, weiter. Das Einzige, was diese Sucht nach dem nächsten Schritt bringe, sei, dass die meisten Profis nicht bemerkten, wie gut es ihnen gerade gehe. Vielleicht komme irgendwann der Punkt, an dem René selbst fühle, es sei Zeit zu gehen. Aber bis dahin sei es besser, sich zu erinnern, was er hatte, anstatt sich nach etwas Höherem zu verzerren, das vielleicht nie kam.

Für René Adler war es das ehrlichste Gespräch, das er je mit einem Kollegen geführt hatte. »Unter Bundesligaprofis spielt man sich immer vor, wie stark man doch sei. Da tat es richtig gut, mal mit jemandem über Ängste zu sprechen, über die Schwierigkeiten, mit dem Druck zurechtzukommen, die doch jeden quälen.«

René dachte noch länger über ihr Gespräch nach. Und dabei reifte bei ihm nicht nur die Erkenntnis, dass er sehr gefestigt sein müsse, bevor er den Sprung zu einem Weltklasseverein wage. Wie Robert ihm geraten hatte, rief er sich auch in Erinnerung, was er schon alles erreicht hatte: Er war Nationalspieler mit 24.

Natürlich wollte René Adler mehr, Deutschlands Nummer eins werden. Selbstverständlich würde er sich gewaltig anstrengen, um bei der Weltmeisterschaft 2010 im Tor zu stehen. Aber etwas anderes war ihm genauso wichtig: sich für den Traum nicht zu zermürben. Zu seinem Torwarttrainer und Ziehvater Rüdiger Vollborn sagte er: »Wenn der Robbi die WM 2010 spielt, habe ich kein Problem damit. Da geht die Welt nicht unter. Da setze ich mich auf die Ersatzbank und schaue, was danach passiert.«

Robert Enke ging auf der Hochzeit von Simon Rolfes in den Bankettsaal im Haus Kambach und sog laut Luft ein, wie er es immer tat, wenn er etwas Wichtiges aussprechen wollte. Dann sagte er zu Teresa: »Der René ist wirklich schwer in Ordnung.«

Im Urlaub in Portugal begann er nach einigen Tagen voller Tatendrang für das neue Spieljahr zu trainieren. Es sollte die Saison seines Lebens werden, das freundschaftliche Duell mit René Adler um die Nummer eins bei der Weltmeisterschaft in Südafrika. Er war zuversichtlich, dass er mit dem Ausgang leben konnte, egal, ob er am Ende Deutschlands Nummer eins oder der Ersatzmann werden würde. Vor allem jedoch war er sich auf unerklärliche Weise sicher, dass er in Südafrika im Tor stehen würde.

Die portugiesische Sonne hatte seine Haut gebräunt. Leila lag auf einer Decke auf der Terrasse. Er absolvierte mit nacktem Oberkörper seine neueste Trainingsübung. Er machte über Leila Liegestütze und gab ihr dabei jedes Mal, wenn sich sein Körper senkte, einen Kuss.

NEUNZEHN

Der schwarze Hund

Robert Enke erfand die Kussmaschine. Er saß in Köln bei Jörg Neblung auf dem Parkettboden und hob dessen einjährige Tochter Milla stufenweise mit den eckigen Bewegungen eines Roboters hoch. »Ich bin die Kussmaschine«, sagte er zu seinem Patenkind und arbeitete ruckartig weiter, bis er das Kind vor sein Gesicht gehievt hatte. Dort beendete die Maschine ihr Programm mit einem schmatzenden Kuss für Milla.

Jörg sah den beiden zu und dachte sich, wie blühend Robert aussah. Er trug ein weißes Sommerhemd, die Haut war bronzefarben. Er hatte seinen Urlaub in Lissabon kurz unterbrochen, um ein Benefizspiel in Deutschland zu bestreiten. »Noch mal?«, fragte er Milla, und die Kussmaschine begann von Neuem zu schnaufen.

Einen Monat später sah Jörg ihn wieder. Er reiste mit dem Bild der Kussmaschine im Kopf nach Kärnten, wo Hannover 96 im Juli 2009 für die neue Saison trainierte. Er traf einen nüchternen Torwart wieder.

»Ich weiß nicht, was los ist, ich fühle mich den ganzen Tag schlapp.«

»Das ist normal, Robbi, du wirst alt.«

Er wurde in wenigen Wochen 32.

Jörg bemühte sich, aber ein wirklich persönliches Gespräch kam nicht in Gang. Sie blieben bei den üblichen beruflichen Themen hängen, Invalidenversicherung, René Adler und die endlose Frage, ob Hannover mit einem oder zwei Stürmern spielen sollte. »Diese Saison geht es gegen den Abstieg«, prophezeite Robert Enke. Hannover hatte in den Jahren zuvor Millionen für Spieler ausgegeben, die die Qualität und die Stimmung der Mannschaft nicht hoben. Nun war kein Geld mehr da für Verstärkungen, und mit Michael Tarnat hatte einer der Gründungsväter der Kabine zwei seine Karriere beendet.

Jörg dachte, vielleicht drücke Hannovers sportliche Situation Roberts Stimmung.

»Ich bin immer so müde«, sagte Robert am Telefon zu Teresa.

»Du warst im Trainingslager immer müde.«

Hanno Balitsch fiel auf, dass sich Robert Enke nachmittags oft auf sein Zimmer zurückzog, während die anderen auf der Hotelterrasse noch mal die alten Geschichten erzählten, etwa wie sie Mille vor zwei Jahren im Trainingslager mit Eiern und Federn geteert hatten. Das Scherzen und Fachsimpeln mit den Mitspielern war immer Roberts Lieblingsstunde gewesen. Oft hatte er für sie den Serienhelden Stromberg imitiert.

Selbst im Training schien Robert nicht mehr richtig zur Mannschaft zu gehören. Er übte sehr viel allein mit Torwarttrainer Jörg Sievers. Das Jahr der Weltmeisterschaft hatte begonnen. Er arbeitete hart an seinem Torwartspiel. Aber er verstand trotzdem nicht, warum er morgens immer so schwer aus dem Bett kam. »Die Ferien waren auch ganz schön stressig«, sagte er, als er Marco von seinem Hotelzimmer aus anrief.

Marco wunderte sich kurz: Wieso stressig? Als sie sich im Urlaub im Rheinland gesehen hatten, hatte ihm Robert noch erzählt, wie herrlich alles wäre.

»In den letzten zwei Wochen in Lissabon habe ich mich nie richtig erholen können, mein Bruder war da, und es gab Streit, kranke Straßenhunde rannten aufs Grundstück, die mussten wir zum Tierarzt bringen, da war auch wieder ein Tag futsch, und wegen dem Haus mussten wir uns ständig mit irgendwelchen Handwerkern herumschlagen. Aber ich erzähle dir das bei Gelegenheit mal ausführlicher.«

Die Erschöpfung blieb, als er aus Österreich zurückkehrte. Er versuchte, sie zu ignorieren.

Der Bundestorwarttrainer Andreas Köpke besuchte ihn in Hannover beim Training. Am Vortag war Köpke bei Tim Wiese in Bremen gewesen. Ein Jahr vor der Weltmeisterschaft wollte Köpke seinen Nationaltorhütern noch ein paar Anhaltspunkte geben, wie sie ihr Spiel verbessern konnten. Dazu hatte er ihnen eine DVD mit Spielszenen zusammengestellt, in denen der ideale Torwart sichtbar wurde. Für Robert Enke war besonders eine Frequenz mit Chelseas Torwart Peter Cech interessant. Bei Flanken von außen stand Cech in der Mitte des Tors, oft drei Meter vor der Torlinie. Robert Enke stand viel näher zum vorderen Pfosten, zur Torlinie. »Wenn du in der Mitte stehst, kannst du Flanken in den Rücken des Torwarts oder weit im Strafraum runterholen, wo du sonst nie hinkommst«, erklärte ihm Köpke. Genau dasselbe hatte Álvaro Iglesias, der Zweitligatorwart aus Teneriffa, schon vor fünf Jahren Robert erklärt. Nun, da es ihm Köpke gesagt hatte, versuchte er, sich im Training Meter um Meter Cechs Position anzunähern.

Als am 2. August die Saison mit einem Pokalspiel gegen den Viertligisten Eintracht Trier begann, war er angespannt. Er hielt es für den normalen Zustand. Es ging wieder los.

Das Moselstadion in Trier hatte niedrige Tribünen mit hellblauen Wellblechdächern, es war nicht einmal ausverkauft. Zur Halbzeit führte Hannover 1:0 und hätte zwei, drei Tore mehr erzielen können. Trier zog Kraft aus dem geringen Rückstand. Alles war noch möglich. Euphorisiert vom Rampenlicht rannte der Regionalligist. Eine Flanke flog auf die Fünfmeterlinie vor Robert Enke, er sah noch den Trierer Martin Wagner dem Ball entgegensprinten und stürzte heraus, er breitete die Arme aus, um das Tor vor Wagner klein zu machen. Doch der hatte schon zum 1:1 getroffen. Niemand macht einen Torwart für solch ein Tor verantwortlich. Nur der Torwart selbst. Er war zu spät gekommen. Vier Minuten später stand es 2:1. Seine vom Ausgleich verwirrte Abwehr hatte ihn alleine gegen zwei Trierer gelassen.

Der Gedanke ließ sich nicht unterdrücken: Trier war Novelda.

Der Spielverlauf war exakt derselbe. Selbst die Spielminuten, in denen der Gegner seine ersten zwei Tore markierte, stimmten beinahe überein. Dass Trier 3:1 statt wie Novelda 3:2 gewann, kam auf dasselbe hinaus.

Die Saison war erst ein Spiel alt, und bei Hannover 96

Robert zwischen Hanno Balitsch (hinten) und Mikael Forssell (vorne) im Trainingslager von Hannover 96.

schwand schon der Glaube, dass es gut enden könnte. Einen Sommer lang hatten sich die Spieler und Trainer Dieter Hecking bemüht und sich eingeredet, es könnte doch noch etwas werden mit ihnen. Doch diese eine Niederlage brachte in der Mannschaft wieder all die destruktiven Gedanken hervor: Das Spielsystem mit einem defensiven Mittelfeldspieler und zwei Stürmern funktionierte doch nicht, sie waren keine echte Mannschaft mehr, wann erlöste der Verein sie endlich vom Trainer, es musste doch für den Trainer selbst eine Qual mit ihnen sein.

Die Gedanken wüteten in Robert Enkes Kopf, und immer wieder kam er zum selben Schluss: Es konnte doch gar nichts mehr werden. Die schwarzen Gedanken vervielfachten sich, unter ihrem Gewicht wurde sein Kopf bleiern schwer, und plötzlich wurde ihm klar, was er seit Juli ausbrütete; welche Krankheit durch die Niederlage in Trier schließlich ausgebrochen war.

Er besaß einen Moleskine-Taschenkalender, in dem er seine Termine notierte. Unter Mittwoch, 5. August 2009, hatte er »10 + 15.30 Uhr Training« geschrieben. Unvermittelt fügte er nun an:

> *Im Moment ist es verdammt schwer, positiv zu sein. Es hat mich diesmal ziemlich schnell und unerwartet getroffen. Habe mit Terri geredet und ihr von meinem Bedürfnis berichtet, mich mitzuteilen. Ich weiß selber, dass das nicht geht.*

Er fragte sich: Warum jetzt? Die erste klinische Depression hatte ihn getroffen, als er sich 2003 beim FC Barcelona als missachteter Ersatztorwart wertlos gefühlt hatte. Aber diesmal sah er keinen solch klaren Auslöser.

Er fand keine Antwort, warum die schwarzen Gedanken im Sommer 2009 wiederkamen – und niemand wird die Antwort jemals geben können.

Es gab einiges, was zu jenem Zeitpunkt auf ihm lastete. Er spürte den selbst gemachten und durch die Medien multiplizierten Druck, sich ab jetzt, in der Saison seines Lebens, keinen einzigen Fehler erlauben zu dürfen, wenn er Deutschlands Nummer eins werden wollte. Die angespannte Lage bei Hannover 96, in der er als Kapitän zwischen den Fronten stand, zerrte an seinen Nerven. Laras Tod war immer präsent, auch wenn er mit ihrem Abschied fast zwei Jahre lang so gut es ging zurechtgekommen war, aber den Tod eines Kindes kann man nie vergessen. Es ist möglich, dass diese Last die Düsternis zurückbrachte. Aber genauso möglich ist es, dass eine ganz andere Ursache seine zweite klinische Depression auslöste, vielleicht ein winziger Stressfaktor, den weder Robert Enke oder sein Psychiater noch irgendwer sonst erkannte. Depressionen brechen nicht nach einem Schema aus. Wenn ein Mensch anfällig für die Krankheit ist, kann es sein, dass er regelmäßig die extremsten Stresssituationen problemlos übersteht und in einem bestimmten Moment von einer – von außen betrachtet – geringeren psychischen Belastung aus der Bahn geworfen wird.

Er dachte, er wisse, was zu tun sei. Er musste morgens zeitig aufstehen, am besten gleich Leila wickeln, beim Frühstück nicht lange sitzen bleiben und auf zum Training. Wenn er den Tag strukturiert begann, wenn er eine Sache nach der anderen erledigte, fand die Angst keine Lücke, um in seinen Kopf einzudringen. Das Entscheidende war der Morgen. Er wachte mit der Angst vor dem Tag auf, und wenn er nur einen Moment länger liegen blieb, würde die Angst ihn gefangen nehmen.

Hanno Balitsch wunderte sich über seinen Fußballfreund. Robert biss sich ständig auf den Lippen herum und redete kaum noch. Selbst wenn er auf dem Trampelpfad zwischen den anderen Spielern vom Trainingsplatz zurück zu den Umkleidekabinen dahintrottete, strahlte er etwas Abweisendes aus. Sein Blick fokussierte sich auf nichts mehr. Er schaute durch die Mannschaftskollegen hindurch.

Die Feldspieler ließen nach dem Training auf den 200 Metern zurück zu den Umkleidekabinen ihre Fußballschuhe mit den kurzen Plastikstollen an. Die Torhüter tauschten ihre Fußballschuhe mit den langen Aluminiumstollen gegen Turnschuhe, weil das letzte Stück über den Stadionparkplatz sonst zu unangenehm geworden wäre. Hanno nutzte die Gelegenheit, dass Robert beim Schuhwechsel einen Moment allein auf dem Rasen kniete.

»Verlässt du das sinkende Schiff, Robs?«

»Was meinst du?«

Hanno hatte überlegt, was den Freund belasten könnte. Und da war ihm eingefallen, was Robert ihm unlängst anvertraut hatte. Er könnte noch vor dem Bundesligastart zu Schalke 04 wechseln, falls Bayern München doch noch Schalkes Torwart Manuel Neuer loseise. Schalkes Trainer Felix Magath hatte für den Fall schon einmal bei Robert Enke vorgefühlt.

»Nein, da tut sich nichts«, antwortete Robert Hanno.

»Aber irgendetwas bedrückt dich?«

»Ja, aber das kann ich dir jetzt nicht sagen.«

»Okay.«

Hanno Balitsch fragte nicht weiter. Ihn und Robert verband

eine Freundschaft mit klaren Grenzen. Über private Sorgen sprachen sie nicht. Hanno hatte das Gefühl, »Robs war nicht der Typ, der damit umgehen konnte, wenn du ihm Intimitäten anvertrautest wie ›Du, ich habe gerade zu Hause Probleme‹. Das wäre ihm unangenehm gewesen.«

Sie gingen die letzten Meter zu den Umkleidekabinen. Nur Hanno Balitschs Fußballschuhe klackerten auf dem Asphalt des Parkplatzes.

Zu Hause sagte Robert zu Teresa: »Scheiße, Hanno hat etwas gemerkt.«

Am Nachmittag suchte er irgendetwas, das er tun konnte, mit dem er sich beweisen würde, dass er die Dinge noch auf die Reihe bekam. Er reinigte den Whirlpool. Er spürte keine Besserung. Er wurde wütend: Wie sollte auch vom Whirlpoolreinigen irgendetwas besser werden, wie sollte es überhaupt jemals wieder gut werden?

Beim Abendessen dachte Teresa laut nach. Vielleicht sollten sie irgendjemanden einweihen, wenigstens die engsten Freunde, damit er sich nicht überall verstellen musste?

Vor dem Training am nächsten Morgen fragte er Hanno, ob er eine Minute Zeit habe.

»Hattest du mal einen Berührungspunkt mit Depressionen?«

»Nein«, antwortete Hanno vorsichtig und dachte sich, jemanden in Roberts Familie musste es erwischt haben.

»Ich habe damit gerade richtig Probleme.«

Hanno Balitsch sagte der Begriff Depressionen natürlich wie den meisten etwas. Aber als er auf dem Nachhauseweg darüber nachdachte, was das für eine Krankheit war, merkte er, dass er sich darunter überhaupt nichts Konkretes vorstellen konnte.

Hanno kaufte sich das Buch *Mein schwarzer Hund* von Matthew Johnstone. Es ist ein kleines Bilderbuch, in dem ein junger Mann mit prächtiger Haartolle von einem schwarzen Hund verfolgt wird. Wenn der schwarze Hund auftaucht, macht dem Mann nichts mehr Freude, er kann sich auf nichts mehr konzentrieren, nichts mehr essen, er hat nur noch Angst vor dem schwarzen Hund. Und er schämt sich so für seine Angst, dass er niemandem von dem schwarzen Hund erzählt – was alles nur schlimmer macht: »Eine emotionale Lüge durchzuhalten kostet unglaublich viel Kraft«, sagt der Mann im Bilderbuch. »Wie ich meine Depression an die Leine legte« lautet der Untertitel der Fibel.

»Ein bisschen kann ich mir jetzt vorstellen, was Robs durchmacht«, sagte Hanno zu Teresa. Sie bat ihn, auf ihren Mann aufzupassen. Wichtig sei, dass er beim Training nicht abschweife, nicht in die düsteren Gedanken abgleite. »Wenn du merkst, er lässt sich hängen, dann tritt ihn in den Hintern.«

»Teresa! Bei aller Liebe. Ich kann doch nicht unseren Kapitän vor allen Leuten zur Schnecke machen.«

»Ja, gut. Dann treib ihn eben positiv an.«

Hanno Balitsch hat einen festen Blick aus klaren Augen. Er ist überzeugt davon, dass man die Dinge im Leben am besten immer geradlinig löst. Auch wenn ihm dies einige Probleme in seiner Karriere eingebracht hat. Mit den *Bild*-Reportern in Hannover sprach er nicht mehr, nachdem er sich ungerecht behandelt fühlte. Dafür konnte er sich bei unterdurchschnittlichen Spielen einer vernichtenden Kritik gewiss sein. Robert Enke bewunderte Hannos Geradlinigkeit und erschrak gleichzeitig darüber. »Hanno kann für den Trainer und die Mitspieler, aber eben auch für den Gegner sehr unangenehm sein«, sagte er einmal. Sie verstanden sich sofort in Hannover. »In Fußballfragen waren Robs und ich häufig einer Meinung.« Hanno unterbricht sich mit einem vorsichtigen Lächeln. »Wobei wir uns meistens anders ausdrückten. Ich war vielleicht oft zu deutlich. Ich habe Sachen zum Trainer oder Manager gesagt, die mir als Spieler gar nicht zustanden. Robs konnte dasselbe sagen, und auf einmal klang es diplomatisch, annehmbar.«

Ein wenig kam es Hanno seltsam vor, dass er Robert nun im Training für Paraden aufmunternd lobte, die er vier Jahre lang als selbstverständlich empfunden hatte. Aber wenn Hanno Balitsch etwas kann, dann die Dinge mit einem Achselzucken so zu nehmen, wie sie sind; selbst wenn sie dramatisch waren. Er brachte Robert dazu, mit ihm nach dem Training noch Tischtennis zu spielen, er nahm ihn zwischen zwei Trainingseinheiten mit zum Mittagessen. Einmal klingelte Roberts Handy, als er mit Hanno auf dem Weg ins Restaurant war.

Teresa war dran.

»Ich fahre zum Mittagessen«, sagte ihr Robert.

»Bist du alleine?«

»Keine Angst. Dein Pitbull sitzt neben mir.«

Eine Woche nach der Niederlage in Trier reiste Robert Enke mit der Mannschaft im ICE zum ersten Bundesligaspiel der Saison nach Berlin. Wie immer auf Zugfahrten saß er neben Tommy Westphal und erledigte seine Autogrammpost. »Er ist ein Gewohnheitstier«, dachte sich Tommy. Robert glaubte, der Stift fiele ihm gleich aus der Hand. Er fühlte sich so unglaublich müde.

In Berlin verlor Hannover gegen Hertha BSC 0:1. Er hatte es doch schon geahnt, er hatte es doch schon gewusst, es ging nichts mehr. Jörg Neblung saß in Köln vor dem Fernseher und dachte das Gegenteil. »Wahnsinn, wie Robbi in seinem Zustand noch spielt!« Seine Abwehrspieler hatten Robert Enke eine Viertelstunde vor Spielschluss die Sicht versperrt, er sah den spektakulären Weitschuss von Raffael de Araújo erst, als er bereits über die Abwehr hinweg auf sein Tor geflogen kam, und lenkte den Ball noch mit den Fingerspitzen um den Pfosten herum. Wenn er solche Schüsse hielt, dann konnte die Depression noch nicht so weit fortgeschritten sein, sagte sich Jörg. Er wollte Robert mitteilen, »die Parade war sensationell«.

Robert kam ihm am Telefon zuvor. »Ich spüre nichts mehr«, sagte er tonlos. »Keine Nervosität, keine Freude, nichts. Ich stand auf dem Spielfeld, und mir war alles nur egal.«

Was Robert Enke durchaus noch spürte, war, dass der schwarze Hund immer größer wurde. Er zog wieder die Baseballmütze auf und ging zu Doktor Stroscher. Er brauchte zum zweiten Mal im Leben Antidepressiva. Er wollte unbedingt dasselbe Medikament, das ihm 2003 geholfen hatte. Es gab das Mittel nur noch in einer Weiterentwicklung. Weiterentwicklung sollte doch heißen, dass das Medikament besser wirkte. Lange konnte er nicht auf die Wirkung der Antidepressiva warten, fühlte er.

Teresa und er waren zu einem Kindergeburtstag eingeladen. Die jüngere Tochter der Wilkes wurde sechs. Das Wetter war gut genug, um im Garten zu feiern, es war der 16. August. Er fühlte sich bedrängt. Alle erwarteten sicher, dass er mit ihnen redete, und wie sollte er das nur schaffen, er glaubte nicht, dass er ein vernünftiges Gespräch führen konnte. Er legte sich auf eine Liege und tat, als würde er schlafen.

Uli Wilke dachte, »wie schön, er fühlt sich hier schon so zu Hause, dass er einfach mal eine Runde schläft«.

Teresa wurde ungeduldig. Sie wusste, nach der Feier würde er sich wieder mit Selbstvorwürfen überschütten, dass er es nicht einmal mehr schaffte, sich auf einem Kindergeburtstag normal zu verhalten. Das war die Falle der Depressionen: Sie raubten ihm die Kraft, die normalsten Dinge zu tun, und danach zog ihn der Eindruck, dass er nichts mehr zuwege brachte, umso tiefer in die Krankheit.

Teresa legte ihre Hand auf seine Schulter. Er rekelte sich auf der Liege und tat, als wache er auf.

»Komm, wir spielen Tennis.«

Sie drückte ihm einen Schläger in die Hand. Er sollte den Ball schlagen, und sie versuchte ihn zu fangen. Sie hielt dabei Leila auf dem Arm. Nicht, dass auch noch das Kind anfing zu schreien, wenn sie es absetzte.

Sabine Wilke wunderte sich, warum Teresa andauernd für Robert antwortete, warum sie ihm wie einem kleinen Kind vorsagte: »Komm, Robbi, iss doch mal ein Stück Kuchen, das magst du doch.«

Es war eine große Anstrengung für ihn, allein zu entscheiden, ob er Pflaumen- oder Käsekuchen wollte. Er fühlte sich chronisch überfordert von den minimalen Anforderungen des Alltags. Aber er lavierte sich durch den Tag, er trainierte, er lächelte auf dem Kindergeburtstag, er spielte seine Rolle. Irgendetwas zu tun, so viel Kraft es auch kostete, war immer noch besser, als der Müdigkeit nachzugeben und sich auszuruhen. Denn dann kamen die Gedanken. Dann sah er in seinem Büro drei nicht geöffnete Briefe und fühlte, das Büro versinke im Chaos, er dachte, ich schaffe es nicht einmal mehr, den Bürokram in Ordnung zu halten, dachte, ich schaffe doch gar nichts mehr, dachte, es ist sowieso schon alles zu spät, ich habe bereits alles falsch gemacht.

Es war ein schmaler Grad zwischen der Notwendigkeit, gefordert zu sein, und der Gefahr, überfordert zu werden. Und die Arbeit bei Hannover 96 wurde im August auch für einen gesunden Profi zu einer außergewöhnlichen Nervenbelastung. Der Präsident Martin Kind und Sportdirektor Jörg Schmadtke überzeugten den Trainer, dass es das Beste für alle sei, wenn er zurücktrete. Der fromme Wunsch, nach den Spannungen des Vorjahres mit Dieter Hecking einfach neu anzufangen, hatte sich nach gerade zwei Bundesligaspieltagen der neuen Saison als illusorisch erwiesen. Es war der 19. August, noch immer dieselbe Woche, in der Robert Enke mit den Antidepressiva begonnen hatte, in der er auf dem Kindergeburtstag nicht mehr fähig war, sich für eine Kuchensorte zu entscheiden. Nun sollte er vor den Fernsehkameras zu Heckings Abgang Stellung beziehen, er sollte dem neuen Trainer Andreas Bergmann als Kapitän eine besondere Hilfe sein, und er musste mit den Gewissensbissen fertig werden, dass sie als Mannschaft ihre Mitschuld am Scheitern des Trainers hatten.

Als Hannover das erste Spiel unter Bergmann in Nürnberg 2:0 gewann, feierten die Spieler in der Umkleidekabine, als wären sie erlöst worden. Robert Enke war nicht da. Er musste ein Fernsehinterview nach dem anderen geben. 25 Minuten nach Schlusspfiff kam er endlich in die Kabine, es war schon stille Freude eingekehrt. Hanno Balitsch wusste, was für eine Anstrengung es für Robert derzeit war, Reporterfragen zu beantworten.

»Herr Kuhnt«, sagte Hanno noch in der Kabine zu Hannovers Pressesprecher, »es geht nicht, dass Robs alle Interviews geben muss und deswegen nicht dabei ist, wenn die Mannschaft feiert. Wir müssen die Interviews aufteilen, zum Beispiel eines der Brug, eines der Steini und eines ich.«

Niemand schöpfte Verdacht. Der Pressesprecher fand es nachvollziehbar, was Hanno sagte, es war doch wichtig für den Mannschaftsgeist, dass alle zusammen feierten.

Auch für Robert Enkes verändertes Verhalten schien es immer eine logische Erklärung zu geben. Tommy Westphal fiel auf, dass Robert auf einmal alle Wohltätigkeitsaktionen absagte, für die er sich zuvor immer außerordentlich viel Zeit genommen hatte. Na ja, er wird jetzt natürlich auch einmal mit seiner kleinen Tochter zu Hause sein wollen, sagte sich Tommy.

Auf den langen Busfahrten zu den Auswärtsspielen erzählte Robert Enke Hanno Balitsch nach und nach alles über seinen schwarzen Hund. In einer Profimannschaft auf Reisen hatten im Jahr 2009 mindestens drei Viertel aller Spieler Kopfhörer auf, um sich mit Musik, Filmen oder Computerspielen abzulenken, statt miteinander zu reden. So konnten sich Robert und Hanno in ihrer Sitzreihe ohne Angst vor Mithörern unterhalten.

Robert erzählte ihm von seiner Flucht aus Lissabon, von Novelda, Frank de Boer, Istanbul. Eine Depression töte alle positiven Gefühle, »plötzlich erscheint dir alles sinnlos, ausweglos«, erklärte er Hanno. Es war, als ob der Zugang zu seinem Gehirn auf einen kleinen Spalt reduziert würde, durch den nur noch negative Regungen hindurchschlüpften, Angst, Stress, Traurigkeit, Zorn, Überforderung, Erschöpfung. Nichtdepressive Menschen könnten die Macht der Depressionen selten nachvollziehen, weil sie nicht verstanden, dass es eine Krankheit war. Die Leute fragten sich, warum er alles so negativ sehe, warum er sich nicht mal zusammenreiße. Sie verstanden nicht, dass er machtlos gegen den schwarzen Blick auf alles war. Er kontrollierte das nicht mehr. Seine Gehirnfunktionen waren verändert, genau konnte er es nicht wiedergeben, Synapsen in seinem Hirn seien wohl getrennt. Es fiel ihm schwer, sich im Alltag noch zu konzentrieren, aber über seine Krankheit konnte er detailliert und nachvollziehbar reden.

Es wurde nicht besser. Am 24. August, seinem 32. Geburtstag, fing er an zu weinen, als seine Schwester Anja anrief. Vor anderen Gratulanten wie Torsten Ziegner, dem Jugendfreund aus Jena, spielte er souverän den coolen Torwart, »ich brauche einfach nur weiterzuspielen, dann bin ich bei der WM die Nummer eins«. Als ihm seine Mutter alles Gute gewünscht hatte, fragte er unvermittelt: »Mutter, hattest du schon mal Depressionen?«

»Nein, hatte ich nicht. Ich war auch schon mal abgrundtief traurig, aber Depressionen, nein.«

Heute fragt sich die Mutter, ob er auf eine Rückfrage von ihr gewartet hatte, ob er ihr von seinen Abgründen erzählen wollte. Oder hatte er wissen wollen, ob er erblich belastet war?

Aber Gisela Enke traute sich nicht, auf das Thema einzugehen.

Danach telefonierte die Mutter nur noch mit Teresa. Er wolle mit niemandem reden, er brauche Ruhe und seine Routinen, um das Gleichgewicht wiederzufinden, ließ er ausrichten. Die Familie hielt sich an seine Bitte. Sie wollten ihm doch helfen.

Die Wilkes hatten noch einen Heizstrahler für ihn. Ihr Geburtstagsgeschenk, er saß doch immer so gern spätabends im Garten. Es sei besser, wenn sie ihm das Geschenk erst einmal nicht brachten, sagte Teresa. »Sonst steht noch etwas herum. Er regt sich schon genug über alles auf, was irgendwo steht.«

Sie hatte die Freunde aus der Nachbarschaft eingeweiht. »Benehmt euch ganz normal«, sagte sie zu den Wilkes. »Aber ich habe es nicht geschafft«, sagt Uli. »Ich wusste nicht mehr, wie ich mit ihm umgehen sollte, ich war total verkrampft.«

An Laras Geburtstag, eine Woche nach seinem eigenen, ging er mit Teresa vormittags ans Grab und ließ einen weißen Luftballon aufsteigen. Er schwitzte vor Nervosität. Um 15.31 Uhr ging der ICE nach Köln. Er würde für zehn Tage auf einem Lehrgang der Nationalelf sein. Wie sollte er da durchkommen? Wie sollte er sich zehn Tage lang auf engstem Raum mit der Mannschaft nicht verraten? Wenn seine Depression rauskam, dann war alles aus. Oder war dann endlich alles gut?

»Robbi war eingemauert«, sagt Marco Villa. »Er hatte diese zwei großen Träume: die Weltmeisterschaft spielen und sich outen. Und er wusste, beides ging nicht, das eine schloss das andere definitiv aus. Er fühlte, egal, was er tat, er kam nicht raus aus der Mauer um ihn herum.«

Ein befreundeter Arzt verschrieb ihm für den Lehrgang Stimmungsaufheller.

Robert Enke schrieb einen Satz in sein Moleskine-Buch.

31. August 2009. Es war ein Kampf, aber Terri hat mich dazu gebracht, nach Köln zu fahren.

Der Montag war der Anreisetag der Nationalelf. Die Nationalspieler saßen locker im Hotel zusammen, es warteten noch keine Pflichten. Für ihn jedoch wurde der Abend schon zur ersten Prüfung. Die Gewerkschaft der Profifußballer VdV hatte ihn in die Elf der Saison 2008/09 gewählt und bat zur Preisverleihung. Er nahm die Stimmungsaufheller, um die Feier zu überstehen.

Ein Kleinbus brachte ihn mit drei weiteren Nationalspielern zum Brauhaus am Hauptbahnhof, wo die Ehrung stattfand. Am Eingang begrüßte sie Tim Jürgens, der stellvertretende Chefredakteur von *11 Freunde*. Die Zeitschrift richtete die Veranstaltung in Kooperation mit der Gewerkschaft aus. Jürgens wusste, dass sein Magazin Robert Enke gefiel, der Torwart hatte *11 Freunde* zwei offene Interviews gewährt. Warum reagierte Enke dann so kalt auf seine Begrüßung, fragte sich Jürgens. Robert Enke schien ihn gar nicht wahrzunehmen.

Die hohe Decke des Brauhauses warf die Stimmen der Gäste zurück in den Saal. Die Fußballszene war unter sich, ein paar Bundesligaspieler aus Bochum und Köln plauderten mit Ehemaligen und Agenten. Jörg Neblung schaltete einige Male mitten im Gespräch ab, um zu sehen, wo die Nationalspieler waren, ob Robert die Schultern oben behielt.

Zum Glück war er Torwart. Die Nummer eins wurde als Erste geehrt. Er trug ein braunes Cordsakko zu Jeans und sah schmal im Gesicht aus; asketisch, dachten viele im Saal. Die Gespräche im hinteren Teil des Saals gingen weiter, ein Summen blieb, als er auf der Bühne stand. Sein Laudator, der Geschäftsführer der Deutschen Fußball-Liga, hielt eine trockene Lobesrede. Als der Geschäftsführer das Mikrofon an Robert weitergab, wartete Jörg Neblung starr, was in der nächsten Sekunde geschehen würde.

Im Publikum kam es einigen vor, als sei Robert Enke verlegen. Andere dachten, er sage so spröde Danke, weil die Laudatio so nüchtern gewesen war. Jörg Neblung glaubte, sein Freund lege gerade eine oscarreife Schauspielleistung hin. Er lächelte sogar! Schnell machte Jörg ein Foto mit seiner Handykamera und schickte es per SMS an Teresa. »Du glaubst nicht, wie sich dein Mann hier gerade präsentiert«, schrieb er dazu.

Nach einer Stunde holte der Bus die Nationalspieler wieder ab. Das Büfett war noch nicht eröffnet. Tim Jürgens von den *11 Freunden* eilte zum Ausgang. »Nochmals vielen Dank für euer Kommen, ohne euch wäre das eine traurige Veranstaltung geworden«, sagte er zu Robert Enke. Der Torwart schüttelte seine Hand und ging weiter, ohne Jürgens anzusehen, ohne ein Wort zu sagen. »Mann, die fliegen offenbar auf einer anderen Untertasse durch die Welt, sobald sie bei der Nationalmannschaft sind«, dachte sich Jürgens, »wenn selbst so ein höflicher Mann wie Robert Enke sich so benimmt.«

In dem Moment, in dem er von der Bühne gestiegen war, hatte Robert Enke die Kraft wieder verlassen. Er war nicht mehr in der Lage, in unvorhergesehenen Situationen zu reagieren.

Danach lag er im Hotelbett. Die Stimmungsaufheller ließen ihn nicht schlafen. Er wälzte sich herum, er war erschöpft und hellwach, allein in der Dunkelheit. Er war eine leichte Beute für die Gedanken. Wie konnte er morgen trainieren, ein Sprungtest stand auf dem Programm, an den Ergebnissen konnten die Bundestrainer schwarz auf weiß ablesen, dass er nur noch ein Wrack war. Wie aber konnte er jemals wieder fit werden, wenn er morgen nicht trainierte?

Als er am nächsten Morgen aufwachte, hatte er nicht einmal zwei Stunden geschlafen. Er wollte nicht aufstehen. Aber er musste aufstehen, das war doch das Wichtigste, nicht liegen bleiben. Doch außerhalb seines Betts warteten nur Herausforderungen, Ansprüche, Erwartungen, die er nicht erfüllen konnte. Nur in seinem Bett, in der Dunkelheit seines mit Rollläden und Vorhängen versiegelten Zimmers war er sicher.

Sein Handy klingelte. Teresa.

»Ich habe keine Minute geschlafen. Und jetzt liege ich hier, starre nur auf den Wecker und schaffe es nicht hochzukommen.«

»Robbi, du stehst jetzt auf. Ich rufe in fünf Minuten wieder an, bis dahin hast du die Vorhänge aufgezogen und geduscht.«

Fünf Minuten später.

»Und?«

»Ich habe es geschafft. Danke!«

Teresa informierte Jörg. »Oh Gott, und das bei der Nationalmannschaft!« Er fuhr direkt ins Hotel.

Teresa hatte ihm die Zimmernummer genannt. Er nahm den Aufzug, ohne an der Rezeption zu fragen, und klopfte an die Tür. Robert ließ ihn nicht herein. Jörg Neblung konnte nicht brüllen: »Robbi, mach auf!«, am Gang lagen die Zimmer der anderen Nationalspieler. Er fuhr wieder hinunter und ließ sich von der Empfangsdame verbinden. Robert nahm den Hörer ab, vielleicht weil er fürchtete, dass jemand vom Deutschen Fußball-Bund in der Leitung war.

»Ich komme runter«, versprach er Jörg.

Jörg wartete vergeblich. Er rief wieder an.

»Ich kann unmöglich den Sprungtest heute machen. Da merkt jeder, dass meine Beine nur noch Streichhölzer sind.«

Jörg wusste, dass Robert körperlich in ordentlicher Verfassung war. Aber er realisierte, dass es nicht der Moment und der Ort waren, um gegen die schwarze Wand in Roberts Gehirn anzureden.

»Okay«, sagte Jörg. »Du gehst zum Mannschaftsarzt und sagst ihm, du hättest heute Nacht Schüttelfrost und Schweißausbrüche gehabt, du wärst wahnsinnig schlapp.«

Das war gar nicht mal gelogen.

Der Mannschaftsarzt sagte, dann setze er besser mit dem Training aus. Er nehme ihm eine Blutprobe ab, um zu untersuchen, ob er sich einen Virus eingefangen habe.

Robert Enke legte sich wieder ins Bett.

Er sollte wie bei der ersten Depression Tagebuch führen, das half, die Gedanken zu ordnen, sie aufschreiben. Aber er schaffte meistens nicht mehr als ein, zwei Sätze.

1. September 2009. Lag den halben Tag im Bett, ehe mich Terri am Telefon dazu gebracht hat aufzustehen. Gib nicht auf!

Der Bundestrainer ging weiterhin davon aus, dass Robert Enke im Weltmeisterschafts-Qualifikationsspiel gegen Aserbaidschan zum Abschluss des Lehrgangs spielen konnte.

Joachim Löw hatte sich im Sommer überraschend festgelegt, dass Enke die verbleibende Qualifikation hindurch im Tor stehen würde. »In einer Phase, in der keiner damit rechnete, haben wir öffentlich gesagt: Er ist unsere Nummer eins in den entscheidenden Spielen im Herbst. Einen größeren Vertrauensbeweis kannst du einem Torwart nicht geben«, sagt Andreas Köpke. Robert Enke, der keine Ausreißer nach unten zeigte, schien im Moment die sicherste Wahl. Löw und Köpke hatten aber nicht nur das Torwartspiel, sondern auch das Verhalten von Robert Enke und René Adler in ihrem einen Jahr in der Nationalelf beobachtet. Der Bundestrainer glaubte, es würde beiden guttun, wenn er mit einer klaren Ansage die Hitze aus dem Torwartkampf nahm, die die Sportreporter entfachten. Die Sehnsucht beider Torhüter nach einem Leben ohne Konflikte war der wichtigste Grund, das Torhüterduell so frühzeitig zu klären.

Die Blutprobe war negativ, berichtete der Arzt. Medizinisch gab es keinen Grund, warum Robert in einer Woche nicht im Tor stehen sollte. Und das Spiel gegen Aserbaidschan fand in Hannover statt, in seiner Stadt. Das würde er sich doch nicht entgehen lassen.

Er fühle sich aber immer noch schlapp, sagte Robert Enke. Er absolvierte am dritten Lehrgangstag nur zwei leichte Einheiten außerhalb des Mannschaftstrainings. Im Hotel sah er einige Junioren-Nationalspieler, die sich in Köln einem Leistungstest unterzogen. Er erkannte den großen, schlanken Jungen mit dem in die Höhe getrimmten Pony unter ihnen und lief gleich auf ihn zu.

Deutsche Fußballer begrüßten sich meistens mit einem Handschlag, bei dem die Hände laut aufeinanderklatschten. Robert

Enke hatte den portugiesischen Brauch beibehalten, Menschen, die er mochte, zu umarmen. Der Reflex, Sven Ulreich im Kölner Hotel an sich zu drücken, überkam ihn spontan, für einen Moment hatte er seine Depression vergessen, das gab es auch. Anderthalb Jahre waren vergangen, seit er den Jungen getröstet hatte. Inzwischen war Ulreich Junioren-Nationaltorwart geworden und sollte im Sommer 2010 beim VfB Stuttgart Jens Lehmann im Tor ablösen. Er war wieder auf dem Weg. Sie redeten einige Minuten, zum Abschied sagte Ulreich: »Falls wir uns bis dahin nicht mehr sehen, wünsche ich dir ganz viel Glück bei der Weltmeisterschaft.«

Und auf einmal schien Robert Enke in seinen Gedanken zu verschwinden. »Ja«, sagte er schließlich, noch immer abwesend, »mal schauen, ob wir uns noch einmal sehen.«

Eine komische Verabschiedung, dachte sich Sven Ulreich einen Moment lang, als sie auseinandergegangen waren.

3. September 2009. Habe nicht geschlafen. Scheint alles nur sinnlos zu sein. Fällt mir schwer, mich zu konzentrieren. Denke an S.

Er kontrollierte den schwarzen Hund nicht mehr. Er setzte sich zu René Adler und Per Mertesacker an den Essenstisch, der Vierte ihrer Clique, Christoph Metzelder, war leider nicht mehr in der Nationalelf. René und Per begannen ein Gespräch, »und Robbi musstest du die Sätze aus der Nase ziehen«, sagt René. »Er hat wie mechanisch gegessen. Das war nicht Robbi.« Er verfügte nicht mehr über die Konzentration, sich flüssig am Gespräch zu beteiligen. Er wollte nur noch so schnell wie möglich zurück auf sein Hotelzimmer, in seinen Schutzraum.

Aber die Prüfungen waren noch nicht zu Ende. Sie mussten zu einem Werbetermin von Mercedes. Man wies ihm ein Cabriolet zu, damit Filmbilder gedreht werden konnten. Er konnte sich nicht mehr zusammenreißen. »Wie lange dauert das denn noch«, sagte er zu René, »was soll das denn überhaupt alles?« René Adler wartete, bis er Per Mertesacker in einem ruhigen Moment erwischte. »Was ist denn mit Robbi los«, sagte er, »der läuft hier ja herum wie Falschgeld.« Aber es gab, wie immer, eine Erklärung. »Ihm muss es wirklich schlecht gehen, mit dem Schüttelfrost oder was er da hat.«

So überstand er die Tage, die Prüfungen. Doch jeder geschaffte Tag brachte ihn nur weiter in Bedrängnis: Das Spiel in Hannover gegen Aserbaidschan rückte immer näher und damit die Erwartung, dass er spielte.

Am Samstag, vier Tage vor Aserbaidschan, hatte die Mannschaft abends Ausgang. Jörg verabredete einen Termin bei Valentin Markser für ihn.

Sie hatten sich lange nicht gesehen. Nach Laras Tod, als er einmal Jörg in Köln besucht hatte, hatte er auch bei Valentin vorbeigeschaut. Diesmal sollte es keine Sitzung im üblichen Sinne werden. Valentin Markser sollte ihn auf den Tag der Entscheidung vorbereiten. Am nächsten oder übernächsten Tag musste er dem Bundestrainer sagen, ob er in Hannover spiele oder abreise.

Der Psychiater ging mit ihm Plan A durch. Demnach würde Robert Enke dem Mannschaftsarzt von anhaltenden Beschwerden erzählen, Schweißausbrüche, Schlaflosigkeit. Er wolle sich in Hannover bei seinem Vertrauensarzt durchchecken lassen, sollte er sagen, deshalb müsse er den Lehrgang abbrechen. Valentin Markser versuchte Robert Enke ein Bewusstsein dafür zu schaffen, was es für seine Psyche bedeuten würde, das Spiel in Hannover abzusagen. Dann besprachen sie Plan B.

Wie Robert sich weiter bei der Nationalelf verhalten würde, wie er das Spiel überstehen konnte.

6. September 2009. Am Abend Sitzung bei Valentin. Bin nicht ehrlich zu ihm.

Er hatte versucht, sein Leiden vor dem Psychiater herunterzuspielen. Er war nicht mehr aus seiner Rolle herausgekommen, er glaubte unbewusst, selbst vor dem Mann, der ihm helfen sollte, die Lüge aufrechterhalten zu müssen, es ginge schon. Warum, verstand er selbst nicht.

Er hatte sich über den Deutschen Fußball-Bund ein Auto geliehen und fuhr nach der Sitzung mit Valentin Markser in die Nacht.

Teresa versuchte mehrmals vergeblich, ihn zu erreichen. Um halb zwölf ging er endlich an sein Handy.

»Ich fahre gerade in die Tiefgarage des Hotels.«

»Ach, das ist ja schön, dass das Gespräch mit Valentin so lange gedauert hat.«

»Das hat nicht lange gedauert.«

»Und wo warst du dann so lange?«

»Ich bin durch die Stadt gefahren.«

»Robbi, warum bist du durch die Stadt gefahren?«

»Einfach so, ein bisschen.«

»Sag mir, warum du durch die Stadt gefahren bist!«

»Ich habe geschaut, wo ich mich umbringen könnte.«

»Bist du verrückt!«

Es gelang ihm, sie zu beruhigen, es sei nur kurz in ihn gefahren, es sei schon wieder vorbei. Dann nahm er den Aufzug in sein Hotelzimmer, öffnete die Balkontür, ging ganz nah an das Geländer heran und stellte sich vor, wie es wäre, hinunterzuspringen.

Am Sonntagmorgen ging er zu Mannschaftsarzt Tim Meyer und zog Plan A durch. Der Bundestrainer teilte den Sportreportern mit, »aufgrund eines allgemeinen Infekts« falle Robert Enke für das Spiel gegen Aserbaidschan aus. Konkreter konnte es ihm der Mannschaftsarzt nicht benennen. Tim Meyer hatte doch weder eine Viren- noch eine Bakterienerkrankung festgestellt. Die vage Formulierung regte die Sportreporter zum Spekulieren an. Die Schweinegrippe war gerade das Modethema, hatte die Robert Enke erwischt? Ansonsten schrieben die Sportreporter Einstiegssätze wie: »Es ist schon ein Drama mit Robert Enke.« Immer, wenn er sich als Nummer eins der Nationalelf zu etablieren schien, stoppte ihn ein Missgeschick.

Das fiel natürlich auch den Bundestrainern auf.

»Wir haben schon diskutiert: Damals das Kahnbein, nun der Virus, das gibt's doch gar nicht, immer wenn wichtige Spiele anstehen, hat Robert so ein Pech«, erzählt Andreas Köpke. »Und als Tim Meyer dann sagte, das Blutbild sei normal, haben wir uns auch gefragt: Hat er ein Kopfproblem?« Köpke selbst war in seiner Torwartkarriere nahezu nie verletzt gewesen, doch als einmal ein Länderspiel gegen Georgien in seiner Fußballheimat, Nürnberg, stattfand, riss ihm am Tag zuvor beim Training eine Muskelfaser in der Wade. Er ist überzeugt, dass sich sein Körper angesichts des besonderen Stresses damals eine Auszeit nahm. »Aber ein Kahnbeinbruch beim Fausten – das kann doch nicht vom Kopf kommen«, sagt Köpke. »Das konnten wir uns nicht vorstellen.« Der Virus dagegen blieb merkwürdig. Die Trainer befragten Hans-Dieter Hermann, den Sportpsychologen der Nationalmannschaft. Er hatte mit Robert Enke gesprochen. Bei den Symptomen, die er aufweise, Erschöpfung und Schlaflosigkeit ohne eine Infektion, müsse man auch hinterfragen, ob er nicht an Depressionen leide, sagte Hermann dem Torwart. Eine Depression, um Gottes Willen, er sei doch gerade erst Vater geworden, er sei glücklich, entgegnete Robert aufgeräumt. Er könne nichts Merkwürdiges feststellen, berichtete Hermann den Trainern. Damit war die Sache für die Trainer erst einmal erledigt. Robert Enke hatte einfach immer Pech.

Der Fahrdienst der Nationalelf brachte ihn nach Empede zurück. Er hatte sich nicht rasiert, er hatte weder die Kraft noch die Lust dazu. Er schaute auf sich selbst herab. Er war ausgestiegen. Er hatte versagt.

»Robbi, du musst mir etwas versprechen«, sagte Teresa, als sie im Haus waren, allein. Er schaute widerwillig zu ihr.

»Ich weiß, die Depression lässt dich im Moment alles schwarzsehen, aber du musst dagegen ankämpfen, wir kämpfen hier alle mit dir, du kannst dich nicht einfach auf einen Balkon stellen und springen!«

»Es ist doch sowieso alles sinnlos.«

»Robbi, versprich mir, dass du dich nicht umbringst!«

»Ich verspreche es.«

Sie schaute ihm in die Augen, und er hielt dem Blick stand. »Wenn du nur einmal eine halbe Stunde meinen Kopf hättest, wüsstest du, wie ich mich fühle«, sagte er. Es klang wie ein Angebot zur Versöhnung.

Der Todeswunsch taucht in den meisten Depressionen mehr

oder weniger stark auf, er ist Teil der Krankheit. Bei Robert Enke war er noch nie so konkret geworden wie in jener Samstagnacht in Köln. Die Intensität der Depression ging weit über die von 2003 hinaus. Er hatte geglaubt, sich mit seiner Absage für das Spiel in Hannover von einem Druck zu befreien. Aber nun lastete es als noch viel größerer Druck auf ihm, dass er abgesagt hatte. Vor sich selbst war er gescheitert.

Jörg Neblung brach seinen Urlaub auf Mallorca ab, um zu Robert und Teresa zu kommen. Sie saßen, wie so oft, auf den orangefarbenen Stühlen in der Küche. Sie spielten Roberts Optionen durch. Sollte er eine Verletzung vortäuschen und sich heimlich therapieren lassen? Sollte er seine Krankheit öffentlich machen und zur Behandlung in eine Klinik gehen?

Er sah bei jedem möglichen Ausweg sofort einen Grund, warum es niemals klappen konnte. Überall nur Aussichtslosigkeit zu sehen lag in der Natur der Krankheit. Aber Teresa und Jörg konnten ihm nur schwer widersprechen. Jeder mögliche Ausweg schien nur neue Probleme aufzuwerfen.

Als er vor sechs Jahren bei Fenerbahçe gekündigt hatte, war er für die Öffentlichkeit ein halb vergessenes Talent gewesen, er konnte vier Monate verschwinden, und niemand fragte danach, was er eigentlich machte. Nun war er die Nummer eins im Land der Torhüter. Wenn er Monate für eine Therapie aussetzte oder gar in eine Klinik ging, würde er es nicht verheimlichen können. An die Weltmeisterschaft wäre dann sowieso nicht mehr zu denken, aber was käme dann nach der Therapie, nach der Klinik? Wäre er stark genug, unter der Beobachtung der Medien als *der Depressive* wieder ein Comeback zu schaffen? Würde er verbittern, wenn er den Fußball ganz aufgeben müsste?

»Ich gehe in keine Klinik!«, rief er.

Am Ende des Gesprächs schienen sie wieder am Anfang angelangt: Sie sahen keine bessere Möglichkeit, als dass Robert mit dem Versteckspiel und der Behandlung bei Doktor Stroscher weitermachte. Irgendwann mussten die Antidepressiva doch anschlagen!

Als Robert ins Bett gegangen war, blieben Jörg und Teresa noch einen Moment in der Diele stehen.

»Was machst du denn?«, fragte Teresa.

Jörg stellte einen Kerzenständer hinter die Zwischentür.

»Falls er heute Nacht abhauen will, um sich etwas anzutun. Dann stolpert er über den Ständer, und wir hören ihn.«

Sie wussten von Valentin Markser, dass Selbstmordgedanken allein noch kein Grund zur Panik waren. Sie mussten wachsam sein, aber auch darauf achten, dass sie ihm durch eine zu starke Kontrolle nicht das Gefühl gaben, er sei entmündigt. Sonst trieben sie ihn nur tiefer in die Depression.

Am zweiten Morgen zerbrach der Porzellankerzenständer. Teresa hatte vergessen, dass er hinter der Zwischentür stand, und war darübergefallen.

Valentin Markser war es gewohnt, dass man ihn belog. Depressive Patienten neigen oft dazu, in einer Art falschen Selbstschutzes ihre Krankheit selbst vor dem Psychiater zu schönen. Robert Enke war da bei seinem Samstagabendbesuch in Köln keine Ausnahme gewesen. Markser hatte auch so die Schwere der Krankheit erkannt. Aber Robert war in Behandlung eines Kollegen, er konnte sich nicht einmischen. Er konnte nur warnen.

Als Marco Villa wie jeden Montagabend mit Markser telefonierte, glaubte er herauszuhören, dass dringend etwas getan werden musste. Marco rief Jörg Neblung an.

»Jörg, wir können das nicht so weiterlaufen lassen. Wenn der Fußball für Robbi solch eine Belastung ist, müssen wir ihn da rausnehmen.«

»Darüber haben Teresa und ich mit ihm doch bereits mehrmals gesprochen. Er will auf keinen Fall in eine Klinik. Er will den Fußball nicht verlieren.«

»Er wird darüber hinwegkommen, sollte er nicht mehr Fußballer sein. Irgendetwas anderes wird er schon finden. Dann ist er halt irgendwann Hotelunternehmer oder was weiß ich. Es geht jetzt nicht um die Karriere, sondern dass er aus der Depression herausfindet.«

»Aber wenn er aus dem Fußball aussteigt, wird ihn das erst recht krank machen.«

Zum ersten Mal stritten sich Roberts beste Freunde.

Marco saß in Italien und sollte Robert nicht anrufen, weil es ihn nur aufgewühlt hätte. Jörg hatte seine Frau mit der kleinen Tochter allein in Köln gelassen und war in Empede eingezogen, um Teresa zu unterstützen. Die Verzweiflung aber, die Marco und Jörg in diesem Moment spürten, war dieselbe. Sie waren weder kompetent noch befugt, über Robert Enkes Leben zu bestimmen. Und doch schien die Situation genau dies von ihnen und Teresa zu erfordern.

Er saß im Garten und weinte.

Teresa rannte zu ihm.

»Robbi, was ist denn?«

»Ich will nicht sterben. Ich will noch mal nach Lissabon.«

LISBOA!, schrieb er abends ohne Zusatz in sein schwarzes Buch.

Nachmittags bat ihn Jörg einmal, doch kurz in die Waschküche zu kommen. Jörg schaltete das Licht aus. Der Raum hatte keine Fenster, es war dunkel. »Das ist dein Zustand im Moment«, sagte Jörg. »Und jetzt versuch dich mal an den Wänden zur Tür vorzutasten. Das ist dein Weg. Die Wände bauen wir dir, aber gehen musst du selbst.« Wenn Robert die Tür öffnete, würde er Licht sehen, war Jörgs Absicht gewesen. Doktor Stroscher fand die Idee exzellent, als Jörg ihm später davon erzählte.

Robert dagegen ging nicht zur Tür, sondern zum Lichtschalter. Er drückte darauf und rief wie ein Gespenst: »Buh!« Dann schritt er zur Tür, öffnete sie und sagte: »Und was sehe ich hinter der Tür? Mein Büro. Da werde ich ja erst recht depressiv.«

Für kleine Augenblicke, am Abend manchmal auch für Stunden, wirkte er ohne ersichtlichen Grund wie befreit von der Krankheit. Und genauso abrupt fiel er wieder zurück in die Dunkelheit.

Die Nationalelf war inzwischen aus Hannover abgereist. Sie hatte Aserbaidschan 4:0 besiegt, René Adler hatte die wenige Arbeit souverän bewältigt. Die Bundesliga ging weiter. Jeden Tag standen Sportreporter am Trainingsplatz und notierten akribisch, welcher Spieler fehlte. Und wer fehlte, musste einen guten Grund haben, einen Kreuzbandriss oder eine Sehnenreizung. Robert Enke absolvierte ein leichtes Einzeltraining, aber es gab noch immer keine Begründung, keine Rechtfertigung für seinen Rückzug von der Mannschaft. In den Zeitungen wurde der »allgemeine Infekt« mit den Tagen zu einer »rätselhaften Viruserkrankung« und schließlich zu einem »mysteriösen Virus«. Ein neuer, großer Druck lag auf Robert Enke. Wann würde er endlich eine Erklärung liefern?

Er hatte dem Arzt der Nationalelf gesagt, er würde sich in Hannover von seinem Vertrauensarzt durchchecken lassen. Das hieß, er musste nun irgendwelche medizinischen Proben vorzeigen, sonst wurde er unglaubwürdig. Und es war auch nicht auszuschließen, dass er tatsächlich einen Virus in sich trug. Diese permanente Müdigkeit im Sommer hatte ihn doch vor der Depression heimgesucht, vielleicht bedingte das eine doch das andere, vielleicht hatte ihn die körperliche Erschöpfung so geschwächt, dass die psychische wiederkommen konnte?

Hannovers Mannschaftsarzt schickte ihn zur Herzuntersuchung ins Bundesleistungszentrum am Stadion. Der untersuchende Arzt stutzte. Robert Enkes Herzschlag reagierte mit kurzer Verzögerung auf Belastung. Das war nicht normal. Der Arzt wusste ja nicht, dass Robert wegen seiner Depression Psychopharmaka nahm, die seine Reaktion verzögerten.

Er wurde zu einem Herzspezialisten in das Agnes-Karll-Krankenhaus am Messegelände überwiesen. Jörg Neblung begleitete ihn und nahm im Warteraum Platz. Auf einmal rief ihn Robert ins Untersuchungszimmer. Der Arzt wolle ihm auch eine Urin- und Blutprobe abnehmen, um die Unregelmäßigkeit seines Herzschlags exakt zu überprüfen. Robert Enke schwitzte vor Angst und Aufregung. Was, wenn sie in der Blutprobe Spuren der Medikamente fanden? Der Arzt war kurz zu einem anderen Patienten gegangen, sie hatten wenige Minuten Zeit, sich etwas einfallen zu lassen. Robert Enke wollte den einfachsten Weg wählen: »Wir müssen hier raus.«

Als der Arzt wiederkam, erklärte ihm Jörg Neblung, Robert mache das nicht mehr mit, in jedem Krankenhaus solle ihm Blut abgezapft werden, das könne nicht sein, er dürfe nicht so viel Blut verlieren, er sei Sportler. Sie gingen jetzt. Der Arzt sah ihnen mit einem Blick hinterher, der zu sagen schien: Sie wissen nicht, was sie tun.

Die Sportreporter schrieben: Rätsel um Enke. Noch immer keine Erklärung für seine hochmysteriöse Viruserkrankung.

Ohne es zu merken, hatte er sich von der Dynamik der Ereignisse in den nächsten Teufelskreis treiben lassen. Er musste unbedingt einen Virus präsentieren, den es womöglich gar nicht gab.

»Ich mach das alles nicht mehr mit!«, schrie er zu Hause. Als ihn Teresa vorsichtig fragte, ob es dann nicht vielleicht doch besser sei, seine Krankheit bekannt zu machen und sich therapieren zu lassen, rief er: »Ich gehe nicht in die Klinik!«

Stattdessen fuhr er zu einem Zeckenbiss-Spezialisten nach Langenhagen und ins Tropeninstitut nach Hamburg.

Wieder wurde ihm Blut abgenommen, zum vierten Mal in zehn Tagen. Und tatsächlich entdeckten die Mediziner etwas. Er leide an einer Campylobacter-Infektion im Darm, eröffnete ihm der Vereinsarzt. Die Bakterien schwächten den Körper und verursachten vor allem Durchfall. Das war keine Infektion, wegen der ein Fußballer wochenlang pausierte. Aber so genau würde es hoffentlich niemand nehmen.

Jörg Neblung freute sich über die Bakterien wie über einen Bundesligasieg von Hannover. Endlich hatte Robert einen Grund, zumindest für eine Zeit von der Bildfläche zu verschwinden, ohne gleich seinen Traum von der Weltmeisterschaft endgültig zu zerstören.

Am 18. September, zehn Tage nach dem Spiel gegen Aserbaidschan, meldeten die Sportreporter: »Quali-Aus für Enke!« Der Torwart, der immer so viel Pech hatte, falle wegen einer nun diagnostizierten Darminfektion für mindestens zwei Wochen aus. In den verbleibenden Qualifikationspartien werde René Adler im Tor stehen und sei somit klarer Favorit für den Posten bei der Weltmeisterschaft.

Es sei in den letzten Wochen alles zu viel für Robert gewesen, die Absage für das Länderspiel in Hannover und Laras Todestag, sagte Jörg Neblung zu Hannovers Sportdirektor Jörg

Schmadtke. Robert müsse mal raus. »Wenn es ihm hilft, kann er von mir aus auch vier Wochen nach Portugal fliegen«, antwortete Schmadtke. »Robert hat hier alle Freiheiten.«

Noch am selben Tag fuhr Robert Enke mit Jörg Neblung nach Köln. Er wollte sich wieder bei Valentin Markser behandeln lassen, so wie damals. Darauf hoffte er: Das alles wurde wie damals, 2003.

Abends sah er sich mit Valentin und Jörg das Freitagsspiel der Bundesliga im Fernsehen an, Schalke gegen Wolfsburg. Sie aßen Pizza und tranken Bier. *Konnte es nicht genießen*, schrieb er in das schwarze Buch.

Es wurde wieder 2003. Er ging täglich zu Valentin, Valentin sagte ihm, er müsse joggen, das sei gut für den Kopf, er ging laufen und sagte sich, er hasse Joggen. Jörg dachte sich wieder ein Beschäftigungsprogramm für ihn aus, morgens die Zeitungen und Brötchen holen, nachmittags mit Milla in den Wald, bergauf ließ er Robert den Kinderwagen schieben, damit er sich anstrengte, damit sich danach das Gefühl einstellte, er habe etwas geschafft.

In diesen Tagen bekam ich plötzlich eine SMS von ihm. Handynachrichten beantwortete er geradezu zwanghaft, aber in den vergangenen Wochen hatte er auch das nicht mehr geschafft. Nun entschuldigte er sich in der SMS für sein Schweigen und schrieb über seine Krankheit: »Ich sag mal, ein weiteres gutes Kapitel für unser Buch. Viele Grüße, Robinho.«

Ronninho und Robinho nannten wir uns, wenn wir gut gelaunt waren, in Erinnerung an die gemeinsame Zeit in Barcelona, in Anlehnung an Barças Idol Ronaldinho. Wo kam mitten in der Depression die gute Laune her, die Selbstironie, seine Krankheit als gutes Buchkapitel zu bezeichnen? Er hatte mit Jörg die Hecke im Garten geschnitten. *Danach ging es mir etwas besser*, steht im schwarzen Buch.

Aber es ließ sich nicht übersehen, dass diese Depression eine andere Kraft als die von 2003 hatte. Nach einer Woche in Köln wollte er unbedingt zurück nach Empede, zu Teresa, »immer muss ich in Köln mit Baseballmütze herumlaufen, ich habe keine Lust mehr, mich zu verstecken«. Nach einem Tag in Empede dachte er dasselbe wie in Köln: Er konnte hier nicht sein. Er wollte eigentlich nirgendwo sein.

24. September 2009. Habe entschieden, wieder nach Köln zu fahren. Wahnsinn!

Vier Tage später fuhr er abermals nach Empede zurück. Er wollte wieder trainieren, er musste wieder Fußball spielen. Solche Aufwallungen bekam er öfter. Plötzlich kehrte sein Kampfgeist zurück, auf einmal wollte er in Sekunden aufholen, was er glaubte in Monaten versäumt zu haben. Diesmal aber verschwand der Elan nicht wie gewohnt nach Minuten wieder.

Valentin Markser hatte das Antidepressivum gewechselt.

Er vereinbarte mit dem Psychiater, die Gesprächstherapie von Empede aus am Telefon fortzusetzen, mit erhöhter Frequenz, dreimal am Tag.

Am 29. September, es war ein Dienstag, kehrte er ins Training von Hannover 96 zurück. Hanno Balitsch umarmte ihn, Tommy Westphal sagte ihm, schön, dass du wieder da bist. Und er spürte die Angst nicht mehr. Die Angst, durchschaut zu werden, die Angst, nicht mehr gut genug als Torwart zu sein, die Angst, ein ganz gewöhnliches Gespräch mit den Kollegen führen zu müssen.

»Ich glaube, es geht mir ein bisschen besser«, sagte er zu Hause zu Teresa.

Am nächsten Morgen wachte er auf, stieg aus dem Bett und hielt inne. War er gerade wirklich einfach aus dem Bett gestiegen? Wie hatte er das geschafft?

Als er vom Training nach Hause kam, rief er den Bundestrainer an, er meldete sich bei Andreas Köpke. Er trainiere wieder, wollte er nur sagen, richtig stark fühle er sich natürlich noch nicht, bis er wieder im Tor stand, würde es noch eine Zeit dauern, er wusste nicht, wie lange. Aber er war zurück. Das wollte er nur sagen. Danach ging er ins Kinderzimmer und spielte mit Leila. Am nächsten Morgen brachte er Teresa den Kaffee ans Bett.

30. September 2009. Es ist wieder etwas heller! Nehme wieder am Leben teil.

Er hatte es geschafft. Sie hatten es geschafft. Teresa wollte den Gedanken noch nicht zulassen, aber er stimmte sie schon euphorisch.

Zwei Monate hatte sie mit ihm in seiner Düsterheit leben müssen, mit all den Launen und Ungerechtigkeiten eines Depressiven. Sie hatte sich bemüht, auf seine unaufhörlichen Klagen selbst dann geduldig zu reagieren, wenn sie dachte, ihre Geduld wäre schon längst am Ende. Die Scheidungsrate in Ehen mit einem depressiven Partner war nach wissenschaftlichen Untersuchungen neunmal so hoch wie bei nichtdepressiven Ehen. Und sie waren dabei, auch diese Attacke zu überstehen.

Am dritten Tag nach der Rückkehr ins Training ging es ihm unverändert gut, am vierten kehrte er mit drei Rosen in der Hand vom Training zurück.

Bevor er ihr die Blumen gab, sagte er Teresa ein Gedicht auf. Er hatte es selbst geschrieben, es handelte von den zwei Robbis. Der eine Robbi liebte sie sehr. Der andere konnte es nicht zeigen mehr.

Der Rosenkauf erinnerte ihn allerdings daran, dass die Krankheit noch in ihm schlummerte. Als die Verkäuferin ihn gefragt hatte, wie viele Rosen er denn wünschte, hatte er ihr keine Antwort geben können. Drei oder sieben, hämmerte es in seinem Kopf, drei oder sieben? Er wusste nicht, wie lange ihn die Verkäuferin ansah, bis er panisch sagte, »drei, bitte«.

Am fünften Tag hatte er morgens keine Lust zu trainieren. Er war mit dem Fitnesstrainer im Kraftraum verabredet. Die Mannschaft war im Hotel, sie spielte am Nachmittag gegen den SC Freiburg.

Er rief Edward Kowalczuk an, er lasse das Training heute lieber sausen, er fühle sich nicht so gut. Kein Problem, sagte der Fitnesstrainer. Robert Enke widersprach man nicht in Hannover.

Ist doch mal ein Test, sagte sich Robert Enke, mal sehen, wie es ihm erging, wenn er den Tag nicht zwanghaft durchstrukturierte.

Mittags, auf dem Weg ins Stadion, fragte er sich: Warum habe ich bloß nicht trainiert? Wie soll ich jemals wieder ein guter Torwart werden, wenn ich nicht trainiere? Jetzt ist es zu spät, jetzt habe ich nicht trainiert und werde es nie wieder aufholen können.

Im Stadion ging er in die Umkleidekabine, um der Mannschaft viel Glück zu wünschen. Er schaute auch in das Behandlungszimmer. Irgendetwas war anders. Sein Foto an der Wand war verschwunden. Einer der Physiotherapeuten hatte ein Poster von Ersatztorwart Florian Fromlowitz darübergeklebt. Eine kleine Geste, um dem Jungen Mut zu machen vor der schwierigen Aufgabe, den Nationaltorwart zu vertreten. Robert Enke sagte nichts und ging aus dem Raum.

Er nahm auf der Tribüne Platz. Es dauerte noch eine Weile bis zum Anpfiff, die Mannschaften wärmten sich erst auf. Er hatte keine Lust, angesprochen zu werden, und schnappte sich die Stadionzeitung, um sie in seinen Schutzschild zu verwandeln. Er blätterte und blieb bei der Karikatur hängen. Fromlowitz war als Ziegelsteinmauer vor dem Tor abgebildet.

Was sollte das, hatten sie ihn hier schon abgeschrieben? Glaubten auf einmal alle, Fromlowitz sei der tolle Torwart?

Hannover gewann 5:2 gegen Freiburg, Fromlowitz spielte ordentlich, und Robert Enke nahm den Jubel der Zuschauer als Affront gegen sich wahr. Brauchte ihn hier niemand mehr, hatten sie ihn schon vergessen, war er nur noch ein Gesicht von gestern, das einfach mit einem neuen überklebt wurde?

In Empede versuchte Teresa, ihn mit Logik zu erreichen. Es war doch verständlich, dass die Physiotherapeuten versuchten, den Ersatztorwart aufzubauen, das war doch nicht gegen ihn gerichtet. Außerdem käme niemand auf die Idee, dass Fromlowitz eine Konkurrenz für ihn sei. Sobald er zurückkehrte, würde er wieder spielen.

»Du hast ja recht«, sagte er, und an der abrupten Bewegung, mit der er sich abwandte, konnte Teresa erkennen, dass sie ihn mit Logik schon wieder nicht mehr erreichte.

Sie hoffte auf den nächsten Morgen. Vielleicht war es nur ein schlechter Tag gewesen?

Wenn sie sonntagmorgens aufwachte, hatte Teresa in der halben Sekunde, die sie zur Orientierung brauchte, früher oft ein Schrecken durchfahren: »Was war noch mal gestern, gewonnen oder verloren?« Sie wusste, von der Antwort war abhängig, wie schön der Sonntag wurde. Nun durchzuckte sie der Schrecken wieder, mit einer anderen Frage: In welcher Stimmung würde er aufwachen?

Er fühlte sich nicht schlecht, aber auch nicht gut.

In den nächsten Tagen wollte er morgens wieder nicht aufstehen.

Teresa log: »Ich habe solche Bauchschmerzen, kannst du bitte mal zehn Minuten auf Leila aufpassen?« So bekam sie ihn aus dem Bett, hinein in den Tag.

Er kämpfte sich durch den Tag, aber eine Angst war zurück, die Ursprungsangst: die Angst, dass all die Ängste wiederkamen.

Am Wochenende fuhr er wie an fast allen freien Tagen nach Köln zu Valentin Markser. Samstags kam ein Fußballspiel im Fernsehen. Russland gegen Deutschland, das Rückspiel in der Weltmeisterschaftsqualifikation. Fast genau ein Jahr war seit dem Hinspiel vergangen, vor dem er sich das Kahnbein gebrochen hatte. Wieder saß er vor dem Fernseher, wieder spielte René Adler hervorragend, wieder machte ihn der Kommentator noch ein wenig besser. Durch einen 1:0-Sieg qualifizierte sich Deutschland für die Weltmeisterschaft in Südafrika, die der Höhepunkt seiner Karriere werden sollte. Die Fernsehbilder zeigten den Jubel der deutschen Mannschaft, triumphierend reckten sie die Fäuste in die Luft, und ihm kam es vor, als schlügen die Fäuste der glücklichen Kollegen in sein Gesicht.

Vier Tage später brach er das Training in Hannover ab.

Er glitt wieder in die Vergangenheit ab. Er konnte nicht aufhören, an die vier, fünf hellen Tage Ende September zu denken. Warum hatte er damals plötzlich wieder gelebt, und warum vor allem war die Krankheit dann wieder zurückgekehrt? Was nur hatte er falsch gemacht, dass die Dunkelheit ihn wieder überraschen konnte? »Es ist vorbei, Terri, ich habe die Chance gehabt rauszukommen und habe sie verpasst.«

»Robbi, stell dir zum Beispiel vor, du ziehst nach Lissabon und hast vorher keinen Sprachkurs gemacht. Da sagst du doch auch nicht, jetzt ist es zu spät, ich kann nie mehr Portugiesisch lernen.«

»Super Beispiel.«

»Es ist nicht zu Ende! Es ging dir kurzzeitig besser, das spricht nur dafür, dass es dir bald richtig besser gehen kann.«

Sie begleitete ihn nun häufig zum Training. Er sollte sich nicht einsam fühlen. Und vor allem sollte er so wenig wie möglich unbeaufsichtigt sein.

Der Torwarttrainer nahm seine drei Schützlinge abwechselnd in die Mangel. Teresa stellte sich an die Seitenlinie, auf Höhe des Tors. Die Pensionäre, die jeden Tag kamen, standen näher am Mittelkreis, im Zentrum. Der Torwarttrainer schoss den Ball volley aufs linke Toreck, und kaum hatte Robert Enke den Ball gehalten, musste er aufspringen, ein zweiter Schuss flog aufs rechte Eck. Drei Wiederholungen, dann war Fromlowitz dran. Wenn sie merkte, Robert verlor in den kurzen Pausen die Körperspannung, er ließ den Kopf hängen, trat sie kurz gegen die Werbebande. Er fühlte das Geräusch mehr, als dass er es hörte, und sah zu ihr. Sie ballte die Faust. Konzentrieren. Kämpfen.

Nach zwei Trainingsbesuchen riefen die Sportreporter schon bei Jörg Neblung an. Was mache denn Frau Enke immer beim Training?

Sie traute sich nicht mehr hin. Weil sie ihn aber nicht täglich auf der halbstündigen Autofahrt den Gedanken überlassen durfte, fuhr sie trotzdem weiterhin mit ihm nach Hannover. Mal ging sie ins Landesmuseum. Mal wartete sie im Auto, zwei Stunden lang.

Damit war es nicht getan. Nachmittags ging es weiter. Er musste beschäftigt werden, er durfte keine Zeit zum Grübeln finden. Sie überredete ihn, mit Leila und ihr in den Zoo zu gehen. Abends gab sie ihm einen Bildband der Region Hannover. »Such dir ein Ausflugsziel aus, wo wir zusammen hingehen können.«

Im Zoo sah er ein zehnjähriges Kind mit seinen Eltern streiten und bekam Zukunftsangst: »Wie sollen wir das denn überhaupt hinbekommen, mit dem Haus, den Hunden, und wenn Leila dann auch noch groß ist?« Den Bildband zerbiss einer der Hunde, während er tagelang unbenutzt neben Roberts Bett lag.

16. Oktober 2009. Die Mannschaft fährt nach Frankfurt, und ich glaube nicht, dass ich jemals wieder mitfahre.

In dieser Stimmung erhielt er von Teresa die Nachricht, seine Mutter komme.

Gisela Enke hatte sich wie die anderen in der Familie an Roberts Bitte gehalten, ihn in Ruhe zu lassen. Zurückhaltung galt in ihrer Familie als gute Erziehung. Aber der Mutter reichte es. Sie hatte ihren kranken Sohn seit fast zwei Monaten weder gesprochen noch gesehen. Sie ließ ihm einfach ausrichten, sie käme nicht seinetwegen, sondern wegen Leila. »Ich will mein Enkelkind sehen.«

Die Mutter saß schon in der Küche in Empede, als er am nächsten Abend vom Training kam. Eine Regung in ihm funktionierte noch. Die Anwesenheit der Mutter begeisterte ihn nicht, aber sie entspannte ihn wie früher. Sie machte Rotwein auf, und er trank sogar ein Glas mit. Eine unterschwellige Förmlichkeit wich nicht aus ihrem Gespräch, weil die Mutter spürte, dass da etwas war, was sie nicht berühren durfte. Aber er bemühte sich um ein Gespräch, was mehr war, als er derzeit den meisten zugestand. Er erzählte ihr sogar ein wenig von den Tiefen seiner Krankheit. Als sie sich schließlich vom Tisch erhoben, war es halb elf. So lange war er schon seit Wochen nicht mehr aufgeblieben.

Am nächsten Morgen umarmte er seine Mutter, »schön, dass du hier warst«, machte sich auf den Weg zum Training, und als er wiederkam, war es, als ob es die Entspannung des Vorabends nie gegeben hätte.

»Magst du einen Espresso?«, fragte Teresa nach dem Mittagessen.

»Nein.«

»Aber du hast doch immer einen Espresso getrunken.«

»Jetzt eben nicht.«

Er wollte sich bestrafen. Er verdiente keine schönen Momente, und gestern hatte er ein Glas Rotwein getrunken, dafür musste er sich umso mehr bestrafen.

Die Mutter erzählte dem Vater von ihrem Besuch.

»Ich komme nicht an ihn heran«, sagte Dirk Enke.

»Na, dann mach es doch so wie ich und fahr einfach hin.«

»Nein, ich will mich nicht aufdrängen. Er ist ein erwachsener

Gisela Enke mit ihrem Sohn Robert auf dem Rücken.

Mensch, wenn er mich nicht sehen will, muss ich das respektieren.«

Doch schließlich fand der Vater einen Weg, die eigene Zurückhaltung zu umgehen. Sein Schwiegersohn hatte sich ein neues Auto gekauft, es war in der Volkswagenfabrik Hannover abzuholen. Er könne das doch machen, sagte Dirk Enke. Er sei sowieso in der Nähe, deshalb würde er einmal vorbeikommen, sagte er Teresa am Telefon. Sie holte ihn vom Bahnhof ab. Robert öffnete seinem Vater die Tür in Empede. Zur Begrüßung sagte er: »Na, hast du ein Glück, dass du mich noch lebend siehst.«

Robert machte keine Anstalten, seine Gereiztheit wegen des Besuchs zu verstecken. Die Aggressivität schaukelte sich hoch.

»Hast du denn den *Schwarzen Hund* wirklich gelesen?«, fragte der Vater am Küchentisch.

»Natürlich.«

»Wie oft?«, kam sofort scharf die nächste Frage.

»Das Gespräch gefällt mir nicht. Ich gehe ins Bett«, sagte Robert und stand auf. Es war kurz vor halb zehn.

»Dann reden wir morgen?«

»Morgen reden wir nicht.« Er war schon auf dem Weg aus der Küche.

Dirk Enke hätte nicht Psychotherapeut sein müssen, um zu erkennen, dass die Depression seinem Sohn nicht mehr viel von seiner wahren Persönlichkeit ließ.

Manchmal stutzten die Kollegen bei Hannover 96. Tommy Westphal bekam merkwürdige SMS-Nachrichten von ihm. »Wann ist morgen Training?« »Wann ist vor dem Spiel Bettruhe?« Warum fragte er das? Das wusste Robert doch alles, das vergaß einer wie Robert doch nicht.

Arnold Bruggink, der seit über drei Jahren mit ihm in Hannover spielte, fiel auf, dass Robert im Trainingsspiel kaum noch Emotionen zeigte.

»Alles in Ordnung, Robert?«

»Ja klar, geht schon.«

Die Antworten, die sie von ihm nicht erhielten, gaben sich Tommy Westphal und Arnold Bruggink dann selbst. Vielleicht schlief Robert wenig, weil ihn seine Tochter nachts auf Trab hielt. Sicher nagte es an ihm, dass er immer noch nicht spielen konnte, dass er die Nummer eins in der Nationalelf erst einmal verloren hatte.

Der Herbstregen hatte den Rasenplatz aufgeweicht, Robert Enke klebten Grashalme im Gesicht. Nach solch einem Training sagte Torwarttrainer Jörg Sievers zu ihm: »Das war super heute, bald bist du wieder so weit.« Sievers meinte es gut mit ihm. Er bekam Panik. Er konnte unmöglich spielen mit seinem Kopf, auch nicht mit seinem Körper, bemerkte denn niemand außer ihm, wie seine Muskeln schwanden?

»Er war körperlich nicht in Hochform, aber er war auf Bundesliganiveau«, sagt Jörg Neblung. »Er sah es nur nicht mehr.«

Er saß abends am Küchentisch, vor ihm türmte sich ein Berg

aus Kaubonbon- und Schokoladenpapier. Es war sein Nachtisch. Zuvor hatte er eine Pizza für zwei und ein Schälchen Eis gegessen. Von den neuen Psychopharmaka, die ihm Valentin Markser verschrieben hatte, bekam er Heißhunger.

Jörg saß ihm gegenüber am Tisch. Er war aus Köln gekommen, zum wievielten Mal, wusste er nicht mehr, er war mehr für ihn da als für seine Familie. »Um das Spiel gegen Stuttgart am Samstag kommst du noch herum«, sagte Jörg. »Aber dann hast du fünf Wochen ausgesetzt, seit die Bakterien entdeckt wurden. Die Journalisten sehen, wie du jeden Tag im Training hältst.« Jörg sprach es nicht aus: Nächste Woche musste Robert Enke entweder wieder spielen oder sich offenbaren.

ZWANZIG

Die verstummte Fröhlichkeit der Xylofone

Das Autoradio schaltete sich automatisch ein, als er den Zündschlüssel im Schloss umdrehte. Er ließ die Musik laufen, er hörte sie sowieso nicht. Die B6 war frei, es war Sonntagmorgen, weit und breit nichts zu sehen, was die Situation verhindern konnte, auf die er zusteuerte. Gestern hatte Hannover 1:0 gegen den VfB Stuttgart gewonnen. Das letzte Spiel war vorüber, bei dem er glaubhaft eine Schonfrist gehabt hatte.

Er war auf dem Weg zum Stadion. Am liebsten würde er sich richtig dämlich anstellen im Training, dann würden alle erkennen, dass er noch nicht spielen konnte. Aber wenn er nicht gut trainierte, würden sich alle fragen, was mit ihm los sei, dann würde ihn sicher jemand durchschauen.

Was half es überhaupt, wenn er um das Spiel am Samstag herumkam? Dann wartete am Samstag danach bloß das nächste Spiel. So weit ihn seine Angst vorausblicken ließ, sah Robert Enke nur Prüfungen, an denen er scheitern würde, scheitern musste.

Der Montag war trainingsfrei. Eine Prüfung weniger – ein Tag mehr, an dem er zu viel Zeit hatte, sich Gedanken zu machen. Teresa kam an sein Bett, um ihm beim Aufstehen zu helfen. Manchmal musste sie mehrmals zurückkommen, bis er es schaffte. Wenn Jörg da war, riss er das Fenster auf, nahm Robert das Kopfkissen weg und rief: »Komm, Robbi, liegen bleiben geht nicht, du musst da raus, es ist nur dein Kopf, nicht du!« Robert blieb meistens unbeweglich liegen und schwieg. Auch an diesem Morgen war es nicht anders. Teresa ging wieder aus dem Schlafzimmer und rief alle paar Minuten von der Treppe »Robbi, aufstehen!« zu ihm hinauf, an welchen Irrsinn man sich gewöhnen konnte. Einmal war sie so verzweifelt gewesen, dass sie gegen das Bett trat. Sie ging wieder zu ihm ins Zimmer, der Raum hatte nur zwei schmale Fenster, wenn sie wenigstens ein helleres Haus hätten, damit er sich nicht so einfach vor dem Tag verkriechen konnte. Er lag im Bett und tat, als sehe er sie gar nicht. Auf einmal jedoch sagte er mit Verzweiflung in der Stimme: »Ich will am Samstag nicht spielen!«

Er blieb den ganzen Vormittag liegen.

In den nächsten Tagen konkurrierten die Ängste miteinander. Die Angst, spielen zu müssen, wurde von der Angst, entdeckt zu werden, gejagt. So fuhr er jeden Tag zum Training.

Dort fragten ihn die Sportreporter, ob er am Samstag gegen den 1. FC Köln wieder im Tor stehe. »Das muss ich noch mit dem Trainer besprechen.« Es war Donnerstag.

Die Sportreporter hatten das Training gesehen und schrieben, es sei davon auszugehen, dass Robert Enke in Köln ins Team zurückkehre.

Am Freitag würde die Mannschaft nach dem Vormittagstraining nach Köln aufbrechen. Teresa spielte mit Leila im Kinderzimmer, als er am Morgen die Treppe hinunterkam.

»Wie geht es heute?«

»Ich kann nicht spielen! Schau dir doch meine Oberschenkel an, da ist doch nichts mehr, alle Muskelmasse ist weg.«

Sie hatte den Satz bereits dreißig Mal gehört, und dreißig Mal hatte sie geantwortet: »Robbi, du hast doch die ganze Zeit trainiert, deine Beine sind so stark wie eh und je, es ist nicht zu Ende!«

Diesmal antwortete sie: »Schau, es hat doch alles keinen Sinn mehr. Lass uns in die Klinik fahren.«

Einen Moment sagte er nichts, und dann einfach nur: »Okay.«

Er wollte in die Privatklinik Bad Zwischenahn einchecken. Valentin Markser hatte ihm die Klinik vor Wochen empfohlen, sie hatten das Szenario durchgespielt, was wäre, wenn sich Robert einweisen lassen würde. Robert Enke setzte sich zu Leila auf den flauschigen Teppich des Kinderzimmers. Teresa holte das Informationsblatt der Klinik und rief im Gehen bereits Valentin an.

»Wir machen es«, sagte sie. Markser fragte nach, wie es Robert ginge. Also, sagte er dann, er würde sofort Chefarzt Friedrich Ingwersen in der Klinik anrufen, um sie anzukündigen. Er melde sich danach wieder.

In der Zwischenzeit riefen sie Jörg an.

»Wir fahren in die Klinik.«

Jörg wurde von seiner eigenen Regung überrascht. Er war erleichtert. »Okay, dann seht aber zu, dass ihr das Haus schon verlassen habt, wenn es publik wird«, sagte er.

Teresa musste kurz ins Bad. Sie schaffte es, die Tränen zurückzuhalten, bis sie die Tür hinter sich geschlossen hatte. Aus der Traum, dass sie wieder ihr altes, schönes Leben finden würden. Jetzt war es vorbei. Und im nächsten – oder war es noch im selben? – Moment dachte sie: Endlich ist es vorbei.

Valentin Markser rief wieder an. Doktor Ingwersen sei heute nicht in der Klinik. Aber er habe sich erkundigt, ein anderer Arzt werde sie empfangen, der Mann erwarte ihren Anruf. Teresa notierte den Namen des Arztes.

Sie überlegte laut: »Wir sollten aber auch das Jugendamt anrufen, bevor sie es aus der Zeitung erfahren.« Was würde man dort sagen, wenn bekannt wurde, dass sich Leilas Adoptivvater wegen Depressionen behandeln lassen musste? Konnten sie ihm die Tochter wegnehmen? Er hatte zu viele andere Ängste, um sich darüber auch noch Sorgen zu machen. Er wählte die Nummer des Jugendamts, ohne zu zögern.

Teresa hatte auf dem Anruf bestanden, weil sie wusste, dass es kein Zurück mehr gab, sobald die Adoptionsbeauftragte eingeweiht war. Dann konnte er nicht mehr auf der Fahrt nach Bad Zwischenahn plötzlich umdrehen.

Die Kollegin sei nicht da, sagte eine fremde Frauenstimme am Telefon. Solle sie etwas ausrichten?

»Nein, danke.«

Als er aufgelegt hatte, hielt er immer noch das Informationsblatt in der Hand. Ein beißender Geruch stieg Teresa in die Nase.

»Was ist das?«

»Ich schwitze so.«

»Dann rufe ich da jetzt an?«, fragte sie und wartete, dass er ihr das Blatt mit der Telefonnummer der Klinik reichte.

»Gleich.« Er wollte erst ins Bad gehen, um sich zu waschen.

Zwei Minuten später kam er mit nacktem Oberkörper in Leilas Zimmer gestürmt.

»Ich fahr jetzt zum Stadion! Ich spiele morgen.«

»Robbi, schau dich doch an, du kannst doch nicht spielen!«

»Ich spiele!«

»Lass uns wenigstens Valentin und Jörg noch einmal anrufen.«

Doktor Markser wollte mit ihm reden. Augenblicklich war Robert Enkes Stimme ruhig, seine Argumentation vernünftig. Er wollte es noch einmal probieren. Die Option mit der Klinik würde er sich offenhalten.

Einen Mann, der klar sagte, er wolle Fußball spielen, der jeden Selbstmordgedanken abstritt, konnte Valentin Markser nicht zwingen, in eine Klinik zu gehen.

»Ihr habt immer noch die Möglichkeit, dass Robbi vor dem Spiel aussteigt«, sagte Jörg. »Er soll dann einfach beim Aufwärmen einen Muskelfaserriss vortäuschen.«

Robert zog sich an.

»Ich fahre dann.«

»Wie? Alleine?«

»Ja, alleine.«

»Das geht nicht, Robbi.«

Teresa rief wieder bei Valentin Markser an.

Er dürfe auf keinen Fall alleine fahren, unter keinen Umständen, sagte Doktor Markser und brauchte nicht mehr zu erklären, warum. Sie ließen Leila bei der Haushälterin und waren auf dem Weg. Aus dem Auto rief Teresa bei Markus Witkop an, dem Physiotherapeuten. Robert könne sich seine Muskelfaser reißen, wann er wolle, noch heute beim Abschlusstraining, morgen beim Aufwärmen, während des Spiels oder von ihm aus auch im Hotel, sagte Witkop. Er werde seinen Teil dazu beitragen, dass es nicht rauskomme.

Teresa wartete während des Trainings im Auto, damit die

Sportreporter keinen Verdacht schöpften. In die Stadt zu gehen traute sie sich nicht, denn was, wenn er während des Trainings ausstieg und sie dann nicht in der Nähe war?

Hannover 96 übte eigene Eckball- und Freistoßvarianten, zum Abschluss ließ der Trainer die Mannschaft zweimal zehn Minuten frei spielen, damit sie sich austoben konnten. Beim Auslaufen trabte Robert Enke mit Hanno Balitsch fünfzehn Meter hinter dem Rest der Mannschaft her.

»Hanno, ich kann morgen nicht spielen.«

»Wie, du kannst morgen nicht spielen?«

»Ich habe müde Beine, ich kann mich überhaupt nicht vom Boden abdrücken.«

»Robs, du hast gerade im Training drei Bälle gehalten, die kein anderer in Deutschland hält, und du willst mir erzählen, du hättest keine Kraft in den Beinen?«

»Ich fühle nicht mehr, wie ich springe. Ich fühle einfach gar nichts mehr.«

»Dann spielst du halt morgen mal ohne Gefühl, vor 50000 in Köln. Dann muss es halt reichen, dass ich dir sage: Du wirst trotzdem überragend halten.«

Aus dem Auto sah Teresa ihn auf sich zukommen.

»Ich fahre mit der Mannschaft mit«, sagte er.

Die Mannschaft nahm den ICE nach Köln. Die Spieler liefen mit Kopfhörern durch den Hauptbahnhof. Er sicherte sich sofort einen Einzelplatz am Fenster.

Tommy Westphal stutzte. »Hast du mich vergessen?«

Im Bus saß Robert immer neben Hanno, im Zug immer neben Tommy.

»Ach so, nein«, antwortete Robert und machte keine Anstalten, sich in eine Zweierreihe umzusetzen.

Er wirkt müde, dachte sich Tommy Westphal, er will wohl mal seine Ruhe haben. Kurz fiel Tommy ein, worüber er sich unter der Woche gewundert hatte. Robert hatte, mitten in der Saison, bestimmt fünfzehn oder zwanzig Paare seiner Torwarthandschuhe an Fans verschickt. Das machte er ansonsten immer nur in der Winter- oder Sommerpause, wenn er wusste, dass die neue

Lieferung kam. Auf der Zugfahrt hätte er Robert fragen können, was sich hinter dieser Aktion verbarg, aber jetzt musste er sich einen anderen Sitzplatz suchen. Na ja, dachte sich Tommy, vielleicht bekommt er dieses Jahr aus irgendwelchen Gründen die neue Handschuhlieferung schon Anfang November.

Nachdem Robert aufgebrochen war, fragte sich Teresa, was sie nun eigentlich machen sollte.

»Du musst nicht extra nach Köln fahren«, sagte ihr Jörg. Er schaue am Abend im Hotel vorbei, und ansonsten seien Hanno und Witti an Roberts Seite.

»Aber ich glaube, für mich ist es schlimmer, wenn ich nicht in Köln bin.«

Am Abend im Hotel sah Tommy Westphal Robert mit Teresa, Jörg und Markus Witkop in der Lobby zusammensitzen. Klar, dachte er sich, Jörg wohnte in Köln, Teresa wollte wahrscheinlich das Spiel nutzen, um Jörg und seine Frau Tina zu besuchen, sie hatten doch auch vor Kurzem ein Kind bekommen, wenn er sich richtig erinnerte. Tommy Westphal versuchte vergeblich, mit jemandem aus der Gruppe Blickkontakt aufzunehmen, und ging weiter. Sie schienen in ein ernstes Gespräch vertieft.

»Mensch, es tut mir leid, dass ich dich da jetzt auch noch mit reinziehe«, sagte Robert Enke zu Markus Witkop.

»Kein Problem.«

»Aber du kriegst doch auch Ärger, falls das rauskommt.«

»Ich möchte das für dich tun.«

Jeder im Fußballgeschäft, der einen Rest Sensibilität besitzt, wird von einem schlechten Gewissen gequält, weil er seine Frau und Kinder an so vielen Abenden und Wochenenden nicht sieht. Für Jörg Neblung war der Samstag einer der Tage, an denen er Tina unter keinen Umständen allein lassen wollte. Er hatte für dieses Wochenende ihren Umzug geplant.

Während Jörg Kisten im neuen Haus auspackte, ging Sebastian Schmidt, ein Mitarbeiter seiner Agentur, mit Teresa zum Fußball. Eine Stunde vor Anpfiff standen sie im Stadion und hatten keine Ahnung, ob Robert Enke gleich auf den Rasen laufen würde oder ob ihn gerade in der Kabine die Angst überwältigte.

»Ich brauche erst einmal einen Sekt«, sagte Teresa.

Er erschien zum Aufwärmen auf dem Rasen. Er wirkte konzentriert und kräftig in seinem engen schwarzen Trainingsanzug. Sein Gesicht war wieder voller geworden, von all den Pizzas für zwei und den Kaubonbons. Wer ihn kannte, wer genau hinsah, wunderte sich, warum er manche Schüsse seines Torwarttrainers apathisch passieren ließ.

Eine Viertelstunde vor Anpfiff kehrten die Mannschaften in die Umkleidekabinen zurück, um die Trikots anzuziehen. Der Trainer sprach noch mal ein paar Worte, den Ball in der Abwehr ruhig hin und her passen, lieber noch mal zurück statt zu riskant nach vorne. Hannover war unter dem neuen Trainer Andreas Bergmann auf Platz elf der Bundesliga geklettert. Sie waren wieder dort, wo sie hingehörten.

Die Spieler nahmen im Gang vor den Umkleidekabinen Aufstellung. Draußen auf dem Rasen wartete das Spalier der Cheerleaderinnen in roten Röckchen auf sie. Der Stadionsprecher hatte das Vereinslied aufgelegt, »en Rio, en Rom, Jläbbisch, Prüm un Habbelrath« gebe es FC-Fans, sangen *De Höhner*, die Fans wedelten mit ihren rotweißen Schals dazu, und als es ruhig wurde, marschierte der Schiedsrichter voraus. Robert Enke stand als Kapitän direkt hinter ihm. In der rechten Hand trug er seine Torwarthandschuhe, an der linken hielt er einen schwarzhaarigen Jungen, der als ein Maskottchen für das Spiel ausgewählt worden war. In dem Moment, als der Schiedsrichter sich in Bewegung setzte, als es hinausging, bog Robert Enke ruckartig seinen Kopf nach rechts, als wolle er ihn auf seine Schulter legen. Es war dieselbe Bewegung, an der Teresa vor zehn Jahren im Einkaufszentrum in Lissabon erkannt hatte, dass die Angst in ihm war.

Die Kapitäne mussten zur Seitenwahl in den Mittelkreis.

»Weiß oder gelb, Herr Enke?«, fragte der Schiedsrichter.

»Weiß.«

Der Schiedsrichter warf die Münze in die Luft und fing sie wieder.

»Weiß!«

Er durfte entscheiden, auf welcher Seite seine Mannschaft in der ersten Halbzeit spielte. Mannschaften haben ihre Vorlieben, manche spielen auswärts lieber zunächst auf der Seite ihrer Fans. Die Mannschaftskapitäne haben sich deshalb lange vor der Wahl überlegt, in welcher Spielfeldhälfte sie beginnen möchten. Robert Enke schaute hektisch hinter sich zum einen Tor, schaute noch vorne zum anderen Tor, fasste sich an die Nase und sagte: »Ähmmm.«

Fünf Sekunden überlegte er schon. Schiedsrichter Helmut Fleischer, ein Mann mit unterdrücktem Schalk im Gesicht, sah ihn verwundert an.

»Wir bleiben stehen«, sagte Robert Enke schließlich, was im Fußballjargon hieß, seine Elf würde in der Spielfeldhälfte beginnen, in der sie sich gerade den Ball zuschob.

»Alles klar!«, rief der Schiedsrichter fröhlich.

Helmut Fleischer, Orthopäde bei der Bundeswehr in Fürstenfeldbruck, pfiff die Partie an, und es begannen zwei völlig verschiedene Spiele. 45 000 sahen Robert Enke, der in einer gewöhnlichen Bundesligabegegnung nach irgend so einer Infektion wieder im Tor stand. Teresa und Sebastian sahen Robert, der das riskanteste Spiel seiner Karriere begann.

Zu den Nebenwirkungen der Antidepressiva gehörte es, dass sie die Reaktionen verlangsamten. Wie konnte ein Torwart, der unter diesem Medikamenteneinfluss stand, ein Bundesligaspiel bestreiten? Konnte ein Mann, der am Blumenstand von der Frage »drei oder sieben Rosen?« überfordert wurde, sich bei einer Flanke auf höchstem Wettkampftempo entscheiden, ob er hinauseilte oder nicht? Konnte sich ein Patient, der nicht mehr die Konzentration für komplizierte Sätze aufbrachte, neunzig Spielminuten in höchster Alarmbereitschaft halten?

Der Ball lief vom Anstoß weg durch das Kölner Mittelfeld, kein Hannoveraner kam heran. Nicht einmal eine halbe Minute war vorüber, als Lukas Podolski den Ball abrupt aus vierzig Metern steil und flach in den Hannoveraner Strafraum passte. Robert Enke rannte dem Ball entgegen.

45 000 raunten kurz enttäuscht, weil Enke den Steilpass abgefangen hatte, ohne dass ein Kölner Stürmer auch nur in die Nähe gekommen war. Teresa und Sebastian schrien vor Begeisterung.

Es war für einen Torwart nur eine Alltagstat gewesen. Aber es ließ sich nicht übersehen, wie gedankenschnell und entschlossen er den Steilpass abgelaufen hatte. Auf dem Spielfeld hatte er kaum Zeit nachzudenken, das war sein Glück. Der Instinkt eines Torwarts, in zwanzig Jahren geschult, entschied für ihn.

Aber konnte er die Konzentration halten?

Langsam, vorsichtig schob Hannover den Ball durch die eigene Abwehr, hatten die Kölner den Ball, machten sie es genauso. Sobald das Spiel dann im Mittelfeld Fahrt aufnahm, unterliefen beiden Teams grobe Fehler. Gelegentlich offenbarte Hannover ein wenig Esprit. Köln dagegen enttarnte sich als Team ohne auch nur halbwegs passables Angriffskonzept. Auf die banalste Art versuchte der FC immer wieder, den Ball steil in den freien Raum hinter Hannovers Abwehr zu passen. Robert Enke musste einige Male harmlose Steilpässe ablaufen.

Teresa und Sebastian jubelten jedes Mal, wenn er den leichtesten Ball in den Händen hielt. Was ist denn mit denen los, fragten die Blicke ihrer Tribünennachbarn.

Endlich einmal brach Podolski auf dem linken Flügel energisch durch, er flankte, und Robert Enke fing den Ball sicher ab. 45 000 hatten eine tadellose Aktion des Torwarts gesehen. Wer um seine Krankheit wusste, erkannte dagegen in dieser Szene, dass er nicht auf der Höhe war: Er hatte am vorderen Pfosten gestanden, nicht, wie er es neuerdings wollte, mehr in der Mitte des Tors. Sein Instinkt spulte die Bewegungen ab, die er sich seit der Jugend angeeignet hatte; für kompliziertere Manöver fehlten ihm Aufmerksamkeit und Kraft.

Teresa sah, wie er immer wieder den Körper anspannte, wenn der Ball in der anderen Spielhälfte, weit weg von ihm war. Er wandte unglaubliche Kraft auf, um die Konzentration nicht zu verlieren.

Nach 37 Minuten brachte Jan Rosenthal Hannover 1:0 in Führung. Aber das Tor änderte nichts. Köln passte den Ball steil und schlecht. Mehr fiel der Elf nicht ein. Ein Eckball noch für Köln, dann würde Halbzeit sein.

Lukas Podolski nahm Anlauf. Der Ball flog auf Höhe der Fünfmeterlinie, in der Mitte stand Robert Enke und sollte ihn unbedrängt abfangen können. Doch während der Ball schon auf dem Weg war, stieß Robert mit der rechten Hand Jan Rosenthal nach vorne, um mehr Platz zum Hochspringen zu haben. Der Stupser brachte ihn selbst für den Bruchteil einer Sekunde aus dem Gleichgewicht. Er sprang zu spät hoch, um den Ball in idealer Haltung abzufangen.

Diesmal schrien die 45 000 zusammen mit Teresa und Sebastian.

Er hatte den Ball fallen gelassen. Kölns Pedro Geromel trat danach, drei Meter vor dem Tor.

Geromel erwischte den Ball nur mit der Fußspitze. Der Ball flog hoch in die Luft statt auf das Tor, Robert Enke, schon wieder sicher, fing ihn ab und versuchte, ihn sofort einem Mitspieler zuzuwerfen, damit es weiterging.

Das passierte Robert Enke sonst nie, raunten die Sportreporter. Es war sein erstes Spiel nach dieser Infektion, erklärten sie sich im nächsten Satz die Unsicherheit.

Die Fernsehkamera fing sein Gesicht ein. Es schien starr vor Konzentration, da war kein Ärger, keine Nervosität. Es würde die gesamten neunzig Minuten gleich aussehen. Nur eines schien merkwürdig. Für einen Torwart atmete er schwer.

Teresa zupfte sich an den Fingernägeln. Es war Halbzeit. Es blieben noch 45 Minuten, in denen sich der Schrecken des Eckballs wiederholen konnte.

Doch seine Mannschaft beschützte ihn. Sie verteidigte schon im Mittelfeld mit Nachdruck, in ihren Kontern tauchte sogar etwas wie Spielwitz auf. Köln belästigte ihn kaum noch. In einem mitreißenden Reflex faustete er einen Weitschuss von Petit ins Toraus, es sollte in den Augen der 45 000 die einzige schwere Prüfung bleiben. Tatsächlich war es beeindruckend, vielleicht auch unglaublich, wie wach er war. Er spielte sehr offensiv, jede Chance, einen Steilpass abzulaufen, ergriff er sofort, auch außerhalb des Strafraums. Als Schiedsrichter Fleischer den 1:0-Sieg mit dem Schlusspfiff bestätigte, rannte Hanno Balitsch sofort zu ihm.

»Das war der erste Schritt zurück«, sagte Robert, während der Freund ihn umarmte.

Auf der Tribüne fragte ein Fan Teresa: »Was ist denn mit dir los?« Sie weinte.

Die Mannschaft, die Trikots aus den Hosen, marschierte zu ihren Fans, Robert Enke ging unter ihnen und klatschte die Hände der Fans ab. Auf dem Rückweg gab Hanno Balitsch ihm einen übermütigen Stupser mit der Brust.

Er sah Teresa auf der Haupttribüne hinter der Werbebande stehen. Sie umarmte ihn, die Tränen liefen immer noch. »Ich bin so stolz auf dich, Robbi.« Er lächelte.

»Ich habe wieder etwas gespürt«, sagte er zu Markus Witkop.

Auf dem Rückweg, diesmal im Bus, legte Hanno Balitsch einen Film in den Laptop ein. Er hatte einen Doppelstecker für zwei Kopfhörer gekauft, damit Robert mit ihm Filme schauen konnte. Zwischendurch schrieb Robert Teresa SMS-Nachrichten. »Fahr nicht so schnell«, und: »Bist du schon betrunken?«

Einfühlungsvermögen und Humor, zwei Regungen, die die Depression zunichte machen, schimmerten wieder durch.

Teresa wartete schon am Stadion in Hannover, als der Mannschaftsbus gegen neun am Abend ankam. Vielleicht konnten sie noch etwas essen gehen, hoffte sie, ein bisschen – das Wort schien ihr angemessen – feiern.

»Und, wie geht's dir?«, fragte sie, als er sich neben ihr anschnallte.

»Schlecht.«

Das Wort schlug ihr in den Magen.

»Nicht ein kleines bisschen besser?« Ihre Stimme klang sanft, als bettele sie um eine positive Antwort.

»Nein.«

Er wollte nach Hause. Dort legte er seine Torwarthandschuhe zum Trocknen ins Bad, nahm eine Schlaftablette und ging ins Bett.

Teresa saß in der Küche und erinnerte sich an all die großartigen Momente des Nachmittags in Köln, der abgelaufene Steilpass in der ersten Spielminute, seine innige Umarmung mit Hanno, sein Lächeln, als er nach dem Spiel zu ihr kam. Als sie sein Lächeln gesehen hatte, war sie sich sicher gewesen, dass das Spiel ihm geholfen hatte.

»Heute kommen mir die Worte aus seinem Abschiedsbrief in den Sinn«, sagt Hanno Balitsch. »Er schrieb, dass er uns in seinen letzten Wochen alle getäuscht hat; dass er nur so tat, als ginge es ihm besser. Von daher fürchte ich, er sagte einfach nur das, was wir hören wollten, als er direkt nach dem Spiel zu mir kam und sagte: ›Das war der erste Schritt.‹«

Der Sonntag lag wie eine Wüste vor ihnen. Die Enttäuschung, dass das Spiel nichts an seiner Stimmung geändert hatte, lähmte Robert. Für einen Moment glaubte Teresa, alleine werde sie nicht mehr mit der Situation fertig.

Sie rief bei den Wilkes an.

»Biene, wir brauchen Programm, wir müssen irgendetwas machen, können wir nicht was zusammen unternehmen?«

Sabine Wilke sprach mit ihrem Mann, sie telefonierte mit ihrer Schwester Ines, auf einmal spürten sie einen unheimlichen Druck, was sollten sie denn machen?

Der Käsekuchen, fiel Ines dann ein. Ihren Käsekuchen hatte Robert doch immer gemocht. Sie machte sich ans Backen.

Am Nachmittag saßen alle bei Ines und Jürgen am Tisch, Robert und Teresa, Uli und Sabine und die Kinder. Bevor Ines den Kuchen anschneiden konnte, sprang Robert wieder auf. Er musste ins Bad.

»Wo bleibt er denn?«

»Ich gehe ihn holen!« Teresa rückte ihren Stuhl nach hinten. Sie klopfte an die Badtür und ging nicht weg, bis er herauskam.

Er setzte sich, er lobte den Käsekuchen, aber nach einigen Minuten stand er schon wieder hektisch auf.

»Was brauchst du denn, Robbi?«

»Ich hole mir nur ein Schöfferhofer aus dem Kühlschrank.«

»Warte, ich bringe es dir doch.«

»Nein, nein.«

Er blieb in der Küche, bis Jürgen zu ihm kam.

Wenig später ging er schon wieder auf Toilette. Kaum zurück, verkündete er, er schaue sich mal die Wohnung an. Eine Viertelstunde lang wanderte er durch die Zimmer. Er kannte die Wohnung von Ines und Jürgen längst.

Er schaffte es nicht mehr, am Tisch zu sitzen und sich zu unterhalten, während ihm gleichzeitig die Gedanken durch den Kopf schossen. Warum nur hatte ihm sein Comeback keine Zufriedenheit gebracht, wie sollte es je wieder gut werden, wenn nicht einmal nach diesem Spiel irgendetwas besser wurde? Warum machte er nicht einfach Schluss mit diesem Wahnsinn?

Er ging durch die Wohnung, sein Körper verlangte nach Bewegung, um die Gedanken abzuschütteln.

Die anderen blieben im Wohnzimmer und versuchten vor ihm zu verbergen, wie sehr sie sein Verhalten beunruhigte. Es war ein natürlicher Reflex im Umgang mit depressiven Menschen. Die Freunde glaubten aus Rücksicht auf ihn so tun zu müssen, als sei alles normal. Sie wollten ihn nicht noch an sein Leiden erinnern. So ist ein depressiver Mensch nicht nur ein Schauspieler, sondern macht die meisten um ihn herum zu Komparsen.

Er schrieb schon länger keine ganzen Sätze mehr in sein schwarzes Buch.

2. November 2009. Nur Selbstvorwürfe.

Er war nun seit drei Monaten krank. Bei seiner ersten Depression hatte er zu diesem Zeitpunkt abends mit Jörg schon wieder Komödien angesehen und gemerkt: Er spürte gelegentlich wieder Freude. Fünf Jahre später fühlte er immer nur dasselbe: dass es schlimmer wurde.

Ein Klang war schon seit Wochen aus ihrem Bauernhaus in Empede verschwunden. Die Fröhlichkeit der Xylofone, der enthusiastische Marsch der Trommeln, wenn sein Handy klingelte und eine rauchige, mächtige Frauenstimme sang: »Como la rabia de amar, como un asalto de felicidad.« Er hatte, in guten Zeiten, das Lied *Alegría* des *Cirque du Soleil* zu seinem Klingelton gemacht, die Strophe: »Wie die Wut des Liebens, wie ein Überfall des Glücks.« Nun hatte er das Handy durchgehend auf lautlos gestellt.

Es blinkte wieder einmal in der Küche. Er nahm praktisch keine Anrufe mehr entgegen, das Blinken des Telefons machte ihm Angst, was sollte er denn sagen, was wollte denn schon wieder jemand von ihm?

»Wer ist es denn?«, fragte ihn Teresa. Wenn sie ihn wenigstens wieder dazu brachte, ans Telefon zu gehen, würde ihm das vielleicht ein wenig Zufriedenheit verschaffen. Er sah auf das Display.

»Der Alex Bade.«

»Er hat es doch schon fünfmal versucht. Geh doch bitte hin, Robbi.«

Er überwand sich.

Alex Bade, der Torwarttrainer des 1. FC Köln, wollte hören, ob es eine Möglichkeit gebe, Enke nächste Saison zum FC zu locken. Robert Enkes Vertrag in Hannover endete in acht Monaten, Ende Juni 2010.

»Ich kann noch gar nicht sagen, was ich machen werde«, antwortete er Bade. Und das Gespräch endete, kaum dass es begonnen hatte, weil Robert Enke fast nichts sagte.

Aber danach lag das Handy vor ihm, und er sammelte seinen Mut.

»Ich müsste auch den Lothar Bisinger anrufen.« An seinen Torwarthandschuhen störte ihn eine riesige Winzigkeit. Wenn er den Klettverschluss am Handgelenk schloss, bildete sich auf der Handschuhoberseite eine ganz kleine Falte.

»Ruf ihn doch an«, ermunterte ihn Teresa.

Er schilderte Bisinger das Problem, und wie immer sagte sein Mann für die Handschuhe, kein Problem, das regle er sofort.

Das Gespräch hatte keine Minute gedauert.

»Wie gut, dass ich das erledigt habe«, sagte Robert Enke in der Küche. »Das hat mich schon seit Wochen belastet.«

Aus solchen Triumphen des Alltags schöpfte Teresa Hoffnung und Courage für ganze Tage. Etwas Positives gab es doch. Man musste nur in den kleinsten Details danach suchen.

Sie überredete ihn, sich die Klinik in Bad Zwischenahn anzusehen. »Einfach nur einmal schauen«, sagte sie.

Doktor Ingwersen gab ihnen einen Termin für Donnerstagnachmittag, den 6. November.

Er sagte sofort zu Teresa, da könne er nicht, er habe bis mittags Training, sie kämen niemals rechtzeitig nach Bad Zwischenahn. Es waren 150 Kilometer ins Ammerland, wo die stillen Landstraßen und der weite Horizont eher Radwanderer als eilige Autofahrer anzogen.

»Robbi, sag dem Trainer, du müsstest ein wenig früher gehen, wir müssten mit Leila zu einer Spezialuntersuchung, deine Frau wolle da nicht alleine hin.«

Die Nervenklinik in Bad Zwischenahn war wie ihr eigenes Haus ein umgebauter Bauernhof aus Klinkerstein. Es gab Vollwertküche, drahtloses Internet und einen privaten Zugang zum Zwischenahner Meer. Wer nicht ganz genau hinschaute, konnte glauben, in einem Landhotel der gehobenen Klasse gelandet zu sein. Robert Enke ließ sich alles zeigen, alles erklären, ohne eine Frage zu stellen. Er werde darüber nachdenken, sagte er Doktor Ingwersen zum Abschied.

Als sie wieder ins Auto einstiegen, sagte er, noch ehe er sich anschnallte: »Da gehe ich nicht hin!«

»Jetzt lass es doch erst einmal auf dich wirken.«

»Ich bin Nationaltorwart, ich kann doch nicht in eine Klinik gehen.«

»Robbi, in dieser Klinik sitzen Rechtsanwälte, Uniprofessoren, Unternehmer! Meinst du, für die war es einfacher, hierherzukommen? Aber sie haben es getan, weil es manchmal die einzige Lösung ist.«

»Das ist etwas ganz anderes als mein Fall. Wenn es bei denen rauskommt, ist es nicht so schlimm.«

»Ein Rechtsanwalt oder ein Hausarzt, bei dem es sich im Ort herumspricht: ›Der ist depressiv‹, hat genauso ein existenzielles Problem wie du. Und die schaffen es auch, ein Leben danach zu finden!«

Ihre Diskussion endete im Schweigen. Wie immer, wenn sich ein Streit zwischen ihnen anbahnte, hörten sie irgendwann einfach auf und versuchten, die Auseinandersetzung zu vergessen. Diesmal schlief er einfach ein.

Die frühe Dunkelheit des Novembers war hereingebrochen. Teresa schmerzten die Augen, weil sie sich ununterbrochen auf die Bundesstraße konzentrieren musste, und auf einmal überkam sie die Wut. Sie sah ihn an. Er sah friedlich aus, unschuldig, in seinem Schlaf auf dem Beifahrersitz. »Wie kannst du wütend sein«, sagte sie sich. »Er ist krank.«

Während sie durch das niedersächsische Moor fuhren, wurde er in der Welt des Profifußballs wieder ein Thema. Der Bundestrainer hatte am Vormittag das Aufgebot für zwei Länderspiele gegen Chile und die Elfenbeinküste Mitte November bekannt gegeben, und Robert Enke war nicht dabei. Joachim Löw hatte bemerken müssen, dass nicht nur Robert, sondern auch René Adler Länderspiele häufig verletzt absagte, deshalb wollte er Tim Wiese und Manuel Neuer als eventuelle Alternativen testen. In der Welt des Fußballs, immerzu streng unterteilt in Sieger und Verlierer, konnten nur wenige die Nominierung von Wiese und Neuer als schlichten Test sehen. Viele unterstellten dem Bundestrainer, die Nichtberücksichtigung sei ein Schlag gegen Enke.

Robert Enke schossen die Gedanken durch den Kopf – die Klinik ist nicht die Lösung, so weiterzumachen schaffe ich auch nicht mehr lange, es bleibt nur noch ein Ausweg –, und gleichzeitig sollte er sich am Freitag nach dem Training vor den Sportreportern mit dem üblichen heiligen Ernst den Aufgeregtheiten des Profisports widmen. Es sei mit dem Bundestorwarttrainer abgesprochen, dass er diese Länderspiele aussetze, sagte er. Er sollte lieber in Hannover gezielt trainieren, er hatte einen Rückstand aufzuholen. »Ich kann damit leben.«

Weil er so eintönig sprach, interpretierte mancher, dass er ganz sicher traurig, vielleicht sogar wütend über die Nichtberücksichtigung war und es nur nicht zeigen wollte. Welche Erleichterung Robert Enke in Wahrheit empfand, nicht wieder zur Nationalelf zu müssen, ließ er nur Teresa spüren.

Nun, da er in Köln einmal gespielt hatte, wurde wie selbstverständlich erwartet, dass er immer weiter spielte. Jörg Neblung kam einen Tag vor dem Spiel gegen den Hamburger SV nach Hannover, um ihm zur Seite zu stehen. Er fuhr Robert zum Abschlusstraining. Niemand erwähnte noch wie vor einer Woche die Möglichkeit, einen Muskelfaserriss vorzutäuschen. Die Eingeweihten wollten Robert Enke das Gefühl vermitteln, es sei völlig selbstverständlich, dass er wieder spiele.

Am Sonntag um drei am Nachmittag brannte im Stadion schon das Flutlicht, um auf die Dunkelheit vorbereitet zu sein. Der Gang vor den Umkleidekabinen erinnerte seit dem Umbau für die Weltmeisterschaft 2006 mehr an ein Kongresszentrum als an einen Sportplatz, die Wände waren in frischem Weiß gestrichen, über blitzendem Kunststoffboden leuchteten Halogendeckenstrahler. Die meisten Spieler hatten schon Aufstellung genommen, als Robert Enke aus der Kabine kam. Er gab zwei Mitspielern, Steve Cherundolo und Sérgio Pinto, im Vorbeigehen einen Klaps. Aus den Augenwinkeln sah er in der Reihe des Gegners Piotr Trochowski, den Kollegen aus der Nationalelf. Trochowski wollte ihn mit Handschlag begrüßen und wurde von Robert Enkes Umarmung überrascht. Als hätte er Trochowski lange nicht gesehen oder würde ihn lange nicht mehr sehen, legte er in der Umarmung kurz sein Gesicht auf dessen Schulter, an dessen Wange. Er trug, wie in seinem ersten Bundesligaspiel vor zehn Jahren, ein schwarzes Trikot, die Lieblingsfarbe großer Torhüter.

Die Mannschaften liefen auf den Platz, ein Meer von Fahnen erhob sich auf den Tribünen, das Spiel war ausverkauft, ein Derby, 49 000 füllten das Stadion. Teresa durchfuhr es. Er hatte sich seine Haare bis auf wenige Millimeter abrasiert. Er musste es vor dem Spiel in der Kabine getan haben. Als erfordere diese Partie eine Kampffrisur.

»Weiß oder gelb?«, fragte der Schiedsrichter, wieder gewann Robert Enke die Platzwahl, wieder sah er hektisch hinter sich. Er hielt den Blick sekundenlang auf die Hamburger Fankurve, als müsse er abschätzen, wie viele Gegner dort standen. Dann hatte er sich wieder erinnert, was zu tun war. Wie immer, wenn er die Wahl hatte, spielte er in der zweiten Halbzeit mit den Hannover-Fans im Rücken.

Das Spiel hatte eine andere Qualität als in Köln. Hamburg kombinierte schnell und ideenreich, nach 15 Minuten fiel schon das 0:1 nach einem Hamburger Doppelpass im Strafraum, Robert Enke warf sich nach dem Schuss von Marcell Jansen und ahnte schon, da hatte kein Torwart eine Chance.

Hannover versuchte, sich dem reißenden Hamburger Spielfluss anzupassen, wie ein Wellenbrecher zertrennte Hanno Balitsch im Mittelfeld einige Male das Hamburger Passspiel.

Zu Hause in Nürnberg saß Bundestorwarttrainer Andreas Köpke vor dem Fernseher. Robert kam ihm erstaunlich teilnahmslos vor. Er redete, soweit man das im Fernsehen sehen konnte, nicht mit seinen Abwehrspielern. Was immer auch auf dem Platz passierte, sein Gesicht blieb emotionslos, sogar als Hannover das 1:1 erzielte.

Er hatte am Abend vor dem Spiel wieder Psychopharmaka genommen, die ihn ruhigstellten.

Der Schiedsrichter pfiff Freistoß für Hamburg, 25 Meter vor dem Tor, halblinks, und Hannovers Spieler wussten, jetzt wurde es heiß. Trochowski gab diesen Freistößen eine schwer berechenbare Flugkurve. Trochowski nahm Anlauf. Robert Enke stand vier Meter vor dem Tor, die perfekte Position. Hannovers Abwehr stand acht Meter vor dem Tor, wie einstudiert. Trochowski trat den Ball genau in das Niemandsland zwischen Torwart und Abwehr. Robert Enke sollte zwei Schritte nach vorne rennen, die Hamburger Spieler rannten ihm schon entgegen, um vor ihm mit dem Kopf an die hohe Flanke zu kommen, er hatte nur eine Viertelsekunde Zeit zu reagieren, es war ein höchst schwieriger Freistoß für einen Torwart, und die Viertelsekunde, sich zu entscheiden, hatte er schon verpasst. Robert Enke hatte sich nicht von seinem Fleck gerührt. Der Kopfball von Eljero Elia flog ins Tor.

Kurz wischte Robert Enke verärgert mit der Hand durch die Luft, und dann war sein Gesicht wieder regungslos. Hanno Balitsch dachte sich, »hoffentlich wirft ihn das Tor jetzt nicht völlig aus der Bahn«.

Teresa versuchte, die Ruhe, oder was davon noch übrig war,

zu bewahren, aber nach 55 Spielminuten hielt sie es nicht mehr aus. »Ich gehe raus«, sagte sie zu Jörg.

Sie lief vor der Haupttribüne auf und ab. Den Zigarettenrauch blies sie so heftig aus, als müssten die Kringel weit fliegen. Außer ihr war kein Mensch vor dem Stadion. Sie spürte eine große Stille. Das Geschrei, das aus dem Stadion herausdrang, schien von weither zu kommen. Doch sie schaffte es nicht sich einzureden, der Lärm habe nichts mit ihr zu tun.

Man weiß, was in einem Fußballspiel passiert, wenn man draußen steht und nur den Zuschauerreaktionen folgt. Die Pfiffe, wenn der Gegner den Ball lange in der Defensive passt, das Aufbranden der Entrüstung, wenn einer des Heimteams gefoult wurde, der Jubel, der jäh stirbt, wenn der Torwart doch noch einen Ball gehalten hat, die Stille, wenn der Schütze am Elfmeterpunkt steht. Teresa hörte kein lang gezogenes, unterdrücktes Leiern. So wusste sie zumindest, dass Robert kein weiteres Tor kassiert hatte.

Kurz bevor das Spiel nach ihren Schätzungen vorbei sein musste, ging sie zurück ins Stadion. Eine Hostess schenkte ihr ein Lächeln, als verstünde sie ganz genau, was Teresa durchmachte.

Sie war zu früh dran. Sie spielten noch. Ein neuer Schrei erhob sich. Empörung und Glück, wild vermischt in einem grellen Klang. Es gab Elfmeter für Hannover.

Jiří Štajner traf zum 2:2, und das Spiel war aus.

Jörg umarmte Teresa und brauchte lange, bis er sie wieder loslassen konnte. Robert hatte noch zwei sehenswerte Reflexparaden in der zweiten Halbzeit gezeigt.

»Der Freistoß zum 1:2 war der schwierigste Ball für einen Torwart, mach dir da nichts draus, der Rest war sehr gut«, sagte Jörg, als sie sich später in einer Stadionlounge trafen.

»Ja, ja.« Robert schaute in eine andere Richtung.

Auf einem Stadionparkplatz verabschiedete er sich von Jörg. Eine kurze Umarmung, das Gesicht zeigte keine besondere Regung mehr, ein kurzes Wort: »Mach's gut.«

Auf der Heimfahrt nach Köln, zwei Stunden auf der Autobahn, dachte Jörg Neblung, »es war wieder ein Schritt nach vorne«. Doch es war eher ein mechanischer als ein wirklich hoffnungsvoller Gedanke. Die letzten Monate hatten nicht nur Robert, sondern sie alle erschöpft zurückgelassen.

Robert Enke stieg zu Uli Wilke ins Auto. Sie waren zu viert im Wagen. Uli, Jürgen und Teresa hatten vom Zuschauen und Wegschauen im Stadion mindestens genauso wie Robert das Gefühl, für heute genug getan zu haben.

»Lasst uns ein paar Pizzas holen, anstatt noch etwas zu kochen.«

Die Hunde schlugen an, als sie durch das Gartentor kamen. Der Kronleuchter in der Diele brannte, Sabine und Ines hatten auf Leila aufgepasst. Sabines Kinder machten am langen Esstisch Hausaufgaben. Sie öffneten die Pappkartons, und der Duft von heißem Käse stieg auf. Es gab kein heißeres Thema als das Spiel. Es war allerdings schwierig, darüber zu reden, weil sie immer aufpassen mussten, das zweite Hamburger Tor nicht zu erwähnen. Er machte keine Anstalten zu vertuschen, dass er dem Gespräch nicht folgte.

»Was?«, fuhr er jedes Mal auf, wenn ihn jemand ansprach.

Allzu lang wollten sie auch nicht mehr bleiben, sagte Sabine, wegen der Kinder. Als sich die Wilkes verabschiedeten, umarmte Robert Enke die Frauen. Dann nahm er die Gesichter der Kinder in die Hände und küsste sie auf die Stirn.

Im Fernsehen lief *Titanic*.

»Gehst du gar nicht ins Bett?«, fragte Teresa erstaunt.

»Ich schau noch ein bisschen«, sagte er. Er hatte sich auf dem Ledersofa ausgestreckt, ein Kissen unter den Kopf geschoben. Er sah entspannt aus. So war er früher oft auf dem Sofa gelegen. Als er abends nach dem harten Training von jener Trägheit ausgefüllt worden war, die glücklich macht.

Draußen schloss sich die Gartentüre leicht, mit einem Griff. »Hast du das auch gesehen?«, sagte Sabine sofort dahinter zu ihrem Mann. »Wie Robbi die Kinder geküsst hat. Das hat er noch nie gemacht! Und wie er mich gedrückt hat. Viel intensiver als sonst.«

»Vielleicht wollte er sich für die Hilfe bedanken.«

Titanic dauerte über drei Stunden. Er sah sich den kompletten Spielfilm an, Kate Winslet und Leonardo DiCaprio in den Hauptrollen. Er hatte seit Monaten abends keinen Film mehr zu Ende gesehen. Halb eins war vorbei, als er schlafen ging. Zuletzt war er oft schon um zehn im Bett gewesen.

Am nächsten Morgen entschied Teresa, ihn alleine zum Training fahren zu lassen.

Es gab keine Regeln beim Ausbalancieren zwischen Kontrolle und Selbstständigkeit, sie musste ihrem Gefühl vertrauen. In der vergangenen Woche war sie fast jeden Tag mit zum Training gefahren, gestern hatte er das Spiel durchgestanden. Also schien heute ein guter Tag, ihn wieder einmal allein fahren zu lassen. Wieder ein Stück Normalität zurückzuerobern.

Im Training war Auslaufen angesagt. Er ließ sich mit Hanno Balitsch auf der Runde um den Maschsee weit hinter die anderen zurückfallen. Hanno machte auf den ersten Metern ein paar Bemerkungen über das Spiel vom Vortag. Er bekam karge Antworten und verstand es als Hinweis. Robert hatte keine Lust zu reden. Hanno dachte sich, vielleicht war dieser Zustand der Gleichgültigkeit schon ein Fortschritt. Seit dem Spiel in Köln hatte Robert immerhin keine Selbstzweifel mehr geäußert.

Robert Enke verabschiedete sich kurz angebunden und unpersönlich in der Kabine, niemand erwartete etwas anderes. Constant Djakpa von der Elfenbeinküste war ein halbes Jahr im Verein. Er hatte Michael Tarnats Platz in der Kabine neben Robert übernommen. Er musste davon ausgehen, dass der Torwart nie redete. Er hatte Robert Enke nie anders erlebt.

Es hatte zu regnen begonnen, als Robert zu Hause ankam. Die Tropfen prasselten gegen die Fensterscheiben, und Teresa wurde unruhig. Wie sollte sie bei diesem Wetter den Nachmittag mit ihm herumkriegen?

»Komm, lass uns in die Stadt fahren«, sagte sie. Und wenn wir nur zu IKEA gehen, dachte sie.

Sie nahmen Leila mit. Teresa steuerte das Auto tatsächlich erst einmal Richtung IKEA, sie waren noch immer unschlüssig, was sie eigentlich genau machen wollten. Die Scheibenwischer gingen unaufhörlich. Als sie schon fast am Möbelhaus angekommen waren, sah Teresa in der Nähe des alten Weltausstellungsgeländes die Plakate.

»Oder wollen wir in die Ausstellung gehen?«

Echte Körper stand auf den Plakaten. *Nur wenige Tage*. Neben der Schrift war eine Leiche abgebildet. Teresa hatte von der Ausstellung im britischen Pavillon gelesen. Konservierte Leichen standen in Vitrinen, um den Besuchern den Menschen beziehungsweise den menschlichen Verfall näherzubringen.

Bevor Teresa vor dem Pavillon anhalten konnte, sagte er: »Ist geschlossen.«

»Das weißt du doch gar nicht.«

»Montags haben die Museen zu.«

»Geh doch bitte erst einmal schauen.«

Er sprintete durch den Regen. »Es ist offen. Aber ich habe kein Bargeld dabei.«

»Dann gehen wir zum Geldautomaten.«

Sie wunderte sich nicht, dass er sich mit allen Tricks dagegen wehrte, in die Ausstellung zu gehen. In seiner Depression versuchte er, jede Initiative abzublocken.

Ein Besucher, der aus dem Pavillon kam, erkannte Robert Enke und schenkte ihm eine Eintrittskarte.

Drinnen war es kalt, die Wände und Fenster waren mit schwarzem Stoff verhängt. Nur die Vitrinen leuchteten. Teresa hatte die Ausstellung ohne Hintergedanken ausgewählt. Sie wollte irgendetwas unternehmen, und Kunst schien unterhaltsamer als IKEA. Dass die Leichen, das Grauen des verfallenen Körpers, Robert von seinen Selbstmordgedanken abbringen könnten, hoffte sie nicht. In den letzten zwei, drei Tagen schien er ohnehin relativ gefestigt; nur gleichgültig statt verzweifelt.

Er ging alleine an den Vitrinen entlang, eine Raucherlunge, ein Kopf mit freigelegter Halsschlagader. Teresa reichte es bald.

Doch mit den befremdenden Eindrücken der Ausstellung wollte sie nicht nach Hause fahren. »Lass uns noch ins *Café Kreipe* gehen.«

In allen Städten, in denen sie gelebt hatten, hatten sie *ihre* Orte, das *La Villa* in Estoril, das *Blues Café* in Lissabon, der

Reitstall in Sant Cugat. Diese Orte hatten für sie eine zauberhafte Kraft; sobald sie sie betraten, war es, als glitten sie in ein warmes Bad. Das *Café Kreipe* war ihr Ort in Hannover.

Es hieß längst *Coffee Time*. Für sie war es *Café Kreipe* geblieben. Im oberen Stockwerk standen schlichte Holztische auf grauem Teppich, eine Fensterfront gab den Blick auf die Oper frei.

Er bestellte sich einen Pflaumenstrudel mit Vanillesoße. Sie registrierte es glücklich. Er gönnte sich wieder etwas, er bestrafte sich nicht mehr selbst. Kleine Schritte überall. Wenn es so weiterging wie heute, kam er da wieder raus.

Teresa machte ein Foto von ihm und Leila. Er knipste sein Lächeln an, als koste es ihn nichts.

»Seit wann kennen wir das *Café Kreipe* eigentlich schon?«, fragte er und sah sich um, als rufe er viele Erinnerungen ab.

Vor sieben waren sie zu Hause. Im beleuchteten Haus klang der Regen an den Scheiben angenehm, beruhigend. Er bot an, Leila ins Bett zu bringen. Teresa schaltete den Fernseher ein und blieb bei *Bauer sucht Frau* hängen, er kam und setzte sich dazu, »erzähl bloß niemandem, dass mir *Bauer sucht Frau* gefällt«, hatte er ihr einmal gesagt. Teresa kuschelte sich an ihn, und er ließ es geschehen. Um 21 Uhr telefonierte er mit Valentin Markser, die zweite Sitzung des Tages, wie jeden Tag.

»Terri, ich liebe dich«, sagte er, bevor sie schlafen gingen.

»Ich liebe dich auch, und wir kommen da raus.«

Am nächsten Tag, Dienstag, der 10. November 2009, ging Teresa mit Leila am Nachmittag zum Arzt. Auf dem Rückweg kaufte sie Rinderfilet und Feigen, die mochte er immer so gerne. Er würde gegen halb sieben vom Training kommen. Auf eigene Initiative hatte er zwei Trainingseinheiten angesetzt, obwohl die Mannschaft freihatte. Er wollte seinen Rückstand aufholen. War das nicht das beste Zeichen, dass er wieder einen eigenen Antrieb hatte? Sie rief ihn an, um zu hören, ob er schon auf dem Heimweg war. Das Handy war ausgeschaltet. »Scheiße, Robbi, mach das nicht immer mit mir!«, rief sie laut, allein im Haus. Nicht aufregen, sagte sie sich, gleich kam er doch.

Ihr Telefon klingelte. Schnell holte sie es.

Es war nur Jörg. Er wollte etwas mit Robert besprechen, aber das Handy war immer ausgeschaltet.

»Er ist noch nicht zu Hause. Ich habe heute Mittag noch mit ihm telefoniert, aber jetzt mache ich mir auch Sorgen.«

»Mich macht das verrückt, wenn er allein unterwegs ist. Terri, wir dürfen ihn nie mehr allein fahren lassen!«

»Jetzt muss er erst einmal nach Hause kommen.«

Jörgs Nervosität hatte ihre multipliziert. Kaum hatte sie aufgelegt, rief sie ihn wieder an.

»Jörg, gib mir doch bitte mal die Telefonnummer vom Colt, ich möchte nachfragen, was los ist.«

Sie rief den Torwarttrainer an. Es war kurz nach halb sieben. Jörg Sievers, den sie Colt nannten, fragte erstaunt: »Teresa?«

»Robbi ist noch nicht zu Hause, deshalb wollte ich nur mal hören, wann ihr euch nach dem Training getrennt habt, um zu wissen, wann ich mit ihm rechnen kann.«

Es wurde still in der Leitung. Schließlich sagte Jörg Sievers vorsichtig: »Heute war kein Training.«

Nachdem er aufgelegt hatte, wählte der Torwarttrainer sofort Roberts Nummer. Nach zwanzig Jahren im Profifußball konnte sich Jörg Sievers nur einen Grund für Robert Enkes Lüge vorstellen: Er war bei einer anderen Frau. Sievers wollte ihn warnen. Roberts Mailbox ging an.

Teresa hatte schon wieder Jörg Neblung am Telefon.

»Durchsuch sofort sein Zimmer, ob du einen Abschiedsbrief findest!«

Sie rannte die Treppe hoch in das Schlafzimmer. Der vom Hund angeknabberte Bildband lag noch immer auf dem Nachttisch, dazu Zeitschriften, ein Krimi, es war der erste Ort, an dem sie suchte. Sie wischte die Zeitschriften vom Tisch, und ein weißes Blatt fiel heraus. »Liebe Terri, es tut mir leid, dass …«, sie las gar nicht weiter, Jörg war noch am Telefon, er schrie: »Ich rufe die Polizei!«

Oft sind depressive Menschen in den Tagen vor ihrem Selbstmordversuch auf einmal besser gelaunt. Es erleichtert sie, dass sie sich endlich entschlossen haben, den einzigen in ihrer verzerrten Wahrnehmung sichtbaren Ausweg zu nehmen. Gleichzeitig ist ihre bessere Laune die Fassade, hinter der sie die Todesabsichten vor ihren Nächsten verstecken.

Robert Enke war am Dienstag, den 10. November 2009, acht Stunden in der Nähe von Empede umhergefahren. Am Nachmittag erinnerte er sich, dass er noch etwas erledigen musste: Er wechselte an einer Tankstelle das Öl in seinem Auto. Dann fuhr er an Empede vorbei zum nächsten Bahnübergang in Eilvese. Gelegentlich nahm er noch den Zug zum Training, ein Nationaltorwart in der S-Bahn, warum nicht, fand er, die Verbindung war gut. Er kannte den Fahrplan auswendig. Er wusste, dass um 18.15 Uhr der Regionalexpress aus Bremen ohne Halt durch Eilvese hindurchraste.

EPILOG

Der Blick auf den Palast

In der Küche in Empede hängt neben dem Kühlschrank ein neues Foto. Die Farben im Bildhintergrund sind leicht verschwommen, dadurch wirkt es, als umgebe die Protagonisten ein sanfter Ton. Robert Enke lächelt vorsichtig, es scheint selig, Leila sitzt auf seinem Schoß.

Es ist das letzte Foto, das von ihm gemacht wurde.

Und so ist das schöne Bild auch ein verstörender Beweis: welche Kraft er in seiner Depression entwickelte, die Krankheit hinter einem unschuldigen Gesicht zu verstecken. Als er am Montag, dem 9. November, im *Café Kreipe* lächelnd für Teresas Kamera posierte, hatte er allen Anzeichen nach schon entschieden, sich einen Tag später selbst zu töten.

Ein Torwart trainiert sein ganzes Leben lang, sich Verzweiflung, Enttäuschung oder Angst nicht anmerken zu lassen. Diese Fähigkeit, immer souverän zu wirken, half Robert Enke weiterzuleben, als die Depression ihn überfiel. Und diese Begabung wurde sein Verhängnis, als ihn die Krankheit auf den Irrweg geführt hatte, den Tod zu suchen: Er versteckte seine Absichten so gut, dass ihm keiner mehr helfen konnte.

Viele Zeitungen schrieben danach fälschlicherweise von einem Freitod. Der Tod eines depressiven Menschen ist niemals eine freie Entscheidung. Die Krankheit verengt die Wahrnehmung so sehr, dass der Leidende nicht mehr versteht, was es heißt zu sterben. Er glaubt es hieße nur, die Krankheit loszuwerden.

Wie genau Depressionen entstehen, ist noch immer nicht endgültig erforscht. Selten wird die Krankheit von einem einzelnen, eindeutigen Grund ausgelöst, manchmal bleibt es unerklärlich, warum sie gekommen ist. Manche Menschen sind jeden Winter wieder depressiv, viele trifft es wie Robert Enke punktuell, für kurze Phasen ihres Lebens.

Ewald Lienen, der ihm als Trainer näherstand als die meisten im Fußballgeschäft, rief nach Roberts Tod fassungslos bei Jörg Neblung an und fragte: »Aber wieso habe ich denn nie etwas gemerkt?« Weil Robert Enke in der Zeit, in der er mit Lienen täglich zusammenarbeitete, frei von den Symptomen der Krankheit war, ist die einfache Antwort. Er litt zweimal im Leben unter Depressionen, 2003 und 2009. In all den anderen Zeiten war er so, wie wir ihn erlebten. Ein warmherziger Mensch, der daran glaubte, dass Demut auch für einen Torwart kein schlechter Wesenszug ist.

Sein Tod ging auch deshalb vielen nahe, weil sie spürten, dass Werte wie Solidarität und Fürsorge, an die er glaubte, ihm in der Welt des Profifußballs oft verweigert wurden. Darunter litt Robert Enke, darunter leiden viele Fußballprofis, die merken, wie Rücksicht oder Einfühlsamkeit ihnen von manchem Trainer, aber noch mehr von der Öffentlichkeit als Schwäche ausgelegt werden. »So bin ich nicht und so will ich auch nicht sein«, rief Robert Enke, als ihn wieder einmal der Gedanke aufwühlte, sein Spiel finde weniger Anerkennung, weil er nicht der grimmige Torwart war, der einsam und rücksichtslos seinen Weg ging. Zu wenige wollten offenbar begreifen, dass Robert Enke etwas Besseres war: ein Torhüter mit einem gewaltigen Absprung und Reflexen wie wenige, der aus seinen Tugenden keine Schau machte; der fest daran glaubte, dass Ehrgeiz auch höflich und respektvoll ausgelebt werden kann.

Wie so oft im November in Empede schienen die Farben der Natur ausgewaschen, als er beerdigt wurde. Das Braun der Felder und die kahlen Bäume wirkten matt unter dem Grau des Himmels. Als die Trauerfeier in der kleinen Klosterkirche Mariensee zu Ende war, hatte es zu regnen begonnen. Ohne Jacke, ohne Regenschirm, nur in Benficas dünnen Klubanzug gekleidet, stand José Moreira auf dem Friedhof. Die Tropfen liefen an seinen schwarzen Haaren herunter, der Anzug war längst dunkelgrau gefärbt vom Regen. Sein Anblick erinnerte daran, wie unvorbereitet wir in jeder Hinsicht auf den Tod von Robert Enke waren.

Mit dem Thema Depressionen konfrontiert, merkten die meisten, dass sie allenfalls eine vage Vorstellung von dieser Krankheit hatten. So war oft die Rede davon, Robert Enkes tragisches Schicksal müsse dazu dienen, die Krankheit zu enttabuisieren. Denn noch immer weiß ein großer Teil der depressiven Menschen gar nicht, dass er an der Krankheit leidet. Symptome wie Antriebslosigkeit oder Schlaflosigkeit werden oft als rein körperliches Leiden falsch gedeutet. Es wäre wohl überzogen zu hoffen, dass die Krankheit nun schlagartig besser verstanden wird. Aber vielleicht trägt auch dieses Buch ein wenig dazu bei, dass Depressive auf mehr Verständnis stoßen.

Das letzte Foto von Robert Enke in der Küche verschwimmt vor den Augen, und es kommen dabei so viele andere Bilder zurück.

Robert Enke, wie er auf der Terrasse seines Ferienhauses in Portugal saß. Er liebte es, im Freien zu sitzen, wenn die Nacht hereinbrach und sich nach der Hitze des Tages eine angenehme Kühle auf die Haut legte. Auf dem Berg gegenüber leuchtete in seiner schönsten Pracht der Pálacio da Pena.

»Das ist so schön, das kann man nur glauben, wenn man es sich immer wieder vorsagt: Ich sitze hier auf der Terrasse und schaue auf den Pálacio da Pena.«

Teresa, die den Satz schon Dutzende Male gehört hatte, konnte nicht verhindern, dass sie aufbrauste. »Du redest ständig von deinem tollen Pálacio, aber hast es in zehn Jahren noch nicht geschafft, ihn dir anzuschauen!«

Es war Juli 2009, vier Monate vor seinem Tod, und er ruhte so in dem glücklichen Moment, dass ihn sogar Teresas Ausbruch amüsierte. Er suchte ihre Hand. »Wir werden uns den Palast schon noch anschauen«, sagte er. »Wir haben doch noch unser ganzes Leben Zeit.«

Anmerkungen

Neben den im Buch zitierten Interviewpartnern möchte ich mich bei einer Reihe weiterer Leute sehr herzlich bedanken, die mir bei der Arbeit an Robert Enkes Biografie geholfen haben:

Rüdiger Barth, Barbara Baumgartner, Matthias Cleef, Jan Döhling, Lotfi El Bousidi, Christoph Fischer, Max Geis, Rui Gomes, Thomas Häberlein, Karsten Kellermann, Christof Kneer, Birk Meinhardt, Jörg Nabert, Peter Penders, Cordula Reinhardt, Harald Stenger, Josep Miguel Terés, Daniel Valdivieso, Tino Zippel.

Jeweils ein Zitat von Robert Enke stammt aus Interviews mit Robert Mucha/*11 Freunde*, Michael Richter/*Kicker*, Matthias Sonnenberg/*Sport-Bild* sowie Katharina Wolf und Gregor Ruhmöller/*Bild*-Zeitung. Zwei Zitate von Victor Valdés entnahm ich einem Gespräch mit Michael Robinson für *Informe Robinson*.

Als Hintergrundliteratur dienten mir Josef Giger-Bütler: *Sie haben es doch gut gemeint. Depression und Familie*, Beltz, 2010; Piet C. Kuiper: *Seelenfinsternis: Die Depression eines Psychiaters*, Fischer, 1995; *Psychologie Heute-compact*: »Depression. Die Krankheit unserer Zeit verstehen«; Thomas Müller-Rörich u.a.: *Schattendasein. Das unverstandene Leiden Depression*, Springer, 2007; Ursula Nuber: *Depression. Die verkannte Krankheit*, dtv, 2006.

Schwierigkeiten bereitete mir die Frage, wie ich mit Robert Enkes Tagebüchern umgehen sollte: Einerseits gewähren sie einen einzigartigen Einblick in die Welt eines depressiven Menschen – und verständlich zu machen, was Depressionen wirklich sind, ist ein Anliegen dieses Buches. Andererseits sind sie persönliche Aufzeichnungen. Als Anhaltspunkte hatte ich nur Robert Enkes Wunsch, dass er selbst von seiner Krankheit erzählen wollte, sowie einen Satz von ihm, den er im Februar 2004 in Santa Cruz de Tenerife zu mir sagte: »Ich habe angefangen, mir auch Notizen für unser Buch zu machen.«

Ich habe versucht, aus seinen Tagebüchern einzelne Passagen herauszugreifen, die meiner Ansicht nach die Krankheit Depression eindrücklich beschreiben. Passagen, die ich für zu entblößend hielt, genauso wie Anmerkungen über andere Personen, habe ich (bis auf eine begründete Ausnahme) bewusst nicht aufgenommen. Welchen Teil der Aufzeichnungen er veröffentlicht hätte und welchen nicht, werde ich nie wissen.

Ronald Reng
Barcelona, im August 2010

ABBILDUNGSNACHWEIS

S. 65: picture alliance/Sven Simon.
S. 98: Getty Images/Martin Rose
S. 143: picture alliance/dpa
S. 189: Silke Witzel
S. 199: ddp images/AP/Murad Sezer
S. 307: Getty Images/Vladimir Rys
S. 284, 325, 355, 365: Ulrich zur Nieden
S. 17, 20, 25, 33, 50, 56, 70, 92, 101, 112, 117, 172, 191, 263, 268, 288, 291, 311, 358, 395: privat
Vor-/Nachsatz: Kai Stuht